Freunde sind wie Familien, die du dir selbst aussuchst

Die ganze Welt ist eine Bühne (und alle Frauen und Männer bloße Spieler)

Man sieht nur mit dem Herzen gut
Das Wesentliche ist für die Augen unsichtbar

Sich orientieren

1 Darf ich, soll ich, muss ich?

M1 Fragen über Fragen

„Man sieht nur mit dem Herzen gut, das Wesentliche ist für die Augen unsichtbar“, sagte der Fuchs zu dem kleinen Prinzen. Das ist richtig, aber doch nur halb. Voraussetzung für ein richtiges Wahrnehmen deiner Person, anderer Menschen und der Welt, in der du lebst, ist, dass du die Augen offen hältst für das, was um dich herum geschieht und es zunächst aus deiner eigenen Perspektive wahrnimmst, verstehst und beurteilst. Nur dann lernst du, selbständig zu denken, zu urteilen und zu handeln. Wichtig ist aber auch, dass du lernst, die Perspektive des anderen zu beachten, indem du in seine Rolle, seine Person hineinschlüpfst und erfahren willst, wie er fühlt, denkt und urteilt.
„Abenteuer Ethik“ soll dir dabei helfen, vor allem aber soll es dich anregen, Fragen zu stellen, die für dich und dein Leben von Bedeutung sind: z.B. was uns als Menschen wichtig ist, warum wir uns überhaupt mit Moral beschäftigen oder wer sich die ganzen Regeln und Normen ausdenkt. Das Buch will dir zeigen, dass dein Leben, die Menschen um dich herum und die Welt, in der du lebst, spannende Abenteuer sind, die jetzt und in der Zukunft auf dich warten, und es will dich auf deinem Weg begleiten.

Daher fragen wir im Kapitel Sich orientieren:
Wer bin ich? Was macht meine Person aus? Sind Gefühle wichtig? Wie kommen die Gedanken in meinen Kopf? Welche Rollen spielen wir? Wie sehen mich die anderen? Warum streiten sich die Menschen? Wie sollten wir mit Konflikten umgehen?

In Gut leben und handeln stehen andere Fragen im Mittelpunkt:
Wonach streben alle Menschen in ihrem Leben? Wie finde ich das, was mir wirklich Spaß macht? Wie kann ich gut und böse unterscheiden? Welche Werte sind mir wichtig? Hat unser Leben einen Sinn? Gibt es Ziele, die ich in meinem Leben verwirklichen sollte? Wie kann ich den anderen verstehen lernen? Ich bin frei – darf ich dann alles tun? Wofür bin ich eigentlich verantwortlich?

Das Kapitel Die Welt wahrnehmen und beurteilen beschäftigt sich mit Fragen und Problemen, die in deinem Alltag auftauchen, in den Bereichen **Konsum – Medien – Natur**:
Wie wichtig sind für mich Dinge, die ich kaufen kann, wie z.B. ein Handy? Lasse ich mich durch Werbung beeinflussen? Warum sind Drogen eigentlich so schlimm? Wie clean bin ich wirklich?
Kann ich meinen Augen trauen? Können die Bilder lügen? Wie gehe ich mit Medien um?
Welche Erfahrungen mache ich mit Natur im Alltag? Wie erlebe ich Natur? Ist mir eine zerstörte Umwelt egal? Welche Beziehung habe ich zu Tieren?

In eine andere Welt führt dich das letzte Kapitel Jüdische Religion – jüdisches Leben mit den zentralen Fragen:
Was kennzeichnet eigentlich einen Juden? Woran erkennt man die jüdische Religion? Wie leben Juden ihre Kultur im Alltag, welche Feste feiern sie? Warum ist Juden ihre Geschichte so wichtig? Wie leben jüdische Jugendliche heute? Welches sind die zentralen Lebensregeln im Judentum?

Zu diesen Themen gibt es in den einzelnen Kapiteln **Doppelseiten**, die eine Frage oder ein Problem auf ganz unterschiedliche Art und Weise behandeln. Es gibt Doppelseiten, die dich auffordern, etwas zu tun – alleine oder mit anderen, andere wiederum zeigen dir, wie du richtig nachdenken und argumentieren lernst. Hier findest du gelbe Kästchen, die dir dabei helfen! Dann gibt es Doppelseiten, die dich mit – schon recht anspruchsvollen – Texten vertraut machen, die du sorgfältig lesen und über die du nachdenken musst. Manche Texte sind kleine Gesprächspartner, die sich mit dir über ein wichtiges Problem unterhalten wollen und dich auffordern, dir deine eigene Meinung zu bilden.

Das Buch ist nicht so aufgebaut, dass es von der ersten bis zur letzten Seite durchgearbeitet werden muss. Die Doppelseiten hängen zwar zusammen, lassen sich aber mit anderen aus einem anderen Kapitel kombinieren: So kannst du fragen, weshalb dir z.B. ein Handy so wichtig ist (Kapitel „Konsum“), welche Gefühle dabei eine Rolle spielen (Kapitel „Wer bin ich?“ und „Ich und die anderen“) und ob das Handy dazu führt, dass du ein glücklicherer Mensch bist (Kapitel „Glück und Sinn“).

Am Ende eines jeden Kapitels kannst du auf verschiedene Art dein Können und dein Wissen testen – vielleicht mit einem Kreuzworträtsel, einem Projekt, Rätseln oder Spielen.

Wir wünschen dir viel Spaß beim Lesen, Arbeiten, Diskutieren und bei den Projekten!

Dein Autorenteam

Inhaltsverzeichnis

M2 Soll ich oder soll ich nicht?

„Soll ich jetzt?“ – „Ist das korrekt?“ – „Müsste ich nicht?“ Immer wieder kommt man in eine Lage, in der man nicht so genau weiß, was richtig ist. Andere scheinen es aber zu wissen: „Das tut man nicht!“ – „Du musst!“ – „Das ist unmoralisch!“ Wenn man das schon hört: Moral und so weiter. Nichts als Verbote und Ermahnungen. Manchmal hat man das Gefühl, es gibt das alles nur, um einem das Leben schwer zu machen und den Spaß zu verderben.

Obwohl es natürlich ein paar Sachen gibt, die man gerne mag: dass man sich zum Beispiel auf jemanden verlassen kann, weil der bestimmt nicht lügt. Oder darauf, dass einem ein anderer sicher hilft, falls man es mal braucht. Zudem sind dies Fragen, die im Leben auftauchen, egal, wie alt wir sind.

nach Rainer Erlinger, S. 9

M3 Ein Update für das Gewissen

In den meisten Fällen wissen wir recht genau, welche Handlung richtig oder falsch, gut oder schlecht ist. Als Wegweiser dient unser Gewissen, das sich meldet, wenn wir etwas Falsches getan haben.

In seinem Buch „Lügen haben rote Ohren“ vergleicht der Autor Rainer Erlinger unser Gewissen mit einem Virenschutz-Programm für den PC. Ein solches Programm läuft im Hintergrund mit, wenn der PC arbeitet, es überwacht und überprüft alles, was im PC passiert, was hinein- oder hinausgeht. Genauso funktioniert unser Gewissen, es ist immer da und überprüft unsere Handlungen.

Damit so ein Schutzprogramm funktioniert, muss es installiert und immer wieder durch updates auf den neuesten Stand gebracht werden. Unser Gewissen muss sich ebenfalls erst einmal bilden und bedarf dann der regelmäßigen Überprüfung, d.h. es muss erst einmal „aufgespielt“ werden und regelmäßig ein update erfahren.

Der Ethikunterricht wäre dann eine von vielen Möglichkeiten, seinem Gewissen die Möglichkeit für ein „update“ zu geben.

Ethik und Moral

Moral (lat. mos, Pl.: mores) bezeichnet das, was Menschen für ihr Verhalten für richtig und gut halten, ihre Werte und ihre Normen. Moralische Vorstellungen verändern sich oftmals im Laufe des Lebens und sie haben sich auch im Laufe der Geschichte häufig gewandelt.

Ethik (griech. ethos) ist eine Teildisziplin der Philosophie, in der man über Moral (Werte, Normen und Regeln) und ihre Begründung nachdenkt und nach dem richtigen Handeln fragt.

Ethik als Schulfach ist etwas anderes. Es wurde in vielen Bundesländern als Ersatzfach eingeführt für diejenigen Schülerinnen und Schüler, die nicht am Religionsunterricht teilnehmen. Hier geht es nicht nur um Moralphilosophie, sondern es werden auch andere Teilgebiete wie Psychologie, Religionswissenschaft oder auch Naturwissenschaften mit einbezogen.

Aufgaben

1 Überlegt euch in Gruppen weitere Gewissensfragen und erklärt, wieso diese Fragen so schwer zu beantworten sind. ➜ M1/2

2 Vervollständigt diese Satzanfänge in eurem Heft. ➜ M2
Moral macht das Leben schwer, weil
- …
- …
Moral hilft einem, weil
- …
- …

3 Informiere dich auf S. 92/93 über die Entstehung des Gewissens.

4 Sammelt Sprüche und Lebensweisheiten, die bestimmte moralische Normen oder auch Werte beinhalten (z.B. „Wer einmal lügt, dem glaubt man nicht.“).

5 Ermittelt durch Kartenabfrage oder das 4-Eckenspiel, warum ihr im Ethikunterricht seid und welche Erwartungen ihr an das neue Fach habt.

6 Interviewt ältere Ethikschüler darüber, was im Ethikunterricht behandelt wird.

▶ Glossar: Mores

2 Fragen und Antworten

M1 Kleine Frage

Glaubst du
Du bist noch
Zu klein
Um große
Fragen zu stellen?

Dann kriegen
Die Großen
Dich klein
Noch bevor du
Groß bist.

Erich Fried, S. 12

M2 Frag nicht so dumm

Wolf-Rüdiger Marunde

M3 Wieso, weshalb, warum ...

In der Entwicklung der Kinder gibt es eine Phase, also ein bestimmtes Alter, da stellen sie die berühmten und auch berüchtigten Warum-Fragen: „Warum scheint die Sonne?“ „Warum ist die Blume rot, warum das Gras grün?“ „Warum heißt der Tisch ‚Tisch‘?“ „Warum müssen die Menschen sterben?“ Mit solchen Fragen bringen die Kinder ihre Eltern oft zur Verzweiflung, denn die Eltern können die meisten Fragen nicht beantworten. Offensichtlich laufen die Eltern durch die Welt, ohne alles zu wissen. Aber ihr Nichtwissen stört sie nicht, sie finden sich auch zurecht, ohne über alles Bescheid zu wissen:
„Warum ist das Gras grün?“ – Antwort: „Weil es grün ist.“ Oder: „Weil der Himmel blau ist.“
Diese Antworten sind nur der äußeren Form nach Antworten, denn sie beginnen mit „weil“, aber in Wirklichkeit drücken sie etwas anderes aus: „Lass mich in Ruhe!“ Oder: „Ich weiß es nicht.“ Oder: „Die Welt ist, wie sie ist. Wir wissen nicht, warum sie so ist.“
Oft allerdings bemühen sich die Eltern ernsthaft um eine Antwort. Dann versuchen sie vielleicht, ihrem dreijährigen Kind das Sonnensystem zu erklären oder die Funktionsweise des Benzinmotors und so weiter. Das ist gar nicht so leicht, denn häufig können die Kinder schon Fragen stellen, deren Antworten sie noch gar nicht verstehen, weil sie im Denken noch nicht so geübt sind wie die Erwachsenen.

Roland Simon-Schaefer, S. 15

Fragen und Antworten

Um sich und die Welt zu verstehen, muss man richtig fragen lernen, aber das ist oft gar nicht so einfach.
Überprüfe anhand der Checkliste, welche Probleme du hast, richtig zu fragen:

1. Glaubst du, dass du Hilfe benötigst, um zu erlernen, wie man richtig fragt, oder kannst du immer eine Frage formulieren?
2. Hast du manchmal Fragen, von denen du glaubst, dass sie überhaupt niemand beantworten kann?
4. Fragst du oft „Warum?“ und warum tust du das?
5. Stört es dich, wenn andere immer „Warum?“ fragen?
6. Was ist wichtiger, zu fragen oder zu antworten?

Manche Fragen sind keine guten Fragen, z.B.:

Peter ist doch ziemlich gemein, oder? – Diese Frage beeinflusst und schlägt eine bestimmte Antwort vor.

Nach Matthew Lipman, HB, S. 73

M4 Fragen

M. C. Escher, Other World, 1947

M5 Fragen lernen = Denken lernen

„Wir sind in der Schule, um zu lernen", sagte Maria. „Wirklich?", fragte Harry. „Was sollen wir lernen?" „Antworten, nehme ich an", Maria fragte sich, worauf Harry hinauswollte. Dann dachte sie, sie hätte es verstanden. „Nein, ich nehme das zurück. Wir sollen lernen, wie man Probleme löst."

Markus blickte von Maria zu Harry, dann wieder zu Maria. „Sollen wir lernen, wie man Probleme löst," fragte er schließlich verwundert, „oder sollen wir lernen, wie man Fragen stellt?" Harry dachte, er wüsste die Antwort. „Wir sollen denken lernen", sagte er. „Wir lernen doch denken", lautete Markus' Antwort, „aber wir lernen nie, selbständig zu denken. Die Lehrer wollen es nicht zugeben, aber ich habe eine eigene Meinung. Sie versuchen immer, meinen Kopf mit allem möglichen Abfall zu füllen, aber mein Kopf ist kein Abfallhaufen. Das macht mich verrückt."

„Also gut, in welche Art von Schule würdest du denn gerne gehen?", fragte Harry.

Matthew Lipman, S. 26-27

M6 Fragen nach Gut und Böse

Als Kinder übernehmen wir ungeprüft die Verhaltensregeln und moralischen Vorstellungen, die wir von unseren Eltern empfangen. Dann aber kommt der Moment, sei es aufgrund des Alters oder dank der Erziehung, dass einfache Fragestellungen nicht mehr ausreichen. Der Mensch ist ein vernünftiges Wesen. Unser Verstand drängt uns dazu, tiefer in die Tatsache der Moral einzudringen. Wir suchen also die Grundlagen der Moral, und wir verlangen nach begründeter Auskunft über das Gute und das Böse. Warum ist es nicht immer das Beste, das zu tun, „was mir eben in den Sinn kommt"? Warum gibt es keine Ausnahmen von moralischen Geboten? Warum gibt es moralische Werte, die in einer Kultur anerkannt, aber von einer anderen verworfen werden? Warum haben die Völker Mittelamerikas die Menschenopfer gutgeheißen, während die alten Griechen so etwas ablehnten? Warum war im römischen Recht das Foltern des Angeklagten erlaubt, warum ist es nach heutigem Recht verboten? Warum haben die Spartaner die kränklichen Säuglinge getötet, während wir sie heute ganz besonders pflegen und schützen?

Die Philosophie ist das vernünftige Instrument, mit dem sich solche Fragen beantworten lassen. [...] Sie ist vernünftig (rational), umfassend (universal) und radikal, das heißt, sie geht den Dingen auf den Grund.

Héctor Zagal, S. 25-26

Aufgaben

1. Welche Fragen haben dich als Kind besonders beschäftigt? Hast du eine Antwort erhalten? ➜ M1
2. Stelle eine Liste von Fragen zusammen, die besondere Bedeutung nicht nur für dich haben.
3. Findet sinnvolle und sinnlose Fragen und Antworten. Überlegt gemeinsam, warum einige Fragen sinnlos sind.
4. Welche Fragen sind in dem Bild enthalten? ➜ M4
5. Diskutiert, ob es die Aufgabe der Schule ist, den Kindern dabei zu helfen, richtige Fragen zu stellen. Schreibe den Text weiter, indem du Harry antwortest: „Wir sollten in der Schule ..." ➜ M5
6. Welche Fragen würdest du einem „Fachmann für Moral" stellen? ➜ M6

▶ Glossar: Matthew Lipman, Rationalität, Universalität, Héctor Zagal

3 Alles geregelt – alles genormt!?

M1 Die Sache mit dem Tagebuch

M2 Der Fund

Lukas und Timo finden auf der Heimfahrt aus der Schule kurz vor der Endhaltestelle unter dem Sitz des Busses ein kleines, schön eingebundenes Buch. Lukas schlägt es auf und entdeckt, dass es das Tagebuch ihrer sehr beliebten Mitschülerin Sarah ist, die zuvor auf dem Platz saß.

Er beginnt sofort interessiert darin zu blättern. Timo meint: „Komm lass das, das kann man doch nicht machen!" „Wieso denn, das ist doch nicht verboten, oder?", antwortet Lukas und beginnt interessiert zu lesen.

„Aber man darf es trotzdem nicht!"

M3 Gute Gründe

Es ist nicht unbedingt verboten, im Tagebuch zu lesen. Dennoch könnte es gute Gründe geben, dies nicht zu tun, z.B. weil

- man selbst auch nicht möchte, dass jemand unerlaubt so etwas macht („Was du nicht willst, dass man dir tu ...").
- man damit die Gefühle von anderen (Sarah) verletzt.
- man sich dann eventuell schämt, so etwas gemacht zu haben.
- das die Kameradschaft/Freundschaft mit Sarah gefährdet.

Ethische Fälle beschreiben und analysieren

In den meisten Situationen – wie bei Lukas und Timo – wissen wir spontan, was richtig oder gut ist. Oftmals beurteilen andere jedoch den Fall ganz unterschiedlich.

Im Ethikunterricht, aber auch im normalen Alltag, geht es darum, diese Urteile zu prüfen und zu begründen. Dazu sind folgende Schritte hilfreich:

1. Wie beurteile ich diesen Fall spontan? Warum?
2. Wer ist beteiligt und wer ist betroffen? Welche Interessen haben die Beteiligten und Betroffenen? Was möchten sie, was möchten sie nicht (Gefühle, Werte)?
3. Welche anderen Handlungsmöglichkeiten gibt es?
4. Welche rechtlichen Normen müssen berücksichtigt werden? Welche moralischen Normen und welche Werte werden hiervon berührt?
5. Wie würde ich mich jetzt entscheiden?

M4 Der Fund am Kopierer

Da vier Gastschüler in der Klasse 7b sind, bittet Deutschlehrer S. die beiden Klassensprecher Frank und Sandra, für ihn während des Unterrichts vier weitere Kopien des Arbeitsblattes anzufertigen. Sie erhalten von ihm den Schlüssel für den Kopierraum und finden im Kopierer eine Klassenarbeit, die ein Lehrer oder eine Lehrerin dort vergessen haben muss. Während Frank kopiert, liest Sandra und stellt fest: „Mensch, das ist unsere Mathearbeit für morgen ... Komm, die kopieren wir für uns beide!"

M5 Alles genormt = alles geregelt!

M6 Total normal

Finde die unterschiedlichen Bedeutungen von „Norm" in den folgenden Aussprüchen heraus:

Denkst du eigentlich, das ist normal, so wie du dich verhältst?

Der Brief entspricht leider nicht der Standardnorm; er ist wesentlich teurer.

Normalerweise regnet es im April häufig, im Juli dagegen kaum in unseren Breiten.

Die Entscheidung des Schiedsrichters im Endspiel verstieß gegen jede Norm.

Der Heizstab entspricht den Sicherheitsnormen.

Normen (Singular: die Norm, zu lat. norma: Richtschnur, Regel, Vorschrift)

Wie die Beispiele gezeigt haben, ist nicht immer alles unbedingt erlaubt, was nicht verboten ist. Das liegt daran, dass es eine Vielzahl von Verhaltensregeln (= Normen) gibt.

Diese Normen lassen sich nach ihrer Herkunft in rechtliche und moralische Normen unterscheiden.

Rechtliche Normen: Ursprung ist das Recht, also die Gesetzgebung (z.B. Schulgesetz, Straßenverkehrsordnung, Strafgesetz usw.). Ein Verstoß gegen rechtliche Normen wird durch rechtliche Maßnahmen wie Bußgeld oder Haft bestraft. Da in verschiedenen Ländern unterschiedliches Recht gilt, sind auch die rechtlichen Normen zum Teil verschieden.

Moralische Normen resultieren aus Moralvorstellungen der Menschen. Ein Teil der moralischen Normen ist identisch mit den rechtlichen Normen (z.B. du sollst nicht töten), andere jedoch nicht (z.B. du sollst nicht lügen). Wer gegen moralische Normen verstößt, muss damit rechnen, dass er z.B. verachtet wird, dass niemand mehr mit ihm zu tun haben will, dass man ihm nicht mehr vertraut.

Daneben gibt es noch weitere Normen, die oft auch **Konventionen** genannt werden. Dies können Anstands- und Benimmregeln sein (sei höflich, benutze Messer und Gabel), aber auch Normen, die die Gesundheit betreffen (putze deine Zähne regelmäßig).

Aufgaben

1. Sammelt Gründe, weshalb manche Menschen Tagebuch führen. ➜ M1
2. Welche Gefühle hättest du, wenn jemand unerlaubt dein Tagebuch lesen würde?
   Weshalb möchte Lukas das Tagebuch lesen?
   Was könnte Timo anführen, weshalb man das nicht darf?
   Was denkt und wie fühlt sich Sarah, wenn Timo und Lukas ihr am nächsten Tag das Buch geben? ➜ M1/2
3. Analysiert in Gruppen den „Fund am Kopierer". ➜ M4
4. Ordnet die einzelnen Vorschriften den verschiedenen Normen zu und sucht weitere Beispiele. ➜ M5
   Wo gibt es Überschneidungen zwischen den verschiedenen Normen?

▶ Glossar: Konventionen, Normen

4 Wie die Moral in den Menschen kommt

M1 Was Eltern und andere Erwachsene so alles sagen

Zappel nicht so herum!

Putz dir die Zähne!

Sei anständig!

Mit Essen spielt man nicht!

DU MUSST LERNEN ZU TEILEN!

Ehrlich währt am längsten!

Sei leise!

……………………………………!

Um sechs Uhr bist du zu Hause!

Räum dein Zimmer auf!

Du musst lernen, sonst wird aus dir nichts!

Sei lieb zu deinem Schwesterchen/Brüderchen!

Pass auf deine Kleider auf!

LASS DIR NICHTS GEFALLEN!

Man muss nicht alles haben!

Bedanke dich!

Sei hilfsbereit!

M2 Moral lernen

Wenn wir unseren Vergleich mit dem Computer aufgreifen (M3, S. 9), dann fragt sich nun, wie und woher die Moral in den Menschen kommt – wie also das „Grundprogramm“ installiert wird. Woher wissen kleine Kinder, was gut oder böse, richtig oder falsch ist? Vielleicht gibt es (ein paar) Normen, die angeboren sind, die meisten müssen jedoch allmählich gelernt werden, wie z.B. auch das Essen, Gehen, Sprechen usw. Hierbei spielen die Eltern eine sehr große Rolle. Sie sind für die Erziehung der Kinder zuständig und sollen ihnen die Normen beibringen. Dies geschieht bewusst, indem Eltern ihren Kindern klare Anweisungen geben (siehe M1). Wichtig ist natürlich, dass sie auch darauf achten, dass diese Normen oder Regeln eingehalten werden. Je älter die Kinder werden, umso wichtiger ist es, ihnen den Sinn dieser Normen zu erläutern, damit sie diese Normen einsehen.

Kinder lernen fortwährend und deshalb lernen sie nicht nur diejenigen Regeln, die ihnen die Eltern absichtlich und bewusst beibringen wollen. Sie lernen Verhaltensweisen und Normen auch von anderen Personen durch beispielsweise Nachahmen und Probieren. Sie spielen z.B. das Verhalten anderer, meist der Erwachsenen, nach und lernen dadurch natürlich unbewusst auch die zugrunde liegenden Normen kennen. Außerdem lernen sie bestimmte Verhaltensweisen und die damit verbundenen Regeln auch durch Probieren. Eine nicht erfolgreiche Strategie werden sie dann nicht mehr anwenden, eine erfolgreiche immer wieder (z.B.: Wenn ich meine Schwester verpetze, darf ich nicht mehr an ihrem PC spielen … oder: Wenn ich an der Supermarktkasse Theater mache und Süßigkeiten will, gibt Mutti nach …).

M3 Über fremd- und selbstbestimmte Moral

Manuel, Camilla und Gloria wollen von ihrem Lehrer, Herrn Ibarra, wissen, worin der Grund dafür liegt, dass die Menschen moralische Empfindungen haben.

„Ich fürchte freilich, dass euch meine Antwort nicht gleich zufriedenstellen wird. Es gibt nämlich meines Wissens mindestens zwei Arten von Antworten auf diese Frage, zwei verschiedene Weisen, das Gute und das Schlechte zu definieren. Die eine Weise könnte man die fremdbestimmte Moral nennen, die andere die selbstbestimmte. Man kann die eine ‚autoritär' nennen und die andere ‚autonom'."

„Was heißt hier ‚autoritär'?", fragte Camilla. „Hat das was mit Autorität zu tun?"

„Ja, man könnte sagen, dass diese Vorstellung von Moral darin besteht, dass das Schlechte als schlecht angesehen wird, weil eine Autorität, beispielsweise die Eltern, diese Handlung verboten hat. Man kann auch noch weitergehen und sagen, dass etwas deswegen schlecht ist, weil Gott es verboten hat."

„Genau so hat man uns das auch beigebracht!", sagte Gloria.

„Sicher, Gloria", sagte Herr Ibarra. „Als Kinder schauen wir immer zu unseren Eltern auf und denken, dass alles, was sie sagen, unumstößlich richtig ist. Wenn wir älter werden, genügt uns das nicht mehr, dann wollen wir irgendwann selber herausfinden, warum etwas richtig oder falsch sein soll. Oder nicht? [...] Und deshalb sollten wir uns auch der anderen Weise zuwenden, wie Moral verstanden werden kann, also der Idee der Selbstbestimmung, die auf autoritäre Vorgaben verzichtet. Wesentlich an dieser Idee ist, dass moralische Regeln nicht so angesehen werden, als ob sie uns andere auferlegen würden, sondern so, dass wir sie uns selber auferlegen. Diese Regeln und Gesetze wollen wir selbst so, wie sie sind; wir würden sie im Entscheidungsfall immer wieder wählen, und deshalb sind diese Regeln ein Produkt unserer eigenen Freiheit."

Ernst Tugendhat, S. 80-82

M4 Erziehungsmethoden

Wenn die Kinder artig sind,
Kommt zu ihnen das Christkind;
Wenn sie ihre Suppe essen
Und das Brot auch nicht vergessen,
Wenn sie, ohne Lärm zu machen,
Still sind bei den Siebensachen,
Beim Spaziergehn auf den Gassen
Von Mama sich führen lassen,
Bringt es ihnen Gut's genug
Und ein schönes Bilderbuch.

aus: Heinrich Hoffmann, Der Struwwelpeter

Aufgaben

1 Setzt in Arbeitsgruppen die Liste von Elternsprüchen aus eigener Erfahrung fort. ➜ M1
Untersucht dann, welche der Sprüche moralische Regeln beinhalten, welche nicht. Diskutiert darüber, welche der moralischen Regeln ihr als sinnvoll erachtet.

2 Überlegt, weshalb es wichtig ist, dass Eltern selbst ihre Normen einhalten und diese auch begründen. ➜ M2

3 Normen, die Kinder unbeabsichtigt gelernt haben, können im Widerspruch zu den Normen stehen, die ihnen die Eltern vermitteln wollen.
Nennt hierfür Beispiele.

4 Überlege: Welche Verhaltensregeln, die du in deinem Leben befolgst, empfindest du als fremd-, welche als selbstbestimmt? ➜ M3

5 Welche Auffassung von Erziehung wird in dem Kinderbuch von 1845 zum Ausdruck gebracht? ➜ M4
Vergleicht mit euren eigenen Erfahrungen und diskutiert, ob und warum sich hier etwas geändert hat.

▶ Glossar: autoritär, Autorität, Selbstbestimmung, Ernst Tugendhat

1 Abenteuer Ich

M1 Wer bist du?

Sofie, die Hauptfigur in einem Roman von Jostein Gaarder über die Philosophie, erhält von einer geheimnisvollen Person Briefe, die sie verwirren und ihre Neugier wecken.

Heute lag in dem großen grünen Briefkasten nur ein kleiner Brief – und der war für Sofie.
„Sofie Admundsen", stand auf dem kleinen Briefumschlag. „Klovereien 3". Das war alles, kein Absender. Der Brief hatte nicht einmal eine Briefmarke. Sowie Sofie das Tor hinter sich geschlossen hatte, öffnete sie den Briefumschlag. Darin fand sie nur einen ziemlich kleinen Zettel, nicht größer als der dazugehörige Umschlag. Auf dem Zettel stand: *Wer bist du?* [...]
Wenn sie das wüsste! Sie war natürlich Sofie Amundsen, aber wer war das? Das hatte sie noch nicht richtig herausgefunden. Wenn sie anders hieße? Anne Knutsen zum Beispiel. Wäre sie dann auch eine andere?

M2 Die Antwort des Spiegels

Nun sprang sie vom Hocker und ging mit dem seltsamen Brief in der Hand ins Badezimmer. Sie stellte sich vor den Spiegel und starrte sich in die Augen.
„Ich bin Sofie Amundsen", sagte sie. Das Mädchen im Spiegel schnitt als Antwort nicht einmal die kleinste Grimasse. Egal, was Sofie auch machte, sie machte genau dasselbe. Sofie versuchte, dem Spiegelbild mit einer blitzschnellen Bewegung zuvorzukommen, aber die andere war genauso schnell. „Wer bist du?", fragte Sofie. Auch jetzt bekam sie keine Antwort, aber für einen kurzen Moment wusste sie einfach nicht, ob sie oder ihr Spiegelbild diese Frage gestellt hatte. Sofie drückte den Zeigefinger auf die Nase im Spiegel und sagte: „Du bist ich." Als sie keine Antwort bekam, stellte sie den Satz auf den Kopf und sagte: „Ich bin du."

M3 Selbst-Bewusstsein

Sofie Amundsen war mit ihrem Aussehen nie besonders zufrieden gewesen. Sie hörte oft, dass sie schöne Mandelaugen hätte, aber das sagten sie wohl nur, weil ihre Nase zu klein und ihr Mund etwas zu groß war. Die Ohren saßen außerdem viel zu nah an den Augen. Am schlimmsten aber waren die glatten Haare, die sich einfach nicht legen ließen. [...]
War es nicht ein bisschen komisch, dass sie nicht wusste, wer sie war? Und war es nicht auch eine Zumutung, dass sie nicht über ihr eigenes Aussehen bestimmen konnte? Das war ihr einfach in die Wiege gelegt worden. Ihre Freunde konnte sie vielleicht wählen, sich selber hatte sie aber nicht gewählt. Sie hatte sich nicht einmal dafür entschieden, ein Mensch zu sein. Was war ein Mensch? Sofie sah wieder das Mädchen im Spiegel an.
„Ich glaube, ich mache jetzt lieber meine Bio-Aufgaben", sagte sie.

M1/2/3: Jostein Gaarder, S. 8–10

M4 Lust auf Entdeckungsreisen?

Quino, Mafalda

M5 Meine ganze Person

mein Kern

Selbstbewusstsein

meine 3. Hülle

meine Gedanken, Wünsche, Hoffnungen, Gefühle

meine 2. Hülle

meine Begabungen, Fertigkeiten, Wissen, Können

meine 1. Hülle

meine Körperhaltung, Gang, Gestik, Mimik, Stimme

meine Basis

mein Körper, Aussehen, Kleidung

Keith Haring, Untitled. 1989

M6 Der Inhalt ist wichtig

Als diese Buben aus der 7. Klasse sagten, ich würde wie ein Pekinese aussehen, bin ich in den Waschraum gerannt und habe mich im Spiegel betrachtet: Stupsnase, breite Stirn und weit auseinanderstehende Augen. Sie haben nicht unrecht! Und schiefe Zähne auch noch – obwohl – die kann man regulieren. Es ist seltsam, ich habe mich noch nie zuvor gefragt, ob mich die Leute hübsch finden. Aber neulich sagte meine Großmutter: „Beurteile nie ein Buch nach seinem Einband!" Und es kam mir in den Sinn, dass sich Bücher und Menschen in gewisser Hinsicht ähnlich sind: Beide sind voll von Gedanken. Ich frage mich, ob das dumm ist. Egal, eines weiß ich genau, Spiegel lügen, sie zeigen die Menschen nicht so, wie sie wirklich sind.

Matthew Lipman, S. 54

Aufgaben

1 Du erhältst wie Sofie einen Brief, der dich fragt: „Wer bist du?" Beantworte ihn. ➜ M1

2 Benennt und diskutiert die Probleme, die Sofie vor dem Spiegel hat. ➜ M2/3
Unterscheiden sich die Sichtweisen von Mädchen und Jungen?

3 Was sagt dein Äußeres über dich selbst aus?
Wie wichtig ist dein Aussehen für dein Selbstbewusstsein? ➜ M2/3

4 Stellt eine Ausrüstung für die Forschungsreise ins „Ich" zusammen (z.B. Fotos, ...). ➜ M4

5 Schreibe eine kurze Geschichte über den Satz: „Beurteile nie ein Buch nach seinem Einband." ➜ M6

▶ Glossar: Bewusstsein/Selbstbewusstsein, Identität, Jostein Gaarder

2 Achterbahn der Gefühle

M1 Gefühle erkennen

5

3

1

2

6

4

M2 Gefühle benennen

elend
interessiert
verärgert
gelangweilt
begeistert
unzufrieden
enttäuscht
ängstlich
verliebt
scheu
verzückt
ärgerlich
beunruhigt
nervös
verstimmt
eifrig
tatkräftig
aufgeregt
beleidigt
traurig
froh
erfreut
unbekümmert
verächtlich
aufgedreht
heiter
unsicher
strahlend
zufrieden
bestürzt
munter
niedergeschlagen
entnervt
wütend
geknickt
gespannt
erschrocken
verunsichert
ausgelassen
unbeschwert
belästigt
fröhlich
bedrückt
verzweifelt
aufgebracht
unbehaglich
verwirrt
trübsinnig
reizbar
gereizt
zornig
betroffen

M3 Ninas Tag

Um 6.15 Uhr klingelt der Wecker. Nina stellt ihn ab und denkt an den vor ihr liegenden Tag: ein Test in Biologie, das Volleyballspiel gegen die 7b, Rückgabe der Deutscharbeit und Pizza zum Mittagessen, sie fühlt sich (1) ... Nina rollt sich aus dem Bett und will ihr liebstes T-Shirt anziehen, aber ihre Schwester Melanie hat es als Nachthemd benutzt. Nina fühlt sich (2) ... „Mama, Melanie trägt mein bestes T-Shirt im Bett!“ – „Nimm dir ein anderes“, hört sie ihre Mutter, „und komm endlich zum Frühstück.“ – „Melanie darf sich alles erlauben“, denkt Nina und fühlt sich (3) ... Gegen 7.15 Uhr verlässt sie das Haus. An der Bushaltestelle trifft sie Michael, mit dem sie jeden Morgen gemeinsam zur Schule fährt. Schon von weitem sieht sie ihn. Sie fühlt sich (4) ... Michael hat heute Nachmittag ein wichtiges Fußballspiel. „Kommst du zum Zuschauen?“, fragt er sie. Sie fühlt sich (5) ... „Ich komme bestimmt“, antwortet sie und schaut auf die Uhr. „Es klingelt in drei Minuten.“ Sie können gerade die Schule am Ende der Straße sehen. Beide fühlen sich (6) ... Sie kommen gerade noch rechtzeitig zum Unterricht. Um 8.15 Uhr sitzt Nina noch ganz außer Atem im Biologieraum. Vor ihr liegt der Test. „Ich habe mich auf diesen Test gut vorbereitet“, denkt sie und fühlt sich (7) ... Um 10.30 Uhr hat Nina Sport. Heute ist endlich das lange erwartete Volleyballspiel gegen die Parallelklasse. Nina wird zur Mannschaftsführerin gewählt. Sie fühlt sich (8) ... Die Mannschaften sind fast gleichwertig. Am Ende verpasst Nina allerdings einen Ball, und ihre Mannschaft verliert knapp mit 14:16. Im Umkleideraum klopft ihr eine Mitspielerin auf die Schulter: „Mach dir nichts draus.“ Trotzdem fühlt Nina sich (9) ... Die Pizza, die sie mittags bekommt, glänzt vor Fett, und als sie ihr Tablett auf den Tisch stellt, sieht sie, wie Michael sich angeregt mit Sabine unterhält. Jetzt fühlt sie sich (10) ... Nach der Mittagspause bekommt sie ihre Deutscharbeit zurück. Sie hat eine Zwei, zum ersten Mal in diesem Schuljahr. Sie fühlt sich (11) ... Um 15.00 Uhr ist die Schule zu Ende. Sie beeilt sich, um noch pünktlich zu Michaels Fußballspiel zu kommen. Aber dann fällt ihr ein, wie er beim Mittagessen mit Sabine gelacht hat. Sie fühlt sich (12) ... Am Abend gibt es ihr Lieblingsessen. Sie erzählt: „Heute haben wir gegen die 7b im Volleyball gewonnen. Es war super!“ Nina fühlt sich (13) ... Nach dem Essen geht Nina noch einmal raus. Sie möchte mit ihren Freundinnen noch etwas besprechen. Eine Freundin sagt: „Du bist wirklich zu beneiden. Du hast echt tolle Eltern.“ Nina fühlt sich (14) ... Gegen 22.00 Uhr fällt sie müde ins Bett. Ihr Lieblings-T-Shirt liegt gebügelt auf ihrem Kopfkissen. Sie fühlt sich (15) ..., als sie bald darauf in tiefen Schlaf fällt.

Lions-Quest – Arbeitsblatt „Ein Tag voller Gefühle“

Aufgaben

1. Ordne Gefühle aus M2 den Gesichtern aus M1 zu. Sortiere die Gefühle in ein Auf und Ab wie bei einer Achterbahn. Unterscheide dabei nach guten und schlechten Gefühlen und erstelle eine Rangfolge. ➜ M1/2
2. Lies die Geschichte und schreibe heraus, wie Nina sich jeweils fühlt. Versuche dabei die Gefühle möglichst genau sprachlich zu bestimmen. Du kannst auch Beispiele aus der Liste in M 2 nehmen. ➜ M3/2
3. Vergleiche die Ergebnisse mit deinem Nachbarn und dann weiter mit den anderen Nachbarn (wachsende Gruppe). Inwiefern habt ihr die gleichen Gefühle benannt, wo gab es Unterschiede? Erklärt, weshalb es Unterschiede gab.
4. Finde Erklärungen für Ninas Behauptung, das Volleyballspiel gewonnen zu haben. ➜ M3
5. Die Überschrift der Doppelseite spricht von einer Achterbahn der Gefühle. Weshalb wechseln die Empfindungen häufig? Wovon hängt dies ab?
6. Überlege dir, wie Menschen oft auch unbewusst durch Körpersprache, Gestik und Mimik Gefühle ausdrücken.
7. Versucht in Kleingruppen, den anderen pantomimisch bestimmte Gefühlszustände vorzuspielen, die diese dann erraten müssen.

3 Mit Gefühlen umgehen

M1 Mr. Spock

Gedankenexperiment

Das Gedankenexperiment ist eine spannende Methode, um sich über etwas klar zu werden, sich etwas bewusst zu machen und zu neuen Erkenntnissen zu kommen. Darum spielen die Gedankenexperimente in der Philosophie und Ethik eine ähnliche Rolle wie Experimente in den Naturwissenschaften. Der Unterschied besteht darin, dass man nicht mit der Natur experimentiert, sondern mit Gedanken.

Man spielt in Gedanken eine Vorstellung oder Annahme durch und testet dabei, ob sie zutrifft oder nicht.

Gedankenexperimente sind „Was wäre wenn-Situationen", also Ausflüge der Phantasie und des Verstandes in mögliche Welten. Damit können neue Fragen gestellt, Folgen durchgespielt, Folgerungen geklärt werden und vieles mehr. Und so führt man sie durch:

1. Die Basis von Gedankenexperimenten besteht immer aus einer oder mehreren Annahmen, die fiktiv und völlig irreal sein können.
2. Dann folgt eine Frage, die sich auf die Annahme bezieht.
3. Das eigentliche Experiment besteht aus den daraus folgenden Überlegungen, die zur Beantwortung dieser Frage führen. Wichtig ist, dass die Antwort ausführlich begründet wird.

M2 Gedankenexperiment 1

Durch einen Unfall ist bei Tim im Gehirn das Zentrum für Gefühle verletzt worden. Seitdem kennt er keine Gefühle mehr, hat aber ansonsten keinerlei Beeinträchtigungen.

Ist Tim noch ein Mensch oder eher ein Roboter?

Wodurch unterscheidet sich Tim von deinen Mitschülerinnen und Mitschülern?

Möchtest du neben ihm sitzen, im Schullandheim ein Zimmer mit ihm teilen, mit ihm befreundet sein, mit ihm Sport treiben, ins Kino gehen, Musik hören, in den Urlaub fahren usw.?

M3 Gedankenexperiment 2

Du landest auf einem Planeten Ratio, wo die Leute keine Gefühle kennen und damit auch keine Gefühlsäußerungen zeigen. Sie leben ansonsten aber wie wir und sie haben unser Aussehen.

Sind diese Wesen Roboter? Sind es Menschen?

Du begleitest eine gleichaltrige Schülerin/einen gleichaltrigen Schüler als Gastschüler einen Tag auf dem Planeten Ratio.

In einem Brief nach Hause beschreibst du den Alltag dort, was in dir vorgeht, was dir auffällt. Themen können dabei z.B. Freundschaft, Musik, Sport, Schule, Kino, andere Aktivitäten usw. sein.

M4 Jeder fühlt sich anders

a) Dein Mathelehrer fordert dich auf, eine Aufgabe an der Tafel vorzurechnen.

b) Deine Klasse wählt dich zum/zur Klassensprecher/in.

c) Du hast im Deutschaufsatz eine 4 geschrieben.

d) Du wirst in der Klassenarbeit beim Abschreiben erwischt.

e) Du hast eine schwierige Sportübung endlich geschafft.

f) Du hast die Matheaufgabe an der Tafel gelöst und dein/e Lehrer/in lobt dich vor der Klasse.

g) Du wirst nicht zu einem Fest eines Klassenkameraden eingeladen, dein bester Freund/deine beste Freundin ist jedoch eingeladen.

h) Du bemerkst, dass einige in der Klasse über dich reden.

i) Du bekommst eine Strafarbeit, weil du zu viel geschwätzt hast, andere nicht.

j) Du hast eine schlechte Note geschrieben und bist auf dem Heimweg.

k) Du gehst mit deinem Verein/deiner Jugendgruppe in den Pfingstferien in ein Zeltlager.

M5 Mein wahres Ich ...

Dik Browne, Hägar

M6 Über Bedeutung und Umgang mit Gefühlen

Gefühle gehören zu unserem Leben. Jeder Mensch hat Gefühle, sie sind, wie wir bereits gesehen haben, wichtig und sie machen unser Leben interessant und abwechslungsreich. Bevor sich bei Kindern das Denken entwickelt, haben sie schon Empfindungen und Gefühle; das bedeutet, dass die Gefühle vor der Vernunft vorhanden sind. Unsere Gefühle beeinflussen unseren Körper und mit unseren Gefühlsäußerungen beeinflussen wir auch das Verhalten anderer Menschen. Deshalb sollten wir unsere Gefühle nicht versuchen zu verbergen, ihnen aber auch nicht immer unbedingt freien Lauf lassen.

Psychologen raten daher,

- die eigenen Gefühle zu akzeptieren;
- mit anderen, aber auch mit sich selbst über seine Gefühle zu sprechen;
- zu fragen, warum man sich so fühlt (Was hat das Gefühl verursacht, was kann ich machen?);
- seine Gefühle zu kontrollieren (nachzudenken statt sofort zu handeln) und sich zu entschuldigen;
- seine Gefühle zu artikulieren (Beispiel: „Wenn du in mein Zimmer kommst, ohne anzuklopfen, fühle ich mich kontrolliert.“).

Aufgaben

1 Sicherlich kennst du Mr. Spock aus der Serie Star Trek oder Raumschiff Enterprise.
Wodurch unterscheidet er sich von den anderen Mitgliedern der Crew und welche Aufgaben hat er? ➔ M1

2 Wähle drei Situationen aus ➔ M4:
a) Erkläre, wie du vermutlich reagieren wirst.
b) Beschreibe möglichst genau, was du in der Situation fühlst.
c) Überlege dir, warum dies so ist.

3 Vergleiche nun deine Antworten mit den Antworten eines Mitschülers/einer Mitschülerin.

4 Versetze dich in die Rolle des Psychologen. Schreibe aus seiner Sicht einen kurzen Brief an dich selbst, in dem du auf eine der in Aufgabe 2 besprochenen Situationen eingehst. Welchen Rat würde er dir geben? ➔ M6

5 Oft geht es Menschen so wie Hägar, die anderen nehmen einen nicht so wahr, wie man wahrgenommen werden möchte. Überlegt euch, woran dies (bei Hägar und anderen) liegen kann und was jemand in diesem Fall tun kann, um richtig wahrgenommen zu werden. ➔ M5

4 Gefühle beeinflussen

M1 Ein Paradies?

ÜBEL

Ich bin auf eine einsame Insel verschlagen worden, ohne Hoffnung, je wieder fort zu kommen.

Ich bin, getrennt von den Menschen, zu lauter Unglück ausgewählt.

Ich bin ein Einsiedler und Verbannter.

Ich habe auch keine Kleider, mich zu bedecken.

Ich bin wehrlos und habe nur wenig Mittel, mich gegen wilde Tiere zu wehren.

GUT

Aber ich bin doch am Leben und nicht ertrunken wie alle Kameraden.

Aber ich wurde unter der ganzen Schiffsbesatzung ausgesondert, um dem Tod zu entgehen.

Aber ich sterbe nicht vor Hunger, und der Boden ist fruchtbar.

Aber ich bin in einem heißen Landstrich, wo ich kaum Kleider tragen könnte, auch wenn ich welche hätte.

M2 Die Robinson-Methode

Sicherlich kennt ihr den Roman „Robinson Crusoe“ von Daniel Defoe. Er erzählt das Schicksal eines Schiffbrüchigen, der alleine und hilflos auf einer unbekannten einsamen Insel strandet. Er ist verzweifelt, denn seine Lage erscheint hoffnungslos. Doch er gibt nicht auf, überlebt und wird Jahre später sogar gerettet.

Diese Rettung verdankt Robinson vor allem seinem Umgang mit negativen Gedanken und Gefühlen, denen er nicht nachgibt, sondern denen er das Positive entgegensetzt.

Robinson nimmt nach seiner Landung einen Stift, den er aus dem Schiff gerettet hat, und zieht Bilanz, indem er seine positiven Gefühle und Erfahrungen den negativen gegenüberstellt. Und er kommt zu dem Ergebnis, dass er sich besser fühlt und sogar zufriedener. Diese Einstellung rettet ihm das Leben. Hätte er sich seiner Verzweiflung ergeben, wäre er vermutlich bald zugrunde gegangen, hätte nie Freitag kennengelernt und wäre nie gerettet worden.

Von Robinson Crusoe können wir deshalb lernen, uns gegen negative Gedanken und Gefühle zu wappnen. Fast jedes Erlebnis hat (mindestens) zwei Seiten, die wahr sind. Für welche Seite wir uns entscheiden, liegt in unserer Hand. Das ist wie bei der Frage, ob ein Glas halb voll oder halb leer ist. Meist ist es hilfreicher, sich für das halb volle Glas zu entscheiden.

Diese – nennen wir sie einfach – „Robinson-Crusoe-Therapie“ wird durch Psychologen heute bestätigt. Wir kennen das alle: Wenn wir niedergeschlagen sind, dann sehen wir alles negativ, ein Strom von negativen Gedanken zieht vorbei und wir nehmen nur das Negative und dies auch noch viel intensiver wahr. Wir geraten in einen Strudel, der uns nach unten zieht.

Hier hilft uns die Robinson-Methode. Schon das Aufschreiben der Befürchtungen und Ängste trägt dazu bei, sie loszuwerden, denn dadurch werden sie fassbarer und auch leichter zu überprüfen als Vorstellungen, die wir nur im Kopf herumwälzen. Wenn wir nun auch noch notieren, was gegen die negative Sichtweise spricht, sind wir auf dem besten Wege, uns dagegen zu wappnen.

nach Stefan Klein, S. 217-220

Selbstbeobachtung

Um sich über seine Gefühle und Gedanken klar zu werden, ist es wichtig, sich selbst zu beobachten. Dabei kannst du so vorgehen:

1. Du versetzt dich in eine bestimmte Situation, die du dir ausdenkst oder die du schon erlebt hast,
2. du beschreibst dich, wie du fühlen und handeln würdest,
3. du setzt dich gleichzeitig als Beobachter ein und beobachtest, wie es dir dabei ergeht.

Anschließend kannst du die Ergebnisse auswerten und fragen, warum du dich so gefühlt und darum so gehandelt hast.

Aufgaben

1 Überlege dir, was du benötigst, um auf solch einer einsamen Insel überleben zu können. Vergleiche hierzu auch S. 62f. ➜ M1

2 Welche andere Möglichkeiten nutzt du, um von negativen Gedanken/Gefühlen wegzukommen? ➜ M2

3 Nimm zwei Fälle aus den Beispielen von Seite 21 (M4) und versuche, hierzu eine Liste zu erstellen, wie es bei Robinson beschrieben ist. ➜ M1/2

ÜBEL	GUT

4 Lena ist völlig verzweifelt, weil ihre beste Freundin Anne mit ihren Eltern für vier Jahre in die Vereinigten Staaten zieht. Sie hat Angst davor und weiß nicht, wie sie ohne Anne auskommen kann, denn sie waren bis jetzt unzertrennlich.
Sie wendet sich mit ihren Befürchtungen an eine Jugendzeitschrift.
Du betreust diese Seite der Jugendzeitschrift und schreibst einen Brief an Lena. ➜ M2

5 Wenn du traurig bist, verzweifelt, wenn du weinst ...
Überlege dir und notiere, welche Verhaltensweisen deiner Freunde, Eltern, Geschwister dir in dieser Situation geholfen haben und welche du überhaupt nicht magst (z.B. in den Arm nehmen, in Ruhe lassen, Gespräch suchen, Tee kochen usw.).

6 Stell dir vor, du kommst richtig glücklich heim, weil dir etwas besonders gut gelungen ist oder weil dir etwas Schönes passiert ist.
Welche Reaktionen anderer magst du gar nicht, wenn du richtig „happy“ bist? Warum?

5 Gedanken im Kopf

M1 Wer denkt hier was?

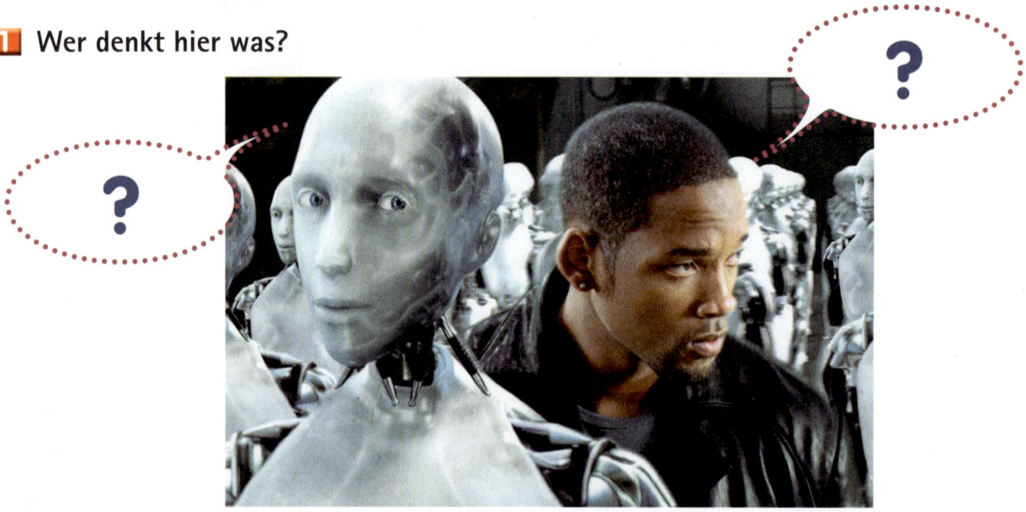

M2 Gedanken und Gefühle

Lisa und Gabi Portos saßen im Pausenhof und aßen ihre Brote. „Du solltest das Gesicht meines Vaters sehen, wenn er mir zusieht, wie ich Marmelade auf mein Brot streiche und Käse darauflege", sagte Lisa. „Er sagt, schon beim Gedanken an diese Mischung wird ihm schlecht!" „Das kenn ich", antwortete Gabi. „Meine Mutter sagt mir so oft, dass ich Milch statt Cola trinken soll. Milch – scheußlich." Aber Lisa dachte noch immer über die Bemerkung ihres Vaters nach. „Beim Gedanken an Marmelade und Käse wird ihm schlecht? Wie kann ein Gedanke so etwas tun?" „Meine Gedanken machen mich glücklich", meinte Gabi nach einer Weile. „Ich brauche nur an meinen Hund Sandy zu denken! Er ist ein Collie. Er springt an allen Leuten hoch [...]". „Ich weiß, was du meinst", erwiderte Lisa. „Wenn du in der Schule bist, denkst du an ihn. Es ist ein schönes, warmes Gefühl, so einen Gedanken zu haben und sich vorzustellen, ihn so wie eine Puppe zu liebkosen." Gabi freute sich sehr, dass Lisa sie verstand. „Das ist richtig!", rief sie. „Genau so ist es! Wenn ich Sandy verlasse, geht der Gedanke an ihn mit mir in die Schule, und ich kann beinahe fühlen, wie er auf meinen Schoß springt, um gestreichelt zu werden."

„Aber Gedanken sind nicht *wirklich* wirklich", bemerkte Gabi. „Ich will damit sagen, sie sind nicht wirklich wie die Dinge in deinem Zimmer. Mein Gedanke an Sandy ist nicht der wirkliche Sandy. Der wirkliche Sandy hat schönes weiches Fell. Mein Gedanke an ihn hat überhaupt kein Fell!" „Schön, aber trotzdem ist es ein wirklicher Gedanke", antwortete Mira. „Du meinst", fragte Lisa Gabi, „wenn es irgendwo ein Ding gibt, das wie dein Gedanke ist, dann ist dein Gedanke nur eine *Kopie* oder eine *Imitation* oder nicht wirklich? Also, wenn es irgendwo einen Hund namens Sandy gibt, dann ist mein Gedanke an diesen Hund nicht wirklich, sondern nur wie eine Kopie? Aber ich habe viele Gedanken, die keine Kopien von etwas sind!" „Welche zum Beispiel?", fragte Gabi. „Ja, Zahlen", antwortete Lisa triumphierend. „Hast du schon einmal gesehen, dass eine Zahl die Straße hinuntergeht oder irgendwo herumsteht? Der einzige Ort, wo Zahlen wirklich sind, ist im Kopf. Und ich wette, es gibt viele andere Dinge, die wie Zahlen nur in unserem Kopf wirklich sind." „Richtig", pflichtete Mira Lisa bei. „Aber wie ist das mit Gefühlen? Wenn ich traurig oder glücklich bin, sind diese Gefühle dann nicht nur in meinem Kopf? Ich habe auch noch nie gesehen, dass ein Gefühl die Straße hinuntergeht!"

M3 Die interessanteste Sache der Welt

... war das Thema von Harrys Hausaufgabe. Sein Aufsatz begann so:

„DENKEN
Für mich ist die interessanteste Sache der Welt das Denken. Ich weiß, dass viele andere Sachen auch sehr wichtig und wunderbar sind, wie Elektrizität und Magnetismus und Gravitation. Aber obwohl wir sie verstehen, können sie uns nicht verstehen. Daher muss das Denken etwas ganz Besonderes sein."
Harry schrieb noch einige Absätze, dann legte er sein Aufsatzheft in die Schultasche. Als er das tat, kam ihm plötzlich ein Gedanke. „In der Schule denken wir über Mathematik nach, wir denken über Rechtschreibung nach, und wir denken über Grammatik nach. Aber wer hat schon einmal davon gehört, dass wir über das Denken nachdenken?" Und so schrieb er noch folgenden Satz in sein Heft: „Wenn wir über Elektrizität nachdenken, können wir sie besser verstehen, aber wenn wir über das Denken nachdenken, scheinen wir uns selbst besser zu verstehen."

M2/3: Matthew Lipman, S. 13-15, 20-21

Denken über das Denken

Es gibt eine Vielzahl von geistigen Tätigkeiten, die auch verschieden ausgeführt werden, z. B. wenn wir träumen, uns erinnern oder uns etwas vorstellen. Was aber sind genau Gedanken?
Um das herauszufinden, kannst du die folgende Übung durchführen:

1. Du denkst. Denkst du dann
   - in Worten oder
   - in Bildern oder
   - beides gleichzeitig?
2. Du denkst an eine bestimmte Person.
   - Denkst du nur an ihren Namen
   - oder hast du ein bestimmtes Bild vor Augen?
3. Du denkst an ein Tier, z. B. an einen Hund:
   - Hörst du ihn im Geiste knurren und bellen,
   - spürst du sein Fell?
4. Du hast Zahnschmerzen. Ist der Schmerz in
   - deinen Vorstellungen, Gedanken, deinem Kopf
   - oder in deinem Zahn?

M4 In meinem Kopf sind:

Aufgaben

1 Mache Vorschläge für den Inhalt der „Denkblasen" und erarbeite den Unterschied zwischen Mensch und Roboter: ➜ M1
Der Mensch kann denken, weil er ein Gehirn, einen Verstand hat, hier entstehen seine Gedanken.
Der Roboter kann denken, weil er ... .
Seine Gedanken entstehen durch ... .

2 Erarbeite den Unterschied zwischen Gedanken und Gefühlen. ➜ M2
Wenn Gedanken nicht „wirklich" sind, wie können sie dich glücklich oder traurig machen?

3 Denke an die Zahl Sieben und schreibe sie dann auf ein Blatt. Was ist der Unterschied zwischen der Zahl Sieben in deinem Kopf und der Zahl Sieben auf dem Blatt? Sind beides wirkliche Zahlen? ➜ M2

4 Es gibt Dinge, die in der Wirklichkeit, und Dinge, die nur in unserem Kopf existieren.
Wo existieren

?	?	?
Hund Baum	Kobolde Vampire	Zahl Freiheit

Finde weitere Beispiele.

5 Übertrage die Graphik aus Aufgabe 4 in dein Heft und ergänze. Wie unterscheiden sich Träume/Erinnerungen/Gedanken?
Woher kommen die Wörter „gut" und „böse"? Sind sie Gedanken an etwas, das in der Welt existiert?

6 Warum ist Denken etwas ganz Besonderes? ➜ M3

7 Erläutere den Satz: „Wenn wir über das Denken nachdenken, scheinen wir uns selbst besser zu verstehen." ➜ M3

8 Führe eine Woche lang ein Tagebuch, in das du wichtige und aufregende Gedanken schreibst. Bildet Arbeitsgruppen und vergleicht eure Ergebnisse.

6 Kopf oder Bauch?

M1 Wie würdest du dich entscheiden?

Keith Haring, Untitled, 1987

Jan hat sich vorgenommen, sein Taschengeld aufzubessern und bei den Nachbarn den Rasen zu mähen. Er spielt gerade ein neues Computerspiel und kommt in die nächste Ebene. Es wäre sinnvoll, den Rasen gleich zu mähen, denn es sieht nach Regen aus. Aber Jan macht das Spiel im Augenblick viel Spaß.

Eva will sich neue Schuhe kaufen. Ein top-modisches Paar, das auch ihre beste Freundin trägt, gefällt ihr sehr gut. Die Schuhe sind aber ziemlich unbequem und passen auch nicht für alle Gelegenheiten. Für das gleiche Geld bekäme sie auch recht hübsche und zudem noch vielseitig kombinierbare und bequeme Schuhe.

Stefan könnte in den Ferien mit Freunden zu einer Wanderfreizeit in die Berge fahren. Eigentlich würde er aber lieber ans Meer fahren und dort schwimmen und vor allem schnorcheln – sein großes Hobby. Da würde aber keiner mitkommen, den er kennt.

Stefanie hat von ihrer Tante einen Geschenkgutschein von einem großen Kaufhaus im Wert von 50 Euro bekommen. Jetzt steht sie unten an der Rolltreppe und überlegt, ob sie in die Klamottenabteilung oder in die Musikabteilung fahren soll.

Simon hat Geld für einen Computer gespart. Im Laden spitzt sich die Wahl auf zwei Modelle zu. Das eine Gerät hat ein tolles Design, das ihm gut gefällt, das andere die etwas bessere Technik.

Manuel schreibt morgen eine schwierige Mathearbeit, eine gute Note könnte er brauchen. Seine Freunde rufen ihn an und wollen mit ihm in den neuen Fantasy-Film gehen, da heute die letzte Vorstellung läuft.

M2 Ein Tag im Leben des Herrn Bauch

Als Herr Bauch eines Morgens aufwachte, fühlte er sich pudelwohl in seiner Haut. Er hatte gut geschlafen und durch die Jalousien blinzelte die Morgensonne. Als er auf den Wecker blickte, wurde er etwas nervös, denn er spürte, dass er eigentlich irgendwo hingehen sollte. Er hatte aber keine genaue Vorstellung davon mehr im Kopf und konnte auch mit der Uhrzeit nichts mehr anfangen. Er konnte sich nicht mehr erinnern und nicht mehr denken! Darüber erschrak er, ein Angstgefühl stieg in ihm hoch. Dann aber fand Herr Bauch wieder zu dem angenehmen, wohligen Gefühl beim Aufwachen zurück und ließ sich nochmals in die Kissen sinken. ...

M3 Was Hirnforscher herausgefunden haben

a) *Unser Leben besteht aus ständigen Entscheidungen*
Dabei geht es nicht nur um die großen Weichenstellungen im Leben (Welche Schule? Welcher Beruf?), sondern sogar jede Bewegung, die wir ausführen, ist mit Entscheidungen verbunden. Hierbei müssen Gehirnzentren, die für die Bewegungssteuerung zuständig sind, aus einer Vielzahl möglicher Bewegungsabläufe genau einen Ablauf auswählen. Im Gegensatz zu anderen Entscheidungen vollzieht sich dieser Vorgang völlig unbewusst. Wir sprechen von automatisierten Entscheidungen. Kompliziertere Entscheidungen dagegen spielen sich mehr oder minder bewusst im Spannungsbereich zwischen Verstand und Gefühl ab.

b) *Der Widerspruch von Verstand und Gefühlen*
macht einen Großteil unseres Lebens aus. Gefühle raten uns, bestimmte Dinge zu tun, unser Verstand rät uns davon ab oder umgekehrt. Ein Verstandesmensch ist nach verbreiteter Meinung jemand, der seine Gefühle weitgehend im Griff hat, die Folgen seines Handelns genau abwägt. Ein Gefühlsmensch ist hingegen jemand, der seinen Stimmungen und Neigungen nachgibt, ohne an die Auswirkungen seines Tuns zu denken.

c) *Das Zusammenwirken von Verstand und Gefühl*
Verstand und Vernunft sind Funktionen des menschlichen Gehirns. Gefühle hingegen scheinen erst einmal gar nichts mit dem Kopf bzw. dem Gehirn zu tun zu haben, sondern mit unserem Körper. Uns hüpft das Herz vor Freude, wir haben vor einer unangenehmen Situation Magendrücken, uns zittern die Hände und schlottern die Knie vor Angst. Aber auch diese im Körper erfahrbaren Gefühle werden von verschiedenen Zentren im Gehirn gesteuert. In diesen Bereichen des Gehirns speichern wir unsere Erfahrungen gefühlsmäßig ab, schlechte oder gute, lustvolle oder schmerzhafte. Kommen wir wieder in ähnliche Situationen, so erinnern wir uns automatisch und entwickeln entsprechende Gefühle, die uns entweder vor Handlungen, Personen warnen oder sie mit einem guten Gefühl verbinden. Der Verstand kommt dann ins Spiel, wenn die Situationen zu kompliziert werden, die Gefühle, die erinnert werden, zu widersprüchlich oder unüberschaubar werden. Dann brauchen wir den Verstand, um über die Folgen unserer Entscheidungen nachzudenken. Die letzte Entscheidung darüber, was wir tun, bleibt aber von Gefühlen bestimmt. Der Verstand kann uns nur aufzeigen, was für Möglichkeiten verbunden mit welchen Folgen wir haben. Wir entscheiden uns dann für die Möglichkeit, die mit den stärksten Gefühlen verbunden ist.

M4 Das Gehirn

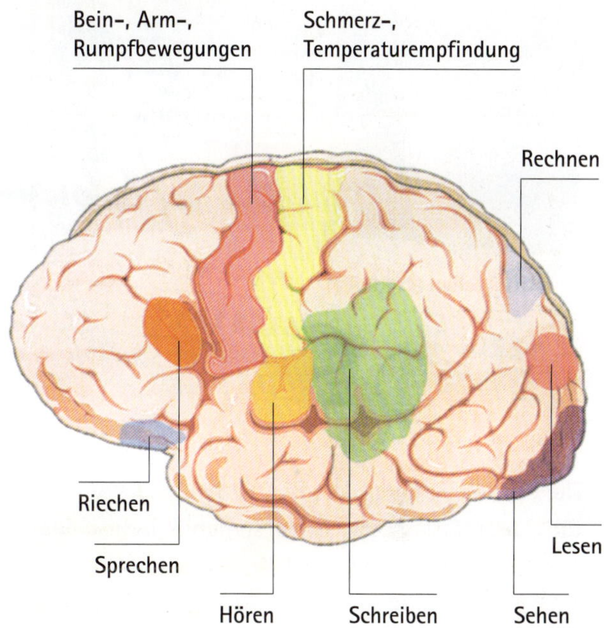

Aufgaben

1 Versetze dich in die in ➜ M1 beschriebenen Situationen und entscheide dich jeweils innerhalb einer Minute. Tauscht euch in der Klasse darüber aus: Welche Entscheidungen habt ihr eher durch Abwägen der Vor- und Nachteile, im Kopf getroffen, welche eher aus dem Bauch heraus, nach Gefühl?
Diskutiert: Sind Kopfentscheidungen besser als Bauchentscheidungen?

2 Versucht mit Hilfe der Informationen aus ➜ M3 zu beschreiben, wie die in Aufgabe 1 getroffenen Entscheidungen jeweils zustande kamen.

3 Wie könnte der Tag von Herrn Bauch weitergehen? Schreibe die Geschichte weiter. Verfasse auch den möglichen Tagesablauf von Frau Kopf, die eines Morgens aufwacht und plötzlich keine Gefühle mehr hat. ➜ M2

7 Identität

M1 Personalausweis, auch carte d'identité oder Identitätskarte genannt

Die erste Zeile unter dem Bild enthält zuerst die Angabe „IDD" für „Identitätskarte der Bundesrepublik Deutschland".

IDENTITÄT: Was würde auf deiner Karte stehen?

Vorderseite:
- Familienname
- ggf. Geburtsname
- Vornamen
- ggf. akademischer Grad (Dr., Prof.)
- Geburtstag
- Geburtsort
- Staatsangehörigkeit
- Unterschrift
- Bild

Rückseite:
- Anschrift
- (Körper-)Größe
- Augenfarbe
- ggf. Künstlername

Welche Angaben fehlen?

M2 Ratschläge einer Raupe

Die kleine Alice gerät in ein Traumabenteuer, in dem ihr merkwürdige Wesen begegnen und in dem sie durch den Genuss von Pilzen und den Trunk aus einer Flasche ständig ihre Größe ändert.

Alice und die Raupe sahen sich eine Weile stumm an. Schließlich nahm die Raupe ihre Wasserpfeife aus dem Mund und fragte mit träger, schläfriger Stimme: „Wer bist denn du?"

Das war kein besonders ermutigender Auftakt für eine Unterhaltung. Ein wenig schüchtern sagte Alice: „Ich ... ich weiß es selbst eigentlich nicht so genau, jedenfalls im Augenblick ... also, ich weiß, wer ich war, als ich heute Morgen aufgestanden bin, aber seitdem bin ich wohl ein paarmal verwandelt worden." „Was meinst du damit?", fragte die Raupe streng. „Erkläre dich genauer!" „Ich kann mich nicht genauer erklären, fürchte ich", sagte Alice, „denn ich bin eben nicht mehr ich, verstehen Sie?" „Nein, ich verstehe nicht", sagte die Raupe. „Leider kann ich mich nicht klarer ausdrücken", sagte Alice sehr höflich, „denn ich begreife es ja selbst nicht, und außerdem bringt es einen ganz durcheinander, wenn man am selben Tag so oft die Größe ändert." „Keineswegs", sagte die Raupe.

„Nun, vielleicht ist es Ihnen noch nie so gegangen", sagte Alice, „aber wenn Sie sich verpuppen – und das werden Sie eines Tages tun, wissen Sie – und dann zu einem Schmetterling werden, kommen Sie sich bestimmt auch ein bisschen komisch vor, nicht?" „Nicht im Geringsten", sagte die Raupe. „Na ja, vielleicht sehen Sie das anders", sagte Alice. „Mir jedenfalls würde es ausgesprochen komisch vorkommen."

„Dir!", sagte die Raupe geringschätzig. „Wer bist du überhaupt?"

Lewis Caroll, S. 52-53

M3 Meine Hände

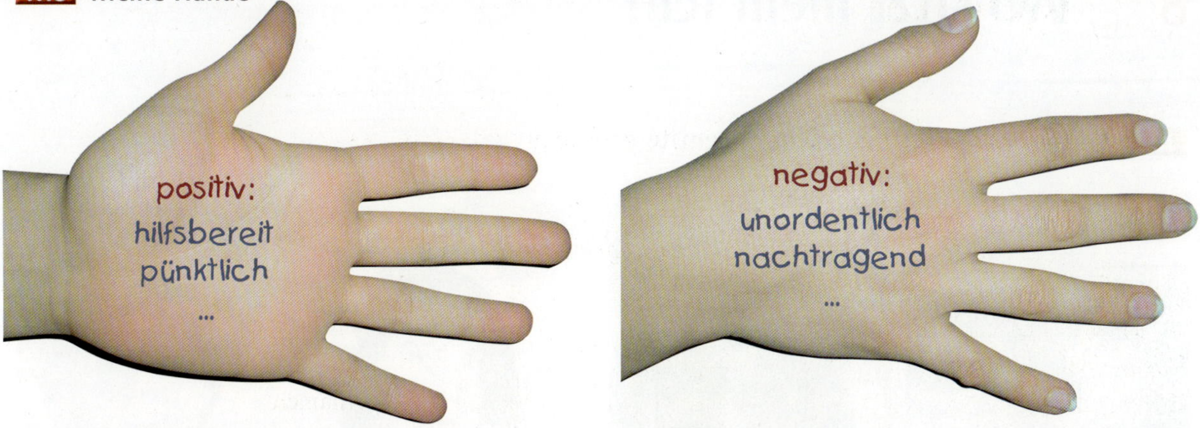

M4 Die Entwicklung von Identität

Identität ist die Bezeichnung für die Erfahrung eines Menschen, ein einzigartiges Wesen zu sein, die Frage nach dem „Wer bin ich?".

Die Bildung und die Suche nach der Identität setzt dann ein, wenn das Kleinkind zwischen sich selbst und anderen Personen zu unterscheiden beginnt und somit seine Emotionen, Eindrücke und Gedanken als etwas Eigenes und Persönliches erkennt.

Deshalb ist die Frage „Für wen halten mich die anderen?" eben so wichtig, denn es besteht der Wunsch, sich selbst zu erfahren und von den anderen zu hören, was sie über einen denken und empfinden.

Jeder Mensch wünscht sich, als eigene Persönlichkeit wahrgenommen zu werden, die zugleich eigenständig ist und mit den Gleichaltrigen, d.h. der Bezugsgruppe, Gemeinsamkeiten hat.

Identität ist somit der Versuch, eine Balance zwischen dem Eigenen (so wie ich mich sehe, was ich denke und fühle) und dem Fremden (so wie andere mich sehen, was andere von mir erwarten) herzustellen.

Damit ist die Suche nach der Identität ein lebenslanger Prozess, etwas, was sich entwickelt und verändert und was damit auch von der Gesellschaft/den anderen und auch von äußeren Umständen (z.B. Zufällen, Krankheiten, Umzügen usw.) beeinflusst wird.

Aufgaben

1 a) Mit welchen Merkmalen wird auf dem Dokument die Identität einer Person festgestellt?
Notiere dir, was bei dir daraufstehen würde. ➜ M1

b) Natürlich reichen Staaten die Angaben auf dem Personalausweis, um eine Person einwandfrei identifizieren zu können. Wir jedoch fühlen uns als Person hiervon nur unvollständig beschrieben.
Welche Angaben fehlen deiner Meinung nach, um dich als Person, so wie du dich siehst, genauer zu identifizieren? ➜ M1

2 Welche Bedeutung haben dabei auf dem Ausweis die Daten wie Name, Größe, Aussehen? ➜ M1

3 Erarbeite die Gründe, die für Alices Zweifel an sich selbst wichtig sind. ➜ M2
Finde Beispiele, in denen eine körperliche Veränderung (z.B. in der Pubertät) auch das Selbstbewusstsein verändert.

4 Wärst du ein anderer/eine andere, wenn du z.B. anders heißen oder aussehen würdest? ➜ M1/2

5 Schneidet einen Abdruck eurer Hände aus. ➜ M3
Eine Hand ist die „positive", die andere die „negative".

a) Schreibe auf die Innenseite der „positiven" Hand, was deine Stärken aus deiner Sicht sind, und lasse Mitschüler/Freunde auf die Rückseite schreiben, was sie an dir schätzen.

b) Ebenso verfährst du mit der „negativen" Hand.
Worin siehst du deine Schwächen? Was ärgert andere manchmal an dir?

Wichtig ist, dass die anderen nicht auf die Innenseite sehen dürfen.

6 Stelle zusammen, welche Gruppen von Menschen bei der Frage „Für wen halten mich die anderen?" wichtig für dich sind. ➜ M4

▶ Glossar: Identität

8 Wo sitzt mein Ich?

M1 Lebensphasen – Who is who?

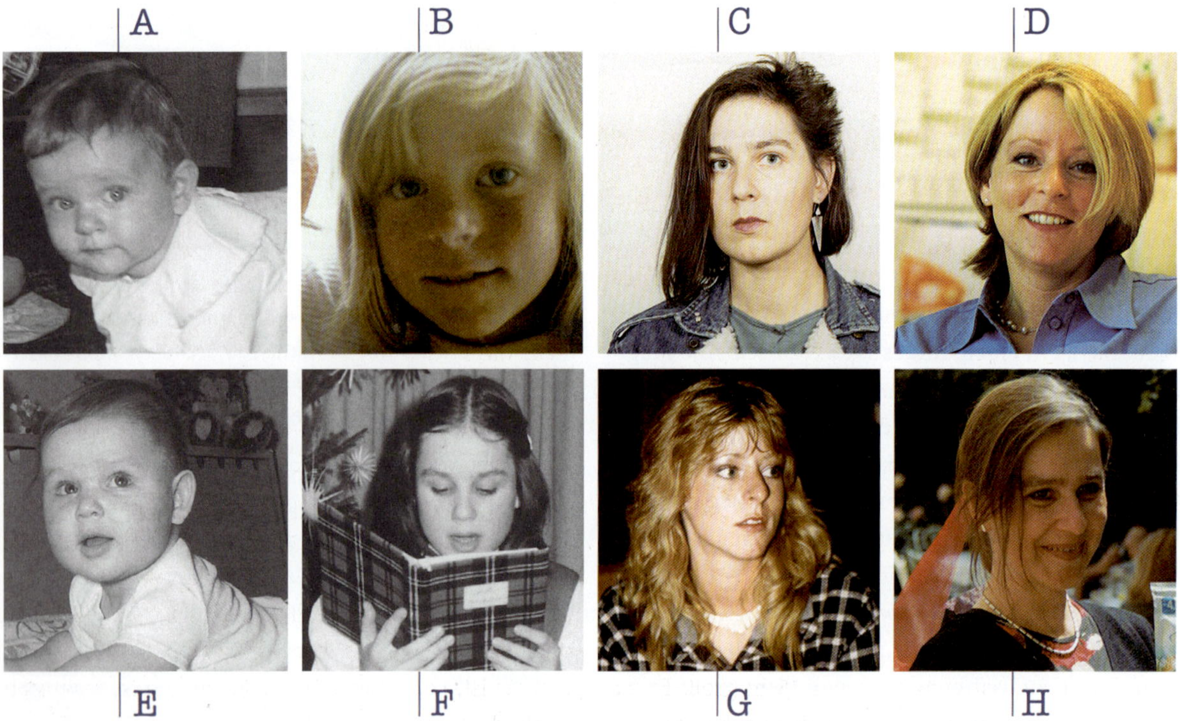

M2 Die Frage nach dem Ich

Die Frage nach dem Ich, dem Selbst, der Identität (der Persönlichkeit) beschäftigt Philosophen und Psychologen schon seit Jahrhunderten, ohne dass es darauf bis heute eine richtig klare und eindeutige Antwort gibt.

Wie wir gesehen haben, setzt sich das Ich aus verschiedenen Teilaspekten zusammen, deren innerer Zusammenhang durch dich hergestellt wird. Du bist beispielsweise Schüler, Kind, Linksaußen, Skater, ängstlich, traurig usw.

Offen aber bleibt, was eigentlich das Gleichbleibende/Verbindende im Laufe des Lebens einer Person ist, obwohl sie sich immer wieder verändert hat, wie man leicht auch an den Fotoalben z.B. deiner Großeltern sehen kann. Wieso ist z.B. deine Großmutter trotz aller Veränderungen immer ein und dieselbe Person?

M3 Fred und Bert

Der englische Philosophiedozent Stephen Law hat in seinem Buch „Philosophie – Abenteuer Denken" einige interessante Gedankenexperimente zum Thema Identität angestellt.

Fred und Bert leben in entgegengesetzten Stadtvierteln und haben sich noch nie getroffen. Fred ist 1,75 m groß, dünn und rothaarig. Bert ist 1,90 m groß, kahlköpfig und unheimlich dick. Außerdem hat er ein Holzbein.

Eines Nachts dringen unsere beiden Marsmenschen – Blib und Blob – in Freds Heim ein, während dieser friedlich schläft. Sie betäuben ihn. Mit ihren sehr fortgeschrittenen Operationstechniken öffnen sie dann Freds Gehirn. Dank komplexer Scanner können sie genau aufzeichnen, wie Freds Gehirn mit dem Rest des Körpers verbunden ist. Dann entnehmen sie sein Gehirn.

Anschließend fliegen Blib und Blob mit Freds Gehirn in ihrer fliegenden Untertasse über die Stadt. Unterwegs treffen sie Flib und Flob, zwei andere Wissenschaftler vom Mars. Flib und Flob haben soeben dieselbe Operation an Bert durchgeführt. Die beiden Teams vom Mars tauschen Informationen darüber aus, wie die Gehirne ursprünglich mit dem Körper verbunden waren. Danach fliegen Flib und Flob zu Freds Haus, wo sie Berts Gehirn in Freds Schädel installieren. Und Blib und Blob pflanzen Freds Gehirn in Berts Körper ein.

Die Marsbewohner setzen Freds und Berts Schädeldecken wieder auf und schließen die Nähte. Sie verfügen über eine hochmoderne Technik, bei der Narben sofort verheilen, so dass nichts mehr zu sehen ist. Anschließend beseitigen sie sorgfältig alle Spuren ihres nächtlichen Besuchs und verschwinden.

Der Morgen kommt. Der Mann, der in Freds Bett liegt, wacht auf und blickt sich um. Er weiß nicht, wo er ist. Das ist doch nicht mein Schlafzimmer, denkt er. Als er an einem Spiegel vorbeigeht, bekommt er einen riesigen Schreck. Was ist mit seinem Aussehen? Er hatte gedacht, er wäre dick, doch nun ist er dünn. Er hatte schwören können, er wäre 1,90 m groß, doch nun ist er nur noch 1,75 m groß. Er ist sich sicher, dass er kahl war, doch nun hat er rote Haare. Er glaubte immer, braune Augen zu haben, doch nun sind sie blau. Und er hat auch kein Holzbein mehr, sondern zwei normale, gesunde Beine. „Was ist mit mir passiert?", fragt er sich. Da klopft es an der Tür. Der Mann mit Freds Körper öffnet. Es ist der Postbote. „Hallo, Fred", sagt er. Der Postbote denkt natürlich, es sei Fred, weil Freds Körper ja vor ihm steht. Doch die Person in Freds Körper antwortet: „Ich bin nicht Fred! Ich heiße Bert! Was ist hier los?" Der Mann, der an diesem Morgen in Berts Bett aufwacht, erlebt natürlich eine ähnliche Überraschung.

M4 Doppelexistenz: Ich = Ich?

Angenommen, Wissenschaftler vom Mars hätten ein Gerät entwickelt, das einen menschlichen Körper (beziehungsweise jedes materielle Objekt) scannen kann. Anschließend produzieren sie eine Kopie davon, die dem ersten Objekt bis aufs kleinste Atom gleicht.

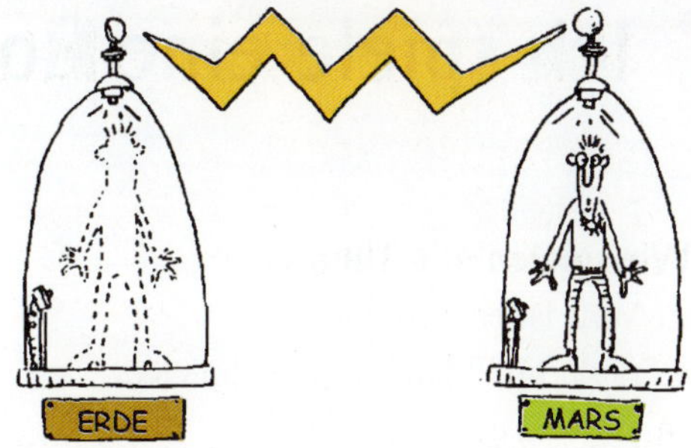

Nachdem sie dir dieses Gerät gezeigt haben, fordern sie dich auf, in eine kleine Kapsel zu gehen und auf den roten Knopf zu drücken. Das tust du bereitwillig. Und zack – dein ursprünglicher Körper löst sich umgehend in Luft auf. Doch in der Sekunde, ehe er zerstört wurde, wurde er gescannt und alle Informationen, die notwendig waren, um ein Duplikat herzustellen, wurden zum Mars übermittelt, wo ein zweites Gerät steht. Dieses Gerät auf dem Mars hat in maximal einer Sekunde ein Duplikat deines Körpers produziert.

Die Person, die gleich darauf auf dem Mars aus der Kapsel steigt, ist nicht nur physisch wie du. Sie entspricht dir auch psychisch. Sie hat all deine Wesenszüge, all deine Erinnerungen. Wenn man sie fragt, wer sie ist, nennt sie deinen Namen. Sie erinnert sich auch, dass sie vorhin auf der Erde in die Kapsel ging und auf den roten Knopf gedrückt hat.

M3/4: Stephen Law, S. 66-68, 81-82

Aufgaben

1. Acht Bilder – zwei Personen: Begründe, welche Bilder jeweils zu welcher Person gehören. Vergleicht eure Ergebnisse untereinander und versucht zu klären, was jeweils das Gemeinsame dieser Person ist, obwohl sie sich doch so verändert hat. ➔ M1
2. Überlege dir, welche Gründe Bert anführen würde, warum er Bert ist, obwohl er wie Fred aussieht. Welche Rolle spielt der Körper hierbei? ➔ M2/3
3. Wo befindet sich beim 2. Gedankenexperiment dein Ich? Kann es zwei gleiche Ichs geben? ➔ M4 Was wäre, wenn der Person auf der Erde etwas zustoßen würde?
4. Nehmen wir an, die Marsmenschen würden dein Duplikat nicht weit weg, sondern auf die andere Straßenseite beamen. Gäbe es dich dann in deiner Umgebung zweimal? ➔ M4

1 Ich spiele eine Rolle

M1 Wir spielen alle Theater

Die ganze Welt ist eine Bühne
Und alle Frau'n und Männer bloße Spieler.
Sie treten auf und gehen wieder ab,
sein Leben lang spielt einer manche Rollen,
durch sieben Akte hin.

William Shakespeare, Wie es euch gefällt (II,7)

M2 Rollen-Spiele

M3 Rollenschema

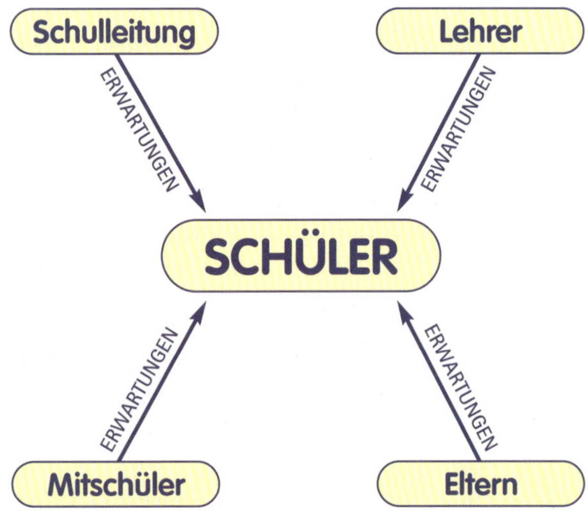

M4 Rollenerwartungen

Betrachtet man verschiedene Väter, Mütter, Bankangestellte, Ärzte, Lehrer, Schüler usw., so kann man feststellen, dass ihr Verhalten sich in vielem unterscheidet, in vielem aber auch ähnlich ist.

Beim Versuch diese Gemeinsamkeiten zu verstehen, verwendet die Soziologie das Bild der „Rolle“: Es kommt aus der Welt des Theaters, wo jemand eine bestimmte Rolle spielt, die durch ein Drehbuch vorgegeben ist. Dies wird auf die Gesellschaft übertragen.

Für alle Rollen in der Gesellschaft (Vater, Schüler, Angestellter, Lehrer) kann man eine Art Drehbuch annehmen, in dem zusammengefasst ist, wie jemand, der diese Position einnimmt, sich zu verhalten hat bzw. was er zu unterlassen hat.

Diese Erwartungen an das Verhalten werden in der Soziologie Normen genannt. Die verschiedenen Bezugsgruppen versuchen, die Einhaltung dieser Normen durch

- Sanktionen (wie Tadel, Strafen, Entlassung, Arrest, schlechte Noten usw.), aber auch
- Belohnungen (z. B. Beförderung, Lob, Dankbarkeit, Orden, gute Noten, Kuss usw.) zu kontrollieren.

M5 Rollenkonflikte

Es kann vorkommen, dass unterschiedliche Gruppen auch unterschiedliche Erwartungen an den „Rollenspieler“ haben. So sind die Erwartungen der Mitschülerinnen und Mitschüler an dich als Schüler sicherlich oft andere als die der Lehrer.
Hinzu kommt noch, dass wir unterschiedliche Rollen einnehmen, z.B. als Schüler, Fußballer, Sohn oder Tochter, Mitglieder einer Clique usw. Aufgrund der unterschiedlichen Erwartungen wird es auch hier zu Konflikten kommen. Ein Beispiel hierfür wäre der Konflikt zwischen den Rollen Tochter und Freundin, wenn deine Eltern erwarten, dass du ihnen hilfst, während deine Freundinnen mit dir zum Eislaufen wollen.

Allerdings sind die Erwartungen an den Rollenspieler nicht so starr, dass sie keinen Spielraum für den Einzelnen böten. So wird beispielsweise die Rolle Schülerin/Schüler von jedem von euch anders gespielt. Das gilt für alle anderen Rollen ebenfalls, so dass die Art und Weise, wie jemand auf die Erwartungen der Bezugsgruppen reagiert, Teil seiner Persönlichkeit, seiner Identität ist.

Mindmap

Mindmap, wörtlich „Gedächtnislandkarte", ist eine Methode, Informationen zu strukturieren und zu veranschaulichen. Dabei werden Gedanken in Begriffe oder Symbole gefasst und in einem Bild dargestellt. Auf diese Weise soll deutlich werden, wie die einzelnen Begriffe zusammenhängen.
Das Thema der Mindmap steht im Mittelpunkt des Blattes, die Hauptgedanken bilden die Äste, von denen wiederum Nebenäste abzweigen.
Sie eigenen sich auch gut dazu, Assoziationen, Gedanken, Vorstellungen und Wünsche von mehreren Personen in einer „map" darzustellen.

Du kannst in Form einer einfachen Mindmap (nur die Hauptäste) darstellen, welchen Gruppen du als „Rollenspieler" angehörst.

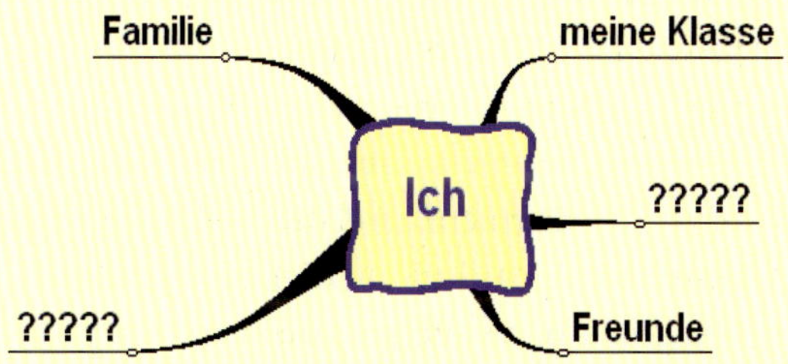

Aufgaben

1 a) Formuliere mindestens zwei unterschiedliche Erwartungen, die Mitschülerinnen und Mitschüler, Eltern und Lehrer an dich in der Rolle Schülerin/Schüler haben. ➜ M3/4
Du sollst ...
Du sollst ...
b) Beschreibe mögliche Rollenkonflikte, die hier in der Rolle als Schüler auftreten können. ➜ M3/5
Nenne hierzu die gegensätzlichen Erwartungen. Beispiel:
Du sollst pünktlich sein. (Lehrer)
Du sollst dich mit deinen Freunden in der Pause unterhalten. (Mitschüler)

2 Schreibe dir jeweils mindestens zwei Möglichkeiten/Chancen auf, die dir die verschiedenen Gruppen bieten.

3 Welche Konflikte können in deinem Fall zwischen den verschiedenen Rollen (wie Sohn/Tochter – Klassenkameradin/Klassenkamerad) auftreten? ➜ M5

4 Die Erwartungen an die Rolle Schülerinnen und Schüler sind für jeden von euch fast gleich – trotzdem verhaltet ihr euch unterschiedlich.
Überlegt euch in Zweiergruppen, was genau die Ursachen hierfür sein können.

5 Nicht nur die vielen Erwartungen an dich sind unterschiedlich (siehe z.B. Aufgabe 1), sie haben auch einen unterschiedlichen Grad der Verpflichtung. Man kann beispielsweise Muss-, Soll- und Kann-Erwartungen unterscheiden.
Versuche an einem Beispiel (z.B. Rolle Sohn/Tochter) die unterschiedlichen Erwartungen zu formulieren.
Ich muss ...
Ich soll ...
Ich kann außerdem ...

6 Prüfe, worin in diesem Fall (Aufgabe 5) unterschiedliche Sanktionen oder Belohnungen bestehen können, wenn du die Erwartungen enttäuschst oder erfüllst.

▶ Glossar: Soziale Rolle

2 Familien kann man sich nicht aussuchen

M1 In der Familie

M2 Alle Menschen haben Familie

Menschen sind bei Geburt noch nicht alleine überlebensfähig. Der Säugling braucht Erwachsene, die sich intensiv um ihn kümmern. Dies wird fast immer von den leiblichen Eltern oder Pflegeeltern, Großeltern oder sonstigen Verwandten übernommen. Fast alle Menschen gehen als Erwachsene dauerhafte Beziehungen ein (Ehe, Partnerschaft), die meisten werden auch selbst Eltern, gründen also eine neue Familie. Familiäre Erfahrungen im Kindes-, Jugend- und Erwachsenenalter stehen in engem Zusammenhang mit der seelischen und körperlichen Gesundheit eines Menschen. So wichtig und einflussreich Familien für die menschliche Entwicklung sind, so wenig kann man sich Familien wählen. In Familien wird man hineingeboren, Freunde kann man sich – mehr oder weniger – aussuchen.

M3 Besonderheiten der menschlichen Familie

Bei Tieren ist die Form des „Familienlebens“ genetisch festgelegt, Menschen dagegen sind die einzigen „Tiere“, die ein sehr unterschiedliches und veränderbares Familienleben führen. Bei Elefanten leben die Weibchen mit kleinen Kindern in Gruppen, erwachsene Männchen sind Einzelgänger. Ein erwachsener männlicher Gorilla lebt als eine Art Haremshalter mit mehreren Weibchen und deren Kindern. Schwäne bleiben lebenslang ein Paar (Monogamie) und ziehen Kinder gemeinsam auf. Die Menschen haben sich von genetischen Festlegungen dagegen weitgehend gelöst. Zwar unterliegen menschliche Familien auch gesellschaftlichen Erwartungen und Vorstellungen, aber besonders in den westlichen Ländern sind heutzutage die Menschen in der Gestaltung ihres Familienlebens enorm frei: mit oder ohne Kinder, allein oder zusammen leben, verschiedene Partner, heiraten oder ohne Trauschein zusammenleben, neue Familien mit neuen Partnern und deren Kindern bilden (Patchwork-Familien) etc. Die Kehrseite dieser Freiheit sind große individuelle Unsicherheiten darüber, was „falsch“ oder „richtig“ bzw. „normal“ ist. So eröffnen sich zahlreiche Möglichkeiten für zwischenmenschliche Konflikte.

M4 Eine ganz normale Familie

Herr Konrad und seine Frau stehen in der Küche und teilen sich eine Flasche Bier. Einen Schluck für sie. Einen Schluck für ihn. Dann sucht Herr Konrad irgendwas im Flurschrank. Seine Frau sieht sich in der Küche um. Hier gibt es noch viel zu tun. Als Nächstes wollen ihr Mann und sie die Wandschränke eindübeln.

Seit sie die Wohnung einräumen, wird Frau Konrad klar, dass sie über den Umzug froh ist. In der alten Wohnung und Umgebung hatte sie das Gefühl, alles läuft überraschungslos und im alltäglichen Trott.

Hier könnte das fast ein neuer Start für sie werden. Sie möchte versuchen, in nächster Zeit eine Halbtagsstelle zu finden, am liebsten als Bibliothekarin. Das war sie früher auch gewesen, bevor die Kinder geboren wurden.

Die Kinder ... vor allem um Michael macht sie sich Sorgen. Sie befürchtet, dass er hier keinen Anschluss finden wird. Er ist ein Einzelgänger. Und er hat es mit sich und der Familie zurzeit schwer. Sie möchte wissen, warum man an den Jungen einfach nicht rankommt. Frau Konrad überlegt, ob sie ihrem Mann jetzt etwas sagen soll, was sie eigentlich schon lange sagen möchte. Nicht im Streit will sie darüber reden, sondern ruhig. Es darf auch nicht wie ein Vorwurf klingen.

Sie glaubt, dass er den Michael manchmal ungerecht behandelt. Sicher nicht mit Absicht. Aber wenn Sabine etwas tut, kann ihr Mann das verstehen. Bei ihr hat er ja auch miterlebt, wie sie aufgewachsen ist. Ganz klein war sie damals noch. Der Michael, der war schon kein kleines Kind mehr, irgendwie ... fast fertig, als ihr Mann ihn kennengelernt hat. Und an Michael hat ihm von Anfang an einiges nicht gepasst, während er Sabine niedlich finden konnte.

In Michael hat er wohl auch immer ihren ersten Mann gesehen, den Klaus. Das Polternde, Übertriebene, das geht ihm bei Klaus auf die Nerven und bei Michael genauso. Allerdings ist Michael in letzter Zeit sehr viel ruhiger geworden. So ruhig, dass Frau Konrad kaum weiß, wie es ihrem Sohn geht. Er macht eine Menge mit sich selbst ab.

Da kommt Herr Konrad wieder in die Küche. Und sie sagt ihm, was sie eben überlegt hat. Sie sagt das langsam, als würde sie beim Sprechen immer wieder neu darüber nachdenken.

Herr Konrad hört zu, ohne sie zu unterbrechen. Sie erzählt ihm auch noch: „Manchmal habe ich den Eindruck, Michael ist ziemlich allein. Nicht mal mehr Bernd hat er jetzt, seinen Freund. Dich hat er nicht. Seinen eigentlichen Vater hat er nicht. Der wohnt vierhundert Kilometer weiter im Süden. Dass er mit mir oft Schwierigkeiten bekommt, erlebst du ja."

Herr Konrad hat sich das mit Michael wirklich leichter vorgestellt. Er dachte, es würde reichen, kameradschaftlich mit ihm umzugehen. Aber er merkt selbst, dass er nicht einmal das immer schafft, wenn Michael trotzig ist, muffig herumläuft und Sprüche macht. Herr Konrad muss sich sehr bremsen, dann nicht laut und ausdauernd zu schimpfen.

Die Eltern sitzen sich in der Küche gegenüber und trinken noch einen Schluck Bier. Herr Konrad überlegt laut, ob das eigentlich alles typisch für ihn als Stiefvater ist. Oder ob andere, „normale" Väter auch solche Schwierigkeiten mit ihren Kindern haben? Plötzlich steht Michael in der Küche und behauptet, dass er kurz vor dem Verhungern ist. „Gleich gibt's was zu essen", sagt seine Mutter. „Lass uns noch fünf Minuten allein."

Michael nickt und geht. Dabei überlegt er, worüber seine Eltern so ernsthaft und geheimnisvoll reden.

Achim Bröger, S. 42-44

Aufgaben

1 Schreibt auf kleine Karten, was euch alles zum Thema Familie einfällt, dabei steht jede Idee, jeder Begriff auf einer eigenen Karte. → M1
Sammelt die Begriffe in Dreier- oder Vierer-Gruppen und ordnet sie unter Überbegriffen. Nun könnt ihr die Ergebnisse in einer Mindmap vorstellen (siehe S. 33).

2 Erarbeite die Besonderheiten der menschlichen Familie im Unterschied zu Tierfamilien. → M3
Verwende hierzu auch die Informationen von S. 71, M3.

3 Überprüft, welche Informationen aus M2 und M3 in der Geschichte von Familie Konrad bestätigt werden. → M2/3/4

4 Michael trifft am Nachmittag seinen Freund Timo und erzählt ihm seine Probleme. Schreibe einen Dialog. → M4

3 Wenn man einen Freund hat, braucht man sich vor nichts zu fürchten

M1 Aphorismen zur Freundschaft

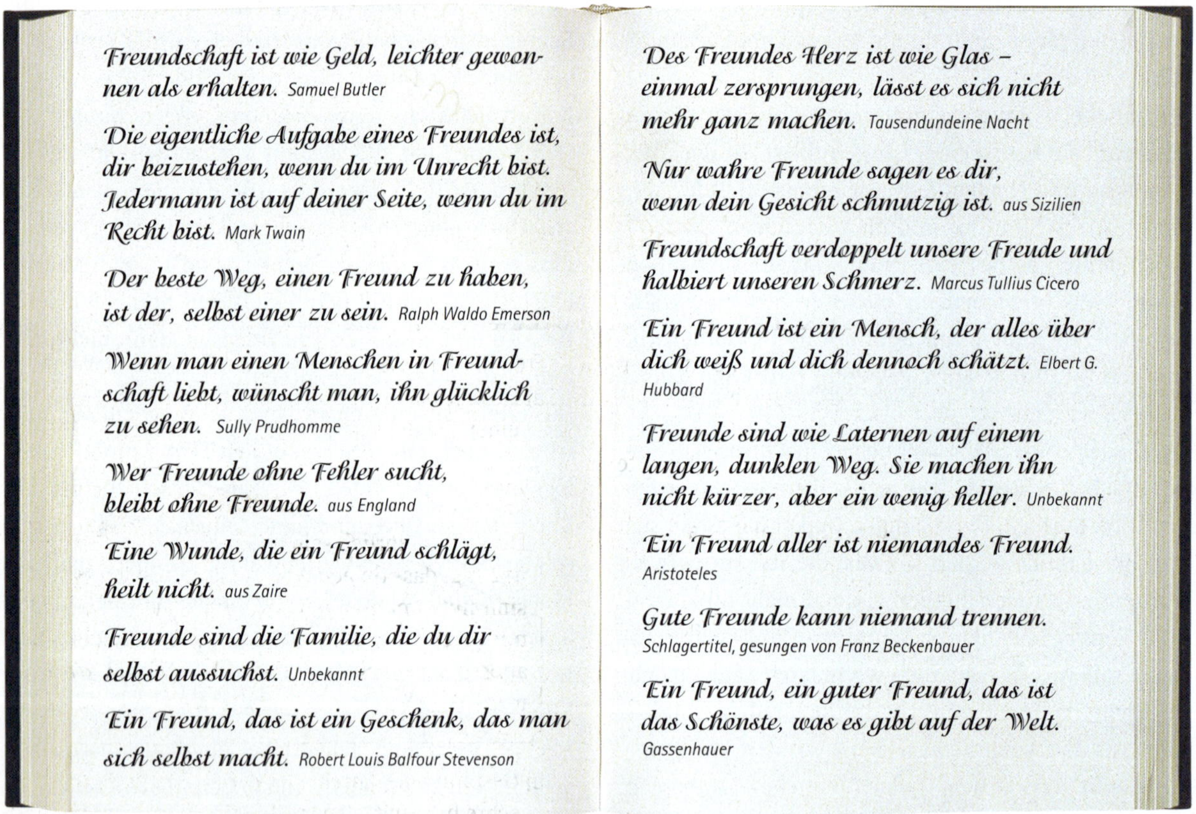

Freundschaft ist wie Geld, leichter gewonnen als erhalten. Samuel Butler

Die eigentliche Aufgabe eines Freundes ist, dir beizustehen, wenn du im Unrecht bist. Jedermann ist auf deiner Seite, wenn du im Recht bist. Mark Twain

Der beste Weg, einen Freund zu haben, ist der, selbst einer zu sein. Ralph Waldo Emerson

Wenn man einen Menschen in Freundschaft liebt, wünscht man, ihn glücklich zu sehen. Sully Prudhomme

Wer Freunde ohne Fehler sucht, bleibt ohne Freunde. aus England

Eine Wunde, die ein Freund schlägt, heilt nicht. aus Zaire

Freunde sind die Familie, die du dir selbst aussuchst. Unbekannt

Ein Freund, das ist ein Geschenk, das man sich selbst macht. Robert Louis Balfour Stevenson

Des Freundes Herz ist wie Glas – einmal zersprungen, lässt es sich nicht mehr ganz machen. Tausendundeine Nacht

Nur wahre Freunde sagen es dir, wenn dein Gesicht schmutzig ist. aus Sizilien

Freundschaft verdoppelt unsere Freude und halbiert unseren Schmerz. Marcus Tullius Cicero

Ein Freund ist ein Mensch, der alles über dich weiß und dich dennoch schätzt. Elbert G. Hubbard

Freunde sind wie Laternen auf einem langen, dunklen Weg. Sie machen ihn nicht kürzer, aber ein wenig heller. Unbekannt

Ein Freund aller ist niemandes Freund. Aristoteles

Gute Freunde kann niemand trennen. Schlagertitel, gesungen von Franz Beckenbauer

Ein Freund, ein guter Freund, das ist das Schönste, was es gibt auf der Welt. Gassenhauer

M2 Das Geheimnis der Freundschaft

Eines Tages traf der kleine Prinz einen Fuchs.

„Komm und spiel mit mir“, schlug ihm der kleine Prinz vor. „Ich bin so traurig ...“

„Ich kann nicht mit dir spielen“, sagte der Fuchs. „Ich bin noch nicht gezähmt! [...] Du suchst Hühner?“

„Nein“, sagte der kleine Prinz, „ich suche Freunde. Was heißt ‚zähmen‘?“

„Es bedeutet: sich ‚vertraut machen‘. [...] Bitte ... zähme mich!“

„Ich möchte wohl“, antwortete der kleine Prinz, „aber ich habe nicht viel Zeit. Ich muss Freunde finden und viele Dinge kennenlernen.“

„Man kennt nur die Dinge, die man zähmt“, sagte der Fuchs. „Die Menschen haben keine Zeit mehr, irgendetwas kennenzulernen. Sie kaufen sich alles fertig in den Geschäften. Aber da es keine Kaufläden für Freunde gibt, haben die Leute keine Freunde mehr. Wenn du einen Freund willst, so zähme mich!“

„Was muss ich da tun?“, sagte der kleine Prinz.

„Du musst sehr geduldig sein“, antwortete der Fuchs. „Du setzt dich zuerst ein wenig abseits von mir ins Gras. Ich werde dich so verstohlen, so aus dem Augenwinkel anschauen, und du wirst nichts sagen. Die Sprache ist die Quelle der Missverständnisse. Aber jeden Tag wirst du dich ein bisschen näher setzen können ... .“ [...]

Hier ist mein Geheimnis. Es ist ganz einfach: Man sieht nur mit dem Herzen gut. Das Wesentliche ist für die Augen unsichtbar.“

Antoine de Saint-Exupéry, S. 65–72

M2 Freunde

Viele Freunde zu haben ist sicherlich wichtig, aber ebenfalls ist es wichtig, nicht zu viele Freunde zu haben, denn niemand hat unbegrenzt Zeit für sie.

Bei den meisten Menschen kann man feststellen, dass es verschiedene Stufen der Nähe gibt, die sich grafisch als konzentrische Kreise um einen selbst darstellen lassen: „beste(r) Freund/in“, „Freund/in“ und „Bekannte(r)“.

Die Einteilung trifft jeder Mensch selber, und damit entscheidet er auch darüber, wie viele Freunde er hat.

M3 Cliquen

Je mehr sich die Jugendlichen allmählich von ihren Eltern lösen, um so wichtiger werden für sie Cliquen (auch Gleichaltrigengruppen oder peer groups genannt). Ca. 70 - 80 % der Jugendlichen gehören nach eigenen Aussagen heutzutage einer solchen Clique an. Soziologen, die sich natürlich auch mit den peer groups beschäftigen, kennzeichnen sie als Gruppen von Gleichaltrigen, die anders als beispielsweise Sportgruppen, Jugendgruppen oder Schulklassen offen sind, keinen eindeutig definierbaren Zweck haben und eher lose organisiert sind. Dennoch haben sie einen starken inneren Zusammenhalt und sie teilen zumeist gemeinsame Vorlieben, Einstellungen, Stile und Werte. Ihre Mitglieder treffen sich freiwillig. Sie müssen nicht unbedingt miteinander befreundet sein.

Aufgaben

1 Überlege dir, inwiefern die Kreiseinteilung für dich zutrifft und wer sich in welchem Kreis befindet. In welchen Sektor würdest du deine Clique einordnen? ➜ M2

2 Stelle zusammen, worin die Bedeutung der Clique für die Jugendlichen besteht. ➜ M1
Ergänze diese Beobachtungen durch eigene Erfahrungen und Beobachtungen mit Cliquen.

3 Welche Zwecke können Cliquen überhaupt erfüllen? Warum sind Jugendliche in einer Clique? ➜ M3

4 Übertrage den folgenden Satz in dein Heft und ergänze ihn nun durch mindestens drei Aspekte.
Eine Clique unterscheidet sich von einer Freundschaft darin, dass
- ...
- ...
- ...

5 Obwohl eine Clique keine feste Organisation hat, gibt es dennoch zumeist bestimmte ungeschriebene Regeln und Rituale, die die Mitglieder kennen.
Welche Beobachtungen hierzu hast du gemacht?
Erfindet ein Begrüßungsritual für eure Gruppe und spielt dieses den anderen vor.

6 Wie wir gesehen haben, bieten Cliquen große Möglichkeiten; dennoch geraten manche Cliquen negativ in die Schlagzeilen. Notiere Gründe hierfür.

7 Kartenabfrage:
Notiert euch auf verschiedenen Karten Beispiele und Argumente, die zu diesen Satzanfängen passen und pinnt/klebt sie unter diese Überschriften:

Gute Cliquen erkennt man daran, dass ...	**Schlechte Cliquen** erkennt man daran, dass ...

8 Führt eine Befragung in eurer Jahrgangsstufe durch:
Eine gute Clique erkennt man daran, dass ...
Schlechte Cliquen erkennt man daran, dass ...

9 „Mein Traum von einer idealen Clique“
Schreibe einen kurzen Aufsatz zu diesem Thema.

10 Übertrage in dein Heft und ergänze:
Freundschaft kann nicht so weit gehen, dass
- ...
- ...

▶ Glossar: Peer group

1 Verhalten in Konfliktsituationen

M1 So ein Ärger!

1. **Elli ist sauer.** Immer wieder hat sie ihrer Freundin Sandra angeboten, mit ihr für die Mathearbeit zu lernen, doch die hatte angeblich nie Zeit. „Du musst mir unbedingt helfen, sonst vermassele ich auch diese Arbeit", hat Sandra heute gesagt und angekündigt, sich morgen in der Mathearbeit auf den freien Platz neben Elli zu setzen, damit diese ihr helfen kann. Dabei weiß Sandra genau, dass Herr Tewes aufpasst wie ein Wachhund, und sie weiß auch, wie wichtig Elli ihre Mathenote ist.

2. **Felix ist wütend.** Er hat nur seinen Banknachbarn Gunnar gefragt, was an der Tafel steht, weil man Herrn Tewes' Schrift wie immer nicht lesen kann, da hat ihm Herr Tewes mit den Worten „Jetzt reicht es aber, Felix" eine Strafarbeit verpasst. Felix findet das ungerecht: „Immer bin ich es, die anderen können reden so viel sie wollen, ich gebe ja zu, dass ich vorhin geschwätzt habe, aber jetzt habe ich mich echt zusammengerissen."

3. **Sabine ist stocksauer.** Gestern hat sie auf Drängen ihrer Freundin Laura zugegeben, dass sie den Neuen in der 7B süß findet, und heute weiß es die ganze Klasse. Am liebsten würde sie Laura sofort zur Rede stellen.

4. **Ralf ist verärgert.** „Muss mein Vater immer vor anderen meine schlechten Leistungen in Französisch erwähnen? Und dann der Hinweis auf meine Faulheit. Das geht die doch nichts an. Außerdem kriege ich das schon hin. Letztes Jahr hat es mit den zwei Fünfern zuletzt auch geklappt. Warum muss er sich da bloß einmischen?"

M2 Beispiel für eine Rollenkarte

ROLLENKARTE

Name: Felix

Alter: 13

Interesse: will keinesfalls mit auf den Schulausflug

Gefühle: hat Angst, dass andere ihn auslachen, weil er schnarcht

Reaktionen: zurückhaltend – vorsichtig – ängstlich

M3 Ein Rollenspiel

Elli, Felix, Sabine und Ralf sprechen ihre Gegenspieler auf den Vorfall in M1 an.

1. Vorbereitung:
   a) Entwurf von Rollenkarten für die gegensätzlichen Positionen. Berücksichtigt werden dabei:
   - die Gefühle,
   - die Interessen,
   - mögliche Argumente,
   - Argumente, die die Gegenseite anführen wird,
   - Reaktionsmöglichkeiten,
   - eventuell Gesprächseinleitung.

   b) Erstellen eines Beobachtungsbogens, der z.B. die oben genannten Punkte enthalten kann, aber auch berücksichtigt
   - wie die Gegner sich sprachlich äußern,
   - wie sie körperlich reagieren und
   - ob Gefühle eine Rolle spielen.

   c) Verteilung der Aufgaben
2. Durchführung
3. Auswertung – z.B.:
   Ist der Konflikt eskaliert?
   Welche Lösung wurde gefunden?
   Wer hat zur Verschärfung, wer zur Entschärfung des Konfliktes beigetragen? Wodurch?
   Wie haben sich die Beteiligten dabei gefühlt? Warum?

Rollenspiele

Bei einem Rollenspiel schlüpfen die Teilnehmer wie im Theater in die Rolle einer anderen Person. Im Unterschied zum Theater jedoch sind beim Rollenspiel die Rollen nicht so genau vorgeschrieben, obwohl es auch hier oft sinnvoll ist, Rollenkarten mit genauen Informationen über die zu spielende Person vorzugeben (Beruf, Name, Alter, Einstellungen, Interessen und Verhaltensweisen usw.).

Mit Hilfe eines Rollenspiels lassen sich z. B. gut

- die Verhaltensweisen anderer verständlicher und nachvollziehbarer machen,
- Konflikte darstellen und analysieren,
- neue Verhaltensweisen einüben und trainieren,
- die Beobachtungs- und Wahrnehmungsfähigkeit verbessern.

Rollenspiele können in verschiedenen Situationen hilfreich sein, im Folgenden werden sie zur Analyse von Konflikten und zum Trainieren alternativer Handlungsweisen eingesetzt.

Auch wenn es verschiedene Arten und Einsatzmöglichkeiten von Rollenspielen gibt, sollte jedes Rollenspiel folgende drei Phasen haben:

1. Vorbereitungsphase

Hier werden – meist in Gruppen – z. B. die Ausgangslage besprochen, die Rollen genauer festgelegt und verteilt. Zugleich werden Beobachtungsaufträge oder Protokolle vergeben.

2. Durchführungsphase

Die „Szene" wird gespielt und die Nicht-Spieler beobachten, ob das Spiel realistisch (wirklichkeitsgetreu) abläuft, wer sich wie verhält usw.

3. Auswertungsphase

Die Beobachter und Beobachterinnen berichten und tauschen ihre Beobachtungen aus, die Spieler und Spielerinnen beschreiben, wie sie sich gefühlt haben, und erläutern eventuell ihr Verhalten. Man kann auch Verhaltensalternativen besprechen oder das Spiel nochmals wiederholen. Wichtig bei der Auswertung ist, dass „Rollenspieler" mit ihrem Rollennamen angeredet werden, damit sie weiter in ihrer Rolle bleiben und es zu keiner Verwechslung zwischen Person und Rolle kommt. Es kann deshalb hilfreich sein, Namenskärtchen zu tragen.

M4 Verhalten in Konflikten

Es gibt verschiedene Möglichkeiten, mit Konflikten umzugehen und auf Konflikte zu reagieren.

1. Flucht (z. B. freiwilliges Nachgeben, Verlassen des „Kampfplatzes", manchmal auch das Nicht-Wahrnehmen-Wollen)
2. Kampf (Unterwerfung des Gegners oder beider Parteien, Niederschreien usw.)
3. Aushandeln/Finden von Lösungen (Kompromisse, Übereinkunft usw.)
4. Regeln, Gesetze, Delegation der Lösung (Schiedsrichter, Schlichter usw.)

Dik Browne, Hägar

Aufgaben

1 Überlegt euch in Gruppen eine Lösungsmöglichkeit und stellt diese in einem vorgeplanten Rollenspiel vor. → M1/2

2 Erkläre, welche Konfliktlösung in dem Rollenspiel jeweils gefunden wurde, und nenne Gründe, weshalb es zu dieser Lösung kam. → M3

3 Überlege dir Situationen, in denen die genannte Fluchtreaktion sinnvoll sein kann, und begründe dies. → M4

4 Sucht Beispiele für Konfliktsituationen, die durch die Verhaltensmöglichkeiten 3 und 4 gelöst werden oder wurden. → M4

5 Beschreibe Hägars Strategie, Konflikte zu bewältigen.

2 Auch streiten will gelernt sein

M1 Konflikte sind wichtig und gehören zum Leben

Erich Rauschenbach

Wie wir schon bei der Rollentheorie gesehen haben, haben verschiedene Gruppen von Menschen unterschiedliche Erwartungen an uns. Deshalb treten überall, wo Menschen mit unterschiedlichen Bedürfnissen, Meinungen, Erwartungen, Interessen oder Handlungen aufeinandertreffen, Konflikte auf; d.h. Konflikte gehören zum menschlichen Zusammenleben.

Dabei sind Konflikte keinesfalls nur als negativ anzusehen, denn sie haben für das Zusammenleben der Menschen große Bedeutung:

Erst Konflikte machen uns auf bestimmte Probleme aufmerksam, die wir sonst vielleicht nicht wahrgenommen hätten. Im Konflikt können wir unseren eigenen Standpunkt besser klären und diesen dann vielleicht sogar im Verlauf des Konfliktes in Frage stellen. Zudem fördern Konflikte natürlich auch die Gespräche bzw. die Kommunikation zwischen den Beteiligten. Man kann lernen, seine Interessen besser zu vertreten, und man lernt zugleich, gemeinsame Lösungen zu finden. Die gemeinsame Lösung eines Konfliktes fördert, wie jeder von uns sicher schon erfahren hat, den Zusammenhalt.

Konflikte können wie Gewitter sein, die die Luft reinigen und alles in einem schöneren Licht erscheinen lassen.

Je nachdem, wie wir mit Konflikten umgehen, können Konflikte negativ, aber auch positiv sein.

M2 Mit Konflikten umgehen – so „gewinnst" du jeden Konflikt!

10 fatale Regeln

1. Beharre unbedingt auf deinem Standpunkt, der andere wird schon nachgeben.
2. Mache permanent und lautstark in der Öffentlichkeit bekannt, dass das Recht auf deiner Seite ist und der Gegner Unrecht begeht.
3. Suche nur Lösungen, die deine Interessen maximal befriedigen, schließlich bist du ja im Recht.
4. Stelle den Gegner vor vollendete Tatsachen, das nimmt ihm den Wind aus den Segeln.
5. Suche dir Verbündete, die dir bedingungslos folgen, das schüchtert ein.
6. Wenn der Gegner nicht einlenkt, so drohe ihm Gewalt an, das zeigt immer Wirkung.
7. Akzeptiere auf keinen Fall Vermittlungsversuche Dritter, denn diese wollen nur deinen Gegner unterstützen.
8. Ziehe Erkundigungen über das Privatleben deines Gegners ein und gib diese an andere weiter.
9. Wenn dies nicht ausreicht, so erfinde Gerüchte.
10. Gemeinsam mit dem Gegner unterzugehen ist allemal besser, als Zugeständnisse zu machen, schließlich geht es ja um den Sieg der Wahrheit.

Günther Gugel/Uli Jäger, S. 3

M3 Sieben Tipps zum „richtigen" Streiten

1. **Beschreibe die Situation ganz konkret.**
   Fang damit an, die Situation, um die es geht, genau zu beschreiben.
   Nicht: „Du kommst immer zu spät!"
   Sondern: „Ich musste jetzt eine halbe Stunde warten."
2. **Beschreibe die Situation, aber bewerte sie nicht.**
   Nicht: „Du bist so rücksichtslos und hältst dich nicht an Vereinbarungen."
   Sondern: „Ich war zum verabredeten Zeitpunkt hier."
3. **Formuliere deine Gefühle direkt, nicht indirekt.**
   Nicht: „Niemand mag es, wenn er warten muss."
   Sondern: „Ich ärgere mich, wenn ich unnötig rumstehen muss."
4. **Sprich eigene Wünsche offen an.**
   Nicht: „Es ist unmöglich, dauernd auf andere Leute zu warten."
   Sondern: „Ich möchte, dass du mich rechtzeitig anrufst, wenn du dich verspätest."
5. **Sei kritisch gegenüber deiner eigenen Sichtweise.**
   Möglicherweise bist du so aufgebracht, dass du sozusagen „blind vor Wut" bist. Da kann es hilfreich sein, erst mal durchzuatmen und nicht nur „aus dem Bauch heraus" zu reagieren.
6. **Prüfe nach, ob deine Antwort richtig angekommen ist.**
   Es passiert oft, dass der oder die andere etwas ganz anderes verstanden hat, als du sagen wolltest. Bitte die anderen deshalb ruhig einmal, deine Botschaft mit ihren eigenen Worten zu wiederholen. Dann kannst du korrigieren, wenn etwas falsch verstanden wurde.
7. **Höre dir an, was dein Streitpartner oder deine Streitpartnerin zu sagen haben.**
   Fange nicht sofort an, dich zu verteidigen, wenn die anderen etwas sagen. Höre es dir an, versuche es aus ihrer Sicht zu verstehen und überlege für dich, ob du etwas ändern magst.

BMW (Hrsg.): CD „Fass mich nicht an", Begleittexte, S. 34-35

M4 Haltungen/Grundhaltungen

Damit der Weg zur Versöhnung und ein friedliches Miteinander nicht so schwerfallen, solltest du respektieren, dass z.B.

- auch der andere recht haben könnte,
- deine eigene Position nicht immer die einzig richtige sein muss,
- du auf andere Rücksicht nehmen solltest,
- es manchmal besser ist nachzugeben.

Papan

Aufgaben

1 Übertrage in dein Heft und ergänze anhand selbstgewählter Beispiele oder eigener Erfahrungen: ➜ M1
Konflikte können wichtig und positiv sein, weil
- ...
- ...
- ...

2 Erkläre an Beispielen, weshalb die Eskalation von Konflikten gefährlich und negativ für Freundschaften, Gruppen, Klassengemeinschaften, Familien usw. sein kann. ➜ M1

3 Begründe mit Hilfe von Beispielen, weshalb die „10 fatalen Regeln" sicherlich nicht zu einer sinnvollen Konfliktlösung beitragen. ➜ M2

4 Erstellt in Gruppen auf Plakaten „Gegen-Regeln", die zu einer friedlichen Regelung von Konflikten führen können. ➜ M2

5 Begründe, weshalb die ersten vier Tipps wichtig sind. ➜ M3

6 Übt in einem Rollenspiel die Verhaltenstipps ein. ➜ M3
Entwerft hierzu eine Konfliktsituation oder wählt einen der Konflikte auf Seite 40.

▶ Glossar: Konflikt

3 Konflikte analysieren und schlichten

M1 Interview mit einer Streitschlichterin

Nicht immer gelingt es den Konfliktparteien, allein zu einer Konfliktlösung zu gelangen. Deshalb gibt es an immer mehr Schulen Streitschlichter, die hierbei helfen können.

Meike, wie wird man Streitschlichterin?

Da hat jede Schule ihren eigenen Weg. Wir wurden von einer professionellen Ausbilderin geschult, die zu uns an die Schule kam. In acht Treffen haben wir die Inhalte des Schlichterverfahrens sowohl theoretisch als auch praktisch kennengelernt. Dabei haben wir vor allem mit Rollenspielen gearbeitet, bei denen man immer wieder die Rolle wechseln musste. So war jeder mal Schlichter, mal Streitender und manchmal auch einfach neutraler Beobachter. Auf diese Weise kann man sich hinterher besser in die einzelnen Positionen versetzen und sieht deshalb vieles nicht nur einseitig.

Wieso braucht man eigentlich Streitschlichter?

Streitschlichter sollen dann zum Einsatz kommen, wenn Schüler einen Konflikt miteinander haben und nicht in der Lage sind, diesen selbständig zu lösen. Besonders wenn Gewalt mit im Spiel ist oder die Situation viele gegen einen besteht (Mobbing), drohen die Fronten zu verhärten und dann kann der zunächst vielleicht harmlose Streit sehr leicht eskalieren.

Streitschlichter übernehmen dann eine Vermittlerrolle. Sie sind keine Richter, die entscheiden, wer recht oder unrecht hat, und sie verhängen auch keine Strafen. Wir versuchen gemeinsam mit den Beteiligten, die Ursache des Streits herauszufinden und dann eine Lösung auszuarbeiten, mit der alle zufrieden sind.

M2 Bericht aus der Praxis

Wie gehen Streitschlichter dabei vor?

Zunächst verdeutlicht die Streitschlichterin das Ziel der Schlichtung, sie erklärt ihre Rolle und weist auf Regeln hin, die während des Gespräches und z. T. auch danach eingehalten werden müssen.

Anschließend dürfen alle Streitenden nacheinander den Konflikt aus ihrer Sicht vortragen. Die Streitschlichterin fasst anschließend immer jede Sichtweise noch mal kurz zusammen und schreibt die wichtigsten Punkte auf. Diese Punkte werden dann einer nach dem anderen gemeinsam bearbeitet. Es geht darum herauszufinden, warum die einzelnen Personen gerade so gehandelt haben. Auf diese Art wird das Verständnis für die Position des anderen gefördert.

Daraufhin kann dann gemeinsam nach einer Lösung gesucht werden. Jeder darf aufschreiben, was er sich für das zukünftige Verhalten der anderen wünscht, aber auch, was er selber bereit ist zu tun.

Auf diesen Vorstellungen aufbauend wird eine konkrete Vereinbarung getroffen, die dann schriftlich festgehalten wird und unter der alle unterschreiben müssen.

Nach ca. zwei Wochen trifft man sich dann nochmals um herauszufinden, ob sich alle an die Vereinbarungen gehalten haben und ob der Streit jetzt tatsächlich beigelegt ist.

Kannst du uns einen Fall schildern?

Als im Sportunterricht Mannschaften gewählt werden, wählt Florian nicht wie üblich seinen besten Freund Mark als ersten, sondern einen anderen Freund und Mark muss deshalb in der schlechteren

Mannschaft mitspielen. Mark ärgert sich so über Florian, dass er Florians Turnbeutel in der Umkleidekabine versteckt. Weil Florian den Turnbeutel nicht gleich findet, kommt er zu spät zur nächsten Stunde und bekommt eine Strafarbeit. Jetzt ist Florian sauer auf Mark. Er geht in der Pause zu ihm hin und schmeißt aus Rache Marks Mäppchen auf den Boden. Weil dabei das Geodreieck kaputtgegangen ist, tritt Mark Florian gegen das Schienbein. Die nächsten zwei Wochen reden die beiden kein Wort mehr miteinander. Als die Klasse beginnt, sich in ein Mark- und in ein Florianlager aufzuteilen, wird es der Klassenlehrerin zu viel und sie schickt die beiden zur Streitschlichtung.

Als Florian den Streit aus seinem Blickwinkel schildert, kommt heraus, dass er sich über Mark geärgert hatte, weil Mark, wenn sie sich treffen, immer nur Computer spielen will und Florian aber lieber etwas anderes machen würde.

Deshalb einigen sie sich darauf, dass in Zukunft jeder abwechselnd bestimmen darf, was gemacht wird.

Was hast du für deinen Alltag gelernt dabei?

Ich habe angefangen, mich häufiger zu fragen, warum jemand in einer bestimmten Situation so handelt, und ich mache mir häufiger Gedanken über mein eigenes Verhalten anderen gegenüber. Außerdem fällt es einem leichter, bei Streitigkeiten im Familien- oder Freundeskreis einen klareren Kopf zu behalten, und man versucht eher zu vermitteln, als sich in den Streit einzumischen.

Konflikte analysieren

Für Vermittler oder Schlichter ist es wichtig, den Konflikt rational zu analysieren und Lösungsmöglichkeiten zu entwickeln, die für beide Seiten akzeptabel sind. Dies gilt für jeden Konflikt, für den Streit in der Klasse genauso wie für die Auseinandersetzungen zwischen Arbeitgebern und Gewerkschaften um mehr Lohn oder für Konflikte zwischen Staaten. Dabei sind folgende Schritte sinnvoll:

Klärung der Situation
Worin besteht der Konflikt genau?
Wer sind die Beteiligten?
Welche Interessen haben sie?
Welche Gefühle der Beteiligten spielen mit?
Welche Normen, Regeln, Gesetze sind zu berücksichtigen?

Lösungsmöglichkeiten prüfen
Welche Lösungsmöglichkeiten schlagen die Beteiligten vor (Wünsche, Vorwürfe, Vor- und Nachteile bestimmter Lösungen)?
Welche Lösungsmöglichkeiten wurden bisher versucht?

Lösungsalternativen entwickeln
Welche Lösungsmöglichkeiten sind denkbar? (Brainstorming!)
Welche davon sind keinesfalls zu akzeptieren?
Welche Lösungen sind für die Beteiligten am ehesten annehmbar und auch realisierbar?
Wer ist davon betroffen?

Aufgaben

1 Überlege dir, warum es sinnvoll sein kann, einen Streitschlichter einzubeziehen und nicht einen Lehrer. → M1/2

2 Erarbeitet in Kleingruppen mindestens fünf Gesprächsregeln, die bei der Schlichtung eingehalten werden müssen. → M2

3 Benenne den Konflikt und das Ziel des Schlichters/der Schlichterin in diesem Fall. → M2

4 Versucht in einem Rollenspiel ein Schlichtungsverfahren für den geschilderten Fall herbeizuführen. → M2
Erarbeitet hierzu die einzelnen Schritte des Schlichtungsverfahrens in einer Checkliste:
1. …
2. …
3. …

5 Wählt einen Konflikt aus den Medien, der Schule etc. aus und versucht, anhand der Fragen in dem Methodenkasten den Konflikt zu analysieren.

4 Projekt zum Thema Mobbing

Projektvorbereitung

M1 Mobbing in der Schule

1. Beschreibe genau, was auf dem Foto zu sehen ist. Beachte dabei auch die Blicke und die Körpersprache der Beteiligten. Was empfinden und denken die Beteiligten?
2. Erkläre, was hier geschehen ist.
3. Welche Vorgeschichte könnte diese Szene haben?
4. Beschreibe ähnliche Situationen, die du schon miterlebt hast.
5. Wie könnte das Mädchen am Boden sich wehren?
6. Wie könnten andere ihr helfen?

nach: Günther Gugel, S. C

M2 Was versteht man unter Mobbing?

Der Begriff wird von dem englischen Wort to mob = „anpöbeln" abgeleitet und meint das gezielte und geplante Ausgrenzen von Einzelnen aus einer Gemeinschaft. Manchmal wird hierfür auch der Ausdruck „bullying" verwendet, was darauf verweist, dass dieses Verhalten erstmalig bei Tieren beobachtet wurde. Mobbing gibt es nicht nur in der Schule, sondern vor allem auch im Berufsleben.

Die Ausgrenzungen erfolgen systematisch, häufig auch über einen längeren Zeitraum hinweg. Die angegriffene Person erlebt sich dabei als unterlegen.

Der norwegische Forscher Dan Olwe definierte das Ausgrenzen von Mitschülern folgendermaßen: „Ein Schüler oder eine Schülerin ist Gewalt ausgesetzt oder wird gemobbt, wenn er oder sie wiederholt und über eine längere Zeit den negativen Handlungen eines oder mehrerer anderer Schüler oder Schülerinnen ausgesetzt ist."

nach: Ministerium für Kultur und Unterricht Baden-Württemberg (Hrsg.), S. 117

M3 Typische Verhaltensweisen

für Mobbingfälle in der Schule sind:

- Ausgrenzung aus der Klassengemeinschaft
- Beschädigung von Schulsachen und Materialien
- Auslachen
- Verstecken von Kleidungsstücken
- Ungerechtfertigte Beschuldigungen
- Knuffen und Schlagen auf dem Pausenhof
- Erpressung und Bedrohung
- Sexuelle Belästigungen

Die Auswirkungen der Schikanen werden bei Kindern und Jugendlichen mit zunehmender Dauer immer mehr sichtbar: Nervosität, Schlafstörungen, Ausreden, um den Sportunterricht zu meiden, häufiges Fehlen ohne Entschuldigung.

Projektdurchführung

Projektarbeit 1: Recherche im Internet

Erstellt in Gruppen Plakate zu folgenden möglichen Themen:

1. Tätertypen und Opfer?
2. Wo tritt Mobbing auf und welche Arten unterscheidet man? Welche Ursachen werden genannt?
3. Formen und Phasen von Mobbing (falls nicht bei 2)
4. Welche Auswirkungen hat Mobbing für das Opfer?
5. Wie kann ein Mobbingopfer reagieren?
6. Welche Auswirkungen hat Mobbing für die Klasse/die Firma/die Schule?
7. Was kann man als Einzelner dagegen tun?
8. Wer bzw. welche Gruppe kann Hilfe leisten?
9. Wo finden wir Hilfe?
10. Fünf Grundsätze für eine Schule und eine Klasse ohne Mobbing

Tipp für Mobbingopfer

Mobbingtelefon: 0800 777 66 65
(gebührenfrei)

Projektarbeit 2: Expertenbefragung

1. Entwerft einen Fragebogen zu Mobbing in der Schule.
2. Ladet Streitschlichter eurer Schule in den Unterricht ein und überlegt gemeinsam, was man an der Schule gegen Mobbing tun könnte.
3. Ihr könnt im Internet einen kleinen Film herunterladen (oder gleich anschauen), der einen Fall von Mobbing bei Mädchen zeigt.
   http://www.polizei.propk.de/abseits/der_film.htm#
   Besprecht den Fall und überlegt, wer hier wie helfen könnte. Das Material und die Filme können auch bei der Kripo bestellt werden.

Projektarbeit 3: Dokumentation

Erstellt ein Mobbing-ABC, z.B.:
A wie abfällige Bemerkungen
B wie Beleidigungen
C wie Chancen nehmen, sich einzubringen usw.
und ein Anti-Mobbing-ABC, z.B.:
A wie Achtung
B wie Beistand leisten
C wie Chancen geben, sich einzubringen usw.

▶ Glossar: Mobbing, Bullying

Internet-Adressen:

http://www.kidsmobbing.de/page/jugend/index.html
(gut gegliederte Ratgeberseite für Eltern, Lehrer und Schüler)

http://www.schueler-mobbing.de/mobb/modules/newbb/
(Internetseite der Gutenbergschule in Riederich mit Definition, Folgen, diversen Tests zum Thema Mobbing usw.) – siehe auch: http://barrierefrei.schueler-mobbing.de/mobbing.html#wie

http://www.dgb.de/themen/mobbing/mobbing.htm
(Mobbingseite des DGB mit Definitionen, Phasen, Ursachen, speziell für Mobbing im Berufsleben)

http://mobbingzirkel.emp.paed.uni-muenchen.de/secure/ressourcen/aktuell.htm
(Mobbingseite speziell für Lehrende mit Fällen und Theorie)

http://www.kindernetz.de/thema/mobbing/index.html
(SWR-Seite mit vielen praktischen Tipps)

http://arbeitsblaetter.stangl-taller.at/KOMMUNIKATION/Bullying.shtml
(eher wissenschaftlich orientierte Seite)

http://www.basta-net.de/
(unter dem Stichpunkt „Ratgeber“ hilfreiche Tipps für Mobbingopfer)

Was wir wissen – was wir können

In den vier Kapiteln der Einheit „Sich orientieren“ habt ihr zunächst erfahren, womit sich die Ethik beschäftigt. Ihr habt im Anschluss daran versucht herauszufinden, was eure Identität ausmacht, wer ihr seid und wer ihr sein wollt. Dabei wurde klar, dass ihr verschiedenen Gruppen angehört und dass dies Vorteile, aber auch Gefahren und Konfliktstoff birgt. Im letzten Teil habt ihr dann Möglichkeiten kennengelernt, wie man Konflikte erkennt und wie man mit ihnen umgehen kann.

Was wir wissen

Teilt euch in vier Gruppen. Jede Gruppe beschäftigt sich mit einem Thema aus den vier Kapiteln (z.B. Gefühle) und entwickelt Fragekärtchen dazu. Schreibt auf die Rückseite die wichtigsten Antworten.

Gruppe 1

Welche Bedeutung haben Gefühle für die Persönlichkeit?

Wie sollten wir mit Gefühlen umgehen?

Sind Gefühle wichtig für unsere Entscheidungen und Handlungen?

Wie kommen wir zu unseren Gedanken?

Gruppe 2

Warum beschäftigen wir uns mit Moral?

Wer hat die Moral erfunden?

Ist Moral notwendig oder überflüssig?

Wer denkt sich die ganzen Regeln und Normen aus?

Wie kommt die Moral in den Menschen?

Gruppe 3

Ich will mich selbst erforschen – wie mache ich das?

Bin ich ein Ich oder viele Ichs?

Was macht meine Persönlichkeit aus?

Ist der andere anders oder ist er so wie du?

Gruppe 4

Was ist typisch für menschliche Gemeinschaften?

Welche Rollen spielen wir?

Warum streiten die Menschen?

Welche Beziehungen zu anderen Menschen sind besonders wichtig?

Wie sollten wir mit Konflikten umgehen?

Findet weitere Fragen zu den vier Kapiteln (z.B. zum Thema Familie).

Was wir können

Teilt euch in kleine Gruppen auf und sucht für jede der Fähigkeiten und Fertigkeiten, die ihr gelernt habt, ein Beispiel:

- sich selbst beobachten
- Gefühle wahrnehmen und beschreiben
- Kopf und Bauch unterscheiden
- den anderen wahrnehmen
- sich in den anderen einfühlen
- über eigene Stärken und Schwächen nachdenken
- über das Denken nachdenken
- fragen lernen
- Begriffe erklären und erläutern
- Regeln und Normen überprüfen
- mit Gedanken experimentieren
- im Rollenspiel Konflikte lösen

Anwenden an Fällen

a) Darf ich meine Freundin anlügen, weil sie mir böse sein könnte, wenn ich ihr die Wahrheit sage?

Ferdinands Schwester Pia war seit einigen Tagen völlig verändert. Das hängt bestimmt mit ihrem Urlaub zusammen, dachte Ferdinand. Sie hatte sich schon so lange darauf gefreut, und es war auch nicht leicht gewesen, die Erlaubnis der Eltern zu bekommen: Sie durfte mit ihrer besten Freundin zwei Wochen nach Frankreich fahren. „Um Französisch zu lernen", hieß es, aber natürlich wollten die beiden Mädchen vor allem gemeinsam Urlaub machen. Pias Freundin Anne freute sich fast noch mehr darauf, weil sie noch nie im Ausland gewesen war. Ihre Eltern waren recht ängstlich und wollten Anne den Urlaub in Frankreich auch erst gar nicht erlauben. Nur weil Pia dabei war und Annes Eltern Pia mochten, hatten sie schließlich zugestimmt.

Aber da musste noch etwas sein, weil der Urlaub schon seit Monaten geplant war und sie sich erst seit ein paar Wochen so merkwürdig benahm. Immer wenn das Telefon läutete, sprang sie an den Apparat und zog sich sofort wieder enttäuscht zurück, wenn es für Ferdinand oder die Eltern war. Und falls es für sie war, wurde sie oft rot und verschwand gleich mit dem Telefon in ihr Zimmer. Außerdem war sie beim Essen sehr still und hatte keinen rechten Appetit. „Was ist denn los?", fragte die Mutter. „Gar nichts. Was soll denn sein?" Pia wurde rot. „Du hast doch etwas", drängte die Mutter, „los, raus damit!" Pia druckste noch etwas herum, aber dann legte sie los: „Ich habe mich in Marc, den süßesten Jungen der Welt verliebt." „Ach so", meinte die Mutter, „das ist doch wunderbar. Wo ist das Problem? Mag er dich nicht?"

„Nein, nein! Das ist es nicht. Er liebt mich auch. Er ist ja so süß. Das Furchtbare ist", Pia schossen die Tränen in die Augen, „in sechseinhalb Wochen geht er für ein Jahr als Austauschschüler nach Amerika. Das wird furchtbar, da sehen wir uns ein Jahr lang nicht. Aber auf alle Fälle will ich bis dahin möglichst jede Minute mit ihm zusammen sein."

„Ja und?", warf Ferdinand ein, „dann mach es halt!" „Sehr klug! Ich habe doch den Urlaub mit Anne ausgemacht und der ist schon in drei Wochen." Pia war verzweifelt. „Ich halte das nicht aus, von den wenigen Wochen, die Marc noch da ist, die Zeit statt mit ihm mit Anne im Urlaub zu verbringen. Ich muss den Urlaub absagen, aber ich weiß nicht, wie. Anne wird furchtbar enttäuscht sein, weil sie jetzt gar nicht in den Urlaub fahren kann. Aber sie kann ich doch auch weiterhin täglich sehen, Marc aber dann nicht mehr, wenn er so lange weg ist. Ich habe mir überlegt, ich sage Anne einfach, dass mein Geld nicht reicht und wir deshalb nicht fahren können. Das ist das Einfachste. Nur habe ich ein furchtbar schlechtes Gewissen dabei."

Rainer Erlinger, S. 14

b) Bildhandy

Jan (8. Klasse) nimmt in der Umkleidekabine nach dem Sportunterricht heimlich Steffen beim Ausziehen und in der Unterhose auf. Er stellt die Bilder auf eine passwortgeschützte Seite ins Internet und gibt die Adresse und das Passwort einem Großteil seiner Mitschülerinnen und Mitschüler weiter, nicht aber Steffen. Dieser bemerkt zwar, dass alle anderen über ihn tuscheln und heimlich lachen, weiß aber nicht warum.

Überlegungen/Fragen

- Wie werden sich die Beteiligten fühlen? Beschreibt die Gefühle möglichst genau, indem ihr versucht, euch in sie hineinzuversetzen oder einen Tagebucheintrag zu verfassen, der ihre Gedanken und Gefühle darlegt.
- Gibt es bei der Wahrnehmung des Konfliktes Unterschiede zwischen „Kopf und Bauch"?
- Welche Gruppen sind beteiligt, welche Gruppen könnten helfen bzw. Rat geben?
- Inwiefern sind hierbei Fragen nach dem „Wer bin ich, was für einer will ich sein, wie sehen mich die andern?" davon berührt?
- Welche rechtlichen und moralischen Normen sind zu beachten? (Bei Fall B kann das Strafgesetzbuch StGB § 185 und 223 eventuell helfen.)
- Wie könnte der Konflikt gelöst werden, welche Alternativen gibt es, wer könnte helfen?

Utopia ist Nirgendwo

Mach dir ein schönes Leben

Gut ist, was mir nützt

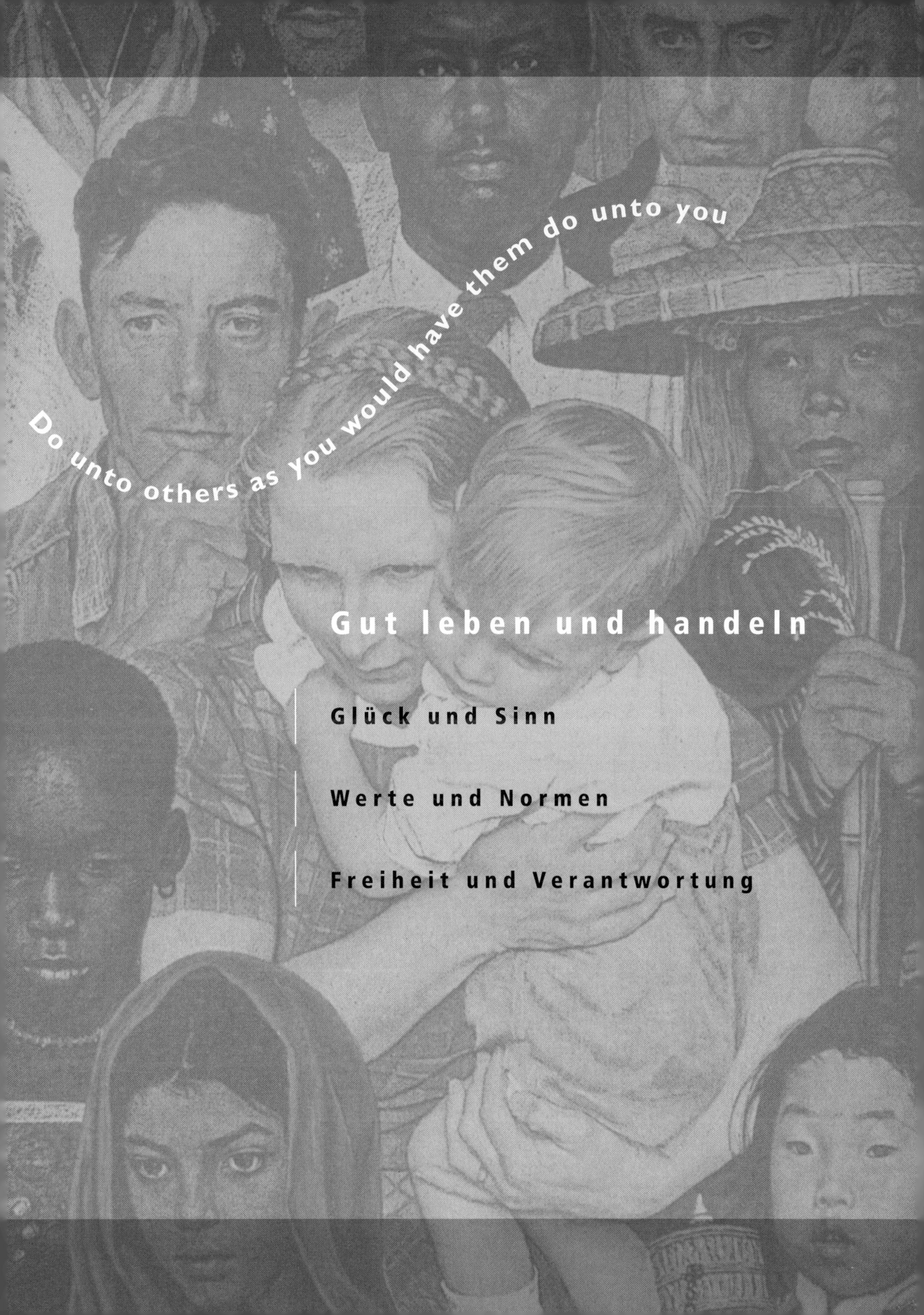

Gut leben und handeln

Glück und Sinn

Werte und Normen

Freiheit und Verantwortung

1 Abenteuer Leben

M1 Jugendliche dieser Welt

M2 Warum wir leben

Viele Menschen haben unterschiedliche Hobbys. Manche sammeln alte Münzen oder Briefmarken, andere handarbeiten gern, noch andere widmen fast all ihre Freizeit einer bestimmten Sportart.

Viele lesen auch gern. Aber was wir lesen, ist sehr unterschiedlich. Einige lesen nur Zeitungen oder Comics, andere mögen Romane, noch andere ziehen Bücher über verschiedene Themen wie Astronomie, Tierleben oder technische Erfindungen vor.

Wenn ich mich für Pferde oder Edelsteine interessiere, kann ich nicht verlangen, dass alle anderen diese Interessen teilen. Wenn ich wie gebannt vor allen Sportsendungen im Fernsehen sitze, muss ich mich damit abfinden können, dass andere Sport öde finden.

Gibt es trotzdem etwas, das alle interessieren sollte? Gibt es etwas, das alle Menschen angeht – egal, wer sie sind oder wo auf der Welt sie wohnen? Ja, [...], es gibt Fragen, die alle Menschen beschäftigen sollten. [...] Was ist das Wichtigste im Leben? Wenn wir jemanden in einem Land mit Hungersnot fragen, dann lautet die Antwort: Essen. [...] Alle Menschen müssen natürlich essen. Alle brauchen auch Liebe und Fürsorge. Aber es gibt noch etwas, das alle Menschen brauchen. Wir haben das Bedürfnis herauszufinden, wer wir sind und warum wir leben.

Sich dafür zu interessieren, warum wir leben, ist also

Texte lesen und verstehen

Sachtexte, besonders wissenschaftliche und philosophische, sind oft schwer zu verstehen. Du gehst bei ihrer Erarbeitung am besten systematisch vor:

1. Lies den Text aufmerksam durch und markiere am Rand die Stellen, die du nicht verstehst.
2. Beim zweiten Lesen schreibst du dir die Begriffe oder Gedanken heraus, die dir wichtig erscheinen.
3. Nun kannst du auf verschiedene Art mit dem Text umgehen:
   - Gliedere den Text in Abschnitte und versieh jeden Abschnitt mit einer Überschrift.
   - Fasse den Inhalt jedes Abschnitts kurz in eigenen Worten zusammen.
4. **W-Fragen** helfen weiter:
   - **Was** denkt der Autor? Was ist seine Überzeugung?
   - **Wie** stellt er seine Gedanken, seine Auffassung dar? Benutzt er Beispiele, Argumente?
   - **Warum** schreibt er diesen Text? Was ist seine Absicht?
5. Zum Schluss kannst du den Text kritisch lesen: Behandelt er Themen oder Probleme, die dir wichtig erscheinen? Gibt er eine Antwort auf deine Fragen? Überzeugt dich diese Antwort?

kein ebenso „zufälliges“ Interesse wie das am Briefmarkensammeln. Wer sich für solche Fragen interessiert, beschäftigt sich mit etwas, das die Menschen schon fast so lange diskutieren, wie wir auf diesem Planeten leben. Wie Weltraum, Erdball und das Leben hier entstanden sind, ist eine größere und wichtigere Frage als die, wer bei den letzten Olympischen Spielen die meisten Goldmedaillen gewonnen hat.

M3 Im Kaninchenfell

Einer der alten griechischen Philosophen, die vor über zweitausend Jahren gelebt haben, glaubte, dass die Philosophie durch die Verwunderung der Menschen entstanden sei. Der Mensch findet es so seltsam zu leben, dass die philosophischen Fragen ganz von selber entstehen, meinte er.

Das ist so, als wenn wir bei einem Zaubertrick zusehen: Wir können nicht begreifen, wie das, was wir sehen, möglich ist. Und dann fragen wir danach: Wie konnte der Zauberkünstler zwei weiße Seidenschals in ein lebendiges Kaninchen verwandeln? Vielen Menschen kommt die Welt genauso unfassbar vor wie das Kaninchen, das ein Zauberkünstler plötzlich aus einem eben noch leeren Zylinderhut zieht.

Was das Kaninchen betrifft, so ist uns klar, dass der Zauberkünstler uns an der Nase herumgeführt hat. Wenn wir über die Welt reden, liegen die Dinge etwas anders. Wir wissen, dass die Welt nicht Lug und Trug ist, denn wir laufen auf der Erde herum und sind ein Teil der Welt. Im Grunde sind wir das weiße Kaninchen, das aus dem Zylinder gezogen wird. Der Unterschied zwischen uns und dem weißen Kaninchen ist nur, dass das Kaninchen nicht weiß, dass es an einem Zaubertrick mitwirkt. Mit uns ist das anders. Wir glauben, an etwas Rätselhaftem beteiligt zu sein, und würden gerne klarstellen, wie alles zusammenhängt.

PS. Was das weiße Kaninchen betrifft, so ist es vielleicht besser, es mit dem gesamten Universum zu vergleichen. Wir, die wir hier wohnen, sind das wimmelnde Gewürm tief unten im Kaninchenfell. Aber die Philosophen versuchen, an den dünnen Haaren nach oben zu klettern, um dem großen Zauberkünstler voll in die Augen blicken zu können.

M2/3: Jostein Gaarder, S. 19, 21–22

M4 Anweisungen eines Philosophen

Im Kaninchenfell ist es bequem; man muss sich um wenig kümmern. Der Philosoph Immanuel Kant nannte diesen Zustand „Unmündigkeit“. Warum die meisten Menschen im Kaninchenfell sitzen, erklärte er so:

Faulheit und Feigheit sind die Ursachen, warum ein so großer Teil der Menschen [...] gerne zeitlebens unmündig bleibt; und warum es anderen so leicht wird, sich zu deren Vormündern aufzuwerfen. Es ist so bequem, unmündig zu sein. Habe ich ein Buch, das für mich Verstand hat, einen Seelsorger, der für mich Gewissen hat, einen Arzt, der für mich die Diät beurteilt, usw.: So brauche ich mich ja nicht selbst zu bemühen. Ich habe es nicht nötig zu denken, wenn ich nur bezahlen kann, andere werden das verdrießliche Geschäft schon für mich übernehmen [...].

Immanuel Kant, S. 35

Kants oberster Grundsatz war:
Habe Mut, dich deines eigenen Verstandes zu bedienen!
Dafür stellte er drei Regeln auf:
1. selbst denken,
2. sich in die Stelle eines andern denken,
3. jederzeit mit sich selbst einstimmig denken.

Aufgaben

1. Schreibe einen kleinen Text zu einem Bild, in dem sich die Person vorstellt. ➜ M1
2. Erarbeitet in Gruppen die wichtigsten Gedanken der Texte von Jostein Gaarder. ➜ M2/3
3. Was ist Philosophie? Schreibe einen kurzen Artikel für eine Schülerzeitung. ➜ M2/3
4. Das Kaninchenfell ist ein Gedankenexperiment. Überlegt gemeinsam: Warum sitzen die meisten Menschen ganz unten? Welche Folgen hat es, wenn man nach oben klettert?
5. Ein Philosoph ist nach oben geklettert und berichtet den Menschen, die im Fell sitzen, von seinen Erlebnissen. Schreibt eine kleine Rede.
6. Übersetzt die Forderungen Kants in eure Sprache. Findet und diskutiert ein Beispiel, in dem diese Forderungen wichtig werden. ➜ M4

▶ Glossar: Immanuel Kant, Mündigkeit, Philosophie

2 Glück erleben

M1 Ich bin glücklich

Ich bin wieder glücklich. Ich weiß nicht, warum. Sicher nicht, weil ich mein Leben in eine fabelhaft funktionierende Ordnung gebracht hätte. [...] Der Punkt ist nur, dass der Druck gewichen zu sein scheint. Ich spüre stattdessen eine herrliche Ruhelosigkeit. Die Energie knistert mir aus den Fingerspitzen. Ich muss die Arme in die Luft werfen und mich auf der Promenade in imposanten Kreisen um mich selbst drehen. Ich spüre, ich strecke mich so sehr, dass ich nie mehr in meine alte Gestalt zurücksinken kann.

Brock Cole, S. 220

M2 Glück ist ...

M3 Glück ist unser höchstes Ziel

Wonach sehnen sich alle Menschen? Die Antwort ist nicht schwierig: Alle Menschen sehnen sich danach, glücklich zu sein. Wo kann man das Glück finden? Wie wird man glücklich? Das ist eine Frage, der wir uns gleich zuwenden wollen. Fürs Erste genügt es aber festzuhalten, dass der Mensch von Natur aus glücklich sein will. Es gibt so etwas wie einen Instinkt – eine natürliche Neigung – zum Glück. Dieser Wunsch nach Glück bestimmt unser Leben so sehr, dass wir es uns nicht einmal vorstellen können, dass ein Mensch gegen seinen Willen glücklich ist. Oder kannst du dir einen Menschen vorstellen, der sich darüber ärgert, wenn er glücklich geworden ist?

Das höchste Ziel des Menschen ist das Glück. Was auch immer wir tun – vom Zähneputzen angefangen, bis zum Studium für einen Universitätsabschluss – wir tun es letztlich mit dem Ziel, glücklich zu werden. Alles, was wir wollen, ist ein Mittel oder Instrument, um glücklich zu werden. In allem, was der Mensch aus freien Stücken tut, geht es ihm letztlich um Glück – so unbedeutend sein Tun auch erscheinen mag. Natürlich sind dabei bestimmte Handlungen wichtiger als andere: Sich zwischen einem Stück Schinken und einer Schweinshaxe zu entscheiden, das ist nicht dasselbe, wie die Entscheidung, ob ich Maria oder lieber Gabriela zur Frau nehme.

Alle Menschen wollen notwendig glücklich sein. Das bedeutet nicht, dass alle Menschen auch immer glücklich werden. Was wir alle gemeinsam haben, ist die Sehnsucht nach dem Glück. Ob wir jedoch unser Ziel, glücklich zu sein, tatsächlich erreichen, steht auf einem anderen Blatt. Daraus, dass wir alle glücklich sein wollen, folgt ja noch nicht, dass wir auch alle glücklich werden müssen. Die Ethik ist nur die Lehre vom Glück; und sie ist auch eine praktische Anleitung zum Glücklichwerden. Die Ethik ist die Kunst, glücklich zu werden.

Héctor Zagal, S. 49-50

M4 Flow – das Geheimnis des Glücks

Der amerikanische Glücksforscher Mihaly Csikszentmihalyi fand heraus, dass intensive Glücksgefühle durch „Flow-Erlebnisse" erzeugt werden. Sie kommen zustande, wenn man z.B. eine besondere Leistung erbringt, bisher unbekannte Herausforderungen besteht, sich in einen anderen Menschen verliebt, ein spannendes Buch liest oder Lernerfolge hat. Diese Flow-Aktivitäten haben eines gemeinsam: Sie schaffen kreative Gefühle und treiben Menschen zu höheren Leistungen an. Nach ihren Flow-Erlebnissen befragt, antworteten:

Eine Bäuerin: Die Arbeit auf dem Feld ist das Beste, was es gibt: Man ist erschöpft, aber man fühlt sich großartig. Ich versorge die Tiere, ich hacke, pflanze, ernte, kümmere mich um die Kartoffeln, das Gemüse und die Blumen [...]. Wenn ich übers Feld schaue und alles gut aussieht, bin ich glücklich und zufrieden. Ich fühle mich frei.

Ein Tänzer: Eine große Entspannung und Ruhe kommt über mich. Ich sorge mich nicht um Erfolg oder Misserfolg. Was für ein kraftvolles und warmes Gefühl das ist! Ich möchte mich dann ausdehnen, die Welt umarmen. Ich fühle eine enorme Kraft in mir, etwas Erhabenes und Schönes zustande zu bringen.

Eine Mutter, die das Zusammensein mit ihrer kleinen Tochter genießt: Lesen gehört zu ihren Lieblingsbeschäftigungen, und wir lesen oft zusammen. Sie liest mir vor und ich lese ihr vor, und dann verliere ich den Kontakt mit dem Rest der Welt. Ich bin völlig in das vertieft, was ich tue.

Ein Musiker: Es ist wirklich phantastisch. Ich achte nicht mehr auf meine Finger, die Tastatur, die Noten, den Raum. Nur meine Gefühle existieren, und durch meine Hände kommen sie nach außen. Du wirst eins mit der Musik, denn auch die Musik ist identisch mit dem, was du fühlst.

M5 So leben, dass die eigenen Kräfte wachsen

Entscheidend für das Glücks-Erlebnis ist nach Csikszentmihalyi, was mit der Arbeit oder der Freizeit getan wird. Verbringt ein junger Mensch seine Freizeit nur mit passivem Konsumieren und mit Tätigkeiten wie Fernsehen, in Eisdielen herumhocken oder mit dem Motorrad herumrasen? Oder ist er mit Tätigkeiten befasst, bei denen sich seine Fähigkeiten entwickeln, Selbstdisziplin, Selbstachtung, die sich auf wirkliche Leistung stützt? Aktivität, und zwar zielgerichtete Aktivität, das Annehmen von Herausforderungen, führt zur Entfaltung von Kräften und damit zu größerem Selbstbewusstsein. Von nichts aber hängt die Empfindung, ein glücklicher Mensch zu sein, mehr ab als vom Selbstwertgefühl.

Frankfurter Allgemeine Zeitung, 13.1.1999, Nr. 10, S. 5

M6 Checkliste für Ziele

Wichtig für das Glückserleben durch Flow ist das Aufstellen von Zielen, die sich lohnen. Um sie herauszufinden, kannst du folgende Fragen stellen:

1. Was ist mein Ziel, was will ich? (Was sind meine Bedürfnisse, Wünsche, Sehnsüchte?)
2. Woran würde ich erkennen, dass ich das Ziel erreicht habe? (Was sehe, höre, fühle ich?)
3. Wie möchte ich das Ziel erreichen? (Mit wem, wann und wo?)
4. Wie verändert sich mein Leben, wenn ich mein Ziel tatsächlich erreicht habe? (Worauf muss ich verzichten? Was gewinne ich?)
5. Was benötige ich, um mein Ziel zu erreichen? (Welche Schritte muss ich tun? Welches ist der erste Schritt?

M4/6 nach Mihaly Csikszentmihalyi, S. 80-88, 107

Aufgaben

1 Erinnerst du dich an einen Zustand, in dem du sehr glücklich warst? Beschreibe deine Gefühle, Gedanken usw. ➜ M1

2 Sammelt Bilder aus Zeitschriften u.Ä., die Menschen in glücklichen Zuständen zeigen, und gestaltet eine Wandzeitung.

3 Übertrage das Schaubild in dein Heft und vervollständige: Was gehört für dich zum Glück? ➜ M2

4 Erarbeite aus ➜ M3 die Gründe, warum alle Menschen glücklich sein wollen (z.B. Sehnsucht nach Glück). Wie lässt sich dieses Ziel am besten verwirklichen?

5 Stelle die Merkmale des Flow-Erlebnisses aus den Berichten der befragten Personen zusammen. ➜ M4 Finde eigene Beispiele für „Flow-Aktivitäten".

6 Erarbeitet in Gruppen, wie eine Schule aussehen müsste, damit sie Flow-Erlebnisse ermöglicht.

7 Formuliere anhand der Checkliste ein persönliches Lebensziel und den Weg, wie du es erreichen willst. ➜ M6

▶ Glossar: Mihaly Csikszentmihalyi, Flow-Erlebnisse

3 Glücklich sein

M1 Glück ist: etwas sehr gut zu machen, mit all dem, was man in sich hat!

M2 Das macht Spaß

Einige unserer glücklichsten Augenblicke sind die, in denen wir etwas tun, was wir gern tun. So sagt der Rennfahrer Michael Schumacher:

Ich möchte Spaß haben, so viel wie möglich. Richtig Spaß macht im Leben aber nur das, was ich, abhängig von meinem Talent oder meiner Begabung, so gut mache, wie ich nur kann. Nehmen wir den Fußball. Ich bin nicht die ganz große Leuchte auf dem Platz, aber was in mir steckt, das bringe ich mit persönlichem Gewinn aufs Feld. Würde ich herumstümpern, wäre ich doch nur frustriert.

Focus 36/2004, S. 43 (Hans Borchert)

M3 Was mich glücklich macht

„Ich spiele am liebsten Gitarre", sagte Gloria.
„Ich spiele am liebsten Videospiele", sagte Alvaro.
„Ich finde, das ist keine sonderlich befriedigende Sache", sagte Manuel. „Warum?", fragte Alvaro.
„Es ist immer dasselbe, und nachher langweilt man sich."
„Wenn ich mich langweile, spiele ich einfach ein neues Spiel." Alvaro gab sich noch lange nicht geschlagen. „Aber diese Spiele dienen immer nur der bloßen Unterhaltung", sagte Manuel. „Auch wenn du sie mit Freunden spielst, ist ihr Reiz schnell vorbei, weil sie mit deinem sonstigen Leben nichts zu tun haben. Im Gitarrespiel kannst du dagegen deine Gefühle zum Ausdruck bringen, und manchmal auch die von anderen Menschen. Es ist also etwas, was über die eigene Unterhaltung hinausgeht."

Ernst Tugendhat, S. 167-168

Jan Tomaschoff, Badische Neueste Nachrichten

M4 Mein Traum vom Glück

In einem Tagebuch berichtet ein 14-jähriger Bäckerjunge aus Damaskus von seinem größten Traum: einen Schulabschluss zu erhalten und Journalist zu werden.

14.11.

Heute war einer der schönsten Tage meines Lebens. Die Arabisch-Doppelstunde war stark, so was hab ich noch nie erlebt. Der Lehrer hat sich zu uns gesetzt, und jeder konnte sein Thema frei vortragen. Er hat begeistert mit uns über die Erzählungen, Märchen und Gedichte diskutiert und gestritten. Als ich an die Reihe kam, habe ich meine Gedichte „Ich träume laut“ und „Der fliegende Baum“ frei vorgetragen. Ich kann sie auswendig. Der Lehrer fand sie unheimlich gut und meinte, dass aus mir ein Dichter spreche. Ich bin bestimmt ganz rot geworden.

21.11.

Heute überraschte mich Herr Katib auf dem Schulhof. „Hast du die Gedichte an einen Verlag geschickt?“, fragte er. Ich war sprachlos. Verlag? Darunter konnte ich mir wenig vorstellen. Herr Katib erklärte mir, dass Dichter ihre Geschichten und Gedichte an einen Verlag schicken, um sie veröffentlichen zu lassen. Er gab mir sogar den Namen und die Adresse eines Verlegers. Ich soll ihm einige meiner Gedichte schicken, vor allem die beiden, die ich in der Klasse vorgetragen habe. Er meint es wirklich ernst. Ich bin ein Dichter!

15.12.

Hurra!!! Heute hat der Verleger geantwortet. Er hat mir einen freundlichen Brief geschrieben, und er fand die Gedichte gut. Wahnsinn! Er will fünf von meinen Gedichten in einem Band von jungen Dichtern drucken. Und die übrigen findet er auch nicht schlecht. Ich soll ihm ein Foto schicken und ihn mal besuchen, wenn ich will.

Rafik Schami, S. 58, 61, 71

M5 Glücklich leben

Wie soll der Mensch leben? Was braucht der Mensch, um ein gutes Leben zu führen?

Ich kann kurz antworten: Der Mensch wird nur glücklich, wenn er alle seine Fähigkeiten und Möglichkeiten entfalten und benutzen kann.

Aristoteles glaubte an drei Formen des Glücks: Die erste Form des Glücks ist ein Leben der Lust und der Vergnügungen. Die zweite Form des Glücks ist ein Leben als freier, verantwortlicher Bürger. Die dritte Form des Glücks ist das Leben als Forscher und Philosoph. Aristoteles betont, dass alle drei Formen zusammengehören, damit der Mensch ein glückliches Leben führen kann. Er lehnte also jede Form der Einseitigkeit ab. Wenn er heute lebte, würde er vielleicht sagen, dass ein Mensch, der nur seinen Körper pflegt, ebenso einseitig – und damit mangelhaft – lebt wie einer, der nur den Kopf benutzt. Beide Extreme sind Ausdruck einer verfehlten Lebensführung.

Jostein Gaarder, S. 134

Aufgaben

1. „Glück ist: etwas sehr gut zu machen, mit all dem, was man in sich hat.“ Sammelt Beispiele für diese Aussage. ➜ M1/2
2. Manuel behauptet, Gitarrespielen mache glücklicher als Computerspiele. ➜ M3
   Teilt euch in zwei Gruppen und findet überzeugende Argumente für beide Seiten.
3. Glücklich machen Erlebnisse und Tätigkeiten, bei denen man verwirklicht, was in einem steckt.
   Übertrage in dein Heft und ergänze:

Tätigkeiten	Beziehungen	Erlebnisse
Sport	Freundschaft	Musik
...	...	...

4. Verfasse einen Tagebucheintrag: Mein Traum vom Glück ist ... ➜ M4
5. Formuliere für deine Freunde Ratschläge, wie man ein glückliches Leben führen kann. ➜ M5

▶ Glossar: Aristoteles

4 Verfehltes Glück

M1 Das große Schlemmen

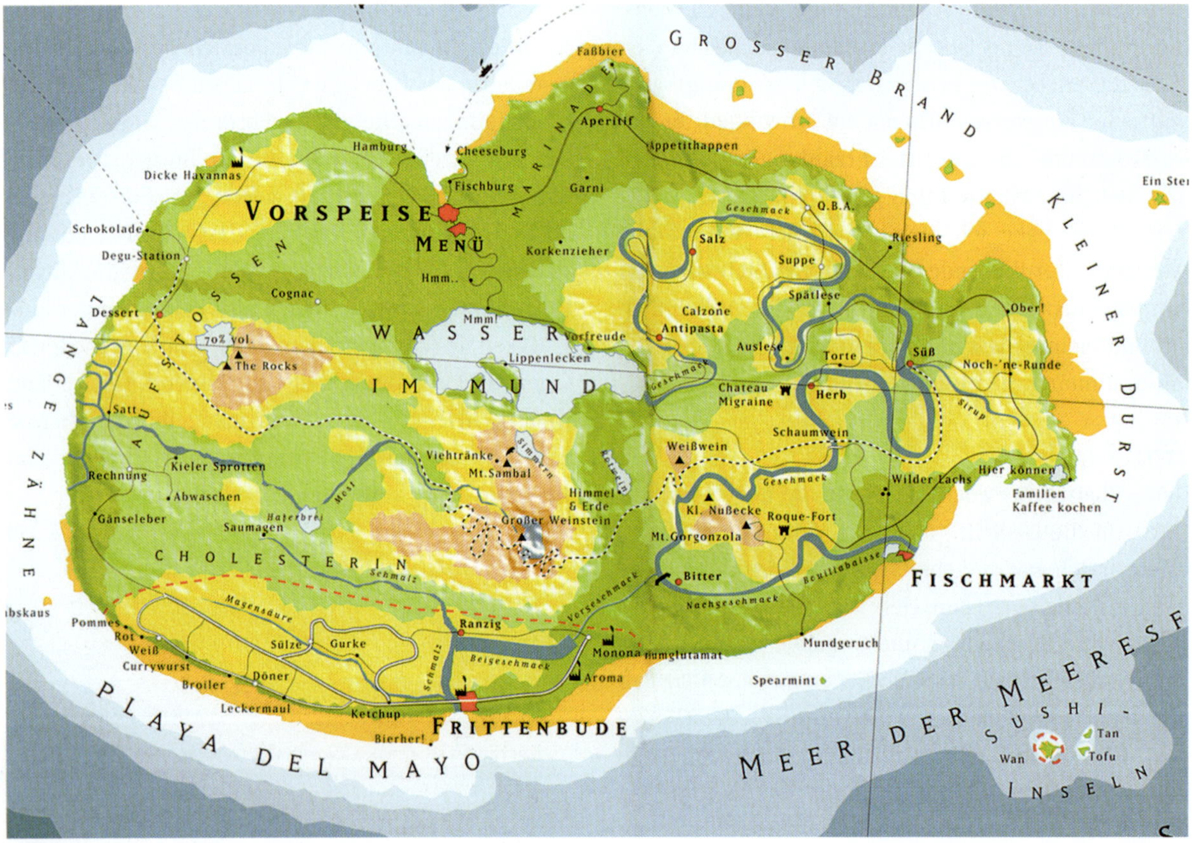

Atlas der Erlebniswelten, S. 74–75

M2 Der letzte Kick

Kriminelle sagen oft Sätze wie: „Zeig mir was, das ebenso viel Spaß macht, wie nachts in ein Haus einzubrechen und den Schmuck zu klauen, ohne jemanden zu wecken, und ich würde es tun." Ein Großteil der sogenannten Jugendkriminalität – Autodiebstahl, Vandalismus, Rowdytum – wird von dem gleichen Bedürfnis angeregt, Flow-Erfahrungen zu erleben, die im Alltagsleben nicht geboten werden.

Die Flow-Erfahrung ist, wie alles andere, nicht im absoluten Sinne „gut". Sie ist nur insofern gut, als sie die Möglichkeit umfasst, das Leben reich, intensiv und sinnvoll zu machen.

Mihaly Csikszentmihalyi, S. 100

M3 „Diese Todesangst ist einfach super"

Durch U-Bahn-Surfen, Free-Climbing, Bungee-Springen versuchen viele Jugendliche, sich Glücksgefühle zu verschaffen. Fragt man sie nach ihren Gründen, dann antworten sie z. B., wie toll es ist, beim Sturz die Angst zu genießen; es sei einfach „super", wenn das Herz bis zum Hals klopft. Sie berichten von dem unheimlichen Glücksgefühl, ihre Angst und Panik überwunden zu haben. Sie wollten ausprobieren, wie es ist, sich einfach ins Nichts fallen zu lassen.

M4 Machen Dinge glücklich?

Täusch Dich nicht: Von einer Sache – mag sie auch die beste der Welt sein – kann man nur Sachen erhalten. Niemand kann etwas geben, das er nicht hat, nicht wahr? Noch viel weniger kann eine Sache mehr geben, als sie ist. Die Linsen sind nützlich, um den Hunger zu stillen, aber sie helfen nicht, Französisch zu lernen; das Geld ist für fast alles nützlich, aber dennoch kann man mit ihm keine echte Freundschaft kaufen (für viel Geld bekommt man Unterwürfigkeit, Schmarotzer als Freunde oder käuflichen Sex, aber nicht mehr). Also, ein Videogerät kann einem anderen ein Ersatzteil geben, aber keinen Kuss. Wenn wir Menschen einfache Sachen wären, würde uns das genügen, was uns die Sachen geben können. Aber das ist die Komplikation, von der ich gesprochen habe: Weil wir keine reinen Sachen sind, brauchen wir „Dinge“, die die Sachen nicht haben. Wenn wir die anderen wie Sachen behandeln, erhalten wir von ihnen ebenfalls nur Sachen: Auf Druck geben sie Geld heraus, dienen uns (wie Automaten), gehen weg, kommen herein, berühren uns oder lachen, wenn wir den richtigen Knopf drücken. Aber auf diese Weise geben sie uns niemals die subtileren Güter, die nur Menschen geben können. So erhalten wir keine Freundschaft, keinen Respekt und noch viel weniger Liebe. Keine Sache (auch kein Tier, weil dessen und unser Charakter zu verschieden sind) kann uns diese Freundschaft, Achtung, Liebe, mit einem Wort, diese fundamentale Anteilnahme geben, die man sich nur unter Gleichen gewährt und die uns – die wir Menschen sind – nur die Menschen geben können, die wir als solche behandeln. Das Letztere ist wichtig, weil das bedeutet, dass wir Menschen uns gegenseitig zu Menschen machen. Wenn ich Menschen wie Menschen behandle und nicht wie Gegenstände (wenn ich das berücksichtige, was sie wollen oder benötigen, und nicht nur das, was ich aus ihnen herausholen kann), mache ich es möglich, dass sie mir zurückgeben, was nur eine Person einer anderen geben kann.

Fernando Savater, S. 73–74

Grundbegriffe erarbeiten

Erklären können, wie man ein Wort versteht, gehört zu den wichtigsten sprachlichen Fähigkeiten. Es gibt viele Spiele, die diese Fähigkeit trainieren (z. B. „Tabu“).
Auch folgende Übung ist nützlich: Schreibt auf Kärtchen die Schlüsselbegriffe des Textes (hier: M4) und notiert auf der Rückseite in Stichworten die jeweiligen Merkmale.

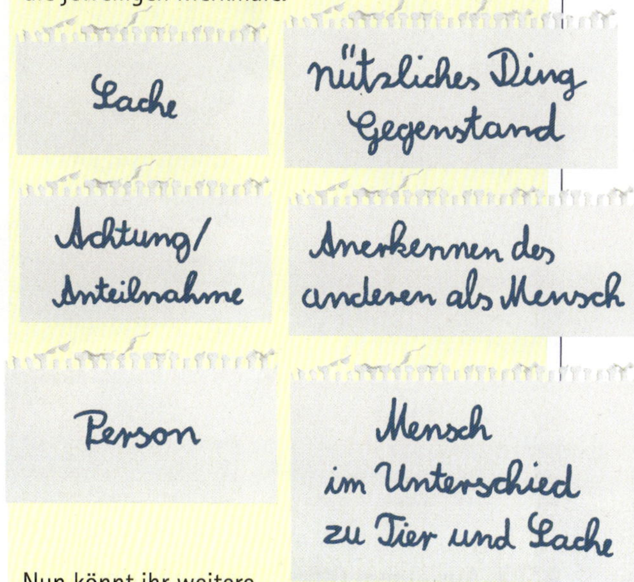

Nun könnt ihr weitere Kärtchen zu moralischen Begriffen erstellen und sie in einem Ratespiel gegenseitig erfragen.

Aufgaben

1 Du besuchst die Insel „Das große Schlemmen“. An welchen Orten würdest du Station machen? Welche fehlen auf der Karte? ➜ M1

2 Sammelt Beispiele für den „letzten Kick“ (z. B. Mutproben u. Ä.). Diskutiert schädliche Flow-Erlebnisse. ➜ M2/3

3 Risiko, Genuss, Reichtum machen nur bedingt glücklich. Finde aus den Texten Gründe dafür heraus (vgl. hierzu auch das Kapitel Konsum, S. 110ff.). ➜ M2/3/4

4 Erarbeite die Voraussetzungen für ein glückliches menschliches Leben. ➜ M4

5 Führt ein Interview in eurer Schule durch über die Glücksvorstellungen unter 13-/14-Jährigen.

▶ Glossar: Achtung, Person, Fernando Savater

5 Glücksreisen

M1 Halbinsel Genuss

M1/2: Atlas der Erlebniswelten, S. 76-79

M2 Aus einem Glücksreisen-Katalog

Für reiselustige Leser bieten wir hier ein achttägiges Fly&Drive-Arrangement auf die prächtige Halbinsel GENUSS. Bei Ankunft auf dem Flughafen FREUDE steht ein Seat Marbella für Sie parat. Hiermit fahren Sie zu Ihrer ersten Übernachtung in BESTAUNEN, von wo aus Sie am zweiten Tag von einem STAUNEN in das nächste fallen. Vom dritten bis zum fünften Tag residieren Sie in einem erstklassigen Dreisternehotel, um die LANGEN SOMMERABENDE zu genießen. Sie können interessante Ausflüge zum KÜHLEN BLONDEN oder in das authentische HEISS unternehmen. Unsere freundliche Hostess wird Ihnen dort gern zu Diensten sein/zeigen, wo es langgeht. Am sechsten Tag besuchen Sie GUTE 76 FREUNDE, wo die Zeit stillzustehen scheint, und fahren weiter zum MEER DES ÜBERFLUSSES. Am siebten Tag machen Sie sich auf den Weg zur sonnenüberfluteten BUCHT DER ZUFRIEDENHEIT. Unterwegs können Sport- bzw. Naturinteressierte ihr Herz in WANDERUNG und STROMERN erquicken. Am letzten Tag beginnen Sie in aller Ruhe mit der Rückkehr, nachdem Sie im populären HEIMWEH Souvenirs und Geschenke für die Daheimgebliebenen gekauft haben.

M3 Eine Reise ins Glück

Das Rad an meines Vaters Mühle brauste und rauschte schon wieder recht lustig, der Schnee tröpfelte emsig vom Dache, die Sperlinge zwitscherten und tummelten sich dazwischen; ich saß auf der Türschwelle und wischte mir den Schlaf aus den Augen; mir war so recht wohl in dem warmen Sonnenscheine. Da trat der Vater aus dem Hause; er hatte schon seit Tagesanbruch in der Mühle rumort und die Schlafmütze schief auf dem Kopfe, der sagte zu mir: „Du Taugenichts! Da sonnst du dich schon wieder und dehnst und reckst dir die Knochen müde und lässt mich alle Arbeit allein tun. Ich kann dich hier nicht länger füttern. Der Frühling ist vor der Tür, geh auch einmal hinaus in die Welt, und erwirb dir selber dein Brot.“ – „Nun“, sagte

ich, „wenn ich ein Taugenichts bin, so ist's gut, so will ich in die Welt gehn und mein Glück machen." Und eigentlich war mir das recht lieb, denn es war mir kurz vorher selber eingefallen, auf Reisen zu gehn. Ich ging also in das Haus hinein und holte meine Geige, die ich recht artig spielte, von der Wand, mein Vater gab mir noch einige Groschen Geld mit auf den Weg, und so schlenderte ich durch das lange Dorf hinaus. Ich hatte recht meine heimliche Freude, als ich da alle meine alten Bekannten und Kameraden rechts und links, wie gestern und vorgestern und immerdar, zur Arbeit hinausziehen, graben und pflügen sah, während ich so in die freie Welt hinausstrich. Ich rief den armen Leuten nach allen Seiten recht stolz und zufrieden Adjes zu, aber es kümmerte sich eben keiner sehr darum. Mir war es wie ein ewiger Sonntag im Gemüte. Und als ich endlich ins freie Feld hinauskam, da nahm ich meine liebe Geige vor und spielte und sang, auf der Landstraße fortgehend [...].

Joseph von Eichendorff, S. 3-4

M4 Aussteiger: Frei und high

M5 Glück als Flucht

In dem Roman „Der Fänger im Roggen" erzählt Jerome D. Salinger von dem 16 Jahre alten Holden, der durch New York irrt, nachdem er von der Schule geflogen ist. Er trifft seine Freundin Sally und macht ihr einen Vorschlag.

„Hättest du Lust, mit mir hier abzuhauen? Das ist meine Idee. Ich kenne so einen Typen in Greenwich Village, dessen Auto können wir für ein paar Wochen leihen. Er war mal an derselben Schule wie ich und schuldet mir noch zehn Mäuse. Wir könnten Folgendes machen, morgen früh könnten wir nach Massachusetts und Vermont fahren und in die Gegend da, ja? Da ist es ungeheuer schön. Wirklich." Je mehr ich darüber nachdachte, desto aufgeregter wurde ich, und dann langte ich irgendwie zu der guten Sally rüber und nahm ihre verfluchte Hand. Was war ich doch für ein verfluchter Idiot. „Ganz ehrlich", sagte ich. „Ich hab ungefähr hundertachtzig Mäuse auf der Bank. Die kann ich abheben, wenn sie morgen früh aufmacht, und dann könnte ich zu dem Typen gehen und das Auto holen. Ehrlich. Dann wohnen wir da in Hüttenlagern und so Kram, bis uns die Kohle ausgeht. Und dann, wenn uns die Kohle ausgeht, könnte ich irgendwo einen Job kriegen, und wir könnten irgendwo wohnen mit einem Bach und so, und später könnten wir dann heiraten oder was weiß ich. [...] Was meinst du? Machst du das mit mir? Bitte!"
„So was kann man doch nicht machen", sagte die gute Sally. Sie klang ungeheuer sauer.

Jerome D. Salinger, S. 170-171

Aufgaben

1. Du fährst in das Land „Genuss". Welche Route nimmst du? Wo hältst du dich am liebsten auf? ➜ M1
2. Sammelt Angebote aus Katalogen, die „Glücksreisen" verkaufen. Was versprechen sie? ➜ M2
3. Was verstehst du unter einem „Taugenichts"? Vergleiche ihn mit dem „Aussteiger". ➜ M3/4
4. Warum verlässt der Junge sein Elternhaus? ➜ M3 Schreibe eine kleine Geschichte aus heutiger Sicht.
5. Entwirf eine persönliche Reise ins Glück. Was ist dein Ziel? An welchen Stationen planst du einen Halt ein? Was ist dir dort besonders wichtig?
6. Du setzt dich zu Holden und Sally an den Tisch und mischst dich in ihr Gespräch ein. Was würdest du beiden sagen? ➜ M5

6 Orte des Glücks

M1 Trauminsel

M2 Eine Insel des Glücks

Den englischen Kaufmannssohn Robinson Crusoe treibt ein unwiderstehlicher Abenteuerdrang immer wieder zur See. Nachdem Robinson sich nach dem Schiffbruch als Einziger auf eine einsame Insel retten kann, beginnt er, sich mit primitiven Mitteln ein neues Leben fern aller Zivilisation aufzubauen.

Mitten in dieser Beschäftigung ging das vierte Jahr meines Aufenthalts auf dieser Insel zu Ende. Hier war ich fern aller Verderbnis dieser Welt; ich begehrte nichts, denn ich hatte alles, was mich zu erfreuen vermochte; ich war unumschränkter Herr meiner sämtlichen Besitzungen; ich konnte, wenn es mir beliebte, mich Kaiser oder König dieses ganzen Landstriches nennen; ich hatte weder Nebenbuhler noch irgendjemand, der mir die souveräne Herrschaft streitig gemacht hätte. Es hing nur von mir ab, so viel Getreide zu ernten, dass ich ganze Schiffe damit hätte beladen können. Weil das aber zwecklos war, so säte ich nur das aus, was ich für meinen Bedarf benötigte. Schildkröten standen mir in Mengen zur Verfügung, doch ich konnte nur eine von Zeit zu Zeit verzehren. Es fehlte mir nicht an Holz, um eine ganze Flotte zu bauen, und meine Weinernte würde ergiebig genug gewesen sein, um diese Flotte mit Wein und Rosinen zu beladen. Aber nur das, was ich gebrauchen konnte, war von Wert für mich. Ich hatte Nahrungsmittel genug und war im Stande, meine sämtlichen Bedürfnisse zu befriedigen. Wozu sollte mir ein Überfluss dienen? Hätte ich mehr Wildbret erlegt, als ich verzehren konnte, wäre ich genötigt gewesen, es meinem Hund oder den Würmern zu überlassen. Und hätte ich mehr Getreide ausgesät, als ich brauchte, wäre es verdorben. Die Bäume, die ich gefällt hatte, blieben auf der Erde liegen und verfaulten. Ich konnte sie nur als Brennmaterial benutzen, aber Feuer brauchte ich nur, um meine Speisen zu bereiten. Mit einem Wort, die Natur und die Erfahrung lehrten mich nach reiflichen Überlegungen, dass alles Gute der Welt nur dann für uns von Nutzen ist, wenn wir einen guten Gebrauch davon machen, unsere eigenen Bedürfnisse befriedigen oder die Dinge anhäufen, um sie anderen zu diesem Zweck zu geben. Der habgierigste Geizhals auf der ganzen Welt wäre von seiner unersättlichen Habgier geheilt worden, hätte er sich an meiner Stelle befunden; denn ich besaß unendlich mehr, als ich je verbrauchen konnte.

Ich empfand jetzt bei meiner Lebensweise viel mehr innere Zufriedenheit als am Anfang und fühlte mich sowohl geistig als auch körperlich ungleich glücklicher.

Daniel Defoe, S. 147-149

M3 Orte des Glücks

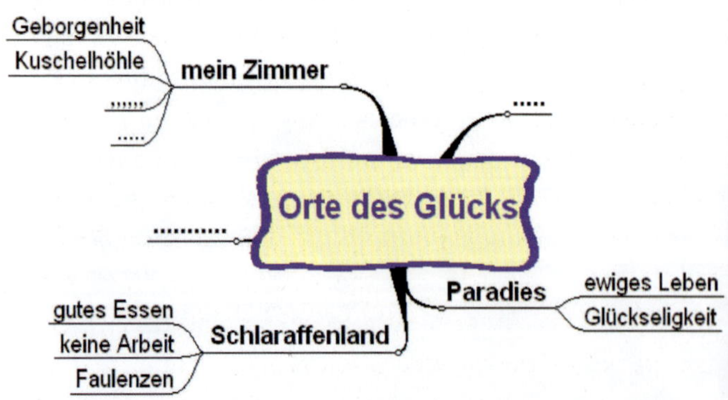

M4 Utopia

René Magritte, Le Château des Pyrénées

M5 Utopia ist Nirgendwo

Träumt einer, so bleibt er niemals auf der Stelle stehen. Er bewegt sich fast beliebig von dem Ort oder Zustand weg, worin er sich gerade befindet. Ums dreizehnte Jahr wird das mitreisende Ich entdeckt, daher wachsen um diese Zeit die Träume vom besseren Leben besonders üppig. [...] „Ich wollte aufs Meer und ersann mir dazu ein Kriegsschiff ohnegleichen. Es hieß Argo, machte so viele Knoten die Stunde, dass es an allen Küsten der Erde fast allgegenwärtig war. Ich war der Herr der Argo, mit dem Titel und Rang eines Fürstadmirals, herrschte über alle Kaiser und Könige, verteilte die Erdkarte neu, kraft der elektrischen Kanonen [...]. Einmal im Jahr kam die Flugnacht, das Schiff verließ das Wasser, landete auf dem höchsten Berg der Erde. Dort bewirtete ich meine Freunde, ließ sie durch ein besonders gelegenes Fenster in die Zukunft sehen [...].“ *Ernst Bloch, S. 24-25*

M6 Zuhause

Das Zuhause ist für uns ein mit Gefühlen verbundenes Symbol geworden; es beschreibt eine Sehnsucht nach Vertrautheit, Geborgenheit, Sicherheit, Wärme, Zuneigung und der Möglichkeit, einfach nur man selbst zu sein. Aber auch nach dem flauschigen Teppich, dem Lied, das die Mutter früher sang, und dem misslungenen Schokoladenpudding.
In einem Märchen zieht ein junger Mann in die weite Welt hinaus, um etwas Wichtiges zu finden, vielleicht einen Schatz. Nach Jahrzehnten kommt er als alter Mann wieder nach Hause. Er hat keinen Schatz gefunden. Erst durch das Nachhausekommen entdeckt er den Schatz, den er gesucht hatte: Dieser lag die ganze Zeit über schlicht und einfach zu Hause.

Atlas der Erlebniswelten, S. 28-29

Aufgaben

1. Erarbeite aus dem Text die Gründe, warum die Insel für Robinson ein Ort des Glücks ist (z.B. sein eigener Herr sein). Vergleiche hierzu die Robinson-Methode auf S. 23. ➜ M2
2. Was würde dir auf dieser Insel fehlen? ➜ M2
3. Fertigt in Gruppenarbeit eine Mindmap zu Orten des Glücks an. ➜ M3
4. Schreibe eine kurze Geschichte zu dem Bild „Utopia“. ➜ M4
5. Erzählt euch in einer Gesprächsrunde eure Tagträume vom besseren Leben: „Ich wollte...“ ➜ M5
6. Gestaltet einen Atlas der Glücksorte. ➜ M6

▶ Glossar: Paradies, Utopia

7 Die Frage nach dem Sinn

M1 Woher – Wohin?

M2 Wissen, wohin man will

„Guten Tag", sagte der kleine Prinz.

„Guten Tag", sagte der Weichensteller.

„Was machst du da?", sagte der kleine Prinz.

„Ich sortiere die Reisenden nach Tausenderpaketen", sagte der Weichensteller. „Ich schicke die Züge, die sie fortbringen, bald nach rechts, bald nach links."

Und ein lichterfunkelnder Schnellzug, grollend wie der Donner, machte das Weichenstellerhäuschen erzittern.

„Sie haben es sehr eilig", sagte der kleine Prinz. „Wohin wollen sie?" „Der Mann von der Lokomotive weiß es selbst nicht", sagte der Weichensteller.

Und ein zweiter blitzender Schnellzug donnerte vorbei, in entgegengesetzter Richtung.

„Sie kommen schon zurück?", fragte der kleine Prinz.

„Das sind nicht die Gleichen", sagte der Weichensteller. „Das wechselt."

„Waren sie nicht zufrieden dort, wo sie waren?"

„Man ist nie zufrieden dort, wo man ist", sagte der Weichensteller. Und es rollte der Donner eines dritten funkelnden Schnellzuges vorbei. „Verfolgen diese die ersten Reisenden?", fragte der kleine Prinz. „Sie verfolgen gar nichts", sagte der Weichensteller. „Sie schlafen da drinnen oder sie gähnen auch. Nur die Kinder drücken ihre Nasen gegen die Fensterscheiben."

„Nur die Kinder wissen, wohin sie wollen", sagte der kleine Prinz. „Sie wenden ihre Zeit an eine Puppe aus Stoff-Fetzen, und die Puppe wird ihnen sehr wertvoll, und wenn man sie ihnen wegnimmt, weinen sie. [...] "

„Sie haben es gut", sagte der Weichensteller.

Antoine de Saint-Exupéry, S. 72-73

M3 Die Frage nach dem Sinn

Fangen wir bei uns Menschen an! Wir leben nicht in den Tag hinein, wie das vielleicht die kleinen Kinder tun können, für die „morgen" noch in weiter Ferne liegt, sondern wir werden sehr früh eingebunden in Lebenspläne. Das fängt spätestens an, wenn ein Kind in die Schule kommt, dann beginnt „der Ernst des Lebens". Was bedeutet das? Das bedeutet: Es ist vorbei mit dem spielerischen Leben. Nun fängt die Arbeit an: die Arbeit des Lernens. [...]

Etwas später im Leben werden die Kinder dann auch selber gefragt, was sie denn im Leben werden wollen. Das ist das Alter, da wollen die Knaben nicht mehr Lokomotivführer oder Baggerfahrer werden, und die Mädchen haben zumeist „Barbie" und ihre „Traumküche" ohne bleibende seelische Schäden hinter sich gebracht. Sie haben dann zumeist schon einen gewissen Einblick ins Leben bekommen, haben Interessen entwickelt und hoffen, später im Leben einen Beruf ausüben zu können, der ihren Interessen entspricht. Die Kinder wissen dann schon genau, dass sie in naher Zukunft Erwachsene sein werden, sie wissen, dass sie einen Beruf brauchen, um Geld verdienen zu können.

Roland Simon-Schaefer, S. 133-134

M4 Abschied

Monika Sieveking, Abschied von den Puppen

M5 Hat das Leben einen Sinn?

Die Mutter: „Ich glaube schon. Zugegeben, ich hab mir noch nicht viel Gedanken darüber gemacht. Für mich persönlich ist es eigentlich ziemlich einfach – ich hab ja deinen Vater zum Mann und dich als Tochter, das reicht mir schon aus. Mit euch bin ich glücklich und zufrieden, und das gibt mir das Gefühl, ein sinnvolles Leben zu führen."

Herr Ibarra: „In Wirklichkeit hat das Leben keinen Sinn, oder besser ausgedrückt, es ist gegenüber Sinn und Sinnlosigkeit neutral. Das bedeutet, dass ein möglicher Sinn des Lebens von unserem Bemühen abhängig ist, ihm Sinn zu geben, obwohl auch Glück im Spiel ist.

Wir sollten nicht vergessen, dass viele Menschen in unglückliche Lebensumstände hineingeboren werden, dass sie von vornherein in größter Not und Armut leben müssen oder von Geburt an schwer krank oder behindert sind oder dass es in ihrem Land gerade Kriege oder Naturkatastrophen gibt. Solche Menschen haben sicherlich weniger Aussichten auf ein sinnerfülltes Leben als die anderen.

Aber nichtsdestoweniger hängt der Sinn unseres Lebens in großem Maße von uns selbst ab und nicht allein von den äußeren Umständen."

nach Ernst Tugendhat, S. 163-166

Wortbedeutungen erschließen

Sinn, Zweck, Ziel sind verwandte Wörter.
Die Frage nach dem Sinn kann oft durch die Angabe eines Zwecks beantwortet werden, z.B.: Sinn des Zähneputzens ist die Erhaltung der Zähne.
Erkläre die Bedeutung des Wortes Sinn in den folgenden Sätzen:

- die Welt mit allen Sinnen wahrnehmen
- eine gute Gesinnung haben
- einen besinnlichen Abend verleben
- etwas im Sinn haben
- bis zur Besinnungslosigkeit betrunken sein
- ständig Unsinn reden

Finde Sätze, in denen sich die Begriffe Sinn, Zweck und Ziel unterscheiden.

M6 Unser Lebenssinn

Der Pfirsich entsteht als Pfirsich, der Leopard kommt bereits als Leopard zur Welt, aber der Mensch wird nicht ganz und gar als Mensch geboren, noch wird er es jemals ohne die Hilfe der anderen. Warum? Weil der Mensch nicht nur ein biologisches, natürliches Wesen ist (wie die Pfirsiche oder die Leoparden), sondern auch ein kulturelles. Es gibt keine menschliche Natur ohne kulturelles Lernen und ohne die Grundlage aller Kultur (d.h. ohne das Fundament unseres Menschseins): die Sprache. [...] Niemand kann alleine sprechen lernen (wie er alleine lernen kann zu essen oder zu pinkeln – Verzeihung), weil die Sprache nicht nur eine natürliche und biologische Funktion des Menschen ist (auch wenn sie natürlich ihre Grundlage in unserer biologischen Beschaffenheit hat), sondern auch eine kulturelle Schöpfung, die wir von anderen Menschen erben und erlernen.

Fernando Savater, S. 64

Aufgaben

1 Worin besteht der Unterschied zwischen den Erwachsenen und den Kindern? ➜ M2

2 Schreibe einen Aufsatz: „Ich will später ... werden."

3 Was war dir früher wichtig? Wovon fällt dir der Abschied besonders schwer? ➜ M3/4

4 Übertrage in dein Heft und ergänze:
Das macht das Leben

sinnvoll	sinnlos
- einen Menschen lieben	- nur an sich denken
- Lebenspläne entwerfen	- passives Nichtstun

5 Führt verschiedene Umfragen durch (Eltern, Lehrer, Schüler/innen), welchen Sinn das Leben hat. ➜ M5
Vergleicht die Ergebnisse und wertet sie aus.

6 Diskutiert in Gruppen Beispiele für Lebensumstände, die wenig Aussichten auf ein sinnerfülltes Leben zulassen. Stimmt ihr mit Herrn Ibarra überein? ➜ M5

7 Sammelt Beispiele für „kulturelles Lernen": ➜ M6
- Rechnen, Schreiben, Lesen lernen
- Benutzen von Messer und Gabel
- Regeln und Normen beachten

8 Gedankenexperiment:
Wenn wir die Sprache nicht hätten, dann ...

▶ Glossar: Kultur, Ziel, Zweck

8 Lebenspläne – Lebensentwürfe

M1 Wenn ich 40 bin ...

Uta

Bis ich fast 40 Jahre alt bin, möchte ich Karriere gemacht haben – als Managerin oder so ... . Am liebsten würde ich in einer großen Stadt leben, wie London oder New York, vielleicht auch München, in der man viel unternehmen kann. Zum Ausruhen könnte ich mir z.B. eine kleine Wohnung auf Mallorca vorstellen. Ich möchte viel Geld verdienen, eine schöne Wohnung haben, ein teures Auto fahren und schicke Klamotten besitzen. Mein Beruf wird viel Arbeit und viele Reisen erfordern, so dass ich mir nicht vorstellen kann, verheiratet zu sein. Mit 40 Jahren werde mich dann zurückziehen und etwas Soziales machen und vielleicht auch heiraten und eine Familie gründen.

Marielle

Ich möchte als Entwicklungshelferin arbeiten, am liebsten in solchen Projekten wie denen von Karl-Heinz Böhm. Ich kann mir aber auch gut vorstellen, in Tierschutzprojekten mitzuarbeiten. Ich möchte etwas Sinnvolles tun, etwas, wo ich helfen kann. Ich werde wahrscheinlich relativ einfach irgendwo in Afrika leben, aber das macht mir nichts aus. Ob ich heiraten werde und Kinder will, weiß ich wirklich nicht. Wichtiger ist es für mich, etwas zu bewegen.

Ellen

Ich möchte als Hebamme arbeiten, es muss schön sein, dabei zu helfen, Kinder auf die Welt zu bringen. Vielleicht arbeite ich in 25 Jahren auch Teilzeit oder gar nicht, denn ich will selbstverständlich auch eine Familie unc Kinder, am liebsten drei. Das wäre dann mit einem Vol zeitberuf nicht vereinbar. Am liebsten würde ich mit meinen Mann und den Kindern in einem Häuschen auf dem Land leben. In der Freizeit fände ich es schön, mich in der Kirchengemeinde zu engagieren ...

Wenn es gut läuft, dann bin ich mit 40 ein bekannter Schauspieler, am liebsten an einem großen deutschen Theater mit ein paar Auftritten in TV-Produktionen im Jahr; wenn nicht, dann vielleicht an einem Theater. Mir ist es egal, ob ich dabei viel Geld verdiene, Hauptsache, ich schaffe es und kann auf der Bühne stehen.

Georg

Als aktiver Leichtathlet wäre es für mich das Größte, einmal an Europameisterschaften oder Weltmeisterschaften, am besten jedoch an Olympischen Spielen teilgenommen zu haben. Das wäre fantastisch. Klar möchte ich eine Familie und einen sicheren Beruf, der es mir aber zugleich erlaubt, meinen Sport auszuüben, in einer Bank zum Beispiel. Vielleicht arbeite ich dann auch als Trainer für Jugendliche.

Tobias

M2 Eine Geschichte in Bildern – Stationen meines Lebens

Leporello

Ein Leporello ist eine Bilderreihe, die man aneinanderklebt. Man zeichnet oder malt verschiedene Ereignisse, Stationen etc., die einem wichtig sind, auf je gleich große Blätter (am besten DIN A 6 oder 5) und klebt diese dann aneinander oder untereinander. Selbstverständlich kann man auch Symbole verwenden.
Es geht nicht darum, möglichst genau zu zeichnen!
Schon beim Zeichnen/Malen werdet ihr ins Gespräch kommen, welche Stationen wichtig waren/sind.
Stellt euch danach eure verschiedenen Leporellos gegenseitig vor.

M3 Wer/was beeinflusst mich in meinen Plänen?

	sehr	etwas	kaum	nicht
Vorbilder aus Politik und Geschichte			X	
Vorbilder aus dem Umfeld				
gute Freunde				
Wissen				
Medien				
Religion				
Mode/Trends				
eigene Erfahrungen				
Gefühle				
Lehrer/innen				
Meinungen anderer				

Aufgaben

1 Vergleiche die Lebensentwürfe der 5 Schülerinnen und Schüler. Welche Lebensentwürfe kannst du dir auch für dich vorstellen, welche keinesfalls? ➜ M1

2 Formuliere einen eigenen Entwurf „Wenn ich 40 bin, dann ...
Welche Rolle spielen für dich dabei beruflicher Erfolg, Geld, Familie, moralisches Verhalten?

3 Fertige ein Leporello mit 6 Stationen an: ➜ M2
- Ich mit etwa 4/5 Jahren (Kindergarten)
- mit 8/9 Jahren (Grundschule)
- jetzt
- nach dem Abitur oder mit 19/20
- mit 30 (im Beruf)
- mit 60

4 Überlege dir, was du hier ankreuzen würdest, und nenne Gründe für deine Entscheidung. ➜ M3

5 Besprecht miteinander folgende Fragen:
Was hat dir daran gefallen, ein Kind zu sein? Weshalb?
Warum ist es schön, ein Jugendlicher zu sein?
Was stört dich daran?
Wie möchtest du als Erwachsener sein? Wie keinesfalls?

6 Bringt je einen Gegenstand aus Kindergarten- und Grundschulzeit mit und erzählt euch gegenseitig, warum dieser wichtig war.

7 Berichte von Situationen und Dingen, z. B. was dir als Kind gefallen hat, wovor du Angst hattest, was du gespielt hast und wer du werden wolltest.

9 Mach dir ein schönes Leben

M1 Was gehört dazu?

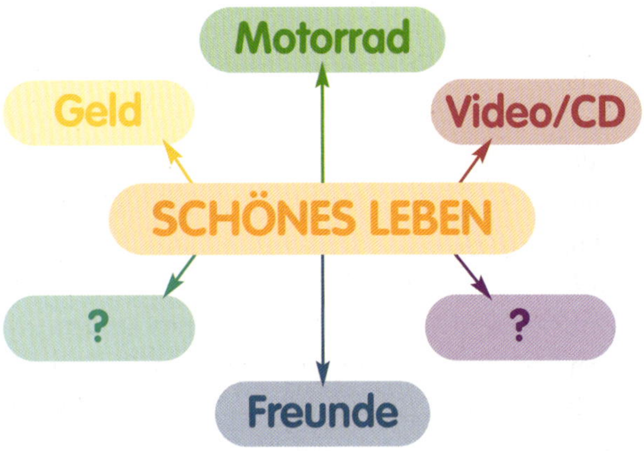

M2 Tu, was du willst

Wenn ich dir sage, du sollst tun, was du willst, scheint es angebracht, dass du zuerst ausführlich und gründlich darüber nachdenkst, was du willst. Zweifellos gefallen dir viele, sich oft widersprechende Sachen, wie das bei allen so ist: Du möchtest ein Motorrad haben, willst dir aber nicht auf der Straße den Hals brechen, du möchtest Freunde haben, aber ohne deine Unabhängigkeit zu verlieren, du möchtest Geld haben, aber du möchtest nicht den Nächsten ausbeuten, um es zu bekommen, du möchtest etwas wissen und verstehst daher, dass man lernen muss, aber du möchtest dich auch vergnügen, du möchtest, dass ich dir nicht auf den Wecker gehe und dich nach deiner Art leben lasse, aber du willst auch, dass ich da bin, um dir zu helfen, wenn es nötig ist. Wenn du all dies resümieren und deinen wahren Wunsch in Worte fassen müsstest, würdest du mir sagen: „Was ich will, Papa, ist, *mir ein schönes Leben machen.*“ Bravo! Du hast einen Orden verdient!

M4 Ein schönes Leben

Du willst dir ein schönes Leben machen – wunderbar. Aber du willst auch, dass dieses schöne Leben nicht das eines Blumenkohls oder eines Käfers ist, bei allem Respekt für beide Arten, sondern ein schönes menschliches Leben. Das ist, was dir entspricht, glaube ich. Und ich bin sicher, dass du darauf für nichts auf der Welt verzichten würdest. Mensch zu sein, das haben wir bereits erwähnt, besteht in erster Linie darin, mit den anderen Menschen Beziehungen zu haben. Wenn du einen Haufen Geld haben könntest, ein Haus, viel prächtiger als ein Palast aus Tausendundeiner Nacht, die besten Klamotten, das teuerste Essen, die modernste Elektronik, aber dies alles zu dem Preis, dass du niemals wieder Menschen siehst – wärst du dann glücklich? Wie lange könntest du so leben, ohne verrückt zu werden? Ist es nicht die größte Dummheit, Sachen haben zu wollen auf Kosten der Beziehung zu Menschen? Aber wenn genau der Vorzug all dieser Dinge darin besteht, dass sie dir zu erlauben scheinen, eine bessere Beziehung zu den anderen zu haben? Mit Hilfe des Geldes hofft man, die anderen blenden oder kaufen zu können; die Klamotten sollen helfen, dass wir ihnen gefallen oder dass sie uns beneiden; genauso ist es mit dem schönen Haus, den guten Weinen. [...] Das schöne Leben des Menschen ist ein schönes Leben unter Menschen – das Gegenteil könnte auch Leben sein, aber es wird weder schön noch menschlich sein.

M2/4: Fernando Savater, S. 62-64

M3 Mami, mir ist langweilig!

Jean-Jacques Sempé

M5 Wer küsst mich?

M6 Geh deinen Weg

Das jüdische Mädchen Anne Frank versteckte sich mit ihrer Familie und Freunden in einem Amsterdamer Hinterhaus vor den Nationalsozialisten. In einem Tagebuch, dem sie den Namen „Kitty" gibt, schreibt sie über ihre Erlebnisse, Wünsche und Hoffnungen, Gedanken und Gefühle.

Dienstag, 13. Juni 1944

Liebe Kitty!

Der Geburtstag ist wieder vorbei, jetzt bin ich also 15. Ich habe ziemlich viel bekommen: [...]

Viele Wünsche, viele Gedanken, viele Beschuldigungen und viele Vorwürfe spuken in meinem Kopf herum. Ich bin wirklich nicht so eingebildet, wie viele Leute meinen. Ich kenne meine zahllosen Fehler und Mängel besser als jeder andere, nur mit dem Unterschied, dass ich auch weiß, dass ich mich bessern will, mich bessern werde und mich schon sehr gebessert habe.

Donnerstag, 6. Juli 1944

Liebe Kitty!

Immer wieder höre ich sowohl von Margot als auch von Peter: „Ja, wenn ich so stark und mutig wäre wie du, wenn ich so meinen Willen durchsetzen könnte, wenn ich so eine ausdauernde Energie hätte, ja, dann [...]!" Ist es wirklich eine gute Eigenschaft, dass ich mich nicht beeinflussen lasse? Ist es gut, dass ich fast ausschließlich dem Weg meines eigenen Gewissens folge?

Ehrlich gesagt, ich kann mir nicht richtig vorstellen, wie jemand sagen kann „Ich bin schwach" und dann auch schwach bleibt. Wenn man so etwas doch schon weiß, warum dann nicht dagegen angehen, warum den Charakter nicht trainieren? Die Antwort war: „Weil es so viel bequemer ist." Diese Antwort hat mich ein bisschen missmutig gemacht. Bequem? Bedeutet ein faules und betrügerisches Leben auch, dass es ein bequemes Leben ist? O nein, das kann nicht wahr sein! Es darf nicht sein, dass Bequemlichkeit und Geld so schnell verführen können. Ob mein Gedankengang richtig ist, weiß ich nicht. [...]

Wir leben alle, wissen aber nicht, warum und wofür. Wir leben alle mit dem Ziel, glücklich zu werden, wir leben alle verschieden und doch gleich. Wir drei sind in einem guten Kreis erzogen worden, wir können lernen, wir haben die Möglichkeit, etwas zu erreichen, wir haben Grund, auf Glück zu hoffen, aber – wir müssen uns das selbst verdienen. Und das ist etwas, was mit Bequemlichkeit nie zu erreichen ist. Glück zu verdienen bedeutet, dafür zu arbeiten und Gutes zu tun, und nicht, zu spekulieren und faul zu sein. Faulheit mag anziehend scheinen, Arbeit gibt Befriedigung.

Anne Frank, S. 294-295, 302

Aufgaben

1. Übertrage das Schaubild in dein Heft und ergänze. ➜ M1
2. Schreibe spontan auf: Ich will **...** . Überlege dann, welche Folgen es hat, wenn du tust, was du willst. ➜ M2
3. Was fehlt dem Jungen? Wenn du sein Freund wärest, was würdest du ihm raten? ➜ M3
4. Erarbeite die Merkmale eines „schönen" menschlichen Lebens. ➜ M4
5. Beantworte die Frage: „Wie lange könntest du so leben, ohne verrückt zu werden?" ➜ M3/4
6. Was hat Gustav Gans falsch gemacht? ➜ M5
7. Formuliere aus dem Tagebuch der Anne Frank Ratschläge für ein gutes Leben. ➜ M6
   Welche würdest du annehmen? Welche lehnst du ab? Welche fehlen dir?
8. Diskussionsrunde: „Ein schönes menschliches Leben" – was heißt das?

▶ Glossar: Anne Frank

10 Das Leben gestalten

M1 Möwen sind Möwen

Die Möwe Jonathan, die da so ungeniert und ohne Zaudern nochmals mit ausgespannten Flügeln die schwierige Kurve versuchte und immer langsamer werdend wieder absackte, war kein gewöhnlicher Vogel. Die meisten Möwen begnügen sich mit den einfachsten Grundbegriffen des Fliegens, sind zufrieden, von der Küste zum Futter und zurück zu kommen. Ihnen geht es nicht um die Kunst des Fliegens, sondern um das Futter. Jonathan aber war das Fressen unwichtig, er wollte fliegen, liebte es mehr als alles andere auf der Welt. Diese Neigung machte ihn bei den übrigen Vögeln nicht gerade beliebt, das merkte er bald. Selbst seine Eltern waren unzufrieden, dass Jonathan ganze Tage mit seinen Experimenten im tiefen Gleitflug verbrachte und seine Übungen hundertfach wiederholte.

M2 Wozu soll das gut sein?

Als er aber dann auch bei Gleitflügen über dem Strand mit angezogenen Beinen zur Landung anzusetzen begann und hinterher die Länge der Gleitspur abtrippelte, da wurden seine Eltern wirklich böse.
„Wozu das, Jon? Warum in aller Welt?“, fragte seine Mutter. „Ist es denn wirklich so schwer, wie alle anderen zu sein? Warum überlässt du den Tiefflug nicht den Pelikanen oder dem Albatros?! Warum frisst du nicht wie die anderen? Du bist ja nur noch Federn und Knochen, wie siehst du bloß aus.“
„Das ist mir ganz einerlei, Mama. Ich muss herausfinden, was ich in der Luft kann und was nicht, das ist alles. Ich muss es einfach wissen.“
„Sieh einmal, Jonathan,“ sagte sein Vater nicht unfreundlich. „Bald kommt der Winter. Da gibt es nicht viele Boote, und die Fische schwimmen nicht mehr dicht unter der Oberfläche, sondern in der Tiefe. Wenn du unbedingt etwas lernen willst, dann lerne, wie man sich sein Futter beschafft. Fliegerei, gut und schön, aber von einem Gleitflug kann man nichts abbeißen, verstehst du? Zweck des Fliegens ist, dass man etwas zu Essen hat, vergiss das nicht.“ Jonathan nickte gehorsam und ...

M1/2: Richard Bach, S. 10-11

Selbständig denken!

Nach dem Philosophen Immanuel Kant gehört zum selbständigen Denken der Mut, sich seines eigenen Verstandes zu bedienen. Oft aber werden unsere eigenen Gedanken durch die Gedanken anderer beeinflusst. Wann denken wir selbständig?
Übertrage die Tabelle in dein Heft und ergänze, was dich beeinflusst:

Mich beeinflussen	gar nicht	manchmal	immer
meine Gefühle		X	
mein Wissen			
meine Erfahrungen			
Vater/Mutter			
Geschwister			
Lehrer/-in			
Schulkameraden			
Freund/-in			
Trends/Moden			
Medien/Stars			

M3 Projekt: Mensch

Das Verhalten der Tiere und Pflanzen entspricht vollkommen ihrer Natur. [...] Ein Löwe verhält sich genau so, wie er sich verhalten soll. Ein Löwe, der sich wie eine Gazelle verhält, den gibt es nicht; und umgekehrt hat man noch nie eine Gazelle gesehen, die sich wie ein Löwe verhält. Ein Löwe kann bei seiner Aufgabe, ein Löwe zu sein, nicht scheitern, weil seine Natur ihn auf ein löwenhaftes Verhalten festlegt. Innere Instinkte und äußere Einflüsse regeln das Leben der Tiere und Pflanzen.

Der Zweck der Tiere liegt darin, dass sie ihre natürlichen Fähigkeiten ausüben, dass sie sich so verhalten, wie es ihrer Natur entspricht: Der Löwe erfüllt seinen Daseinszweck, indem er sich wie ein Löwe verhält – ein Verhalten, das sich in die übrige Natur harmonisch eingliedert. Wenn es keine Löwen gäbe, die sich wie Löwen verhalten, so gäbe es zu viele Gazellen, die von den afrikanischen Weiden nichts übrig ließen. [...]

Wie wir gesehen haben, gelangen die Tiere notwendigerweise zur Erfüllung ihres Tierseins. Sie entscheiden sich nicht dafür, voll und ganz das zu werden, was sie sind. Ihre Instinkte drängen sie einfach dazu. Anders der Mensch: Er muss sich dazu entscheiden, voll und ganz Mensch zu werden. Ob ich mich zu einem vollkommenen Menschen machen will, ist die große Entscheidung meines Lebens. Denn der Mensch wird nicht als fertiger Mensch geboren, sondern muss sich erst dazu machen: Der Mensch ist eine Aufgabe. Was sein Menschsein angeht, ist der Mensch zwar von der Empfängnis an Mensch; was aber seine persönliche Erfüllung angeht, so ist der Mensch eigentlich nie fertig: Er bleibt immer eine unvollendete Aufgabe, ein unabgeschlossenes Projekt.

Héctor Zagal, S. 42/47

M4 Lebensentwürfe

Aufgaben

1 Schreibe die Geschichte weiter. → M1/2

2 Diskutiert Situationen, in denen eure Eltern sagen: „Wozu das?" → M2

3 Wie müsste sich Jonathan verhalten, um eine „gute" Möwe zu werden? → M2

4 Wie solltest du dich verhalten, um ein „gutes" Mädchen, ein „guter" Junge zu sein?

5 Informiert euch (z.B. im Fach Biologie) über das Leben einzelner Tiere und ihren Daseinszweck. → M3

6 Was unterscheidet das Leben der Tiere von dem Leben der Menschen? → M3

7 Sammelt Bilder für unterschiedliche Lebensentwürfe und beschreibt kurz die wesentlichen Merkmale. → M4

▶ Glossar: Daseinszweck, Instinkt

11 Mit der Zeit umgehen

M1 Das Rätsel der Zeit

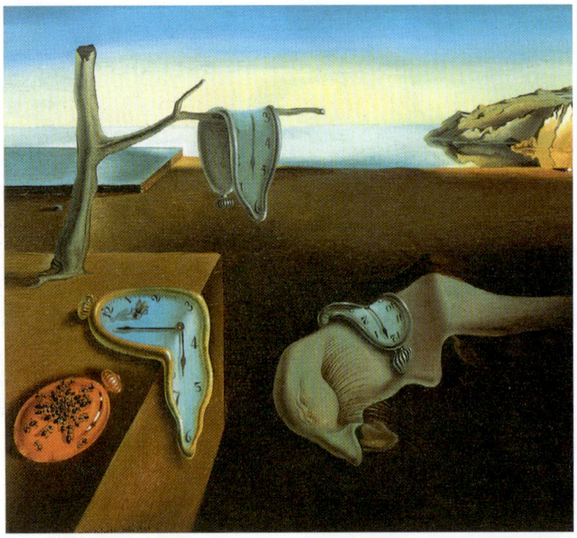

Salvador Dalí, Die Beständigkeit der Erinnerung, 1931

M2 Die Zeit und ich darin

Wenn ich über mich selbst nachdenke, komme ich zu keinem Ende. Das fängt damit an, dass es kaum einen Grund dafür gibt, warum *ich* ausgerechnet *ich* bin. Ich könnte irgendein anderes Kind sein. Warum bin ich hier geboren, aber nicht in Amerika oder in China, irgendwo sonst auf der Welt? Warum bin ich gerade zu dieser Zeit geboren? Wo würde ich sein, wenn ich *nicht* geboren wäre? – Einfach nicht da? Noch nicht? Oder angenommen: *ich*, geboren im Jahr 2050 auf dem Mars: ich! Ganz anders wäre ich. Wie würde ich sprechen oder denken? Nichts von dem, was ich *jetzt* denke, würde ich verstehen. Oder doch? Und ich, geboren im Jahr 10 n. Chr., heute längst tot, aber damals auch ein lebendiges Kind [...].

Susanne Kilian, S. 27

M3 Das Wesen der Zeit

Denn was ist Zeit? Wer könnte das leicht und kurz erklären? Wer es denkend erfassen, um es dann in Worten auszudrücken? Und doch – können wir ein Wort nennen, das uns vertrauter und bekannter wäre als die Zeit? Wir wissen genau, was wir meinen, wenn wir davon sprechen, verstehen's auch, wenn wir einen andern davon reden hören. Was also ist die Zeit? Wenn niemand mich danach fragt, weiß ich's, will ich's aber einem Fragenden erklären, weiß ich's nicht. Doch sage ich getrost: Das weiß ich, wenn nichts verginge, gäbe es keine vergangene Zeit, und wenn nichts käme, keine zukünftige, und wenn nichts wäre, keine gegenwärtige Zeit.

Aurelius Augustinus, S. 238-239

M4 Aus einem Lexikon

Zeit und Raum sind die beiden Ausdehnungen, in denen wir leben. Während der Raum die Ordnung des Nebeneinanders, des Bestehenden ist, bildet die Zeit die Ordnung des Nacheinanders, des Vergänglichen. Man teilt die Zeit in Vergangenheit, Gegenwart und Zukunft ein. Objektiv gemessen sind gleiche Zeitspannen auch gleich lang, subjektiv empfunden, dagegen verschieden lang. Angenehm verbrachte Stunden bezeichnen wir als kurzweilig, eintönig dahinschleichende als langweilig.

dtv junior Lexikon, Bd. 5, S. 329

M5 Zeit haben ...

„Guten Tag", sagte der kleine Prinz. „Guten Tag", sagte der Händler. Er handelte mit höchst wirksamen, durststillenden Pillen. Man schluckt jede Woche eine und spürt überhaupt kein Bedürfnis mehr, zu trinken. „Warum verkaufst du das?", sagte der kleine Prinz. „Das ist eine große Zeitersparnis", sagte der Händler. „Die Sachverständigen haben Berechnungen angestellt. Man erspart dreiundfünfzig Minuten in der Woche."

„Und was macht man mit diesen dreiundfünfzig Minuten?" „Man macht damit, was man will [...]."

„Wenn ich dreiundfünfzig Minuten übrig hätte", sagte der kleine Prinz, „würde ich ganz gemächlich zu einem Brunnen laufen [...]."

Antoine de Saint-Exupéry, S. 74

M6 Wie verbringst du deine Zeit?

M7 Mein Tag – meine Woche

Zeichne einen Tages- und einen Wochenablauf auf. Teile die Tage in Stunden ein und vermerke, wie du sie verbracht hast. Zum Beispiel:

Montag: 6.30 Aufstehen, Duschen, Frühstücken
7.30 Schule
13.30 Mittagessen
14.30 Hausaufgaben
16.00 Fußball usw.

Beantworte dann folgende Fragen:
Wann hast du Langeweile, wann Stress empfunden?
Wann hast du die Zeit richtig genutzt, wann hast du sie vertrödelt?
Wofür würdest du gerne mehr Zeit haben?
Wofür möchtest du weniger Zeit aufwenden?
Wie kannst du erreichen, dass du deine Zeit so gestaltest, wie es deiner Entwicklung und deinen Wünschen entspricht?

M8 Zeiteinteilung

Das folgende Diagramm stellt den Zeitraum einer Woche dar. Wenn du die Zeit gleichmäßig aufteilen würdest auf Lernen/Arbeiten, Freizeit, Liebe und Freundschaft, lebenserhaltende Aktivitäten (Essen, Trinken, Schlafen) dann würde sich folgende Aufteilung ergeben:

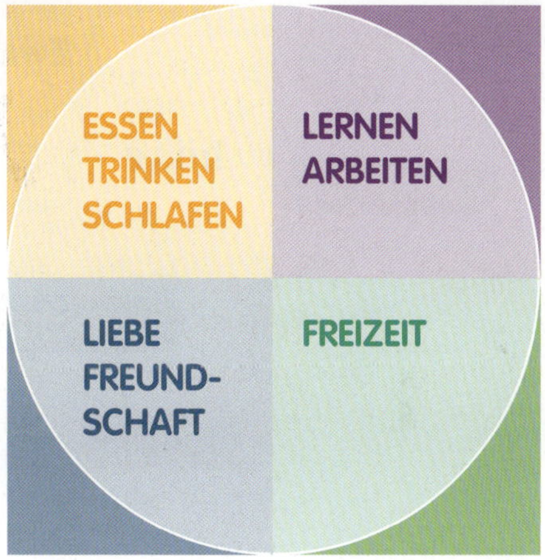

Beschreibe in Stichworten, was du in den einzelnen Bereichen tust:
- Lernen/Arbeiten = ... Stunden
- Liebe/Freundschaft = ... Stunden
- Freizeit = ... Stunden
- Essen/Trinken/Schlafen = ... Stunden

Trage nun deine wöchentliche Zeiteinteilung in einen leeren Kreis ein. Betrachte in Ruhe das Diagramm, das du gezeichnet hast und überlege, ob du mit deiner Zeiteinteilung zufrieden bist.

Nach: Klaus W. Vopel, S. 147ff.

Aufgaben

1 Wie wird die Zeit auf dem Bild von Dalí dargestellt? ➜ M1
Stellt euch die Zeit in einem Bild vor und beschreibt die Vorstellung.
2 Erfinde eine Geschichte, z.B.: Ich, geboren im Jahr 2050 auf dem Mars. ➜ M2
3 Verfasse einen kleinen Artikel für die Schülerzeitung: Das Wesen der Zeit ist ... ➜ M3/4
4 Beschreibe die verschiedenen Vorstellungen, die der Händler und der kleine Prinz von der Zeit haben. ➜ M5

▶ Glossar: Aurelius Augustinus, Zeit

1 Was ist gut?

M1 Die Sprache der Moral

Von ganz klein auf sprechen wir eine moralische Sprache: Wir lernen zu lügen, um dem kleinen Bruder die Schuld anzuhängen; wir ärgern uns, wenn uns ein Lehrer ungerecht behandelt; wir klatschen dem Helden eines Comics Beifall und wollen nicht der Bösewicht im Film sein. Mit drei oder vier Jahren „weiß" ein Kind schon, dass es gute und schlechte Dinge gibt. Es weiß schon, dass es für seine Taten verantwortlich ist: Deshalb verlangt es auch, belohnt zu werden; und deshalb versucht es, sich Strafen zu ersparen. Ständig machen wir die Erfahrung, dass wir frei sind; deshalb machen wir auch die Erfahrung, dass wir für unsere Handlungen irgendwie verantwortlich sind. Wir haben es erlebt, dass wir daran zweifeln, ob unsere Handlung gut oder schlecht ist. Wir wissen, was ein Dilemma ist: Soll ich das eine tun oder doch lieber das andere? [...]

Was sofort auffällt, ist, dass unser Fragen nach dem Guten und dem Bösen – und unser Erleben des Guten und des Bösen – eine alltägliche Angelegenheit ist, eine unbestreitbare Tatsache. Fernsehserien, Romane, Zeitungen drehen sich um Handlungen, die früher oder später als gut oder als schlecht bewertet werden.

Héctor Zagal, S. 15-16

M2 Gut und böse – gut und schlecht

Wir wünschen uns einen „guten Tag" oder „gutes Gelingen" bei einer Prüfung. Wir sprechen von „guter" Musik oder ganz allgemein von einem „guten" Menschen. Wir sind einmal „gut drauf", ein anderes mal „nicht gut auf jemanden zu sprechen". Andererseits machen wir „schlechte" Erfahrungen oder erwischen einen „schlechten" Tag. Wir können auf andere Menschen „böse" werden und erleben „böse" Überraschungen. Manche haben regelrechte Angst vor dem „Bösen" und wittern Bosheit hinter allem, was nicht in ihrem Sinne verläuft.

Richard Geisen, S.14

M3 Bedeutungshof von „gut"

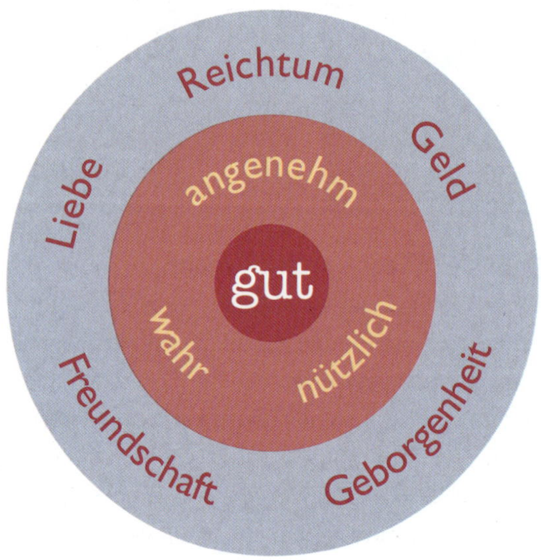

M4 Gut ist, was mir nützt

Man muss z.B. wissen, dass es für die Gesundheit nicht gut ist, aus dem sechsten Stock vom Balkon herunterzuspringen, oder man mit einer Ernährung aus Nägeln (mit Erlaubnis der Fakire!) und Blausäure nicht besonders alt wird. [...] Also, bestimmte Sachen sind uns nützlich, und die nennen wir gewöhnlich „gut", weil sie uns gut bekommen; anderes dagegen

Der Begriff „GUT"

Wenn wir eine Sache oder einen Menschen beurteilen, verwenden wir das Wort „gut"

a) in einer **nicht-moralischen** Bedeutung:
ein gutes Buch, ein gutes Auto, ein guter Fußballspieler.
Wir meinen dann in der Regel eine bestimmte Qualität einer Sache oder eines Menschen. In dieser Bedeutung heißt gut: gut zu etwas sein.

b) in einer **moralischen** Bedeutung:
ein guter Mensch, ein guter Freund, eine gute Tat.
Moralisch gut heißt etwas, das nicht als Mittel oder in Hinblick auf etwas anderes gut ist, sondern in sich selbst gut.

Welche Bedeutung hat das Wort „gut" in den folgenden Sätzen?

- Ich glaube, Petra ist gut, weil sie ihrer Freundin in der Not geholfen hat.
- Ich glaube, Peter ist gut, weil er sowohl im Tor als auch im Feld spielen kann.
- Viele sind der Meinung, dass Mutter Theresa ein guter Mensch war.
- Viele sind der Meinung, dass Boris Becker ein guter Tennisspieler war.
- Es ist gut, vor einer Lateinarbeit die Vokabeln zu lernen.
- Es ist gut, dankbar zu sein.

bekommt uns sehr schlecht, und all das nennen wir „schlecht". Zu wissen, was uns nützt, d.h. zwischen dem Guten und Schlechten unterscheiden zu können, ist ein Wissen, das wir alle haben wollen – alle ohne Ausnahme –, einfach aus Eigeninteresse.

M5 Ein guter Mensch ist ....

Ich erinnere dich daran, dass man die Wörter „gut" und „schlecht" nicht nur auf moralisches Verhalten anwendet, und auch nicht nur auf Personen. Man sagt z.B., dass Maradona oder Lothar Matthäus sehr gute Fußballspieler sind, ohne dass diese Qualifikation etwas mit ihrem Bestreben zu tun hat, dem Nächsten außerhalb des Stadions zu helfen, oder mit ihrer Neigung, immer die Wahrheit zu sagen. Sie sind als Fußballspieler gut, ohne dass wir ihr Privatleben untersuchen. Und man kann auch sagen, ein Motorrad ist sehr gut, ohne dass dies eine ethische Bedeutung hätte: Wir meinen damit, dass es hervorragend funktioniert und alle Vorzüge besitzt, die man von einem guten Motorrad verlangen kann. [...] Warum versuchen wir also nicht, auf die gleiche Weise zu definieren, ein guter Mensch zu sein? [...]
So einfach ist es allerdings nicht. Was die guten Fußballspieler, die guten Motorräder, die guten Rennpferde betrifft, sind die meisten Leute gewöhnlich einer Meinung, aber wenn es darum geht, zu bestimmen, ob jemand im Allgemeinen gut oder schlecht ist – als Mensch – gehen die Meinungen sehr auseinander. Nehmen wir Paula: Ihre Mutter hält sie für den Gipfel der Bravheit, weil sie zu Hause gehorsam und artig ist, aber in der Klasse hassen sie alle, weil sie eine Schwätzerin ist und ständig Streit sucht. [...] Man kann auf verschiedene Arten ein guter Mensch sein, und die Meinungen, die das Verhalten beurteilen, gehen gewöhnlich, je nach Situation, auseinander. Daher sagen wir manchmal, der und der ist „auf seine Art" gut. So geben wir zu, dass es viele Arten gibt, gut zu sein, und dass dies von der Umwelt abhängt, in der sich jeder befindet.

M4/5: Fernando Savater, S. 19-21, 51-53

Aufgaben

1 Unterscheide Wörter mit

moralischer	nicht moralischer Bedeutung
- lügen	- laufen
- böse	- grün
- Gewissen	- Auge
- ...	- ...

2 Erarbeitet in Gruppen die verschiedenen Bedeutungen von gut/böse/schlecht, indem ihr eine Tabelle erstellt und Beispiele findet. → M2

3 Ergänze in deinem Heft den Bedeutungshof des Wortes „gut" und zeichne einen für „schlecht". → M3

4 Zeige an Beispielen, wann wir einen guten Schüler in moralischer (z.B. ehrlich) und außermoralischer (z.B. ehrgeizig) Bedeutung beurteilen. → M5

5 Erstellt eine Wandzeitung mit Bildern, die gute menschliche Taten zeigen.
Schreibt dazu einen Kommentar, in dem ihr darlegt, warum welche Tat gut ist.

2 Die Faszination des Bösen

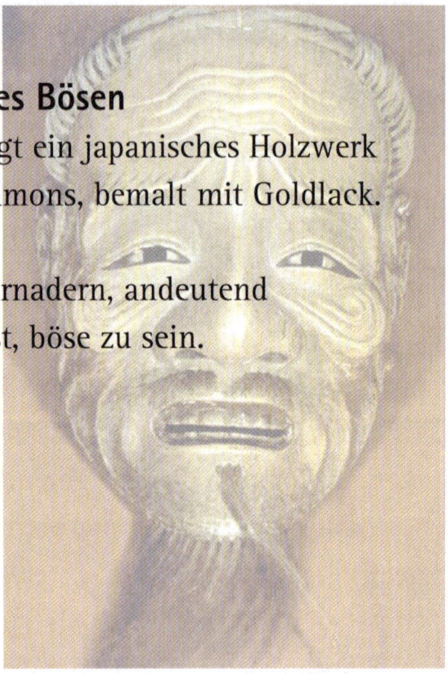

M1 Die Maske des Bösen

An meiner Wand hängt ein japanisches Holzwerk
Maske eines bösen Dämons, bemalt mit Goldlack.
Mitfühlend sehe ich
Die geschwollenen Stirnadern, andeutend
Wie anstrengend es ist, böse zu sein.

Bertolt Brecht, S. 850

M2 Schlecht – böse

Das Attribut „gut" verwenden wir im Alltag in Werturteilen sehr häufig. Wir sagen: gutes Essen, ein gutes Auto, ein gutes Messer, gute Musik, ein guter Dieb, eine gute Handlung, ein guter Mensch. Mit dem Attribut „böse" dagegen gehen wir sehr viel sparsamer um. Wir sagen zwar: eine böse Absicht, aber statt „ein böser Mensch" sagen wir eher „ein schlechter Charakter", und statt „eine böse Tat" eher „eine schlechte Handlung". Das Attribut „schlecht" aber ist wiederum auch auf alle oben genannten Beispiele anwendbar. „Gut" und „schlecht" gebrauchen wir somit sowohl in moralischer als auch in außermoralischer Bedeutung, wohingegen „böse" (auch „böswillig", „bösartig") eine ausschließlich moralische Bedeutung hat.

Annemarie Pieper, S. 143

Das Wort gut hat zwei Gegensätze:

gut

schlecht	böse
Ein schlechter Schüler	**Ein böser Schüler**
ist ein Schüler, der nicht lernt, schlechte Noten schreibt usw.	ist ein Schüler, der die anderen quält, belügt, hintergeht usw.

Finde weitere Beispiele.

M3 Anleitung zum Bösen

Oliver Twist wächst im Armenhaus auf. Nachdem er bei einem brutalen Leichenbestatter in die Lehre gegeben wird, flieht er nach London und gerät in die Fänge einer Bande von Taschendieben. In ihrem düsteren Versteck soll Oliver mit ihrem verbrecherischen Gewerbe vertraut gemacht werden, besonders durch ein Buch über große Verbrechen.

Zunächst blätterte er unachtsam darin, dann jedoch erhellte sich sein Gesicht, als ein Abschnitt seine Aufmerksamkeit erregte, und bald begann ihn das Buch zu interessieren. Es war ein Bericht über das Leben und die Taten großer Verbrecher, und die Seiten waren beschmutzt und abgegriffen vom häufigen Gebrauch. Hier las er von furchtbaren Verbrechen, die das Blut erstarren ließen; von heimlichen Mordtaten, die auf einsamen Wegen begangen worden waren, von Leichen, die vor den Blicken der Menschen in tiefen Gruben und Brunnen verborgen wurden; aber so tief diese auch waren – sie hatten ihre Opfer nicht behalten wollen, sondern sie schließlich, nach vielen Jahren, wieder herausgegeben und durch diesen Anblick die Mörder derart zum Wahnsinn getrieben, dass sie in ihrem Entsetzen ihre Schuld bekannt und nach dem Galgen geschrien hatten, damit er ihre Seelenpein beende. Hier las er auch von Menschen, die in der Totenstille der Nacht in ihren Betten lagen und – wie sie sagten – von ihren eigenen bösen Gedanken zu derart furchtbaren Bluttaten verführt und angeleitet worden waren, dass einem schon bei dem Gedanken daran schauderte und die Glieder zitterten. Die furchtbaren Schilderungen waren so wahrheitsgetreu und lebendig, dass die vergilbten Seiten sich von geronnenem Blut rot zu färben schienen; und es war ihm, als würden ihm die darauf gedruckten Worte in dumpfem Gemurmel von den Geistern der Toten in die Ohren geflüstert.
Von Furcht und Schrecken wie von einem Krampf geschüttelt, schlug der Knabe das Buch zu und warf es von sich.

Charles Dickens, S. 210-212

M4 Masken des Bösen heute

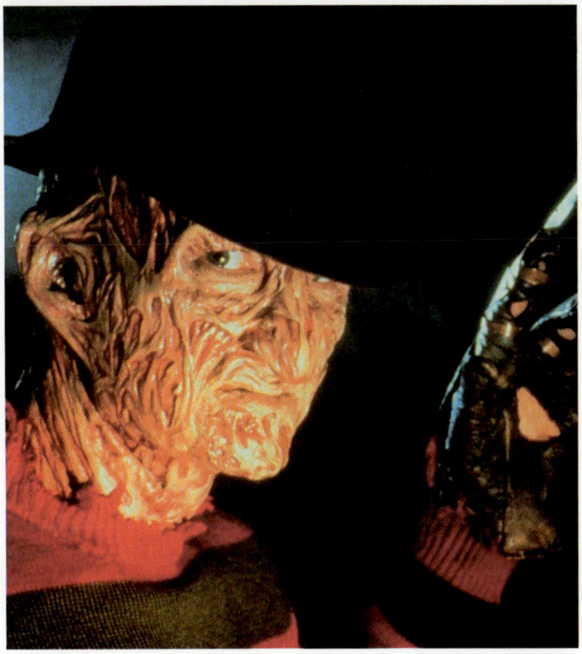

Freddy Krueger aus dem Film „A Nightmare on Elm Street", 1984

M5 Schieb die Horrors rein!

Zum Geburtstag haben die Eltern Klaus den heiß ersehnten Videorekorder geschenkt und ihm dabei das Versprechen abgenommen, keine Horrorfilme oder Ähnliches zu sehen. Da Klaus von sich aus kein Interesse an diesen Filmen hat, macht ihm das Versprechen keine Probleme. Klaus' Eltern sind in Urlaub gefahren. Einige Freunde haben sich am Nachmittag bei Klaus verabredet, um den neuen Videorekorder zu testen. Peter hat aus einer Videothek über seinen älteren Bruder Horrorfilme ausgeliehen und fordert Klaus nun auf: Schieb die Horrors rein! Auch Inga und Daniela wollen unbedingt diese Filme sehen. Was soll er tun?

Pro – Er sollte die Videos laufen lassen, denn:
1. Klaus hat nichts zu befürchten, denn die Eltern brauchen ja nichts davon zu erfahren.
2. Die Freunde wären sehr enttäuscht, wenn sie die spannenden Horrorfilme nicht anschauen könnten. Außerdem verliert er sein Ansehen in der Gruppe.
3. Jugendliche sollten das Recht haben, selbst zu entscheiden, welche Filme sie sehen.

Contra – Er sollte die Videos nicht laufen lassen, denn:
1. Klaus sollte seinen Eltern gehorchen. Wenn sie erfahren, dass er einen Horrorfilm angeschaut hat, dann nehmen sie ihm den Rekorder weg.
2. Die Eltern wären sehr enttäuscht, wenn sich Klaus nicht an ihre Abmachung hält.
3. Der Staat untersagt aus Jugendschutzgründen das Ausleihen von Horrorvideos an Jugendliche. Jugendliche sollten diese Regelung nicht von sich aus umgehen.

Nach: Schule und Werteerziehung, S. 160 ff.

M6 Grausamkeit – das absolute Böse

Nichts empört so im tiefsten Grunde unser moralisches Gefühl wie Grausamkeit. Jedes andere Verbrechen können wir verzeihen, nur Grausamkeit nicht. Der Grund hievon ist, dass Grausamkeit das gerade Gegenteil des Mitleids ist. Wenn wir von einer sehr grausamen Tat Kunde erhalten, wie z. B. die ist, welche eben jetzt die Zeitungen berichten, von einer Mutter, die ihren fünfjährigen Knaben dadurch gemordet hat, dass sie ihm siedendes Öl in den Schlund goss, und ihr jüngeres Kind dadurch, dass sie es lebendig begrub; – oder die, welche eben aus Algier gemeldet wird, dass nach einem zufälligen Streit und Kampf zwischen einem Spanier und einem Algerier, dieser, als der Stärkere, jenem die ganze untere Kinnlade rein ausriss und als Trophäe davon trug, jenen lebend zurücklassend; – dann werden wir von Entsetzen ergriffen und rufen aus: „Wie ist es möglich, so etwas zu tun?"

Arthur Schopenhauer, S. 589-590

Aufgaben

1. Bildet Sätze, in denen ihr die Begriffe schlecht – böse verwendet, und diskutiert die unterschiedlichen Bedeutungen. ➜ M2
2. Verbrecher und Verbrechen werden heute in Filmen dargestellt. Sammelt und diskutiert Beispiele von Action- oder Horrorfilmen. ➜ M4
3. Die Texte von Charles Dickens und Arthur Schopenhauer stammen aus dem 19. Jahrhundert. Welche Beispiele von Grausamkeit würden heute besonders empörend wirken? ➜ M3/6
4. Diskussionsvorschlag: Horrorfilme – halb so schlimm?

▶ Glossar: Arthur Schopenhauer

3 Alte und neue Werte

M1 Anstand statt Anmache?

Da steht die 15-Jährige aus Köln. Hübsch, herausfordernd, bauchfrei. So wie sie seien doch fast alle Mädchen in ihrer Klasse angezogen, erklärt sie, genauso wie die Teenie-Idole Britney Spears, Shakira, Christina Aguilera.

M3 Alte Werte – neue Werte?

Lieber mit Anstand

Sollten Ihrer Meinung nach Höflichkeit, Anstand und Ordnung im Alltag wieder eine wichtigere Rolle spielen?

	gesamt	18–29	30–45	46–59	60 und älter
ja	95	94	94	95	99
nein	3	3	4	3	1

(nach Alter)

NFO-Infratest-Umfrage für den SPIEGEL vom 1. bis 3. Juli; rund 1000 Befragte: Angaben in Prozent; an 100 fehlende Prozent: „weiß nicht", keine Angabe

M1/2/3: Der Spiegel 28/2003, S. 124, 130

M2 Kleidung zeigt, wie du drauf bist!

Meta und Canel, beide 13, besuchen nach den Sommerferien die 8. Klasse eines Gymnasiums [...].

Spiegel: Meta, Canel [...] – was haltet ihr davon, dass eine Schulleiterin in Niedersachsen Eltern schriftlich auffordert, ihre Kinder nicht in Strand- und Disco-Klamotten in die Schule zu lassen?

Meta: Ich finde, das sollte den Lehrern doch egal sein. Ich rege mich auch nicht darüber auf, wie die rumlaufen. Das ist auch nicht immer besonders toll.

Canel: Na ja, meine Mutter mag es auch nicht so gern, wenn ich Hüfthosen oder Stretchjeans in die Schule anziehe. Sie fürchtet, dass ich zu schnell reif werde. Aber ich mache es natürlich trotzdem. [...]

Spiegel: Gibt es Grenzen, was ihr in die Schule anziehen würdet und was nicht?

Meta: Klar sieht man beim Shoppen oft coole Sachen, mit denen man sich nicht zur Schule trauen würde.

Canel: Eng anziehen und Bauch zeigen, ja. Aber nicht zu krass. Man vergleicht sich auch mit den anderen. Da passt man sich an und achtet darauf, dass man nicht total auffällt.

M4 Was sind Werte?

Ergänzt die Begriffe und übertragt sie im Heft in die

Persönliche Wertbörse

Für mich ist

sehr wichtig	wichtig	weniger wichtig	nicht wichtig
....	....	....	....
....	....	....	....

M5 Werte erkennen

Das Wort Wert hat viele Bedeutungen:

1. Wert als Sache von größter Wichtigkeit:

Werte sind Dinge, die zählen, die wichtig sind. In diesem Sinne steht den Werten alles gegenüber, was trivial oder von geringer Wichtigkeit ist.

Übung: Benenne bei jeder der folgenden Aufzählungen das Wort, von dem du glaubst, dass es kein Wert im Sinne von „etwas Wichtigem" ist.

a) Essen, Kleidung, Fortbewegung, Tratsch, Sonnenlicht

b) Erziehung, Regierung, Wohnen, Bestrafung, Papierschnipsel

2. Werte als Bewertung von etwas Erfreulichem:

Manchmal bewerten wir erfreuliche Ereignisse und stufen diese als etwas Wertvolles ein.

Übung: Schreibe einen Aufsatz über ein erfreuliches Erlebnis, das du hattest. Versuche jeden Aspekt deines Erlebnisses so genau wie möglich wiederzugeben. Zum Beispiel: Du hast ganz besonders gut gegessen. Beschreibe jedes Stück des Essens: wie es schmeckte, wie das Essen zubereitet war, wie es serviert wurde ... Versuche herauszufinden, was du über das Essen gedacht und wie du empfunden hast.

3. Werte als Einstellungen:

Manchmal sagt man, dass wir unsere Werte durch gewisse Handlungen zeigen. Nehmen wir an, dass jemand meistens freundlich ist, man sagt dann, dass derjenige Freundlichkeit ausstrahlt. Genauso ist Herzlichkeit ein Wert oder Gastfreundschaft.

Übung: Ergänze im Heft.

Handlung	Wert
a) großzügig einladen	Gastfreundschaft
b) kühn handeln	....
c) von sich aus etwas unternehmen	....
d) nicht lügen	....

4. Werte als Ideale

Einige Leute verwenden das Wort „Werte" und meinen „Ideale". Ein Ideal ist eine Form der Vollkommenheit, nach der der Mensch strebt.

Übung: Vervollständige in deinem Heft die Sätze mit passenden Idealen.

1. Überall gibt es Betrügereien,
   wir müssen nach **...** streben.
2. Überall herrscht Gewalt,
   wir müssen nach **...** streben.
3. Überall ist das Böse;
   wir müssen nach **...** streben.
4. Überall herrscht Verlogenheit;
   wir müssen nach **...** streben.

nach: Matthew Lipman, HB, S. 107-110

Werte und Normen

Werte sind materielle oder geistige Güter, die zur Befriedigung der Bedürfnisse oder Erfüllung von Wünschen dienen. Wenn moralische Werte zu Richtlinien gemacht werden, erhalten sie einen verbindlichen Charakter, d.h. sie gelten dann unabhängig von unseren persönlichen Vorlieben und Wünschen. Unser moralisches Verhalten sollte sich danach richten. Darum sind sie auch inhaltlich in unseren moralischen Regeln und Normen enthalten:

Werte	Normen
geben ein Ziel, eine Einstellung an	sagen, wie wir handeln sollen
▼	▼
Gerechtigkeit	Du sollst jeden gleich behandeln.
Ehrlichkeit	Du sollst nicht lügen.
Leben	Du sollst nicht töten.

Aufgaben

1 Sammelt Beispiele, in denen eure Wertvorstellungen und die der Erwachsenen ganz unterschiedlich sind. → M1

2 In dem Interview sagt ein anderes Mädchen: „Wenn man älter wird, achtet man nicht mehr so auf die Klamotten, sondern eher auf innere Werte oder auf Freundlichkeit." Diskutiert, welche Werte in eurer Gruppe maßgebend sind. → M2

3 Führt an eurer Schule, in eurem Jahrgang diese Umfrage durch und wertet die Ergebnisse aus. → M3

▶ Glossar: Ideale, Werte

4 Moralische Regeln und Normen

M1 Ein Experiment

Stellt euch doch einmal vor, ihr könntet ganz frei und ohne äußere Rücksichten selbst die Regeln eures Zusammenlebens festlegen [...]. Vielleicht macht ihr sogar mal ein Experiment und geht am Wochenende hinaus aufs Land und stellt euch vor, ihr wäret die einzigen Überlebenden bei einem Flugzeugabsturz. Ihr kennt das Gebiet nicht, auf dem ihr euch befindet, es ist völlig einsam und meilenweit von jeder Zivilisation entfernt. Ihr könntet euch daher auch aller Übereinkünfte entledigen, die ihr vorher immer akzeptiert hattet. Mit anderen Worten, ihr müsstet neu anfangen und jetzt in irgendeiner Form euer Zusammenleben regeln. Ihr müsstet gemeinsam überlegen und gemeinsam entscheiden, wie das aussehen soll.

Szene aus dem Film „Herr der Fliegen"

M2 Menschen brauchen Regeln

Wenn alle Menschen völlig egoistisch miteinander umgingen, jeder mit Gewalt seine Wünsche durchsetzte, dann könnte es kein Zusammenleben der Menschen geben. Statt dessen herrschten Mord und Totschlag. Der Mensch muss sich daher ganz bewusst Gesetze geben. Er muss sich die Handlungsmöglichkeiten verbieten, die ein friedliches Zusammenleben unmöglich machen. Er muss also seinen Mitmenschen respektieren als jemanden, dem die gleichen Rechte zustehen, die er sich selbst zubilligt. Also muss man das Leben der anderen achten, ihren Besitz und ihre Interessen. [...]

Die Gesetze, die die Menschen sich geben, regeln das Verhalten des Einzelnen jedem beliebigen anderen gegenüber. Wenn wir uns die zehn Gebote der alten Hebräer anschauen und die drei wichtigsten Verbote: Lügen, Stehlen, Töten, betrachten, so erkennen wir: Es geht darum, den anderen, wer er auch sei, zu achten, ihn nicht zu verletzen, geschweige denn zu töten. Wenn alle Menschen diese Gesetze befolgen, dann können sie friedlich miteinander leben. [...]

Nun ist es leicht zu sagen: Das ist ja schön und gut, aber die Menschen handeln doch zumeist gar nicht so altruistisch, d.h. auf den andern Rücksicht nehmend, wie die Gebote es fordern, sondern im Wesentlichen egoistisch.

Das ist, was das Verhalten der Menschen anlangt, richtig beobachtet, aber: Gebote sind keine Theorien über das Verhalten, sondern sie sind Anweisungen zum richtigen, d.h. guten Handeln. Das Gebot „Du sollst nicht töten" gilt auch dann, wenn die Menschen, z.B. im Bürgerkrieg, sich plötzlich gegenseitig umbringen. Nicht das Gebot ist damit falsch und widerlegt, sondern die Menschen handeln falsch.

Roland Simon-Schaefer, S. 182-185

Moralische Begründungen

Moralische Regeln und Normen sind keine Naturgesetze, die unabhängig von uns gelten, sondern von Menschen selbst gegebene Vorschriften. Sie verstehen sich daher nicht von selbst, sondern man muss gute Gründe angeben können, warum man sie befolgen soll. Zum Beispiel:

Moralische Regeln des Zusammenlebens:	**Gründe, warum man sie befolgen sollte:**
	weil
Du sollst nicht töten –	jeder leben will
Du sollst nicht stehlen –	jeder sein Eigentum liebt
Du sollst nicht verletzen –	jeder Schmerz fürchtet

M3 Was sind moralische Normen?

Normen sind Handlungsregeln; wo Normen sind, sprechen wir von einem Sollen. So sagen wir z.B. „Du sollst nicht töten". Der Vogel hingegen stößt den Warnschrei nicht aus, weil er es tun soll. Für den Vogel selbst gibt es hier gar kein „weil". Er tut es, weil er es tun muss. Der Unterschied besteht darin, dass die Menschen eben nicht so handeln müssen, wie sie handeln sollen. Sie sind in diesem Sinne frei: Sie können auch anders handeln, als sie sollen. Nicht alle Normen sind moralische Gebote. Auch eine Spielregel z.B. ist eine Norm, und es gibt viele andere Arten von Normen.

Was ist dann das Besondere der Moral?

Wenn du wissen willst, um was für eine Norm es sich handelt, frag dich, was passiert, wenn man sich nicht an die Norm hält. Wenn du beim Schach oder beim Fußball gegen die Regeln, also gegen die Normen verstößt, werden die anderen nicht mehr mit dir spielen wollen. Das Besondere der moralischen Normen hingegen ist, dass die anderen, wenn du dagegen verstößt, mit Empörung reagieren.

M1/3: Ernst Tugendhat, S. 95, 115

Vorsicht: Falle!!!!

Im Alltag begründen wir oft Regeln mit dem Hinweis darauf, dass Menschen eben so handeln. So sagen wir: „Weil alle Menschen nach Lust/Spaß streben, darum besteht darin auch das Endziel unseres Handelns" und folgern weiter, dass wir alle nach Lust/Spaß streben sollen:
- Alle Menschen streben nach lustvollen Erlebnissen und wollen Spaß haben.
- Das, wonach alle Menschen streben, ist gut.
- Also ist auch Lust/Spaß gut.

Dabei achten wir nicht darauf, dass wir aufgrund einer Tatsache: „So ist es." eine Regel aufstellen: „So soll es sein!", wie auch dieses Beispiel zeigt: In unserer Klasse herrscht eine Rangordnung, deshalb werden Schüler gemobbt. Der Stärkere soll sich durchsetzen. Das ist nun einmal so. Richtig?

Nein! Wir müssen lernen, fair miteinander umzugehen. So soll es sein.

Merke: **Daraus, dass etwas so ist, folgt niemals, dass es auch so sein soll!**

M4 Aufgabe der Ethik

Die Ethik lehrt uns beurteilen, ob eine Handlung richtig ist oder falsch, natürlich oder gegen die Natur gerichtet, gut oder schlecht. Für die ethische Bewertung einer Handlung benötigen wir ein doppeltes Wissen: Zum einen müssen wir die menschliche Natur als den Maßstab unseres Verhaltens kennen. Das ist ein sehr allgemeines Wissen, das zu allgemeinen Verhaltensregeln führt wie „Mord ist schlecht" oder „Zu Freunden muss man stehen". Zum anderen müssen wir wissen, wie wir das Gesetz auf den Einzelfall anwenden. Darf ich zum Beispiel jemanden erschießen, der versucht, meine Mutter zu vergewaltigen? Soll ich weiter zu einem Freund halten, der ein Neonazi geworden ist? Wir müssen also wissen, ob etwas hier und jetzt, unter den gegebenen Umständen und in diesem Augenblick, gut oder schlecht ist.

Héctor Zagal, S. 25, 86-87

Aufgaben

1 Ihr könnt das Gedankenexperiment auch im Klassenzimmer durchführen, z.B. indem jeder auf eine Karte drei Grundregeln schreibt. ➜ M1

2 Schlage auf S. 192f. nach, wie die „alten Hebräer" ihre Gebote begründen. Kannst du eine Erklärung geben, warum sie nach über 2000 Jahren noch gelten? ➜ M2

3 In Kapitel 1 hast du schon Normen kennengelernt. Was ist das Besondere an moralischen Normen? ➜ M2/3

4 Ethische Bewertungen sind nicht so einfach. Findet Beispiele, in denen eine allgemeine moralische Regel (z.B. du sollst nicht stehlen/lügen) nicht ohne Schwierigkeiten angewendet werden kann. ➜ M3/4

5 Warum gilt die Regel „Mord ist schlecht"? Gibt es einen Grund in der „menschlichen Natur"? ➜ M4

6 Welche Probleme können sich aus der Regel ergeben „Zu Freunden muss man stehen"? ➜ M4
Vergleiche hierzu auch Seite 38f.

▶ Glossar: Altruismus – Egoismus, Zehn Gebote

5 Wahrnehmen und Urteilen

M1 Tag und Nacht

M.C. Escher's Day and Night

M2 Eine Wolke ist (k)eine Wolke

Harry und Markus konnten sich noch nicht entschließen, nach Hause zu gehen. Sie legten sich auf eine Wiese, kauten Grashalme und blickten zum Himmel. Der Himmel war klar und blau, bis auf eine riesige weiße Wolke, die langsam über ihren Köpfen dahinzog.

Plötzlich rief Markus: „Harry, das ist Europa!"

Und so sah es wirklich aus. Da waren Finnland und Schweden, und Griechenland und der Golf von Gibraltar. Nur Spanien und Frankreich schienen irgendwie verwischt und verzerrt. Die Buben beobachteten fasziniert, wie der große weite Kontinent majestätisch in den blauen Atlantik wanderte.

„Ich glaube", bemerkte Harry, „man muss nicht auf den Mond fliegen oder in die Tiefe des Meeres tauchen, um Abenteuer zu erleben oder wundervolle Dinge zu sehen. Manchmal sind sie genau vor dir, du musst sie nur sehen."

Matthew Lipman, S. 27-28

M3 Das Glas ist voll leer

Verschiedene Menschen nehmen ein und dieselbe Tatsache oder Situation verschieden wahr und interpretieren sie auch unterschiedlich.

Beschreiben und Bewerten

In unserem alltäglichen Sprachgebrauch fällen wir ständig Urteile über Tatsachen, Dinge, Menschen, Situationen, ohne viel darüber nachzudenken. Dabei ist es ein grundlegender Unterschied, ob wir sie nur beschreiben oder auch beurteilen und bewerten.

Erarbeite an Beispielen den Unterschied:

	Sachurteile	Werturteile
Merkmale:	informativ, beschreibend	normativ, bewertend
Beispiel:	Europa ist ein Kontinent.	Peter ist ein guter Freund.
Frage:	Ist das so? Stimmt das?	Soll das so sein? Ist das so gut?
Antwort:	So ist es. = Aussage	So soll es sein. = Forderung

M4 Tatsachen wahrnehmen und beurteilen

Wir sehen einen Gegenstand und haben in uns eine Vorstellung von ihm. Damit die Vorstellung von seinem Äußeren nicht einseitig bleibt, betrachten wir den Gegenstand nach Möglichkeit von allen Seiten. Wenn er klein ist, drehen wir ihn in unserer Hand, wenn er zu groß und zu schwer ist, dann bewegen wir uns um ihn herum.

Was wir mit den Augen wahrnehmen können, ist immer nur der Anblick der Sache von einem bestimmten Punkt aus, aber nicht die Sache selbst. Wir müssen also unsere Wahrnehmungen vervollständigen und etwa den Seheindruck durch das Fühlen ergänzen.

Es gibt eine indische Erzählung, in der ein Maharadscha einen Elefanten von einer Anzahl Blinder befühlen lässt – jeder befühlt einen anderen Teil des Tieres – und sich dann darüber amüsiert, dass die Blinden in Streit geraten und sich prügeln, weil jeder von ihnen den Elefanten anders beschreibt. Ein unbekannter Cartoonist hat diese Situation witzig illustriert:

Wenn wir über diese Zeichnung nachdenken, so werden wir erkennen: Die Blinden, das sind wir Menschen, die durch die Beschränkungen unserer Sinne daran gehindert werden, die Wirklichkeit unmittelbar zu sehen, wie sie ist. Aber die Blinden müssen ja nicht dumm sein. Wenn sie sich untereinander verständigen, dann können sie gemeinsam und in Arbeitsteilung den Elefanten abtasten und schließlich zu einer zutreffenden Beschreibung gelangen. Jeder Einzelne wird dann erkennen, dass er einen Teil für das Ganze gehalten hat. Seine „Wahrheit" ist einseitig, nur eine Teilaussage. Die wirkliche Wahrheit ist das Ganze.

Roland Simon-Schaefer, S. 49-51

M5 Situationen wahrnehmen und beurteilen

Aufgaben

1 Unsere Sinne, vor allem die Augen und Ohren, täuschen uns oft. Sammelt Beispiele für optische Täuschungen (Vexierbilder u. Ä.). ➜ M1

2 Wer hat in den Beispielen jeweils recht? Worauf beruhen die unterschiedlichen Beurteilungen? ➜ M2/3

4 Wie kommen die Blinden zu ihrem Urteil? ➜ M4
Obwohl keine ihrer Aussagen falsch ist, treffen ihre Beschreibungen doch nicht das Wesen des Elefanten. Woran liegt das?

5 Sammelt Beispiele, die zeigen, dass unsere menschlichen Wahrnehmungs- und Erkenntnismöglichkeiten begrenzt sind.

6 Beschreibe, was du auf den Bildern siehst. ➜ M5
Wähle ein Bild aus und schreibe dazu eine passende Geschichte.

7 Diskutiert die Probleme, die ihr bei der Beschreibung und Beurteilung von Situationen und menschlichem Verhalten habt. ➜ M4/5

▶ Glossar: Wahrnehmung

6 Handlungen begründen

M1 Ricardo macht eine Beobachtung.

Ricardo wirkte geistesabwesend. Er blickte starr vor sich hin und hörte ganz offensichtlich nichts von dem, was die Lehrerin gerade erzählte. Das fiel auf, denn normalerweise war Ricardo ein guter, wenn auch etwas schüchterner Schüler, der sich ordentlich benahm und dem Unterricht aufmerksam folgte.

„Hast du was, Ricardo?", fragte Frau Vereda vorsichtig, als sie seinen Zustand bemerkte.

„Also gut", sagte Ricardo nach einer kleinen Pause, in der es merklich in ihm arbeitete. „Es war so, dass ich vorhin, als ich in die Klasse kam, zwei große Jungen gesehen habe, wie sie einem Kleineren Geld abgenommen haben. Darüber muss ich jetzt nachdenken. „Verstehe!", sagte Frau Vereda. „Und was hast du gemacht?", fragte Camilla spontan.

„Nichts. Ich wusste wirklich nicht, was ich tun sollte."

M2 Die Freunde diskutieren

Nach der Schule unterhielten sich Ricardos Freunde, warum Raub und Diebstahl verwerflich sind. Besonders Manuel wirkte sehr nachdenklich.

Als er Sebastian traf, konnte er nicht anders, er musste ihn noch einmal auf das Thema ansprechen: „Sebastian, hör mal, was denkst du eigentlich [...], warum soll man andere Menschen nicht bestehlen?"

„Grübelst du immer noch über Ricardos Erlebnis? Ach, ich weiß auch nicht."

„Aber du selbst würdest das doch nicht tun, oder?"

„Kleine Kinder bestehlen? Nein, das würde ich wirklich nicht!"

„Aber warum eigentlich nicht, Sebastian?"

„Es könnte voll auf mich zurückschlagen. Ich hätte einen viel größeren Schaden davon."

„Wie meinst du das? Das Kind, von dem wir ausgehen,

Handlungen begründen

In der Alltagspraxis werden Handlung unterschiedlich beurteilt, besonders moralische Handlungen sind oft umstritten. Wir müssen sie dann begründen und rechtfertigen.

Welche der folgenden Handlungen müssen wir vor anderen begründen?

- sich nach jedem Essen die Zähne putzen
- die Schule schwänzen
- eine Verabredung nicht einhalten
- zum Frühstück Müsli essen
- lügen, um einem Freund zu helfen
- Hausaufgaben nicht machen
- einem Schwächeren schaden

Welche der folgenden Aussagen sind für dich gute Gründe?

Auf die Frage „Warum tust du das?", sagst du:

Weil ich will ...

Weil ich ihn mag ...

Weil es für mich gut ist ...

Weil man das nicht tut ...

Weil ich andere Pläne habe ...

wäre doch kleiner als du, wie könnte es dir schaden?"
„Indirekt schon! Denn schau mal, Manuel, wenn ich hier in der Schule jemandem etwas klaue, dann wird er sich doch mit Sicherheit beschweren. Und dann wäre mir eine Schulstrafe gewiss!" [...]
„Sebastian hat recht", sagte Alvaro, „Raub und Diebstahl sind immer schlecht, weil man dabei überrascht werden kann, und wenn du dann von der Polizei abgeführt wirst, ist das bestimmt das Grauenvollste, was dir passieren kann."

M3 Manuel will es ganz genau wissen

Am nächsten Tag sagt Manuel zu Sebastian:
„Gestern hast du behauptet – und Alvaro hat dir zugestimmt –, dass man nicht stehlen darf, weil man sonst bestraft wird. Und das war für dich der einzige Grund."
„Ganz recht, Manuel."
„Das heißt doch aber, wenn ein Mensch nicht stiehlt, tut er das nur deshalb nicht, weil die Strafe für ihn etwas Schlechtes ist, und nicht, weil das Stehlen selbst etwas Schlechtes ist."
„Täusch ich mich oder hast du das nicht gestern schon einmal erzählt?"
„Es ist mir wichtig, einmal klar zu unterscheiden zwischen *schlecht für jemanden* und *schlecht.*"
„Was soll da der Unterschied sein?"
„*Schlecht für jemanden* ist etwas, was ihm schadet, zum Beispiel, wenn man vom Rad fällt, ohne dass dich einer geschubst hat. *Schlecht* hingegen ist das, was einer nie tun sollte. Ricardo hat uns doch gestern von den Typen erzählt, die einen Jungen angegriffen hatten, der viel kleiner war als sie. Wer so handelt, ist ein schlechter Mensch, er hat keine Achtung vor seinen Mitmenschen. Er ist also einfach schlecht."
„Das verstehe ich nicht", sagte Alvaro.
„Wenn jemand so handelt, dann sagen wir, seine Handlungsweise war schlicht und einfach schlecht und nicht bloß schlecht für ihn oder für sein Opfer. Schlecht an sich sein heißt, verabscheuungswürdig zu sein, weil nämlich alle Menschen diese Handlungsweise ablehnen; wir alle sind darüber empört."
„Niemand würde gerne mit solchen Menschen zusammenleben", führte Camilla den Gedanken weiter, „und deswegen will man auch selbst nicht so sein."

M4 Warum moralisch sein?

„Aber ich könnte doch einfach schlecht sein wollen", sagte Sebastian. „Ich glaube nicht, dass ich alle Menschen achten muss, wenn mir auch so im Leben alles glückt und ich keine Nachteile zu befürchten habe."
„Ich bezweifle, dass das möglich ist", sagte Gloria, „aber selbst wenn: Würdest du wirklich gerne schlecht sein?"
„Vielleicht", sagte Sebastian, ohne sich festlegen zu wollen.
„Meinst du nicht, dass du dir dann ziemlich verlassen vorkommen würdest?", fragte Camilla.
„Inwiefern?"
„Niemand würde dir dann noch vertrauen. Und falls doch, wüsstest du selbst, dass er das zu Unrecht tut. Würde dir das nichts ausmachen?"
Sebastian musste Camilla die Antwort schuldig bleiben, weil der Unterricht inzwischen wieder begonnen hatte.

M1-4: Ernst Tugendhat, S. 21-30

Aufgaben

1 Gib Ricardo einen Ratschlag, was er in dieser Situation hätte tun können. ➜ M1

2 Sebastian sagt: Man sollte kleine Kinder nicht bestehlen, weil **...** ➜M2
Finde zusätzliche Gründe: Man sollte kleine Kinder nicht bestehlen, weil **...**

3 Erläutere, inwiefern sich Manuels Auffassung von Sebastians Meinung unterscheidet. ➜ M3

4 Finde den Unterschied zwischen „schlecht für jemanden" und „schlecht an sich" heraus und übertrage die Ergebnisse im Heft in folgende Tabelle:

schlecht für jemanden	schlecht an sich
schädlich	verabscheuungswürdig
....	....
....	....
....	....

5 Camilla und Gloria setzen sich mit ihren Freunden zusammen und entwerfen in groben Zügen eine Gesellschaft, in der die Menschen gerne zusammenleben wollen. Wie könnte sie aussehen? ➜ M3/4

6 Der Junge, der von mehreren angegriffen worden war, hat unbemerkt der Diskussion im Hintergrund zugehört. Er mischt sich jetzt ein. Verfasse einen Gesprächsbeitrag aus seiner Perspektive. ➜ M1-4

7 Perspektiven wechseln

M1 In der Zwickmühle

Manuel sucht seinen Freund Marko in der Pause; da er ihn auf dem Schulhof nicht findet, geht er ins Gebäude zurück, kommt zufällig am Klassenzimmer vorbei und sieht, wie sein Freund die Schultasche seines Banknachbarn durchsucht und schnell ein Portemonnaie in seiner Hosentasche verschwinden lässt. Was soll er jetzt tun?

- Zum Klassenlehrer gehen und ihm den Diebstahl berichten? – Dann würde er seinen Freund verpetzen.
- Einfach so tun, als hätte er nichts gesehen? – Aber dann würde er dem bestohlenen Mitschüler schaden.
- Mit Marko reden? Und wenn er will, dass Manuel schweigt? Er will ihn gerne als Freund behalten. – Aber Diebstahl ist Diebstahl!

M2 Versetz dich in den anderen

Manuel würde seinen Freund gerne davon überzeugen, dass Diebstahl verwerflich ist. Ihm fällt als Argument nur ein, dass man nicht stehlen darf, weil man bestraft wird. Das ist nicht sehr zufriedenstellend! Beim Mittagessen erzählt er den Vorfall in der Schule seinen Eltern:

„Es ist schon richtig, dass die Angst vor Strafe häufig eine große Rolle spielt, wie das offensichtlich bei deinen Freunden der Fall ist“, sagte Manuels Vater, „aber das erklärt ja noch nicht, warum der Diebstahl überhaupt unter Strafe gestellt wird. [...] Gesetzt den Fall, ich könnte etwas stehlen, ohne überrascht zu werden, so dass also eine Strafe gar nicht ins Spiel kommen kann, was bleiben dann noch für Faktoren, die meine Entscheidung beeinflussen? Fällt dir noch etwas anderes ein außer der Angst vor Strafe?“

Manuel dachte eine Zeitlang nach und sagte schließlich: „Vorerst weiß ich nur eins mit Bestimmtheit: Niemand will, dass man ihn bestiehlt!“

„Genau das“, sagte sein Vater, „ist vermutlich auch der Grund dafür, dass wir ein Gesetz haben, das Diebstahl unter Strafe stellt. [...] Nun, frag dich doch einfach, wie du selbst reagieren würdest, wenn du solche Menschen kennenlerntest!“

„Ich hätte diesen Leuten gegenüber kein Vertrauen.“

„So ist es!“, sagte Manuels Vater. „Überhaupt keiner hätte da Vertrauen. Und aus genau diesem Grund reicht es auch nicht, wenn man in der Erziehung nur auf Strafen setzt; man muss vielmehr erreichen, dass sich die Kinder nicht in einer Weise benehmen, die sie für sich auch nicht wünschen, wenn sie einmal die Betroffenen sind.“

„Aber wie kann man das erreichen?“

„Du musst die Fähigkeit entwickeln, dich in die Lage eines anderen hineinzuversetzen“, warf Manuels Mutter ein, die bis hierhin dem Gespräch schweigend zugehört hatte. „Wenn du zum Beispiel ein Buch stiehlst, machst du, auch dann, wenn dich keiner erwischt, etwas, was dir nicht gefallen würde, wenn du das Opfer wärst. Also brauchst du nur zu überlegen, was du fühlen würdest, wenn dir jemand ein Buch stiehlt. Dann siehst du gleich, wie unangenehm dieses Gefühl ist, und dann wirst du das Buch auch nicht mehr stehlen wollen.“

Ernst Tugendhat, S. 21-30

M3 Meine Perspektive – die Perspektive des anderen

Dik Browne, Hägar

M4 Übernimm den Standpunkt des anderen

Sich in die Lage eines anderen zu versetzen heißt,

[...] ihn von innen zu verstehen, für einen Augenblick seinen Standpunkt zu übernehmen. Das kann man nur auf sehr phantastische und zweifelhafte Art bei einer Fledermaus oder einer Geranie versuchen, bei Wesen dagegen [...] wie du und ich, drängt es sich auf. Denn schließlich stecken wir, immer wenn wir mit jemandem reden, einen Bereich ab, in dem derjenige, der jetzt „ich" ist, weiß, dass er sich in „du" verwandelt und umgekehrt. Wenn wir nicht zugeben würden, dass es etwas grundlegend Gleiches zwischen uns gibt (die Möglichkeit, für den anderen das zu sein, was der andere für mich ist), könnten wir kein Wort wechseln. [...]

Wenn du dich in ihre Lage versetzt, musst du nicht nur fähig sein, die Gründe für ihr Handeln zu beachten, sondern auch auf irgendeine Weise an ihren Leidenschaften und Gefühlen, an ihren Schmerzen, Sehnsüchten und Freuden teilzunehmen. Es geht darum, Sympathie für den anderen zu empfinden, sich in gewisser Weise mit dem anderen eins fühlen zu können, ihn in seinem Denken und Wollen nicht gänzlich allein zu lassen [...].

Den anderen ernst zu nehmen, sich in seine Lage versetzen zu können, um zu akzeptieren, dass er so real ist wie du, bedeutet nicht, dass du ihm immer darin recht geben sollst, was er fordert oder tut.

Fernando Savater, S. 107-110

Perspektivenwechsel

Für die moralische Beurteilung ist es wichtig, den Blickwinkel (die Perspektive) zu wechseln und den Platz eines anderen einzunehmen, um ein Problem von einer anderen Seite aus zu sehen. Um dich in die Lage einer anderen Person versetzen zu können, kannst du folgende Vorüberlegungen anstellen:

1. Beschreibe, wie du dich siehst.
2. Stell dir vor, du wärest ein anderer. Zum Beispiel: dein bester Freund oder deine beste Freundin oder die Person, die neben dir sitzt.
3. Kannst du sagen, wie es ist, diese andere Person zu sein? W i e kannst du das sagen? Gibt es irgendwelche Anhaltspunkte?

Wenn ihr die Rollen vertauscht und euch selbst mit den Augen des anderen seht, entdeckt ihr vielleicht, welche Bedeutung die Ereignisse für die andere Person haben, und erkennt besser die Probleme des anderen und die Gründe für sein Verhalten.

Aufgaben

1 Spielt die „Zwickmühle" im Rollenspiel nach: Marko, Manuel, bestohlener Schüler, Klassenlehrer. ➜ M1

2 Manuel sagt „niemand will, dass man ihn bestiehlt". Welche Perspektive nimmt er dabei ein? ➜ M2
Vergleiche diese mit der Perspektive, die die Mutter vorschlägt.

3 Formuliere aus dem Text kurze Regeln für den Perspektivenwechsel. ➜ M4.
Du sollst den anderen von innen verstehen,
- seinen Standpunkt einnehmen,
- dich in ein Du verwandeln,
- ...

▶ Glossar: Perspektive, Sympathie

8 Die Goldene Regel

M1 Eine Regel für alle Menschen

Was du nicht willst,
dass man dir tu, das füg
auch keinem andern zu.
Sprichwort

Fügt andern nichts zu,
was nicht gut für euch selbst ist.
Zarathustra, 5. Jh. v. Chr.

Was ihr nicht wollt,
dass man euch zufügt,
fügt es andern nicht zu.
Konfuzius, 6. Jh. v. Chr.

Kind, was dir schlecht scheint,
sollst du deinen Genossen
nicht antun.
Babylon, 5. Jh. v. Chr.

Füge andern nicht Leid
durch Taten zu, die dir
selber Leid zufügten.
Buddha, 5. Jh. v. Chr.

Soll ich mich andern gegenüber nicht
so verhalten, wie ich möchte,
dass sie sich mir gegenüber verhielten
Platon, 4. Jh. v. Chr.

Was du nicht leiden magst,
das tue niemandem an.
Neues Testament

Alles, was ihr wollt, dass euch
die Menschen tun, also tut auch ihnen.
NT, Matth. 7.12

M2 Wie funktioniert die Goldene Regel?

Herr Ibarra gibt eine Erklärung:

„Jedes Mal wenn du in einer bestimmten Situation Zweifel hast, ob du gerade gut oder schlecht handelst, musst du dich fragen, was die anderen in deiner Lage tun sollten, was du von ihnen erwarten würdest, so als ob es eine allgemeine Regel für diese besondere Situation geben würde.“ [...]

„Um zu klären, ob du gut oder schlecht handelst, musst du dich fragen, wie du selbst behandelt werden möchtest; dann wirst du zugeben, dass du nicht bestohlen werden willst, dass die Versprechen gehalten werden sollen, die man dir gibt, dass dir geholfen werden soll, wenn du Hilfe brauchst, und so weiter. Und wenn du all das für dich selbst beanspruchst und du dir zugleich klarmachen kannst, dass es allen anderen genauso geht, dann heißt das, dass du auch willst, dass so zu handeln eine allgemeine Regel sei.“ [...]

„Ich finde, das reicht alles noch nicht“, sagte Sebastian. „Ich glaube nicht, dass uns die goldene Regel zu einem moralischen Verhalten bewegen kann.“

Ernst Tugendhat, S. 89-90

M3 Wann gilt die Goldene Regel?

Sebastian: Wenn ich gute Freunde habe, werde ich mich zu ihnen wie ein guter Mensch verhalten. Aber weshalb sollten mich alle anderen Menschen interessieren? Im Umgang mit meinen Freunden benehme ich mich moralisch, aber gegenüber den übrigen Menschen macht es mir nichts aus, mich auch unmoralisch zu verhalten.

Camilla: Ich glaube, wir müssen alle Menschen achten und dürfen keine solchen Unterschiede machen. Es stimmt, dass wir für unsere Freunde etwas Besonderes empfinden, aber das heißt nicht, dass wir nicht diejenigen, die wir nicht lieben oder die uns unsympathisch sind, nicht achten dürften.

nach Ernst Tugendhat, S. 31, 83

M4 Wechselseitige Achtung

Erich Rauschenbach

M5 Der Vater und sein Töchterchen

Ein kleines Mädchen bekam zum siebenten Geburtstag sehr viele Bilderbücher, und ihr Vater – er hätte sich lieber ums Geldverdienen kümmern und alles andere seiner Frau überlassen sollen – vertrat die Ansicht, seine Tochter könne ruhig zwei oder drei von den neuen Büchern an einen Nachbarsjungen namens Robert verschenken, den der Zufall oder vielleicht die Habgier gerade an diesem Tag ins Haus geführt hatte. Ein kleines Mädchen zu überreden, dass es Bücher oder sonst etwas hergibt, ist ebenso schwierig, wie einem Araber seine Waffen oder einem Säugling den Schnuller zu entreißen, aber der Vater setzte seinen Kopf durch, und Robert ging mit zwei Bilderbüchern fort. „Dir bleiben ja immer noch neun", sagte der Vater, der sich für einen großen Philosophen und Kinderpsychologen hielt und es einfach nicht fertigbrachte, solche blöden Reden zu unterlassen.

Einige Wochen später ging der Vater in seine Bibliothek, um im Lexikon das Wort Vater nachzuschlagen und sich an den Lobeshymnen zu ergötzen, die im Laufe der Jahrhunderte auf die Vaterschaft gesungen worden sind. Aber er suchte vergebens nach dem Band V-Z, und dann entdeckte er, dass auch die Bände A-B, F-G und L-M fehlten. Er stellte mit allen Mitgliedern seines Haushalts ein strenges Verhör an und fand bald heraus, was es mit den fehlenden vier Bänden auf sich hatte. „Heute morgen hat ein Mann an der Haustür geklingelt", berichtete sein Töchterchen. „Er wusste nicht, wie man von hier nach Torrington und von Torrington nach Winsted kommt, und weil er so nett war, viel netter als Robert, habe ich ihm vier von deinen Büchern geschenkt. Das Lexikon besteht ja aus dreizehn Bänden, also bleiben dir immer noch neun."

Moral: Was du nicht willst, dass man dir tu, das füg auch keinem andern zu.

James Thurber, S. 161-162

Aufgaben

1 Welche Formulierung der Goldenen Regel (s. auch S. 12, M3) gefällt dir am besten? Begründe deine Auswahl. → M1

2 Das Bild ist ein Wandgemälde im UN-Gebäude in New York. Welche Bedeutung hat es? → M1

3 Schreibe den Text weiter und zeige an Beispielen, wie man nach der Goldenen Regel handeln kann. → M2

4 Beurteile die Aussagen von Sebastian und Camilla. → M3
Schreibe eine eigene Stellungnahme.

5 Verfasse einen Comic oder eine Geschichte, die Probleme der Anwendung der „Goldenen Regel" zeigt. → M4/5

▶ Glossar: Goldene Regel

9 Muss man immer die Wahrheit sagen?

M1 Was man so sagt

WER EINMAL LÜGT, DEM GLAUBT MAN NICHT UND WENN ER AUCH DIE WAHRHEIT SPRICHT!

Lügen haben kurze Beine.

Im Deutschen lügt man, wenn man höflich ist.

Ein Lügner muss ein gutes Gedächtnis haben.

DER BESTE MUSS MITUNTER LÜGEN, ZUWEILEN TUT ER'S MIT VERGNÜGEN.

Eine Lüge ist wie ein Schneeball. Je länger man ihn rollen lässt, desto größer wird er.

Mit jeder Lüge betrügt man sich ein bisschen selbst.

M2 Das Ferngespräch

Ein Mensch spricht fern, geraume Zeit,
Mit ausgesuchter Höflichkeit,
Legt endlich dann, mit vielen süßen
Empfehlungen und besten Grüßen
Den Hörer wieder auf die Gabel –
Doch tut er noch mal auf den Schnabel
(Nach all dem freundlichen Gestammel)
Um dumpf zu murmeln: Blöder Hammel!
Der drüben öffnet auch den Mund
Zu der Bemerkung: Falscher Hund!
So einfach wird oft auf der Welt
Die Wahrheit wieder hergestellt.

Eugen Roth, S. 25

M3 Muss man immer die Wahrheit sagen?

Im Unterschied zu Handlungen wie Morden, Stehlen oder Quälen gehören der Betrug, die Lüge und auch die Nichterfüllung von Versprechen zu einer anderen Gruppe von unmoralischen Handlungen. Dabei geht es nicht mehr um das Leben, den Besitz oder die körperliche Integrität eines Menschen. Wenn jemand ein Versprechen gibt, geht er eine Verpflichtung dem anderen gegenüber ein. Hält er es nicht, missbraucht er das Vertrauen, das er selbst im anderen geweckt hat. Dieselbe Grundstruktur finden wir bei der Lüge, denn wenn wir mit anderen sprechen, nehmen wir grundsätzlich an, dass sie uns vertrauen. Dieses Vertrauen missbrauchen wir, wenn wir etwas Falsches behaupten, und ganz besonders dann, wenn wir etwas versprechen und hinterher nicht halten.

Ein Beispiel:

„Es kann beispielsweise wirklich wehtun, wenn ein Versprechen nicht gehalten wird", sagte Sebastian.

„Mir hat einmal ein Onkel", sagte Alvaro, „einen Stadionbesuch versprochen, für den unwahrscheinlichen Fall, dass ich eine Zwei in Mathematik schreiben würde. Ich hab gebüffelt wie noch nie und tatsächlich die Zwei geschafft! Und nun warte ich den ganzen Sonnabend auf meinen Onkel mit den Eintrittskarten, und was passiert? Gar nichts, er kommt nicht, der Herr hat die Sache glatt vergessen. Ihr glaubt nicht, was ich damals für eine Stinkwut auf ihn hatte!"

Die Beurteilung:

„Lügen und Versprechen nicht halten ist beides schlecht, das sollte man niemals tun", sagte Gloria.

„Ich glaube, Gloria hat recht", pflichtete Manuel ihr bei. „Versprechen, die nicht gehalten werden, und Lügen sollten nicht nur dann als etwas Schlechtes betrachtet werden, wenn sie zu einem Leiden führen. Auch wenn sie das nicht tun, sind sie schlecht."

„Damit bin ich nicht einverstanden", sagte Sebastian, „denn wenn es bei diesen Dingen niemanden gibt, der leidet, dann wird auch kein Schaden angerichtet."

nach Ernst Tugendhat, S. 61–63

M4 Eine Notlüge

Unsere Straße ist ziemlich schmal. Sie liegt im Ostteil von Damaskus. [...] Die Dächer sind flach und fast gleich hoch (alle Häuser haben zwei Stockwerke), so kann man ohne Mühe von einem Dach zum anderen wandern. Ich erinnere mich noch, wie wir eines Tages beim Frühstück auf der Terrasse saßen, als plötzlich ein junger Mann vom Dach herunterschaute. Er wollte wissen, wo die Haustür sei. Meine Mutter zeigte sie ihm. Er sprang auf die Terrasse, von da aus rannte er zur Treppe und auf die Gasse hinaus. Meine Mutter holte gerade die Teekanne aus der Küche, als plötzlich zwei Polizisten auftauchten. „Hast du einen jungen Palästinenser gesehen?“, fragte der eine. „Einen Palästinenser? Nein! Schämt ihr euch nicht, einfach in die Häuser einzudringen! Hier sind Frauen und Kinder!“, rief sie wütend. Der Polizist entschuldigte sich, und beide machten kehrt. Ich staunte über meine Mutter, die weiter frühstückte, als sei nichts passiert. Am Nachmittag konnte ich meine Frage nicht mehr unterdrücken. „Warum hast du gelogen?“ „Der junge Mann sah sehr ängstlich aus. Er hat eine Mutter, und sie wird euch auch nicht anzeigen, wenn ihr vor der Polizei wegrennt!“, sagte sie. „Und woher willst du das wissen? Bist du sicher?“ „Ja, ich bin sicher. Ich bin eine Mutter.“ Sie lächelte und küsste mich auf die Stirn.

Rafik Schami, S. 6-7

Zwickmühlen

Es gibt im Alltag viele Situationen, in denen man in einen Konflikt mit sich selbst geraten kann, wenn man moralisch richtig handeln will. Man gerät in eine Zwickmühle, ein Dilemma, wie die folgenden Situationen zeigen:

Auf dem Nachhauseweg vom Supermarkt bemerkst du, dass man dir 10 Euro zu viel herausgegeben hat. Was tust du?

- Du drehst um und gibst das Geld zurück.
- Du gehst nach Hause.

Du findest auf dem Kopierer deiner Schule die Vorlage für die morgige Mathematikarbeit. Was tust du?

M5 Das Traumhaus

Mr. und Mrs. Rogers haben vor sechs Jahren in Wintersville (USA) ihr „Traumhaus“ gekauft. Es war genau das, was sie sich immer vorgestellt hatten. [...] Sie glauben es jedenfalls bis zu dem Tag, an dem sie die Termiten entdecken. Mr. Rogers installiert einige neue elektrische Steckdosen, als ihm auffällt, dass sein Bohrer, wo immer er ihn auch ansetzt, in das Holz dringt, als wäre es Pappe. Als er der Sache auf den Grund geht, entdeckt er, dass alle tragenden Bretter und Balken des Hauses voller Löcher sind. „Die Termiten fressen sie von innen her auf“, erklärt er später Mrs. Rogers. „Sie können ein Haus ruinieren, bevor man etwas von ihnen bemerkt.“ Sie rufen einen Kammerjäger, der ihnen sagt, er könne sie von der Termitenplage befreien. Den Schaden allerdings zu reparieren, den sie bereits angerichtet haben, würde Tausende von Dollars kosten – vielleicht bis zu 15000. Als ein Freund der Familie, Mr. Jones, der Rechtsanwalt ist, von ihrem Problem hört, rät er ihnen sofort, das Haus zu verkaufen. Mrs. Rogers fragt ihn: „Wie sollen wir einen Käufer dafür finden mit allen diesen Termiten und dem Schaden, den sie angerichtet haben?“ „Ihr sagt einfach nichts davon“, antwortet Mr. Jones. „Ihr müsst einem Käufer keine Auskunft darüber geben, es sei denn, er fragt euch ausdrücklich danach. Vielleicht waren die Termiten schon vor sechs Jahren im Holz, als ihr das Haus gekauft habt, und der frühere Besitzer hat es euch ebenso verschwiegen. So was passiert alle Tage. Am besten, ihr verkauft, solange ihr noch gutes Geld für das Haus bekommt.“

Robert T. Hall, S. 168ff.

Aufgaben

1 Erarbeitet aus dem Text die Gründe, warum man nicht lügen sollte. Überprüft in Gruppen die Meinungen von Gloria, Manuel und Sebastian. ➜ M3

2 In ➜ M2, 4, 5 wird aus unterschiedlichen Gründen gelogen. Erarbeitet in Gruppen die Beispiele nach dem folgenden Schema:
a) Beschreibung der Situation
b) Gründe für die Lüge
c) Bewertung der Handlung

3 Gedankenexperiment: Was wäre, wenn alle Menschen immer die Wahrheit sagen würden?

▶ Glossar: Wahrheit

10 Gewissen

M1 Mein Gewissen ist wie ...

M2 Gewissen

Ich bin immer hinter dir, jeden Tag von früh bis spät.
Ich bin in deiner Nähe, ganz egal, wohin du gehst.
Ich bin das schlechte Gefühl, das du hin und wieder kriegst –
Und das du ohne Schwierigkeit einfach zur Seite schiebst.

An deinem letzten Tag hol' ich dich ein –
Nehm' dich fest in meinen Griff –
Dann kommst du nicht mehr an mir vorbei –
Ich zeig' dir dein wahres Gesicht.
Den tausend Lügen von dir wirst du dich stelln –
All den Tricks und Spielereien –
Ich bin dein Gewissen, ich lass' dich nicht mehr allein.

Ich bin die Zecke, die in deinem Nacken sitzt –
Mich wirst du nicht los, ob du willst oder nicht –
Dein Schlaf ist heut noch tief und fest –
Weil du meinst, du kommst auch ohne mich aus –
Aber glaube mir, selbst du wachst irgendwann mal auf.

Die Toten Hosen, CD „Kauf mich!"

M3 Gewissensbisse

Alvaro erzählte: „Als ich neulich mit meiner Mutter im Supermarkt war, hatten sie gerade Tennisbälle im Sonderangebot, und da hab ich mal einen mitgehen lassen. Niemand hat das gemerkt, und ich hab natürlich auch nicht bezahlt.“ [...] „Wie hast du dich denn gefühlt, als du den Tennisball in der Tasche hattest?“, fragte Manuel. „Naja, ich hatte schon Gewissensbisse, das heißt, ich fühlte mich irgendwie schuldig. Es war auf jeden Fall ein schlechtes Gefühl, jedenfalls für Momente, aber auf der anderen Seite war ich letztlich auch zufrieden, weil ich ja den Ball so leicht bekommen hatte.“ „Wenn du Gewissensbisse hattest, dann ist das doch ein Anzeichen dafür, dass du etwas getan hast, was nach deinen eigenen Begriffen schlecht war“, sagte Gloria. „Das sehe ich anders“, entgegnete Sebastian. „Es stimmt zwar, dass sich manchmal das Gewissen bemerkbar machen kann, aber wenn die Vorteile nur groß genug sind, spielt das bei den meisten Menschen keine Rolle mehr. Wenn viel Geld auf dem Spiel steht, werden alle ihr Gewissen schnell vergessen.“ „Ja, das glaube ich auch“, sagte Alvaro. „Wenn die Menschen öfter stehlen, hören sie ihr Gewissen immer weniger. Das ist ihnen dann ganz egal.“

Ernst Tugendhat, S. 35-36

Gewissen

Das Gewissen ist eine Fähigkeit, uns selbst und unsere Handlungen in dreierlei Hinsicht zu beurteilen, und zwar in der:

Vergangenheit
In der Rückschau fragen wir, ob das, was wir getan haben, richtig war.

Gegenwart
In einer Situation überlegen wir, was wir jetzt tun sollen.

Zukunft
In einer Vorausschau wägen wir die Folgen ab, für das, was wir tun wollen.

M4 Moralisch unterwegs

Jeder Mensch, der mir in meiner Kindheit Bezugsperson war, hat in „moralischer Hinsicht" emsig an mir gewirkt. Da war zuerst einmal meine Mutter. [...] Gewöhnliche Kindervergehen nahm sie gelassen hin, handelte ein Kind aber ihren moralischen Grundsätzen zuwider, begannen ihre sanften Rehaugen zu funkeln, sie legte die Stirn in empörte Falten und brüllte: „Dir werde ich noch Moritz lernen!" Mein Großvater versuchte ihr zwar beizubringen, dass man statt „Moritz lernen" besser „Mores lehren" sagt, aber in ihrer spontanen moralischen Empörung über kindliches Fehlverhalten vergaß meine Mutter diesen Hinweis immer wieder und donnerte moritz-lernend drauflos.

Da meine Mutter Kindergärtnerin und ich in ihrer Kindergruppe war, hatte ich tagtäglich Gelegenheit, die Moritz-Drohung zu hören. [...] Und Moritz-lernen mussten auch die, die sich aus der Gruppe entfernten und in der Garderobe Jausenäpfel aus fremden Kindergartenkörberln mausten.

Aber ich weiß genau, dass mir die Sache mit den Eigentumsdelikten zu schaffen machte, weil meine Mutter selber stahl und stolz darauf war.

„Hier, mein Haserl", sagte sie freudig grinsend, wenn sie an der Straßenecke, in sicherer Entfernung zum Gemüsegeschäft, einen Apfel aus dem Mantelsack holte und ihn am Mantelstoff blank rieb. Von meiner Großmutter hinterher auf etwaige Skrupel beim Stehlen angesprochen, erklärte sie seufzend: „Für meine Kinder tu ich alles!"

Stehlen, wenn man es nicht für sich selber, sondern für jemand anderen tat, vermutete ich aus ihren Worten, war keine unmoralische, sondern eine sehr moralische Handlung. Mit Elan eiferte ich meiner Mutter nach. Ich stahl heldenhaft, wo es nur ging, und achtete stets darauf, dass ich nicht für mich selber stahl.

Christine Nöstlinger, S. 1-2

M5 Angeboren – anerzogen?

Unter Gewissen versteht man die Fähigkeit, zwischen gut und böse zu unterscheiden und unsere Handlungen beurteilen zu können. Dieses seelische Vermögen ist zwar angeboren, es entwickelt sich aber erst mit dem Ich-Bewusstsein des Kindes. Säuglinge haben noch kein Gewissen; sie handeln nach Lust- und Unlustgefühlen. Durch die Erziehung der Eltern, später die Einflüsse von Freunden, Lehrern, sowie durch eigene Erfahrungen entwickelt sich eine „innere Stimme", die uns sagt, was wir zu tun oder zu lassen haben. Der Psychoanalytiker Sigmund Freud entwickelte ein Modell, das das menschliche Seelenleben in drei Bereiche einteilt: das ES (Triebe und Bedürfnisse), das ICH (Selbstbewusstsein), das ÜBER-ICH (anerzogene Normen und Werte). Je älter das Kind wird, desto stärker bildet sich das ICH heraus, das zwischen den anerzogenen Spielregeln und Normen der Gesellschaft und seinen Bedürfnissen ein Gleichgewicht herstellen muss.

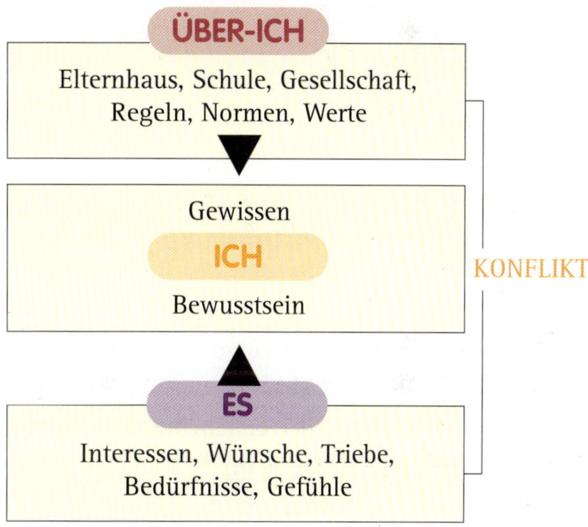

Aufgaben

1. Du landest auf einem fernen Planeten. Erkläre den Bewohnern, was das „Gewissen" ist (vgl. S. 9). ➜ M1
2. Stellt euch Gewissenskonflikte vor, die in eurem schulischen oder familiären Alltag entstehen könnten. Schreibt entsprechende Fallgeschichten und diskutiert darüber.
3. Sammelt Beispiele für die Meinungen, die Sebastian und Alvaro vertreten. ➜ M3
4. Schreib alles auf, was dich in deiner Kindheit und Jugend moralisch beeinflusst hat. Vergleicht eure Ergebnisse. ➜ M4
5. Wie entstehen Gewissenskonflikte? Schreibe die Geschichte eines braven Mädchens, das ... ➜ M5

▶ Glossar: Gewissen, Psychoanalyse

11 Schuld und Scham

M1 Der Säufer

Den nächsten Planeten bewohnte ein Säufer. Dieser Besuch war sehr kurz, aber er tauchte den kleinen Prinzen in eine tiefe Schwermut.

„Was machst du da?“, fragte er den Säufer, den er stumm vor einer Reihe leerer und einer Reihe voller Flaschen sitzend antraf. „Ich trinke“, antwortete der Säufer mit düsterer Miene. „Warum trinkst du?“, fragte ihn der kleine Prinz. „Um zu vergessen“, antwortete der Säufer. „Um was zu vergessen?“, erkundigte sich der kleine Prinz, der ihn schon bedauerte. „Um zu vergessen, dass ich mich schäme“, gestand der Säufer und senkte den Kopf. „Weshalb schämst du dich?“, fragte der kleine Prinz, der den Wunsch hatte, ihm zu helfen. „Weil ich saufe!“, endete der Säufer und verschloss sich endgültig in sein Schweigen. Und der kleine Prinz verschwand bestürzt. Die großen Leute sind entschieden sehr, sehr wunderlich, sagte er zu sich auf seiner Reise.

Antoine de Saint-Exupéry, S. 41-43

M2 Eine peinliche Situation

Aufgrund seiner Begabung wird der aus ärmlichen Verhältnissen stammende Hans Giebenrath als einziger Kandidat seines Heimatstädtchens für das Landesexamen gemeldet, durch das er ein Stipendium für eine höhere Schule erhält.

Das Schlimmste war, daß er um zwei Uhr ins Mündliche mußte. Davor graute ihm am meisten. Unterwegs auf der glühend heißen Stadtstraße wurde ihm ganz elend, und er konnte vor Leid und Angst und Schwindel kaum mehr aus den Augen sehen. Zehn Minuten lang saß er vor drei Herren an einem großen, grünen Tisch, übersetzte ein paar lateinische Sätze und gab auf die gestellten Fragen Antwort. Zehn Minuten saß er dann vor drei anderen Herren, übersetzte Griechisch und wurde wieder allerlei gefragt. Zum Schluß wollte man einen unregelmäßig gebildeten Aorist von ihm wissen, aber er gab keine Antwort. „Sie können gehen, dort, die Türe rechts.“
Er ging, aber in der Türe fiel ihm nun doch der Aorist noch ein. Er blieb stehen. „Gehen Sie“, rief man ihm zu, „gehen Sie! Oder sind Sie etwa unwohl?“ „Nein, aber der Aorist ist mir jetzt eingefallen.“ Er rief ihn ins Zimmer hinein, sah einen der Herren lachen und stürzte mit brennendem Kopf davon. Dann versuchte er, sich auf die Fragen und auf seine Antworten zu besinnen, aber alles ging ihm durcheinander. Er sah nur immer wieder die große, grüne Tischfläche, die drei alten, ernsten Herren in Gehröcken, das aufgeschlagene Buch und seine zitternd daraufgelegte Hand. Herrgott, was mochte er für Antworten gegeben haben! Als er durch die Straßen schritt, kam es ihm vor, als sei er schon wochenlang hier und könne nie mehr wegkommen. Wie etwas sehr weit Entferntes, vor langer Zeit einmal Gesehenes erschien ihm das Bild des väterlichen Gartens, die tannenblauen Berge, die Angelplätze am Fluß. Oh, wenn er heut noch heimreisen dürfte! Es hatte doch keinen Wert mehr dazubleiben, das Examen war jedenfalls verpfuscht.

Hermann Hesse, S. 24

M3 Ich? Mich schämen?!

Quino, Mafalda

M4 Scham und Schuld

Man glaubt oft, dass Scham und Schuld ähnlich sind, aber Schuld und Scham sind nicht identisch. Üblicherweise fühlt sich jemand schuldig, wenn er etwas macht, das er im Sinne seiner persönlichen Verhaltensrichtlinien für verboten hält. Aber man schämt sich, wenn man gesellschaftliche Bräuche oder Übereinkommen verletzt hat und sich deshalb schlecht fühlt. Schuld wird gewöhnlich als etwas Privates, innerhalb der eigenen Person, erfahren. Aber wenn man sich schämt, so schämt man sich immer vor jemand anderem. Menschen erröten selten in ihrer Privatsphäre, das geschieht nur, wenn sie sich lebhaft vorstellen, dass sie jemand beobachtet. Wenn ein Kind einem anderen etwas wegnimmt und gleichzeitig ein starkes Gewissen hat, wird es sich wahrscheinlich schuldig fühlen. Aber ein Neunjähriger, bei dem man einen Schnuller im Schreibpult findet, wird sich höchstwahrscheinlich schämen.

Matthew Lipman, S. 163

M5 Warum moralisch sein?

„Aber was ist nun mit den Menschen, die keine Schuldgefühle entwickeln, obwohl sie wirklich Grund dazu hätten?", fragte jetzt Camilla. „Zum Beispiel kenne ich Leute, die alles Mögliche versprechen, es aber mit der größten Selbstverständlichkeit nicht halten und wohl auch nicht die geringste Spur von Reue an den Tag legen."

„Da hast du recht", sagte Herr Ibarra. „Auch ich kenne solche Leute. Aber eben weil sie kein Schamgefühl haben, nennt man sie ‚scham-los' oder ‚un-verschämt', und man will nichts mit ihnen zu tun haben. Aber sonst reagieren wir, wenn unser Anstandsgefühl entwickelt ist, doch alle mit dem gleichen Gefühl der Empörung, wenn jemand unmoralisch handelt. Und wenn wir selbst so handeln, reagieren wir mit Scham und Schuldgefühlen, so ist es doch – oder?" [...]

„Aber wenn mir nun einmal dieses ganze Moralgerede schnurzegal wäre?" Sebastian ließ sich von seinem Gedanken nicht abbringen.

„In diesem Fall würdest du dich außerhalb der moralischen Gesellschaft stellen. Natürlich bist du frei, zu tun und zu lassen, was du willst, auch dann, wenn du kein Schamgefühl mehr an dich herankommen lässt, aber man wird dich dann eben auch als schamlos ansehen. Dazu kommt noch, dass du dich ab sofort nicht mehr über das Verhalten anderer empören könntest. - Übrigens", fügte Herr Ibarra mit plötzlich ernster Miene hinzu, „gibt es wirklich solche Menschen ohne moralische Gefühle. Sie werden in der Psychologie als Menschen mit fehlendem Moralbewusstsein bezeichnet [...]."

Ernst Tugendhat, S. 76-77, 92

Aufgaben

1. → M1/2/3 schildern Situationen, in denen sich jemand schämt. Findet die Gründe heraus.
2. Unterscheide die Begriffe Scham und Schuld. → M4
3. Prüft Herrn Ibarras These, dass Schuldgefühle das Merkmal der moralisch schlechten Handlung sind. → M5
4. Sucht aus den Medien Berichte über Menschen ohne moralische Gefühle.

▶ Glossar: Scham, Schuld

1 Ich bin frei

M1 Ich bin frei!

M2 Freiheit erfahren

Wir erfahren Freiheit sehr früh. Kinder benehmen sich gut, um Weihnachtsgeschenke zu bekommen, um ihre Eltern glücklich zu machen, oder einfach, damit sie nicht bestraft werden. Sie wissen, dass es von ihnen abhängt, ob sie ihr Gemüse essen, ihre Spielsachen ihrem Bruder leihen oder ihre Mitschülerinnen an den Zöpfen ziehen. Wenn wir älter werden, erfahren wir diese Freiheit noch stärker. Ein junger Mensch mit fünfzehn oder sechzehn steht vor einer ganzen Palette ethischer Möglichkeiten. Er muss große Entscheidungen treffen. Er wird darüber entscheiden, ob er anfängt, sich zu betrinken oder nicht, ob er eine Ausbildung beendet, ob er eine sexuelle Beziehung eingeht, ob er zu seinen Eltern und Freunden steht oder ob er ein Nichtsnutz wird. Aber das Wichtige dabei ist nicht, sich zu entscheiden, bloß um sich irgendwie zu entscheiden. Das wirklich Wichtige dabei ist, die richtigen Entscheidungen zu treffen. Wirklich wichtig ist, sich vernünftig zu entscheiden, anstatt sich bloß von den Gefühlen oder vom Egoismus hinreißen zu lassen.

Héctor Zagal, S. 16

Freiheit

Kinder neigen dazu, Freiheit als Freiheit von allen Zwängen, Verpflichtungen und Vorschriften aufzufassen, als ein Leben, in dem man tun und lassen kann, was man will. Damit ist aber die Bedeutung von Freiheit nur zum Teil erfasst, denn man muss noch dazu angeben, was man mit der Freiheit tun will.
Übertrage das Schema in dein Heft und ergänze.

Ich bin frei

Frei wovon?	▶ Frei wozu?
Schulaufgaben	Inlineskaten
....	....

M3 Freiheit wovon – wozu?

Wir können ja oder nein sagen, „Ich will" oder „Ich will nicht". So sehr wir uns auch von den Umständen erdrückt sehen, es gibt nie nur einen einzigen Weg, dem wir folgen können, sondern immer mehrere. [...] Freiheit besteht darin, ja oder nein sagen zu können, „Ich tue es" oder „Ich tue es nicht", was auch immer mein Chef oder die anderen sagen, „Das gefällt mir, und ich will es", „Das passt mir nicht, und deshalb will ich es nicht". Freiheit heißt entscheiden, aber auch, vergiss das nicht, dir darüber Rechenschaft zu geben, wie du dich entscheidest. Freiheit steht in krassem Gegensatz zu sich treiben lassen, wie du inzwischen sicher bemerkt hast. Und um dich nicht treiben zu lassen, bleibt dir nichts anderes übrig, als mindestens zweimal darüber nachzudenken, was du tun willst; ja, zweimal, auch wenn dir der Kopf weh tut. Beim ersten Mal, wenn du über das Motiv deiner Handlung nachdenkst, ist die Antwort auf die Frage „Warum tue ich das?": Ich tue es, weil man es mir befohlen hat, weil es so üblich ist, weil ich Lust dazu habe. Aber wenn du das zweite Mal darüber nachdenkst, sieht die Sache schon wieder anders aus. Ich tue das, weil man es mir befiehlt, aber [...] Warum gehorche ich dem Befehl?

M4 Frei bedeutet ...

Marie Marcks

Frei ist nicht gleich frei

In der Alltagssprache verwenden wir das Wort „frei" in ganz unterschiedlicher Bedeutung, z. B. für unbeschränkt, nicht behindert, kostenlos usw. Überprüfe die Verwendung von „frei" in den folgenden Sätzen:

Der Fallschirmspringer stellte einen neuen Rekord im freien Fall auf.
Der Eisbrecher machte den Hafen frei.
Das Hotelzimmer ist frei von Ungeziefer.
Er fand keinen freien Parkplatz.
In den Ferien habe ich viel freie Zeit.
Wir erhalten freie Unterkunft und Verpflegung.
Der Richter sprach den Angeklagten frei.

M5 Freiheit und Gewissen

Woher kommen die Gewissensbisse? Für mich ist das ganz klar: aus unserer Freiheit. Wenn wir nicht frei wären, könnten wir uns für nichts schuldig fühlen (und natürlich auch nicht stolz) und würden die Gewissensbisse vermeiden. Deshalb versuchen wir, wenn wir wissen, dass wir etwas Schändliches getan haben, uns damit zu rechtfertigen, dass wir nicht anders handeln konnten, dass wir nicht wählen konnten: „Ich habe nur die Befehle meiner Vorgesetzten ausgeführt", „Alle machen es genauso", „Ich habe den Kopf verloren", „Es ist stärker als ich", „Ich war mir nicht bewusst, was ich tat". Genauso schreit der kleine Junge weinend, wenn das Marmeladenglas, das er oben aus dem Regal holen wollte, zu Boden fällt und zerbricht: „Ich bin es nicht gewesen!" Er schreit es genau deshalb, weil er weiß, dass er es gewesen ist; wäre es nicht so, würde er sich nicht die Mühe machen, etwas zu sagen, und würde vielleicht sogar lachen. Wenn er dagegen etwas sehr Schönes gemalt hat, erklärt er sofort: „Ich habe es ganz allein gemacht, niemand hat mir geholfen!" Genauso wollen wir als Erwachsene immer frei sein, das Verdienst für das, was wir erreicht haben, uns selbst zuschreiben, aber wir bekennen uns lieber als „Sklaven der Umstände", wenn unsere Handlungen nicht sonderlich glorreich sind.

M3/5: Fernando Savater, S. 46-47, 89-90

Aufgaben

1. Beschreibe die Freiheit der Inlineskaterin. ➜ M1
2. Erarbeite aus dem Text, wie wir in den einzelnen Altersstufen Freiheit erfahren: als Kind, als Jugendlicher usw. ➜ M2
3. Erkläre deinem Banknachbarn in zwei Sätzen, worin Freiheit besteht. ➜ M3
4. Ordne die passende Bedeutung den Bildern zu: ➜ M4 ohne Pflicht / unabhängig / nicht besetzt
5. Suche weitere Bedeutungen des Begriffs „frei".
6. Oft versuchen wir, unsere Freiheit zu leugnen. Welche Gründe bewegen uns dabei? ➜ M5
7. Diskussionsrunde: „Jeder sollte frei sein!" – „Aber wenn es Mördern gestattet ist, frei herumzulaufen, werden unschuldige Menschen nicht die Freiheit haben, ihr Leben in Frieden zu führen."

▶ Glossar: Freiheit, Motiv

2 Freies Handeln

M1 Helden gesucht

Heldentum 1

Ich will dir einen dramatischen Fall erzählen. Du kennst doch die Termiten, diese weißen Ameisen, die in Afrika beeindruckende, meterhohe Bauten errichten, die hart wie Stein sind. Weil der Körper der Termiten weich ist (er hat keinen Chitinpanzer, der andere Insekten schützt), dient ihnen der Termitenhügel als kollektiver Panzer gegen bestimmte feindliche Ameisen, die besser bewaffnet sind als sie. Aber manchmal stürzt einer dieser Hügel ein [...]. Sofort beginnen die Arbeiter-Termiten damit, ihre beschädigte Befestigung schleunigst wiederaufzubauen. Und die großen feindlichen Ameisen gehen zum Angriff über. Die Soldaten-Termiten kommen heraus, um ihren Stamm zu verteidigen, und versuchen, die Feinde aufzuhalten. Da sie in der Größe und Bewaffnung nicht mit ihnen konkurrieren können, hängen sie sich an die Angreifer und versuchen, deren Marsch möglichst zu bremsen – dabei werden sie von den gewaltigen Kiefern der Angreifer in Stücke gerissen. [...] Verdienen sie nicht wenigstens eine Medaille? Ist es nicht gerechtfertigt, sie Helden zu nennen?

Heldentum 2

Wechsel der Szene, aber nicht des Themas. In der Ilias erzählt Homer die Geschichte von Hektor, dem besten Krieger Trojas, der außerhalb der Mauern seiner Stadt unerschütterlich auf Achill, den tobenden Helden der Achäer, wartet, obwohl er weiß, dass der stärker ist als er und ihn wahrscheinlich töten wird. Er tut das, um seine Pflicht zu erfüllen, die in der Verteidigung seiner Familie und Mitbürger vor dem schrecklichen Angreifer besteht.

Niemand bezweifelt, dass Hektor ein Heros ist, ein echter Held. Aber ist Hektor heldenhaft und mutig auf die gleiche Weise wie die Soldaten-Termiten, deren millionenfach wiederholte Heldentat kein Homer erzählt hat? Macht Hektor letzten Endes nicht das Gleiche wie eine der anonymen Termiten? Warum erscheint uns seine Tat größer und wertvoller als die der Insekten? Worin besteht der Unterschied zwischen beiden Fällen? Ganz einfach, der Unterschied besteht darin, dass die Soldaten-Termiten kämpfen und sterben, weil sie es tun müssen, ohne etwas daran ändern zu können (wie die Spinne, die die Fliege frisst). Hektor dagegen geht zum Zweikampf mit Achill hinaus, weil er es will. Die Soldaten-Termiten können nicht desertieren, rebellieren oder sich drücken, damit andere an ihrer Stelle gehen: Sie sind von der Natur so programmiert, um ihre heroische Mission zu erfüllen. Bei Hektor ist das anders. Er könnte sagen, er sei krank oder habe keine Lust, mit jemandem zu kämpfen, der stärker ist als er. Vielleicht würden seine Mitbürger ihn dann einen Feigling nennen und ihn für einen unverschämten Kerl halten, oder vielleicht würden sie ihn fragen, welcher andere Plan ihm eingefallen sei, um Achill zu bremsen. Aber zweifellos hat er die Möglichkeit, sich zu weigern, ein Held zu sein. Auch wenn die anderen noch so viel Druck auf ihn ausüben, er könnte immer dem entfliehen, was man von ihm erwartet: Er ist nicht darauf programmiert, ein Held zu sein – kein Mensch ist das. [...] Im Unterschied zu den Termiten ist Hektor – so sagt man – frei, und deshalb bewundern wir seinen Mut.

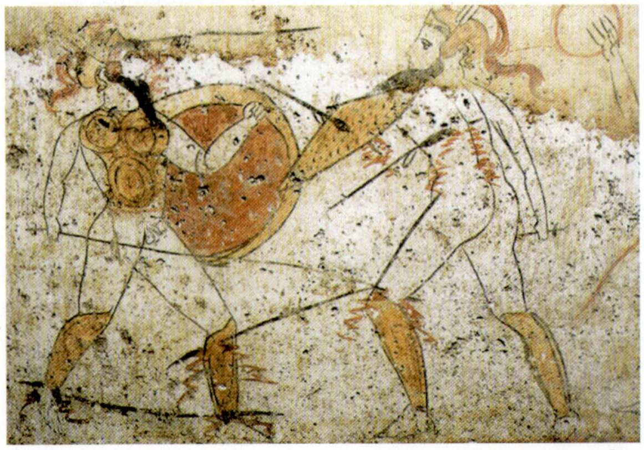

Duell. Fresko aus dem 4. Jh. v. Chr.

M2 Meine Freiheit

Marie Marcks

M3 Grenzen der Freiheit

Erstens: Wir sind nicht frei auszuwählen, was uns passiert (an dem Tag, von diesen Eltern und in diesem Land geboren zu werden; an Krebs zu leiden oder von einem Auto überfahren zu werden; schön oder hässlich zu sein; usw.), sondern wir sind frei, auf das, was uns passiert, auf diese oder jene Weise zu reagieren (zu gehorchen oder zu rebellieren, vorsichtig oder waghalsig, rachsüchtig oder ergeben zu sein, uns nach der letzten Mode anzuziehen oder als Höhlenbär zu verkleiden [...] usw.).

Zweitens: Frei zu sein, etwas zu *versuchen*, hat nichts damit zu tun, es auch ganz sicher zu *erreichen*. Freiheit (die darin besteht, aus dem Möglichen auszuwählen) ist nicht das Gleiche wie Allmacht (die bedeuten würde, immer das zu erreichen, was man will, auch wenn es unmöglich scheint). Wir können jedoch desto größeren Nutzen aus unserer Freiheit ziehen, je größer unsere Fähigkeit zum Handeln ist. Ich bin frei, den Mount Everest besteigen zu wollen, aber aufgrund meiner jämmerlichen Kondition und der völlig fehlenden Praxis im Bergsteigen ist es praktisch unmöglich, dass ich mein Ziel erreiche. Dagegen bin ich frei zu lesen oder nicht zu lesen, und da ich von klein auf lesen gelernt habe, wird es mir nicht allzu schwer fallen, mich dafür zu entscheiden. Es gibt Dinge, die von meinem Willen abhängen (und das heißt, frei zu sein), aber nicht alles hängt von meinem Willen ab (sonst wäre ich allmächtig).

M1/3: Fernando Savater, S. 23-28

Handeln und Verhalten

In seiner natürlichen Umwelt weiß ein Tier genau, was für es gut ist und was es zu tun hat; es folgt seinem Instinkt. Menschliches Handeln dagegen folgt anderen Gesetzen. Ordne aus dem Text M1 die Merkmale für menschliches und tierisches Verhalten zu. Übertrage in dein Heft und ergänze:

Mensch	Tier
etwas tun wollen	etwas tun müssen
selbst handeln	programmiert sein
Freiheit	Zwang
Verstand	Natur
...	...

Was steht in meiner Macht?

Wir sind frei, wenn wir uns entscheiden und wählen können. Doch auch hier stoßen wir auf Grenzen:

Ich bin nicht frei	Ich bin frei
- mein Geschlecht zu ändern	- meine Kleidung auszusuchen
- meine Eltern zu wählen	-meinen Eltern zu gehorchen

Finde weitere Beispiele.

Aufgaben

1 Wie erklärt die Biologie das Verhalten der Tiere, besonders der staatenbildenden Insekten? ➜ M1 (fächerverbindend)

2 Welche Bedingungen müssen erfüllt sein, damit wir von einem „Helden" sprechen können? ➜ M1
Nehmt als Beispiel Helden in Filmen. Erarbeitet einen Kriterienkatalog: Heldenhaftes Verhalten ist ...

3 Erläutert anhand der Karikatur die „Fäden", die euch binden. Welche würdet ihr durchschneiden? ➜ M2

4 Vervollständige in deinem Heft die Tabelle „Ich bin nicht frei/Ich bin frei" mit den Beispielen aus ➜ M3.

▶ Glossar: Determinismus, Indeterminismus, Notwendigkeit, Programm

3 Ver-ANTWORT-ung

M1 Und keiner schaut hin ...

Luis Murschetz

Schild in der Berliner S-Bahn:

> **Sehen Sie nicht weg. Stehen Sie auf und sprechen Sie jemanden direkt an. Fordern Sie andere auf auch aufzustehen. Provozieren Sie nicht und lassen Sie sich nicht provozieren. Versuchen Sie die Täter genau anzusehen und sie später zu beschreiben.**

M2 Du hättest handeln „können"

Diesen Gedanken von „können" und „hätte ... können" wenden wir nur auf Personen (und vielleicht auf einige Tiere) an. Wenn wir sagen, „Das Auto hätte durchaus den Gipfel erreichen können", so meinen wir, dass das Auto über genügend Leistung verfügte, um den Gipfel zu erreichen, „wenn" es jemand dort hochführe. Wir meinen nicht, dass das am Fuß des Berges geparkte Auto irgendwann einfach von selbst hätte losfahren und den Gipfel erklimmen können, statt bloß tatenlos herumzustehen. Irgendetwas anderes hätte vorher geschehen müssen, etwa dass jemand einsteigt und den Motor anlässt. Bei Personen jedoch scheinen wir zu glauben, dass sie ...

Thomas Nagel, S. 42

M3 Ich kann doch nichts dafür!

Im Werkunterricht arbeiteten alle Schüler still vor sich hin, jeder in seine Arbeit vertieft. Am Schluss der Stunde packten die meisten ihre Werkzeuge in die Schublade zurück, aber Alvaro hatte es wieder einmal eilig, zum Spielen hinauszukommen, und ließ einiges auf seinem Arbeitsplatz liegen, darunter auch sein Schnitzmesser. Margarita bemerkte es nicht, und als sie sich an seinem Tisch aufstützte, schnitt sie sich in den Finger, und es blutete.

Der Lehrer regte sich mächtig auf und trug Alvaro wegen unverantwortlichen Verhaltens ins Klassenbuch ein. Alvaro protestierte, weil er meinte, es gebe keinen Grund, ihn zu bestrafen. „Du hättest das Messer nicht liegen lassen dürfen", sagte Gloria. „Was willst du?", regte sich Alvaro auf. „Schließlich hätte Margarita besser aufpassen können. Da ist sie doch selbst schuld!" „Du irrst dich, Alvaro!", sagte Manuel entschieden. „Du bist für deine Sachen verantwortlich und hättest dein Werkzeug wegpacken müssen. Besonders dann, wenn man sich damit verletzen kann. Wie hätte Margarita wissen können, dass bei dir noch ein Messer herumliegt?"

„Ihr tut gerade so, als ob ich ihr mit Absicht in den Finger geschnitten hätte!" „Du hattest bestimmt nicht die Absicht, ihr zu schaden", sagte Camilla, „aber es war deine Pflicht, einem Schaden vorzubeugen." „Das ist bei Margarita nur nicht ganz einfach, so beschränkt wie die ist!"

Ernst Tugendhat, S. 44-45

Verantwortlich handeln

Man kann auf verschiedene Weise handeln:

absichtlich	–	unabsichtlich
freiwillig	–	unfreiwillig
überlegt	–	unüberlegt
sorgfältig	–	nachlässig

Absichtlich handeln heißt, dass man bewusst durch seine Handlung etwas Bestimmtes bewirken will (Margarita mit dem Messer verletzen). Für die Folgen muss man die Verantwortung übernehmen. Überlege, warum man auch bei **unabsichtlichem** Handeln verantwortlich gemacht werden kann.

M4 Ver-ANTWORT-ung

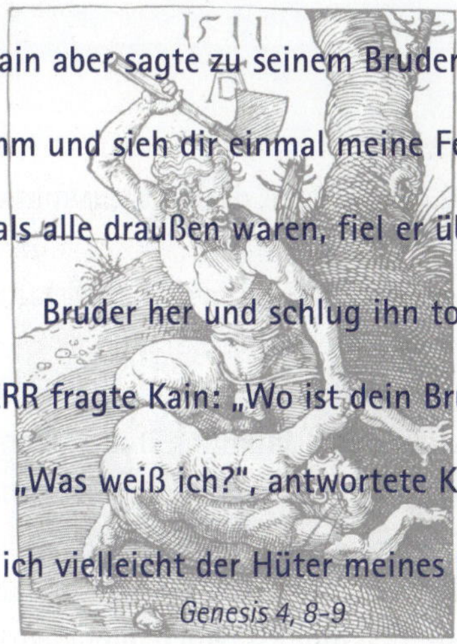

Kain aber sagte zu seinem Bruder Abel:

„Komm und sieh dir einmal meine Felder an!"

Und als alle draußen waren, fiel er über seinen Bruder her und schlug ihn tot.

Der HERR fragte Kain: „Wo ist dein Bruder Abel?"

„Was weiß ich?", antwortete Kain.

„Bin ich vielleicht der Hüter meines Bruders?"

Genesis 4, 8–9

In dem Begriff „Verantwortung" steckt das Wort „Antwort":

Wer verantwortet **was** vor **wem?**

Wer	was	wem?
Täter (Kain)	Tat/Handlung (Brudermord)	Instanz (Gott)

Sich verantworten heißt, auf eine Frage antworten. Die Frage betrifft unser Tun und Lassen, d.h. wir müssen Auskunft darüber geben, was wir getan haben. Sie wird gestellt von einer Instanz (Eltern, Lehrer, eigenes Gewissen), vor der wir uns zu verantworten haben.

M5 Jüdische Parabel

Ein Mensch geht über Land und trifft einen Bauer, der einen Johannisbrotbaum pflanzt. Den fragt er: „Was denkst du, wann wird das Bäumchen Früchte tragen?" Und erhält die Antwort: „Vielleicht in siebzig Jahren." Da ruft der Wanderer aus: „Du Tor! Denkst du in siebzig Jahren noch zu leben und die Früchte deiner Arbeit zu genießen? Pflanze lieber einen Baum, der eher Früchte trägt, damit du dich noch in deinem Leben daran erfreust!" Der Landmann aber, der sein Werk vollendet hat und freudig darauf schaut, antwortet: „Herr, als ich zur Welt kam, da fand ich Johannisbrotbäume und aß von ihnen, ohne dass ich sie gepflanzt hatte, denn das hatten meine Väter getan. Habe ich nun genossen, wo ich nicht gearbeitet habe, so will ich einen Baum pflanzen für meine Kinder und Enkel, dass sie davon genießen. Wir Menschen mögen nur bestehen, wenn einer dem anderen die Hand reicht. Siehe, ich bin ein einfacher Mann, aber wir haben ein Sprichwort: Gefährten oder Tod."

Evangelische Akademie Baden (Hrsg.), S. 116f.

Aufgaben

1 Tauscht eure Erfahrungen über ähnliche Situationen aus und beurteilt sie. ➜ M1
2 Schreibe den Text zu Ende. ➜ M2
3 Spielt die Situation nach und erweitert die Argumente des Lehrers, Glorias, Alvaros, Manuels und Camillas. ➜ M3
4 Diskutiert, ob es auch Geschehnisse gibt, für die wir nicht verantwortlich gemacht werden können.
5 Wie beurteilst du die Antwort, die Kain dem Herrn gibt? ➜ M4
6 Prüfe an einem selbstgewählten Beispiel, wofür und wovor du verantwortlich bist: Ich bin vor meinen Eltern/Lehrern/Freunden verantwortlich für ... . ➜ M4
7 Beschreibe die Verantwortung, die die Parabel zeigt. ➜ M5
Vergleiche hierzu auch S. 146/147 und 194/195.

▶ Glossar: universal, Verantwortung

4 Frei zur Verantwortung

M1 Er war's

Klaus Vonderwerth

M2 Ich war's

Verantwortlich sein heißt, sich wirklich frei zu wissen, für das Gute und das Schlechte: sich die Konsequenzen seiner Handlungen aufzuladen, das Schlechte zu meiden und vom Guten so viel wie möglich zu profitieren. Im Unterschied zu dem schlecht erzogenen und feigen Kind ist der Verantwortliche immer bereit, für seine Handlungen einzustehen: „Ja, ich bin es gewesen!"

M3 Stufen der Verantwortlichkeit

Wenn eine Mutter mit ihrem zweijährigen Kind die Straße überquert, fasst sie es normalerweise an der Hand, weil sie sich eben nicht sicher ist, ob es auch gehorcht. Später, wenn das Kind etwas älter geworden ist und einen Sinn für Verantwortlichkeit entwickelt hat, kann die Mutter es auch loslassen und mit ihm sprechen, sie kann zum Beispiel sagen „Pass auf!" oder „Schau nach vorn!" oder „Nicht immer die Leute anrempeln!" oder auch „Das war jetzt deine eigene Schuld, dass du mit der Frau zusammengestoßen bist!" [...]
In dem Moment, wo es Sinn macht, dem Kind vorzuhalten, dass etwas seine eigene Schuld war, beginnen wir von Zurechnungsfähigkeit zu sprechen. Das bedeutet, dass man die Handlung ihm zurechnet, seiner freien Entscheidung, und dass man ihm sagen kann, es hätte auch anders handeln können. [...]
Das kleine Kind, das unabhängig sein will, aber noch nicht zurechnungsfähig ist, noch nicht zur Verantwortung gezogen werden kann, tut schon, was es selbst will, aber es ist noch nicht imstande, eine Regel zu befolgen, und schon gar nicht eine selbst gegebene. Wenn das Kind etwas größer ist, kann es schon Regeln befolgen, aber eben noch keine eigenen. Die Eltern müssen ihm zum Beispiel erst sagen: „Wenn du etwas versprochen hast, musst du es auch halten!" Das Kind hat dann die Möglichkeit, diese Regel einzuhalten oder nicht. Erinnert ihr euch noch an das, was wir über die goldene Regel gesagt hatten? Sie bot die Möglichkeit, sich gegenseitig Regeln aufzuerlegen, die jede Person billigen würde. Das ist jetzt Selbstbestimmung: Die Person lebt nach Regeln, die sie sich selbst gegeben hat.

Ernst Tugendhat, S. 154-156

Freiheit ist Selbst-Verantwortung

Als freie Person bin ich verantwortlich für meine Entscheidungen, meine Handlungen, die Folgen meiner Handlung und für mich selbst, meinen Lebensplan und meine Zukunft.

ICH verantworte	**MICH** vor	**MIR SELBST**
▼	▼	▼
- bin frei in meinen Entscheidungen - bin zurechnungsfähig	- ich handle	- ich entwerfe ein Bild von mir: so will ich sein und handeln

M4 Freiheit ist Verantwortung

Es geht darum, die Freiheit ernst zu nehmen, d.h. *verantwortlich* zu sein. Und das Ernste an der Freiheit besteht darin, dass sie unbezweifelbare Auswirkungen hat, die man nicht nach Belieben wieder rückgängig machen kann. Ich bin frei, den Kuchen, den ich vor mir habe, zu essen oder nicht zu essen; wenn ich ihn aber einmal aufgegessen habe, bin ich nicht mehr frei, ihn vor mir zu haben oder nicht. [...] Wenn ich einen Stein in der Hand halte, bin ich frei, ihn zu behalten oder wegzuwerfen; wenn ich ihn aber weggeworfen habe, kann ich ihm nicht mehr befehlen zurückzukommen, damit ich ihn weiter in der Hand halten kann. Und wenn ich mit ihm jemandem den Kopf einschlage – na, weißt du, worauf ich hinaus will? Das Ernste an der Freiheit ist, dass jede freie Handlung, die ich begehe, meine Möglichkeiten, zu wählen und eine von ihnen zu realisieren, einschränkt. Und die Masche zu warten, um zu sehen, ob das Ergebnis gut oder schlecht ist, bevor ich die Verantwortung dafür übernehme oder nicht, lohnt sich nicht. Vielleicht kann ich einen fernen Beobachter täuschen, wie es das Kind versucht, das sagt „Ich bin es nicht gewesen!", aber mich selbst kann ich in keiner Weise betrügen.

M5 Verantwortung übernehmen

M6 Spuren hinterlassen

Der Kern der Verantwortlichkeit – falls es dich interessiert – besteht nicht einfach darin, den Mut oder die Ehrenhaftigkeit zu besitzen, die eigenen Blamagen auf sich zu nehmen, ohne rechts und links nach Entschuldigungen zu suchen. Der verantwortlich Handelnde ist sich des Realen seiner Freiheit bewusst. Ich benutze „real" im doppelten Wortsinn von „echt" und „wirklich". [...] Alle meine Entscheidungen hinterlassen in mir eine Spur, bevor sie diese in meiner Umwelt hinterlassen.

M2/4/6: Fernando Savater, S. 90, 91-92

Aufgaben

1 Schreibt einen Dialog Vater-Sohn, in dem ihr die Motive, Beweggründe, Interessen herausstellt, die der Lüge des Sohnes und dem Ärger des Vaters zugrunde liegen. ➜ M1

2 Unterscheidet die Phasen der Verantwortlichkeit in den verschiedenen Lebensaltern und erörtert sie an Beispielen (vergleiche auch S. 14/15). ➜ M3

3 Erörtert die Konsequenzen der Selbstverantwortung für das eigene Handeln. ➜ M4

4 Wer Verantwortung übernimmt, hinterlässt Spuren – in sich selbst und bei anderen. Diskutiert unter diesem Aspekt das abgebildete Verantwortungsprojekt. ➜ M5

5 Vervollständigt das ABC in eurem Heft. Sucht fünf Bestimmungen heraus, die euch besonders wichtig erscheinen.

ABC der Verantwortung

V ....
E igene Entscheidungen treffen
R ....
A ....
N ....
T ....
W ....
O ....
R ....
T ....
U nrecht wieder gutmachen
N ....
G ....

▶ Glossar: Selbstbestimmung, Zurechnungsfähigkeit

5 Projekt Verantwortung

Ein Beispiel:
Nach vielen Diskussionen mit Jugendlichen, den Eltern, im Team, mit Partnern im Gemeinwesen beschließt die Schulkonferenz 1999 einstimmig:

Jede Schülerin und jeder Schüler übernimmt im Jahrgang 7/8 für ein Jahr eine verantwortungsvolle Aufgabe in der Schule oder im Gemeinwesen.

Phase der Vorbereitung

Leitfragen für einen Elternabend:
- Worum geht es im Projekt Verantwortung?
- Was verstehen wir unter Verantwortung?
- Warum ist uns das Projekt wichtig?
- Was hat das Projekt mit den Aufgaben schulischen Lernens zu tun?
- Was sind die Möglichkeiten der Eltern, sich in das Projekt einzubringen?
- Was sind Hoffnungen und Erwartungen, was Zweifel und Befürchtungen?

Leitfragen für die Schülerinnen/Schüler:
- Verantwortung – was ist das? Wo habe ich Verantwortung schon erlebt; wie stehe ich dazu?
- Welche Menschen kenne ich, die Verantwortung übernehmen?
- Was interessiert mich? Wie kann ich in meinem Interessensgebiet Verantwortung übernehmen?
- Was können Kriterien für verantwortungsvolle Aufgaben sein?
- Wo und wie haben andere schon Verantwortung übernommen?
- Wie finde ich, was ich im Projekt tun möchte?

Entscheidungshilfen für die Wahl der Aufgabe:
- Schülerinnen und Schüler des Jahrgangs 8, die bereits im Projekt tätig sind, berichten über ihre Erfahrungen in den Klassen und auf Versammlungen.
- Ideen der Schülerinnen und Schüler, der Lehrerinnen und Lehrer, der Eltern, von Besuchern werden öffentlich im Flur präsentiert.
- Menschen mit verantwortungsvollen Aufgaben werden in die Versammlung eingeladen.
- Partner des Projekts stellen sich vor.

Anschließend geht es los: Schülerinnen und Schüler suchen sich eigenverantwortlich eine Aufgabe.

Phase der Praxis

Das Projekt läuft ein Jahr, wobei auf Wunsch nach einem halben Jahr gewechselt werden kann.

Was können wir tun?

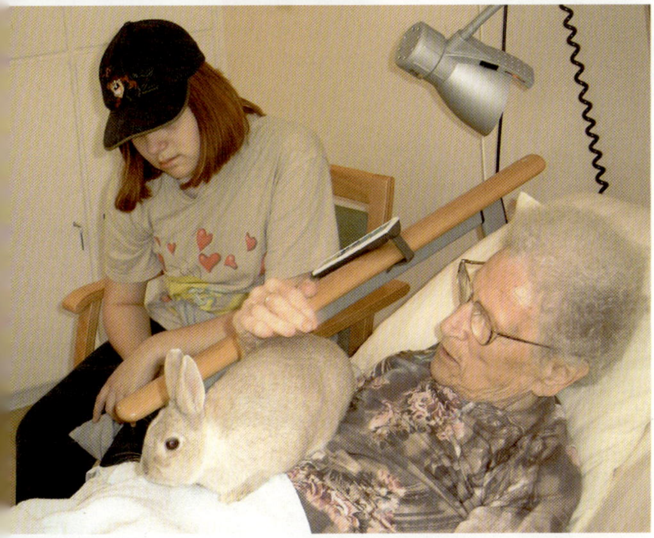

Fragt in eurem Stadtteil, eurer Gemeinde nach. Ansprechpartner sind Soziale Dienste, Sanitätsdienste, Feuerwehr, Technisches Hilfswerk, Altenheime usw. Es gibt auch Organisationen, die weiterhelfen:

GREENPEACE · Brot für die Welt · MISEREOR · terre des hommes · unicef · ai amnesty international FÜR DIE MENSCHENRECHTE

Alle Schülerinnen und Schüler dokumentieren ihre Erfahrungen und Erkenntnisse. Mögliche Dokumentationsformen sind:

- fortlaufende Verantwortungstagebücher
- Berichte in der Klasse
- Präsentationen auf Vollversammlungen
- Berichte in der Schulzeitung
- eine Radiosendung, ein Videofilm
- Berichte in der Stadtteilzeitung
- Abschlussberichte
- Briefwechsel mit Freunden und Freundinnen (im In- und Ausland)

Projektabschluss:

- Anerkennung durch Zertifikate von den Partnern und den Lehrerinnen und Lehrern
- Verantwortungsfest mit Partnern, Eltern und allen Klassensprecherinnen und Klassensprechern
- Übergabe an den neuen Jahrgang

Lernen im Projekt Verantwortung heißt, sich selbst und die Welt immer wieder neu zu erleben, sich einzusetzen und sich auseinanderzusetzen in der persönlichen Begegnung mit Menschen und in der Begegnung mit sich selbst, sich einzulassen auf das Fremde, das Lebendige, die unbekannte vielartige Welt, empfänglich zu werden für Überraschungen, in der Bereitschaft für das Risiko und in der Freude an der Entdeckung dessen, was Menschen – bei aller Unterschiedlichkeit – verbindet.

nach Margret Rasfeld, S. 10-12

Was wir wissen – was wir können

Was wir wissen

Die Moralphilosophie beschäftigt sich seit ihren Anfängen in der griechisch-römischen Antike mit zwei großen Themen: dem **guten, glücklichen Leben** und dem **moralisch guten Handeln.**

Über beide großen Themenbereiche hast du in diesem Kapitel einiges erfahren. Und so kannst du dein Wissen testen: Wähle aus den nachfolgenden Themen eines aus und bereite eine kleine Präsentation vor. Du kannst auch noch andere Themen finden.
Oder ihr veranstaltet ein Abschluss-Symposium, in dem ihr die Themen in Gruppen erarbeitet und euch gegenseitig präsentiert. Vielleicht ladet ihr sogar andere Schüler oder eure Eltern ein.

Das gute Leben

Das Abenteuer, ein Mensch zu sein

Warum alle Menschen nach Glück streben

Ich will Spaß!

Sag mir, wie man glücklich wird

Orte, an denen das Glück wohnt

Große Pläne für ein aufregendes Leben

Tu, was du willst – ein tückischer Rat

Das gute Handeln

Was gute Autos und gute Freunde unterscheidet

„Gesundheit und Wohlstand sei auch mit dabei!"

Welche Werte sind wichtig?

Warum gibt es das Böse?

Versetz dich in den andern!

Die Goldene Regel – eine Superregel der Moral!

Gewissen: angeboren oder anerzogen?

Lesetipps

Rainer Erlinger: Lügen haben rote Ohren. Gewissensfragen für große und kleine Menschen. 2004 (List)
Jostein Gaarder: Sofies Welt. Ein Roman über die Geschichte der Philosophie. 1993 (Hanser)
Stephen Law: Philosophie. Abenteuer Denken. 2002 (Arena)
Stephen Law: Philosophie. Denken ohne Grenzen. 2004 (Arena)
Fernando Savater: Tu was du willst. Ethik für die Erwachsenen von morgen. 1993 (Campus)
Ernst Tugendhat u.a.: Wie sollen wir handeln? Schülergespräche über Moral. 2000 (Reclam)
Héctor Zagal/José Galindo: Ethik für junge Menschen. Grundbegriffe – Positionen – Probleme. 2000 (Reclam)

Was wir können

a) Grundbegriffe erarbeiten

Erstelle Lernkarten zu den wichtigsten Begriffen, die du in den Kapiteln kennengelernt hast. Zum Beispiel:

Glück – Sinn – Zweck
gut – böse – schlecht
Freiheit – Verantwortung

Schreibe auf die Rückseite alles, was du über diesen Begriff gelernt hast.

b) Wahrnehmen – urteilen – begründen

Beurteile die folgenden Schlüsse aus Wahrnehmungen:

1. Der neue Schüler der 8b verursacht immer Ärger. Gestern, gerade als er das Gebäude betrat, gab es eine Explosion im Chemiesaal im vierten Stock. Ich bin sicher, dass er die Explosion verursacht hat.
2. Buben sind aggressiv. Die Spitzenspielerin der Mädchen-Volleyballmannschaft ist aggressiv. Ich wette, dass sie eigentlich ein Junge ist.
3. Unserer Familie macht das Autofahren Spaß. Immer mehr Menschen möchten auch Spaß haben und Auto fahren. Deshalb müssen mehr Straßen gebaut werden.

c) Argumentationsmuster erarbeiten

Peter, Regine und Dirk aus der 7a diskutieren ein moralisches Problem:

Welches ist das schlimmste Verbrechen?

Schreibe einen Dialog, in dem die Partner ihre Behauptungen aufstellen, begründen und gegenseitig überprüfen.

d) Rollenspiel: Perspektivenwechsel

Die 13-jährige Silvia fordert von ihren Eltern mehr Taschengeld, um mit ihren Freundinnen, die angeblich sehr viel mehr bekommen, mithalten zu können. Die Mutter will eine Erhöhung an bestimmte Bedingungen knüpfen (z.B. Mithilfe im Haushalt), der Vater bleibt bei einem harten Nein.

Jeder übernimmt eine Rolle (Tochter, Mutter, Vater) und trägt seine Argumente vor. Nach 3 Minuten wechseln die Rollen: Die Tochter spielt jetzt die Mutter usw., nach 3 Minuten wechseln die Rollen erneut.

e) Texte lesen, verstehen und den Inhalt wiedergeben

Strafen – ein Weg zur Verantwortlichkeit?

Der Vater versucht Camilla den Sinn der Strafe zu erklären.

„Vielleicht sollten wir uns einen bestimmten Fall ausdenken. Wenn beispielsweise ein kleiner Junge eine Vase fallen lässt, wäre es sicher völlig ausreichend, ihn zu ermahnen, beim nächsten Mal besser achtzugeben. Wenn man das eine Strafe nennen will, hilft sie dem Kind doch nur, sich in Zukunft besser zu verhalten. Wenn du es jetzt statt dessen mit einem Stock oder Gürtel durchprügelst, ist die Strafe destruktiv und trägt jedenfalls nicht zur Selbständigkeit bei. [...] Die Strafe bei einem Kind hat nur den Sinn, ihm zu zeigen, wie es Selbstbeherrschung entwickeln kann“, fuhr der Vater fort. „Deshalb muss das Kind auch immer einsehen, was an seinem Verhalten falsch gewesen ist. Dann kann es in der nächsten vergleichbaren Situation herausfinden, was es zu tun hat.“

„Und in diesem Fall wäre eine Strafe überflüssig“, sagte Camilla. [...] „Aber warum ist es überhaupt so schwer, Selbstbeherrschung zu erlangen?

„Weil wir von Natur aus mehr Temperament haben, als nötig wäre“, meinte Camillas Mutter. „Wir sind darauf angewiesen, jedes Mal die richtige Mischung selbst herauszufinden, und das müssen wir eben im Verlauf unserer Erziehung einüben. Dieser Erziehungsprozess ist übrigens auch nach der Kindheit nicht abgeschlossen – das kannst du ja selbst beobachten, wenn sich erwachsene Menschen ganz kindisch aufführen, sobald sie befürchten, irgendwo zu kurz zu kommen.“

„Wenn man es recht bedenkt, ist die Fähigkeit zur Selbstbeherrschung praktisch dasselbe wie die Verantwortlichkeit“, sagte der Vater. „Und das heißt, dass ein verantwortungsbewusster Mensch imstande ist zu wählen, wie er leben will. Diese Fähigkeit wird übrigens, wenn ich mich recht erinnere, Autonomie genannt.“

Ernst Tugendhat, S. 144–146

Erarbeite den Text nach den Vorgaben von S. 52.

Konsumierst du noch oder lebst du schon?

High sein – frei sein – dabei sein

Seid fruchtbar und mehret euch
und macht euch die Erde untertan

Die Welt wahrnehmen und beurteilen

Konsum

Medien

Natur

1 Schöne, neue Warenwelt

M1 Vom Kaufhaus zur Konsumlandschaft

Die meisten Innenstädte gleichen sich: Fußgängerzonen als Einkaufsstraßen mit vielen kleinen Geschäften und an den zentralen Punkten große Kaufhäuser. Seit Jahrzehnten sind solche Warenhäuser feste Ankerpunkte beim Einkaufsbummel: Was man in den kleinen Läden nicht findet, kann man ja noch im Kaufhaus besorgen; dort gibt es traditionell von allem etwas.

Das Warenhaus hat ausgedient

Doch diese Art Einkaufsbummel wird bald der Vergangenheit angehören. Denn das Kaufhaus, wo es von der Büroklammer über die Badewannenmatte bis zum Kleiderschrank alles gibt, ist ein Auslaufmodell. Seit 20 Jahren gehen seine Anteile am Gesamtkonsum zurück. Die neuen Einkaufszentren werden anders aussehen: Riesige Kaufhäuser mit vielen Markengeschäften als Untermietern, mit Kaffeehäusern, Reisebüros, Bankfilialen oder Fitness-Studios. Vorbild für diese Entwicklung sind die „Shopping malls", die bereits in den 60er-Jahren in den USA gebaut wurden. In diesen Konsumlandschaften werden keine Versorgungskäufe, sondern Erlebniskäufe getätigt.

Einkaufszentren als Erlebniswelten

Die Besucher kommen in die modernen Einkaufstempel großteils um sich zu unterhalten. Die durchschnittliche Verweildauer der Besucher steigt um ein Vielfaches gegenüber dem Besuch im klassischen Kaufhaus. Vor allem die Jugendlichen haben diese Orte längst zu ihren neuen Freizeitorten umfunktioniert.
Die Mall erscheint den Besuchern als warme, bunte, phantasievolle Welt, in der sie dem Alltagsleben zumindest vorübergehend entkommen können. Fühlen die Menschen sich in dieser Welt wohl, so spekulieren die Geschäftsleute, weckt das auch ihre Kauflust. Mit den Waren, die sie kaufen, verbinden sie das Erlebnis, das sie in dieser angenehmen Welt haben, und die Vorstellung, dieses Erleben mit nach Hause nehmen zu können.

M2 Erlebniswelt?

M3 Warum shoppen wir so gerne?

Sechs Stunden pro Monat, sagen die Statistiker, flanieren wir von einem Geschäft zum anderen, lassen uns von Neuem überraschen, plaudern mit einer Verkäuferin über die Frühjahrskollektion von Escada, informieren uns über die neueste Digitalkamera von Canon, das River-Rafting-Programm von Thomas Cook, die schnellsten Joggingschuhe von Nike, das Mountainbike von Rotwild.
Psychologen sagen, Shopping sei gut für die Seele. Es hebe das Selbstwertgefühl, sei ein Stück Unabhängigkeit, weil man frei von Zwängen auswählen und endlich auch mal selbst entscheiden könne. Shopping sei eine Art Fluchthaltung gegenüber Berufsstress und privaten Nöten.

Peter Haller in: werben & verkaufen, Nr. 45, 08.11.2002, S. 90

M4 Verführung durch Nike & Co.

Was aber wäre Shopping ohne die visionären Bilderwelten der Marken, die uns vom Fernseher im eigenen Wohnzimmer bis in den Handel begleiten? Was wäre Einkaufen ohne verlockende Markenangebote in den Geschäften, ohne gut gemachte Verpackungen und attraktiv klingenden Namen, mit denen sich viele von uns gerne identifizieren, dekorieren und positionieren?

Marken sind mehr als ein gut funktionierendes Produkt. Sie haben einen emotionalen Mehrwert für den Verbraucher; und dieser Mehrwert ist es, der Shopping zum Einkaufserlebnis macht aus Freude am Konsum.

M5 Kauflust – Kaufsucht

Heute definieren sich vor allem Jugendliche mehr denn je über das Konsumieren.

Kaufen wird

- als Symbol für selbständiges, kompetentes Entscheiden empfunden („Bei den Modefarben hab' ich den siebten Sinn, die Verkäuferinnen haben doch keine Ahnung."),
- ein Symbol für Überfluss und ein intensives Leben („Ich stelle mir vor, Geld spielt keine Rolle."),
- zur emotionalen Unterstützung („Einkaufen versetzt mich in Hochstimmung."),
- zur Bestärkung einer unsicheren Identität („Ich kaufe Sportgeräte oder teure Accessoires, um meinen Klassenkameraden/innen zu imponieren."),
- zum Ersatz für Anerkennung in anderen Lebensbereichen („Ich bin ja sonst nichts wert."). Grundlage ist meist eine unerfüllte Sehnsucht nach Liebe, Anerkennung, Zuneigung, Respekt und Beachtung. Dies ist auch daran abzulesen, dass Kaufsucht sehr häufig mit Depressionen einhergeht.

M4/5: nach Politik & Unterricht, 3/2004, S. 15f.

M6 Unverwechselbar

Wolfgang Baaske

Aufgaben

1 Beschreibe, wie sich die Welt der Waren und des Konsums gegenwärtig verändert. Was ist positiv, was negativ an der Entwicklung? ➔ M1/2

2 Entwerft in Gruppen ein Modell für ein Warenhaus für Jugendliche. Wie sollte es gestaltet sein, welche Waren oder Dienstleistungen sollten angeboten werden?

3 Nicht nur für Erwachsene wird Shopping zunehmend zu einem zentralen Bedürfnis. Nenne Gründe, warum Jugendliche deines Alters gerne shoppen. ➔ M3/5

4 Erarbeitet einen Fragebogen für eure Schule, in dem ihr das Kaufverhalten von Jugendlichen verschiedenen Alters untersucht. ➔ M3/4/5

5 Untersucht in Arbeitsgruppen die Werbestrategien für Markenprodukte. ➔ M4/6
Prüft dabei, inwieweit der Konsum der Produkte mit Lebensgefühlen verbunden wird, die nichts mit ihrem tatsächlichen Gebrauchswert zu tun haben (z. B. Aldi-Jeans contra Levis-Jeans). Vergleiche hierzu S. 59, M4.

6 Konsumieren kommt aus dem Lateinischen und heißt „verbrauchen, verzehren". Verfasse einen kleinen Lexikonartikel zum Begriff Konsum.

▶ Glossar: Konsum

2 Wir werden umworben

M1 Wofür Kinder und Jugendliche ihr Taschengeld ausgeben

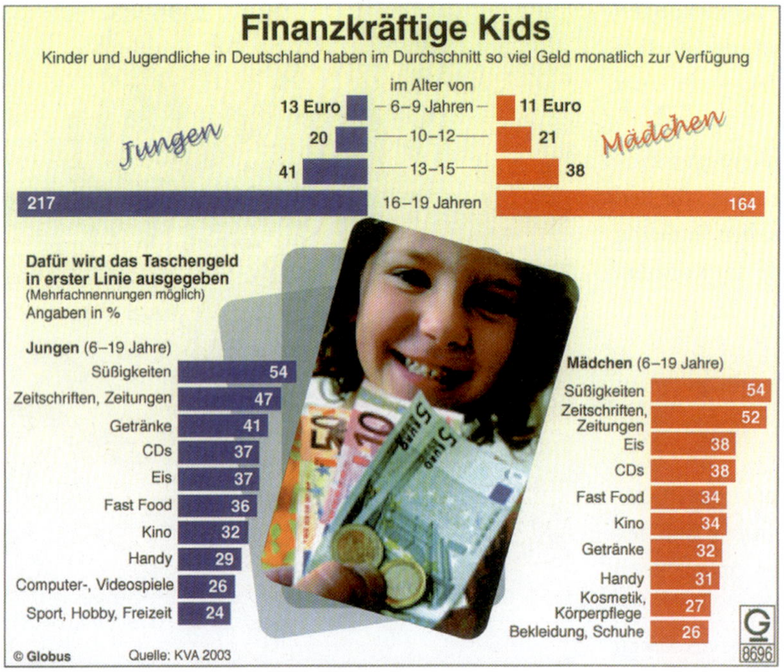

M2 Kinder und Jugendliche als Verbraucher

In Deutschland gibt es immer weniger Kinder und Jugendliche. Gleichzeitig werden Kinder und Jugendliche immer wichtiger – als Verbraucher. *Die Kaufkraft von Kindern und Jugendlichen ist von 2001 bis 2003 um 24 Prozent gestiegen – und dies trotz schwacher Konjunktur und allgemeiner Konsumzurückhaltung.* Als Zielgruppe für Werbung und Marketing sind sie deshalb besonders attraktiv. Während das verfügbare Einkommen in fast allen Bevölkerungsgruppen stagniert, verfügt die junge Generation über immer mehr Geld. Im Durchschnitt geben die etwa 11 Millionen Mädchen und Jungen im Alter von 6 bis 19 Jahren jährlich rund 1.800 Euro aus – ein historischer Rekordwert. Hinzu kommen Tausende von Euro, bei denen Minderjährige das Einkaufsverhalten ihrer Eltern direkt oder indirekt beeinflussen – sei es bei Lebensmitteln oder beim Kauf des Familienwagens.

Entsprechend der Kaufkraft ist der Werbedruck besonders massiv, dem diese Zielgruppe in den einschlägigen Jugendzeitschriften, auf Plakaten, per SMS, via Internet und E-Mail und besonders im Fernsehen ausgesetzt ist. Bereits in den herkömmlichen Medien verwischt sich die Grenze zwischen redaktionellem Inhalt und Werbung immer mehr. Dies gilt aber erst recht für die neuen Werbemedien wie Internet, E-Mail oder SMS. Hinzu kommt: Die Bindung an ein Markenprodukt oder an eine Bank ist im Schnitt deutlich haltbarer als eine Ehe oder Partnerschaft. Deshalb sind aus Sicht der Unternehmen Investitionen in das Markenbewusstsein schon bei ganz jungen Kunden besonders wichtig.

Carel Mohn, www.vzbv.de

M3 Handys – schnell und einfach Kosten laden!

Immer mehr Kinder und Jugendliche haben ein Handy oder einen Internetanschluss. Schon 7 Prozent der Kinder zwischen 6 und 9 Jahren besitzen ein eigenes Handy; bei den 10- bis 12-Jährigen ist bereits fast jeder Dritte im Besitz eines Mobiltelefons.

Kinder und Jugendliche werden massiv mit „gigagünstigen" Angeboten umworben, zum Beispiel für Mobilfunkverträge oder das Herunterladen von Spielen, Logos oder Klingeltönen. Grund- und Telefongebühren, das Versenden von SMS und die Nutzung von Sonderdiensten verschlingen jedoch oft mehr Geld, als den Kindern und Jugendlichen monatlich zur Verfügung steht. Für viele beginnt mit der Anschaffung des Handys der Weg in die Schuldenfalle.

M4 Neueste Klingeltöne und coole Softdrinks

Werbeanzeigen aus der Zeitschrift „Bravo"

M5 Zum Haben verführt

In den letzten Jahren hat sich die Werbung grundlegend geändert. Es werden kaum noch Produkte beworben, sondern es wird mit der Werbung ein Lebensgefühl (Freiheit, Leistung, Unabhängigkeit, Abenteuer usw.) vermittelt, das dann (indirekt) mit der Firma und dem Produkt verbunden wird. Der Produktname steht dann für das Erlebnis.

Kennzeichen der Werbung heute:
- Werbung suggeriert: Es gibt einen Genuss ohne Reue;
- Werbung appelliert gleichzeitig an die Begierde (Konsum) und an die Disziplin (Auswahl, z.B. gesunde, kalorienreduzierte, biologisch angebaute Produkte);
- Werbung ersetzt zukunftsorientiertes Handeln durch Konsum von immer besseren, umweltfreundlichen Produkten;
- Werbung verkauft nicht Waren, sondern Stimmungen, Statussymbole oder Lebensgefühle;
- Werbung setzt auf den Wunsch zur Teilhabe an kollektiven Wunschbildern.

Die Zukunft denken – die Gegenwart gestalten, S. 38

Statistiken und Schaubilder auswerten

Statistiken, in Schaubildern dargestellt, sind die zahlenmäßige Erfassung und systematische Ordnung von Informationen. Um sie zu untersuchen, sollte man unterschiedliche Schritte beachten:

1. Beschreiben
- Werden die Daten in Tabellen, Diagrammen (Kreis-, Säulen-, Balkendiagramme) dargestellt?
- Welche Informationen wurden gesammelt? Z.B. bei Umfragen: Wer ist gefragt worden? Was genau ist gefragt worden?
- Werden die Mengenangaben in absoluten Zahlen oder in Prozentanteilen angegeben? Bei Prozentanteilen ist wichtig festzustellen, auf welche Basisgröße Bezug genommen wird.

2. Auswerten

Um aus einer Statistik Aussagen gewinnen zu können, sollten wir Auffälligkeiten beachten:
- Gibt es besonders hohe oder besonders niedrige Werte?
- Sind bestimmte Entwicklungen festzustellen, wenn z.B. die Informationen zu verschiedenen Zeitpunkten erhoben worden sind?

Aufgaben

1. Die Zahlen in der Statistik (M1) und im Text (M3) stammen aus dem Jahr 2003. Überprüfe durch eine Recherche (z.B. www.statistik-bund.de) die jetzt aktuellen Daten:
   Wofür geben heute Jugendliche ihr Taschengeld aus? Wie viel Prozent der Kinder und Jugendlichen besitzen jetzt ein Handy? Was sagen die Zahlen über die Entwicklung aus?
2. Finde Beispiele, in denen Kinder/Jugendliche auch bei Kaufentscheidungen in den Familien mitwirken. ➜ M2
3. Untersucht in Gruppen Werbung in Jugendzeitschriften und Jugendsendungen: Für welche Produkte wird geworben? Was verspricht die Werbung dem Konsumenten des Produkts? Welche Versprechen haben unmittelbar etwas mit dem Gebrauchswert des Produktes zu tun, welche nicht?
4. Welches Lebensgefühl und welche Vorstellung von einem glücklichen Leben vermittelt Werbung? ➜ M4/5
   Vergleiche hierzu auch die Seiten 55 und 68.
5. Diskussion: Sollte Werbung für Jugendliche eingeschränkt oder gar verboten werden?

3 Wir kaufen nichts!

M1 Konsumierst du noch – oder lebst du schon?

Zeichnung: Gerhard Mester

M2 Aufruf zum Buy Nothing Day: Tu was – kauf nichts!

Der unüberlegte Überkonsum in unserer Gesellschaft verursacht nicht nur ökologische, sondern auch menschliche Katastrophen. Was kannst du dagegen tun? Am Buy Nothing Day wird weltweit dazu aufgefordert, einen Tag lang nichts zu kaufen. So wollen wir ein Zeichen für den überlegten Konsum setzen und für einen bewussten Umgang mit der eigenen Kaufkraft und den vorhandenen Ressourcen eintreten. Du kannst mit deinem Konsumverhalten helfen, die bestehenden Missstände zu bekämpfen! Nutze deine Kaufkraft, um unsere Konsumkultur positiv zu beeinflussen! In über 80 Ländern der Welt gestalten lokale Akteure diesen weltweiten Aktionstag. Jeder kann den Buy Nothing Day mitorganisieren. Da wir leider nur in der Lage sind, in Berlin Aktionen vorzubereiten, hoffen wir auf viel Unterstützung, um den Buy Nothing Day landesweit bekannt zu machen.

Aus dem Aufruf einer Berliner Gruppe zum „Buy Nothing Day" am 27.11.2004

M3 Haben oder Sein?

Der Philosoph und Psychoanalytiker Erich Fromm (1900-1980) hat mit seinem 1976 erschienenen Buch „Haben oder Sein" eine Kritik an der modernen Konsumgesellschaft verfasst. Wenn man nach dem Prinzip „Haben" lebt, dann bezieht man sich nur auf Dinge, die man besitzen will und an die man sich klammert. Wer aber nach dem Prinzip „Sein" lebt, bezieht sich auf Erlebnisse. Voraussetzungen für diese Lebensweise sind Unabhängigkeit, Freiheit und kritische Vernunft. Ihr wesentliches Merkmal ist die Aktivität, der produktive Gebrauch aller Kräfte.

Mit den Begriffen *Sein* oder *Haben* meine ich nicht bestimmte einzelne Eigenschaften eines Menschen, wie sie in Feststellungen wie „ich habe ein Auto" oder „ich bin glücklich" Ausdruck finden. Ich meine zwei grundlegende Lebensweisen, zwei verschiedene Arten des Verhaltens sich selbst und der Welt gegenüber. In der Lebensweise des Habens ist die Beziehung zur Welt die des Besitzergreifens und Besitzens, eine Beziehung, in der ich jedermann und alles, mich selbst eingeschlossen, zu meinem Besitz machen will. Die Lebensweise des Seins bedeutet dagegen lebendige Offenheit. [...]

Aber den meisten Menschen fällt es zu schwer, ihre Habenorientierung aufzugeben; jeder derartige Versuch erfüllt sie mit tiefer Angst; sie haben das Gefühl, auf jegliche Sicherheit zu verzichten, als würden sie ins Meer geworfen, ohne schwimmen zu können. Sie wissen nicht, dass sie erst dann beginnen können, ihre eigenen Fähigkeiten zu gebrauchen und aus eigener Kraft zu gehen, wenn sie die Krücken des Besitzes weggeworfen haben. Was sie zurückhält, ist die Illusion, dass sie nicht allein gehen könnten und zusammenbrechen würden, wenn ihr Besitz sie nicht stützt.

Erich Fromm, S. 35, 90

M4 Schuluniformen gegen Markenkids

Mit schöner Regelmäßigkeit beschweren sich Erwachsene darüber, dass ihr teure Markenklamotten haben wollt. In den Schulkassen sei regelrecht ein Modewettkampf ausgebrochen, der finanzschwache SchülerInnen benachteilige. Die Lösung für Viele: Alle ziehen das Gleiche an! Schützenverein, Krankenschwestern, Fußballspieler – überall gibt es Einheitskleidung. Warum es dann nicht mal mit Schuluniformen probieren?

Einige Schulen in Deutschland haben bereits die Testphase hinter sich und sind durchaus zufrieden.

www.checked4you.de, Schuluniformen

M5 Einheitslook erwünscht?

Ist es sinnvoll, an baden-württembergischen Schulen kollektiv Schuluniformen einzuführen? Um das herauszufinden, startete die Klasse 8e des Melanchthon-Gymnasiums Bretten einen Selbstversuch. [...] Die Schuluniform im englischen Sinn wollte keiner, stattdessen einheitliche Kleidung im modernen Stil. Deshalb entschieden sich die Achtklässler für Sweatshirts und T-Shirts in grellem Rot mit dem Aufdruck „ABI 2010". [..]

Als eines der wichtigsten positiven Erlebnisse nennt Marlene ein größeres Zusammengehörigkeitsgefühl und eine stärker ausgeprägte Gemeinschaft innerhalb der Klasse. „Es bestand immer mehr der Wunsch, als Gruppe aufzutreten", bestätigt Ivana. „Man nahm die Mitschüler auch mehr wahr", erzählt Julian. [..]

Aber die Schüler wussten auch Negatives zu berichten: „Die Eintönigkeit machte nach zwei Wochen Probleme und ging einigen Mitschülern auf die Nerven", so etwa Samuel. Schon früh seien Regeln gebrochen worden und einige hätten nicht mehr zur Uniform gestanden. Julia hatte sich nach eigenem Bekunden „am Anfang unwohl" gefühlt, doch das besserte sich nach ein paar Tagen. Andere fanden die Uniform „uncool", da sie den eigenen Stil des Einzelnen gestört habe.

Badische Neueste Nachrichten, 15.06.2005, S. 19 (Katharina Melter)

Aufgaben

1 Schreibe einen Kommentar zu dem Cartoon. → M1

2 In deinem Zimmer ist eine Inventur fällig.
Liste alle Gegenstände auf, die du dir gekauft oder hast schenken lassen und die du jetzt nicht mehr brauchst und wahrscheinlich nie mehr brauchen wirst. Versuche dich zu erinnern, warum du sie wolltest. Warum brauchst du sie jetzt nicht mehr, hast du sie jemals gebraucht?
Tauscht euch über eure Erkenntnisse in der Klasse aus.

3 Erarbeite aus dem Aufruf zum Buy-Nothing-Day die Ziele der Aktion und nimm Stellung dazu. → M2

4 Fasse die Aussagen des Textes in einer Tabelle zusammen und finde Beispiele. → M3

Lebensweise Sein	Lebensweise Haben
in Ruhe Musik hören und genießen	den neuesten MP3-Player kaufen

Vergleiche die beiden Lebensweisen mit den Ausführungen zum Flow-Erlebnis, S. 55 und mit S. 59, M4.

5 Diskussion: Sollen an unserer Schule Schuluniformen eingeführt werden? → M4/5

▶ Glossar: Erich Fromm, Haben oder Sein

4 Brot und Blumen

M1 Was ist heutzutage noch wichtig?

Die 13-jährige Virginia schreibt in einem Artikel für die Jugendseite der „Süddeutschen Zeitung" zu dieser Frage:

Gesundheit, Essen und eine Unterkunft waren damals im Krieg oder in der Steinzeit wichtig. Wenn ich meine Oma frage, was sie sich wünscht, dann sagt sie zu mir, dass wir alle gesund bleiben und glücklich sein sollen. Das ist ja auch schön und gut, aber wenn ich diese Frage meiner kleinen Cousine stelle, dann sagt sie mir, dass sie ein Pferd und ein großes Haus haben will und ganz viel Geld.

Sicherlich, das wünscht sich jeder, dass er einmal alles besitzt und nie mehr arbeiten gehen muss, aber nur mit Luxus wird der Mensch nicht glücklich, denn diese für uns jetzt trivialen Grundbedürfnisse, die für uns jetzt als selbstverständlich gelten, sind wichtig. Denn ohne Essen, Liebe und Freiheit bringt einem jeder Luxus bald keine Freude mehr. Wir sollten uns nicht immer nur über große Geschenke freuen, sondern auch bei den kleinen bedenken, dass sie von Herzen kommen und nicht selbstverständlich sind, denn schon in zehn oder zwanzig Jahren ist der ganze Luxus von heute nur noch Standard.

Virginia Mäurer, SZ-Jugendseite.de, 9.10.04

M2 Was brauchen wir zum (guten) Leben?

Junge Menschen aus der ganzen Welt geben ihre Antworten:

Aus Tansania:

„Unser Problem hier ist das Wasser. Die Brunnen sind zu weit entfernt, also bekommen wir nicht genug Wasser. Auch haben wir nicht die medizinische Versorgung, die wir benötigen. Und für Entwicklung bräuchten wir Elektrizität."

Aus Deutschland:

„Wichtig ist für mich, dass ich viel von der Welt sehen und das Leben genießen kann. Ich möchte so leben können, wie ich das will, und nicht so, wie es mir vorgeschrieben wird."

Aus Tansania:

„Bildung ist wichtig, eine gesunde Umwelt, Liebe, Sicherheit und die Freiheit, meinen eigenen Glauben zu leben. Dass ich glauben darf, was ich möchte. Außerdem brauche ich ein gutes Haus und etwas Geld für meine nötigsten Bedürfnisse."

Aus Deutschland:

„Das Wichtigste im Leben ist für mich, dass ich Menschen habe, auf die ich mich verlassen kann – wie meine Familie und meine Freunde – und dass ich immer einen Ort habe, wohin ich zurückkehren kann, wenn es mir schlecht geht."

Aus Sri Lanka:

„Unser Leben basiert auf Liebe. Für uns Kinder ist die Liebe der Mutter und des Vaters sehr wichtig. Sie zahlen und sorgen für uns."

Aus Sri Lanka:

„Zum Leben braucht man nur Luft, Wasser und etwas zu Essen. Diese Dinge sind lebenswichtig. Schön wäre es, für ein gutes Leben auch ein Auto, ein Haus und ein gutes Ansehen im Dorf zu haben."

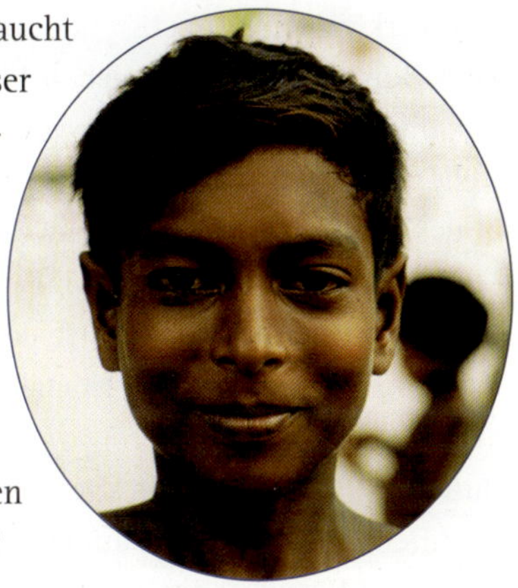

Text aus: Global Lernen, 3/2002, S. 4

M3 Wie die menschlichen Bedürfnisse untereinander zusammenhängen

Der amerikanische Forscher Abraham Maslow hat schon vor 50 Jahren einen grundlegenden Ansatz entwickelt. Bestimmte Bedürfnisse, so Maslow, entstehen erst dann, wenn andere befriedigt sind. Wenn beispielsweise das elementare Bedürfnis nach Sicherheit nicht befriedigt wird, werden andere Bedürfnisse plötzlich unwichtig. Maslow sieht die menschlichen Bedürfnisse pyramidenförmig von einem breiten Fundament der niederen Bedürfnisse bis zur Spitze der höheren abgestuft.

Aufgaben

1 Erläutere, wie Virginia Luxus definiert. ➜ M1

2 Führt folgendes Experiment durch: Ein Teil der Klasse schreibt Güter auf (das brauchen nicht nur Dinge zu sein, das können auch Lebensumstände, Gefühle usw. sein), die für ein menschliches Leben unverzichtbar sind. Der andere Teil der Klasse notiert verzichtbare Güter. Vergleicht die beiden Listen. Gibt es eine Schnittmenge? Diskutiert darüber. Überlegt, wovon es abhängen könnte, ob etwas Luxus oder Notwendigkeit ist.

3 Stelle zusammen, welche Bedürfnisse in M2 genannt werden. Ordne sie der Aufteilung von Maslow zu (M3). Überprüfe Maslows Behauptung, dass höhere Bedürfnisse immer erst entstehen, wenn die niedrigeren befriedigt sind. ➜ M2/3

4 Stelle fest, welche der angeführten Bedürfnisse durch Konsum befriedigt werden können, welche nicht. ➜ M2/3

5 Führt in der Klasse eine Umfrage durch zu Fragen wie: Was ist das Wichtigste in deinem Leben? Was sind deine Grundbedürfnisse? Was würdest du dir wünschen, wenn du einen Wunsch frei hättest? Usw.
Wertet die Ergebnisse gemeinsam aus.

▶ Glossar: Bedürfnisse, Selbstverwirklichung

5 Nicht alles, was auf den Tisch kommt ...

M1 Genussvoll essen

Wir essen nicht nur, um unseren Hunger zu stillen und lebensnotwendige Nähr- und Wirkstoffe aufzunehmen. Essen kann auch Balsam für die Seele sein. Allerdings muss man lernen, mit den angenehmen Seiten der Ernährung richtig umzugehen. Und das ist, wie so oft, eine Frage der Dosis. Genuss bereiten aber nicht nur die klassischen Genussmittel wie Kaffee, Schokolade, Wein & Co. Prinzipiell kann jedes Lebensmittel auch ein Genuss-Mittel sein. Entscheidend dafür ist aber nicht nur die Qualität der Produkte und deren Verarbeitung, sondern auch die Art und Weise, wie wir sie konsumieren: in einer entspannten Atmosphäre, nicht nebenbei, nicht in Hetze, vor allem aber das ganz bewusste Erschmecken bestimmter Aromen und Konsistenzen beim Essen sind genussfördernde Faktoren.

www.hanni-ruetzler.at

Boris Kulikow, Slowfood

M2 Smallfeet oder Bigfoot – der Ökologische Fußabdruck zeigt's dir

Im Ökologischen Fußabdruck wird alles zusammengefasst, was Energie und Ressourcen in Anspruch nimmt und in Landfläche umgerechnet. Wer also viele Dinge kauft, die bei der Herstellung viel Energie und wichtige Ressourcen beanspruchen, hat einen großen Fußabdruck. Wenn er/sie die Dinge bald wieder wegwirft und sie auch noch schlecht zu entsorgen sind, kann diese Person schnell zum unbeliebten Bigfoot werden. Es gibt viele Bereiche im Leben, in denen du deinen Ökologischen Fußabdruck durch bewussteren Konsum verkleinern kannst.

Zum Beispiel: Kleider machen Füße

Da so viele Leute die Kleider von großen Massenherstellern kaufen, die im Moment „in" sind, nur um sie in der nächsten Saison wegzuwerfen und dem neuen Modetrend hinterherzukaufen, liegt der jährliche Verbrauch von Textilien in Deutschland bei ca. 11 kg pro Person und ist damit fast 10 mal so groß wie in Ländern der Dritten Welt.

Rund die Hälfte der in Deutschland verwendeten Textilien bestehen aus Baumwolle. 1 kg Baumwolle nimmt im Durchschnitt 16 m^2 Fläche in Anspruch. Da bei der Produktion von Textilien aber viele Abfälle entstehen und nur entsprechend lange Fasern dafür verwendet werden können, entspricht das Kilogramm Baumwollstoff aus dem Geschäft etwa 80 m^2 Bodenfläche. Bei ca. 5,5 kg Baumwolle pro Jahr verbraucht der durchschnittliche Deutsche also 440 m^2, das ist mehr als die Fläche eines Basketballfeldes.

Wenn wir nun auf Kunstfasern umsteigen würden, wäre dann das Problem gelöst, weil wir keine Ackerflächen mehr verschwenden würden? Nicht wirklich, denn für den Ökologischen Fußabdruck zählt auch die Energiefläche durch den CO_2-Ausstoß eines Produktes. So ist für 1 kg Polyestergewebe mehr als doppelt so viel Energie nötig als für die Herstellung von 1 kg Baumwollstoff.

Astrid Golz, www.econautix.de

M3 Weltweiter privater Konsum im Vergleich

Weltregion	Anteil am Weltkonsum in Prozent	Anteil an der Weltbevölkerung in Prozent
Nordamerika	31,5	5,2
Westeuropa	28,7	6,2
Ostasien/Pazifik	21,4	32,9
Lateinamerika/Karibik	6,7	8,5
Osteuropa/Zentralasien	3,3	7,9
Südasien	2,0	22,4
Australien/Neuseeland	1,5	0,4
Mittelost-/Nordafrika	1,4	4,1
Afrika südlich der Sahara	1,2	10,9

(Stand 2000)

Quelle: World watch consumption

M4 Der Nachhaltige Warenkorb

Ist nachhaltiger Konsum nicht ein Widerspruch in sich? Auf den ersten Blick scheinbar ja. Denn Konsumieren hat etwas mit Verbrauchen zu tun, während nachhaltig dem Wortsinn nach etwas Dauerhaftes beschreibt. Also dauerhaft konsumieren? Das wäre zu kurz gedacht. Denn Nachhaltigkeit meint mehr. Der Begriff hat seine Wurzeln in der Forstwirtschaft und steht für eine althergebrachte Regel: Fälle nie mehr Bäume, als nachwachsen können. Dieser Gedanke einer überlegten Nutzung von endlichen Gütern (fossile Energieträger, Rohstoffe) hat heute mehr Aktualität denn je.

Unsere Konsumgewohnheiten stehen auf dem Prüfstand. Welche Lebensmittel kaufen wir ein? Was für eine Art Strom kommt aus meiner Steckdose? Wie verwende ich mein Geld, um mobil zu sein? Enthält meine Kleidung ungesunde Chemikalien?

Mit dem Projekt Nachhaltiger Warenkorb will der 2001 von der Bundesregierung eingesetzte „Rat für nachhaltige Entwicklung" Möglichkeiten und Vorteile von nachhaltigem Konsum anschaulich machen. Das Projekt orientiert sich deshalb bewusst an dem Statistischen Warenkorb des Bundesamtes für Statistik. Für möglichst viele der darin enthaltenen rund 750 Produkte und Dienstleistungen sollen langfristig nachhaltige Produkt- oder auch Verhaltensalternativen aufgezeigt werden.

nach: Rat für Nachhaltige Entwicklung (Hrsg.), S. 2-3

Aufgaben

1 Überlegt, inwieweit sich die Ratschläge zum genussvollen Essen auf das Konsumieren im Allgemeinen übertragen lassen. Formuliert entsprechende Regeln für einen genussvollen Konsum. ➜ M1

2 Der Text erklärt den „Ökologischen Fußabdruck" am Beispiel des Kleiderverbrauchs. Informiert euch, wie man in anderen Konsumbereichen zum „Bigfoot" werden kann. ➜ M2

3 Wertet die Tabelle aus. Gestaltet aus den bloßen Zahlen der Tabelle ein Plakat, das die Verhältnisse zwischen Bevölkerungsanteilen und Konsumanteilen anschaulich macht. ➜ M3

4 Entwickelt einen nachhaltigen Warenkorb für typische Produkte, die Kinder und Jugendliche kaufen.
Zieht dazu die Übersicht „Wofür Jugendliche ihr Taschengeld ausgeben" auf S. 112 heran. ➜ M4

▶ Glossar: Nachhaltigkeit, Ökologie

6 SehnSUCHT – das gekaufte Glück?

M1 Im Rausch der Sinne ...

M2 Alkopops – die Spaßgarantie?

a) „Ohne Alkopops dauert es länger, bis die Stimmung aufkommt".

b) „Ich habe Angst, dass ich etwas verpasse. Nicht immer, aber es ist immer blöd, wenn man nicht auf einer Party war, und die Freunde reden dann darüber."

c) „Das wäre, wenn sie sagen: Jetzt trink' mal ein Bier, sonst bist du uncool. Wenn man einfach mal was trinkt, wenn die Gruppe auch was trinkt, dann ist das kein Gruppenzwang."

d) „Mit Alkohol hat man eine Spaßgarantie. Alle sind lustig – man hat Spaß."

e) „Auf den Volksfesten bei uns trinken doch alle."

f) „Bei Liebeskummer trink' ich was."

g) „Gerade wenn man aufs Gymnasium geht, ist es purer Stress. Man hat sogar Angst, in die Schule zu gehen. Da ist das Wochenende befreiend, da hat man dann seinen Spaß. Ich hatte früher teilweise Angst, vor den Lehrern, vor dem Ausfragen, vor den Tests, vor den Schulaufgaben. Krass, wenn man die Gedanken wegbekommen will, um relaxed zu sein."

h) „Jetzt bin ich noch jung, irgendwann trink' ich halt weniger."

14- bis 17-jährige Jugendliche in der ZDF-Sendung „37 Grad – Menschen hautnah – Voll im Rausch" vom 05.10.2004

M3 Was sind Alkopops?

Alkopops sind Mischgetränke aus Spirituosen und Wasser, Limonade oder Saft. Sie werden größtenteils abgefüllt in handliche Flaschen oder Dosen im jugendlichen Design. Die Getränke enthalten oft etwa 4 cl Schnaps. Der Gehalt an Spirituosen beträgt durchschnittlich 13-15%, so dass das fertige Getränk etwa 5,5% vol enthält. Das entspricht in etwa dem Alkoholgehalt eines starken Bieres. Die Bandbreite ist jedoch sehr groß und reicht von circa 2% vol, bis 7% vol. In einer Disconacht können leicht sechs bis acht Flaschen Alkopops getrunken werden. Das wären zehn bis vierzehn Schnäpse.

M4 Das besondere Problem bei Alkopops

Der bittere Alkoholgeschmack wird durch Süßungsmittel und intensive Aromen maskiert. Auf Internetseiten wie ciao.de oder dooyoo.de heben Jugendliche und junge Erwachsene diesen Aspekt bei Testberichten häufig hervor: „Trinkt sich wie Apfelsaft." In der Tat schmeckt manche „Bitter Lemon" ohne Alkohol bitterer als die neuen „Partygetränke" mit Alkohol. Weil sich Alkopops „so wegkippen lassen" und ein hippes Image haben, werden sie entsprechend stark konsumiert – schon von 13- bis 15-Jährigen. Nach zwei dieser Drinks hat eine 15-Jährige leicht einen Alkoholspiegel von 0,6 Promille im Blut. Bei den 15- bis 16-Jährigen haben die Alkopops dem Bier bereits den Rang abgelaufen – Tendenz und Alkohol-Gesamtkonsum weiter steigend. Alkopops entwickeln sich damit zu einer neuen Einstiegsdroge für Jugendliche.

M5 Fakten zum Thema Alkohol

Bis zum Alter von 14 Jahren waren 50% der Schülerinnen und Schüler mindestens einmal betrunken, bis zum Alter von 16 Jahren hatten 80% mindestens ein Rauscherlebnis. Alkopops sind die Getränke, die von den befragten Jugendlichen am häufigsten eingekauft wurden (37%), gefolgt von Bier (31%), Spirituosen (28%) und Wein/Sekt (19%). Seit 1998 gibt es einen Anstieg beim regelmäßigen Alkoholkonsum von Jugendlichen; bei Jungen um 8% und bei Mädchen um 3%, wobei der Höhepunkt nach Meinung von Suchtexperten wohl noch nicht erreicht ist.

M3-5 nach: www.foodwatch.de

Alkoholmissbrauch bei Jugendlichen nimmt zu

Zahl der Kinder/Jugendlichen (10-18), die wegen Volltrunkenheit bzw. Alkoholvergiftung in einer Klinik behandelt werden mussten.

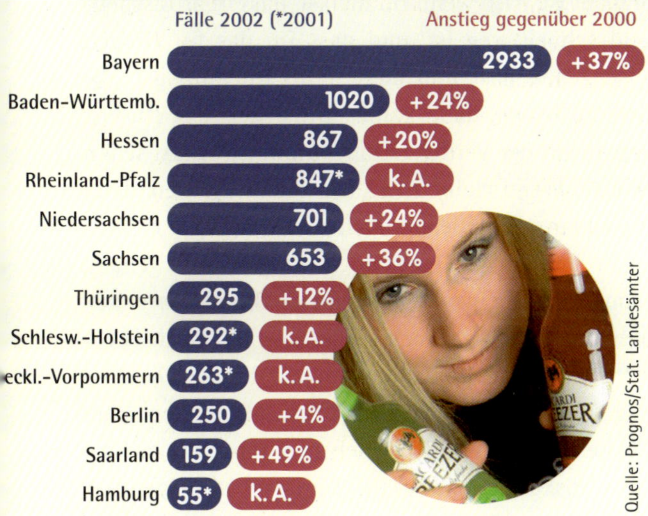

M6 Was meinen Mediziner zum Alkoholkonsum?

Alkohol ist zwar gesellschaftlich akzeptiert, aber dennoch eine Droge und daher nicht unbedenklich. Deshalb sollte Alkohol nur in Maßen genossen werden und man sollte wissen, dass der häufige Konsum

- zu körperlicher und psychischer Abhängigkeit führen kann,
- zu vielfältigen körperlichen Folgeschäden (Herz, Leber, Nervenzellen, Magen-Darm) führen kann,
- zu vorzeitigem Altern und Zerstörung von Gehirnzellen führt,
- das Unfallrisiko erhöht.

M7 Jugendschutzgesetz § 9 (JuSchG): Alkoholische Getränke

(1) In Gaststätten, Verkaufsstellen oder sonst in der Öffentlichkeit dürfen

1. Branntwein, branntweinhaltige Getränke oder Lebensmittel, die Branntwein in nicht nur geringfügiger Menge enthalten, an Kinder und Jugendliche,
2. andere alkoholische Getränke an Kinder und Jugendliche unter 16 Jahren weder abgegeben noch darf ihnen der Verzehr gestattet werden.

(2) Absatz 1 Nr. 2 gilt nicht, wenn Jugendliche von einer personensorgeberechtigten Person begleitet werden.

(3) In der Öffentlichkeit dürfen alkoholische Getränke nicht in Automaten angeboten werden. Dies gilt nicht, wenn ein Automat

1. an einem für Kinder und Jugendliche unzugänglichen Ort aufgestellt ist oder
2. in einem gewerblich genutzten Raum aufgestellt und durch technische Vorrichtungen oder durch ständige Aufsicht sichergestellt ist, dass Kinder und Jugendliche alkoholische Getränke nicht entnehmen können.

Aufgaben

1 Was erhoffen sich Jugendliche beim Konsum von Alkopops oder anderen alkoholischen Getränken? ➜ M1/2

2 Untersucht, wie für Alkopops geworben wird. Wen will man ansprechen, welche Methoden/Mittel werden verwendet, was wird versprochen?

3 Wähle aus den Antworten der Jugendlichen drei aus und entwirf eine Gegenposition. ➜ M2

4 Rollenspiel zu folgendem Fall: Freunde laden dich zu einer Sommerabendfete ein. Ihr wollt euch an einem See treffen und feiern. Um die Kosten gleichmäßig zu verteilen, soll jeder mindestens 2 Flaschen Alkohol mitbringen. Für Musik ist gesorgt.
Entwerft Rollenkarten für ein Streitgespräch zwischen Freunden und führt das Rollenspiel (vgl. S. 40f.) durch.

5 Gestaltet in Gruppen eine Seite wie diese zum Thema Rauchen. Orientiert euch dabei an den Gliederungspunkten ➜ M2-7.

▶ Glossar: Abhängigkeit, Sucht

7 High sein – frei sein – dabei sein

M1 Die Macht der Drogen

M2 Drogenkarrieren

In dem von Alexander Holst herausgegeben Buch „Wenn Nina nicht gekommen wär" beschreiben Drogenabhängige in Briefen an ihre Kinder ihren Weg in die Abhängigkeit. Die Originaltexte wurden sprachlich vom Herausgeber nicht verändert.

1. Sam, 45, seit 23 Jahren drogenabhängig

Also, meine Eltern hatten lange Zeit nichts gemerkt. Ich habe denen 2 Jahre lang etwas vorgespielt. [...] Die haben es einfach nicht bemerkt, dass ich Gras geraucht hab. Die kannten den Unterschied von Gras zu normalem Tabak gar nicht.

Häufig kommt dann auch noch Alkohol dazu. [...] Also, den ersten Schuss sah man mir sowieso nicht an. Höchstens wenn man es wusste, dass ich was genommen hatte. Natürlich sieht man Dir das an. Also ich hab versucht, dass mich dann keiner sieht. Und dann konnte es auch keiner merken [...] Wie hatte es denn angefangen. [...] Damals. Also ich hatte einfach was genommen. Und das Gefühl war halt so, wie es ist, wenn man was nimmt. Aber das will ich Dir ja gar nicht schreiben. Was ich Dir schreiben will ist, wie das halt so los geht! Mit der Sucht.

Also ich hatte schnell mein Taschengeld dafür verbraten. Hab dann Streit mit den Eltern angefangen, dass ich mehr Taschengeld krieg. Ich glaub, das ist das erste Zeichen wo man auf eine Abhängigkeit schließen kann. Dass das Taschengeld schnell aufgebraucht ist. Also wenn Du merkst, dass Dein Taschengeld schnell weg ist, und dass Du das für Drogen ausgegeben hast und dass wenn Du anfängst, Dir Geld zu leihen, dann kannst Du sicher sein, Du bist bereits auf der Verliererstraße. Dann ist es fast schon zu spät. Wenn meine Alten das gewusst hätten, dann hätte man das vielleicht noch abbiegen können. Vielleicht hätte ich damals noch eine Chance gehabt. Damals. Mit meinem Therapeuten habe ich erarbeitet, dass das eigentlich noch früher losging. Noch bevor ich überhaupt Drogen genommen hatte. Ich hatte angefangen, mich über Drogen zu informieren. Über Bücher und Zeitschriften. Ich hab dann mit meinen Alten diskutiert. Über Hanf. Und dass das eigentlich ein wichtiges Zeug ist und so. Und da gab's dann schon die ersten Streitereien. Wieso ich mich für so was interessiere. Und ich hab sie Spießer geschimpft. Und so ging das hin und her.

2. Unbekannt, keine leserliche Unterschrift

Meine Mutter war am Boden zerstört, kam selbst nicht zurecht mit dem Leben und all den Situationen und Problemen im Leben. Ich sollte immer freundlich nett sein zu allen Leuten. [...]

Ich bin mit Drogen aus der Realität geflüchtet, Heroin gab mir das Gefühl von Wärme und Geborgenheit, alle Sehnsüchte waren wie weg doch je öfter ich wieder nüchtern wurde um so größer wurde meine Sehnsucht und ich musste feststellen, dass alles nur Lug und Trug war.

Ich war süchtig und abhängig von der Droge, bekam Schmerzen und Depressionen wenn ich sie nicht hatte und musste feststellen, dass ich das was ich suchte nie gefunden habe. Drogen nehmen heißt flüchten aus der Realität und durch Flucht löst man keine Probleme. Durch den Konsum von Heroin wurden die Probleme sogar noch größer. Ich bekam Stress mit der Justiz, begab mich in die Illegalität um an den Stoff zu kommen und landete letztendlich im Knast. Mit jedem Entzug wurde es schlimmer im cleanen Leben klar zu kommen, ich nahm wieder was und stürzte immer schneller immer tiefer ab. [...]

Drogen sind die Hölle und Leben heißt klar sein und erleben. Nicht wie mit Gift dahin zu vegetieren. Ich hoffe du greifst nie zu siehst dir die Leute ganz genau an die es dir anbieten. Denn diese Art von Leben ist abgestumpft monoton und stupide, es passiert einfach nichts mehr, du stumpfst so ab, fast schon wie tot. Die schönen Erlebnisse die mit Drogen erzählt werden sind die Ausnahme, ich würde sagen 5 % der Rest ist nur ein Kampf den Stoff zu besorgen, das ist es nicht wert.

3. Petra, 28, seit ihrem 13. Lebensjahr drogenabhängig

Als ich zum ersten Mal jemand sah, der auf Droge war dachte ich, Mann, dem geht's gut. Den interessierte nichts. Der wirkte wie in Watte gehüllt. Da dachte ich: das ist es. Das macht Dich an. Das macht ein gutes Gefühl. Und dann wars passiert. Und schon war's vorbei. Das ging rasend schnell. Und dann war's wie ein Dominoeffekt.

Erst schmiss ich die Schule, dann schmiss ich den Job. Dann den nächsten und dann den nächsten. Und immer waren „die anderen schuld". Ich hatte gar nicht gerafft, dass ich der Versager war.

Willst Du was über Drogen wissen? Dann stell Dir einfach vor, Du brauchst niemanden mehr. Stell Dir einfach vor, alle um dich rum sind dir egal. Du bist nur noch du selbst. Das Außenherum interessiert dich nicht. Dein Freund ist egal, ... ich bin dir egal, ... Dein Vater ist egal, Deine Schwester ist egal, wer als nächstes die Weltmeisterschaft gewinnt, ... egal. Dass Weltmeisterschaft überhaupt ist, ... egal. Politik? ... egal. Was Du als nächstes essen wirst? ... egal. Dein Zimmer sieht aus wie eine Müllhalde. ... egal. Das ist alles völlig egal. Völlig egal, verstehst Du? ... Du selbst? ... ... egal.

Wenn dich das interessiert, ... dann probiers mal. In München, Frankfurt, Hamburg, Berlin, Kaufbeuren, Augsburg, ... Drogen gibt es überall. Drogen findest Du in jedem Kaff.

Nachdem ich seit meinem 13. Lebensjahr mit 28 Jahren zum ersten Mal clean war, habe ich etwas entdeckt.

Das musst Du Dir mal vorstellen. Das ist völlig neu. Alles neu. So als würdest Du alles von vorne oder von neuem lernen.

Ich habe, seit ich clean bin, eine Erfahrung gemacht, die ich nicht missen möchte. Ich weiß jetzt z.B. dass Menschen verschiedene Augenfarben haben. Ich weiß auch jetzt, dass Blätter im Herbst ihre Farbe verändern.

Alexander Holst, S. 74 (1.), S. 33 (2.), S. 16 (3.)

Aufgaben

1 Beschäftigt euch in Gruppen mit mindestens einer Person und arbeitet heraus, ➜ M2
   a) wie die Abhängigen sich und ihre Mitmenschen/Umwelt wahrnehmen und erleben.
   b) welche Gefühle sie dabei beschreiben.
   c) welche Gründe/Erklärungen/Entschuldigungen sie für ihre Drogenkarrieren anführen.
   d) woran die Mitmenschen den Abstieg in die Drogen hätten erkennen können.

2 Stellt euch die Ergebnisse gegenseitig vor und vergleicht sie.

3 Erläutert aufgrund eurer Ergebnisse die Aussage des Plakates. ➜ M1

4 Entwickelt einen typischen Drogenverlauf und versucht diesen in Form einer Treppe abwärts an der Tafel oder einem Plakat zu visualisieren.

5 Beschreibe in fiktiven E-Mails an einen Freund/eine Freundin oder in einem fiktiven Tagebuch, wie du als Betroffener die allmähliche Drogenkarriere deines Bruders erlebst. Was beobachtest du, wie fühlst du dich, wie versuchst du ihm zu helfen? ➜ M2

▶ Glossar: Drogen

8 Nur ein toter Fisch schwimmt mit dem Strom

M1 Manche Lösungen sind falsch

M2 Sucht kann viele Ursachen haben–

Wie ihr wisst, gibt es verschiedene Formen der Sucht: *Sucht, die an gewisse Stoffe gebunden ist,* wie Alkohol, Nikotin, illegale Drogen oder Medikamente und *Sucht, die nicht an bestimmte Stoffe gebunden ist,* wie Spielsucht, Arbeitssucht, Kaufsucht, Magersucht, vielleicht auch Handy-Sucht.

Jede Sucht kann vielfältige unterschiedliche Ursachen haben, die sich meist gegenseitig beeinflussen und verstärken. Meist werden drei verschiedene Problembereiche genannt, die zu einem Suchtverhalten beitragen können:

a) **Probleme im persönlichen Bereich**
Beispiele hierfür wären: Unselbständigkeit, mangelndes Selbstwertgefühl, geringe Fähigkeit, mit Enttäuschungen und Negativ-Erlebnissen zurechtzukommen, übertriebene Leistungsanforderungen an sich selbst oder auch Teilnahmslosigkeit oder Antriebsschwäche.

b) **Probleme im zwischenmenschlichen Bereich**
wie z.B. Probleme in der Partnerschaft oder mit den Eltern, fehlende Möglichkeiten, sich zu erholen oder sich zurückzuziehen.

c) **Probleme im gesellschaftlichen Bereich**
wie zu hohe Leistungsanforderungen, denen man glaubt kaum gerecht werden zu können, ein Umgang mit bestimmten Teilgruppen oder hohe berufliche Anforderungen (z.B. Doppelbelastung von berufstätigen Alleinerziehenden).

Die Sucht der betreffenden Personen ist zumeist eine bestimmte Strategie, auf diese Probleme zu reagieren, ein Verhalten, das man gelernt bzw. eingeübt hat.

nach AOK (Hrsg.), S. 7

M3 Wie clean bin ich wirklich?

Da die Probleme letztendlich jeden von uns betreffen können, ist es wichtig, sich über sein eigenes Verhalten bewusst zu werden, also zu fragen, wie reagiere ich, und zugleich zu wissen, wie sich diese Abhängigkeit von bestimmten Stoffen zeigt.

Wie gehe ich mit „legalen Drogen" um? Rauche ich? Muss ich Alkohol trinken, um in Stimmung zu kommen?

Kann ich morgens nur wach werden, wenn ich Kaffee oder Schwarztee trinke?

Greife ich beim kleinsten Unwohlsein ins Apothekenschränkchen?

Muss ich unbedingt nach dem topaktuellen Trend gekleidet sein und gebe ich Unsummen für dieses „Hobby" aus? Hängt mein Selbstbewusstsein total von meinen Klamotten ab?

Kann ich maßvoll genießen – zum Beispiel ein Stückchen Schokolade langsam im Munde zergehen lassen? Oder schlinge ich auf einen Satz die ganze Tafel hinunter? Und wie sieht's mit Chips & Co. aus? Kann ich aufhören oder muss ich die ganze Tüte leer machen? Schalte ich automatisch den Fernseher ein, wenn ich nach Hause komme? Wenn mir nach längerem Herumzappen immer noch nichts gefällt, drücke ich

dann den Ausknopf? Wie viele Stunden verbringe ich täglich vor der Glotze?
Fühle ich mich wie amputiert, wenn ich mal das Handy zu Hause vergessen habe? Muss ich auf jede SMS zwanghaft antworten, weil man das eben so macht? Zieht mich der Computer/die Playstation geradezu magisch an? Komme ich nicht mehr weg, wenn ich ihn erst mal hochgefahren habe? Weil das Spiel so spannend ist, das Chatten gerade in einer heißen Phase ist? Brauche ich immer jemanden, der bei mir ist? Wenn ich mal allein bin, muss ich dann sofort jemanden anrufen oder irgendwas unternehmen?
Kann ich an keinem Spielautomaten vorbeigehen, ohne meine letzte Mark zu riskieren?

M4 Was sind mögliche Anzeichen für Drogenkonsum?

- Ungewöhnliche Reaktionen während des Trips: hektische oder zeitlupenhafte Bewegungen, Lachkrämpfe, ununterbrochener Redefluss, auffällig geweitete Pupillen. Manche Drogen (z.B. LSD, Pillen) machen die Augen lichtempfindlich – darum tragen Leute aus der Drogenszene am Morgen danach oft eine Sonnenbrille oder ein ins Gesicht gezogenes Käppi.
- Verhaltensänderungen: Die meisten Drogen verstärken, was da ist. Bei Ecstasy zum Beispiel glaubt der Jugendliche, wenn er high ist und „feiert“, alle anderen, die auch was genommen haben, wären seine Freunde. Kommt er runter, empfindet er die Wirklichkeit als hart und unerträglich. Kommen da noch die Eltern oder Lehrer mit irgendwelchen Forderungen, reagiert er unter Umständen ziemlich aggressiv.
- Auffällig hoher Geldverbrauch. Große Fantasie und Findigkeit bei der Beschaffung von ein paar zusätzlichen Euro. Wer exzessiv konsumiert, schreckt meistens nicht davor zurück, selbst Eltern oder Geschwister zu beklauen.
- Oft abrupter Wechsel des Freundeskreises. Wer in die Drogenszene rutscht, hat für seine bisherigen Freunde wenig Zeit. Wenn überhaupt, dann interessieren ihn Leute, die auch was nehmen – Leute, die er zufällig trifft und einen Abend lang für seine besten Freunde hält.

M3/4: nach Ulla und Lina Rhan, S. 93, 16f.

M5 Woher bekomme ich Rat und Hilfe?

Wenn jemand wirklich schon abhängig ist, ist es für Nichtfachleute nahezu unmöglich, ihm zu helfen.
Bei Suchtproblemen kannst du dich an die Suchtpräventionslehrer deiner Schule sowie die Fachleute der Jugend- und Drogenberatungsstellen wenden.

Eine Übersicht über alle Drogenberatungsstellen (mit Telefonnummern!) findest du im Internet unter:
www.meb.uni-bonn.de/giftzentrale/dhsidx.html

Andere Adressen für Selbsttests und zur Information:
www.bzga.de
Bundeszentrale für gesundheitliche Aufklärung – bietet Material, Infos, Adressen usw.

http://www.drogen-und-du.de/Index1.htm
gute Ratgeber- und Selbsttestseite

www.drugcom.de
Seite der BZgA für Jugendliche

Buchtipp:
Rhan, Ulla und Lina: lieber high sein als stinknormal. Ein Buch über Drogen. München 2004

Aufgaben

1 Erläutere die Aussage des Plakates in einem kurzen Vortrag, benutze hierfür auch das Material aus M2. ➜ M1/2

2 Prüft in Partnerarbeit, inwiefern es für euch Unterschiede bei den beiden Suchtformen gibt. ➜ M2/3

3 Fall: Du beobachtest, wie dein fünfzehnjähriger Bruder Mike sich immer häufiger am Abend aus dem Schrank deiner Eltern Wodka oder Cognac nimmt und heimlich trinkt.
Besprecht in Gruppen, wie ihr euch gegenüber Mike verhalten würdet, und erstellt einen Verhaltensplan.

1 Von der Steintafel zum Flachbildschirm

Medien, alles Medien, oder?

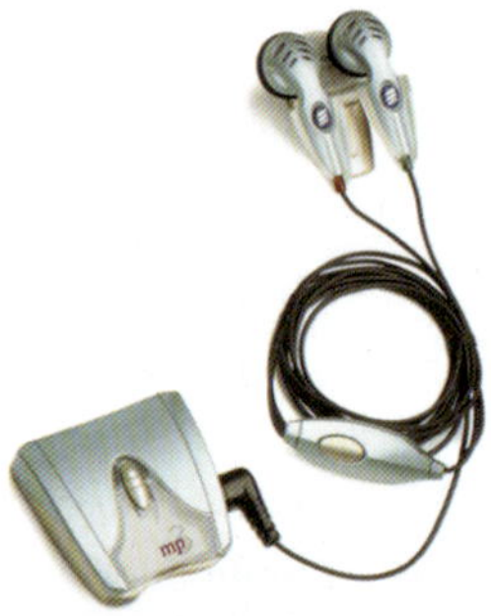

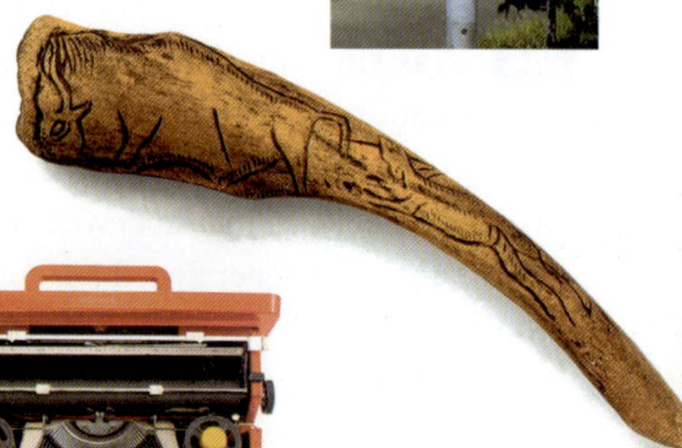

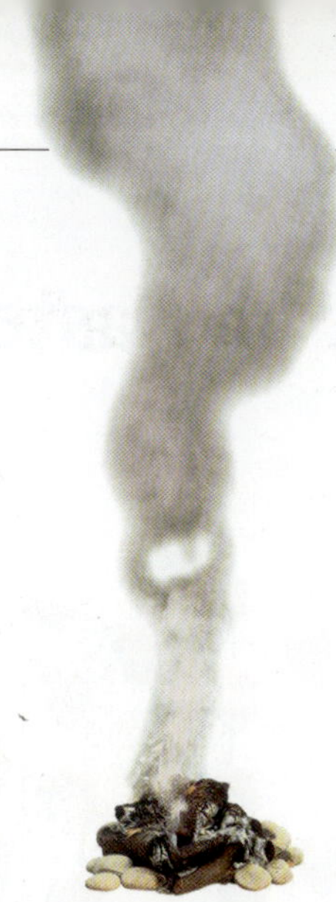

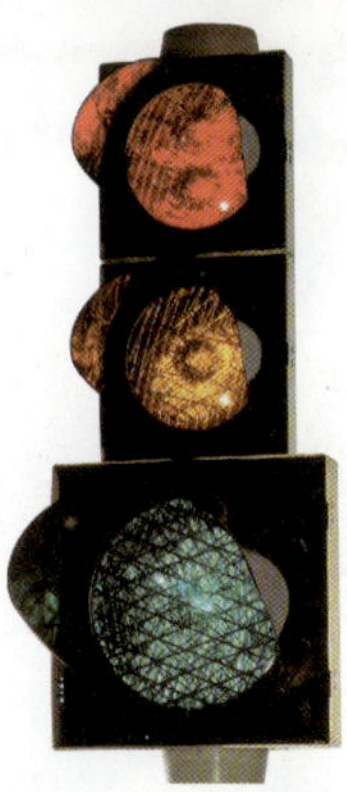

Aufgaben

1 Sicher ist das eine oder andere Medium vergessen worden. Ergänzt die Sammlung.

2 Bringt jetzt Ordnung in das Durcheinander: Nach welchen Gesichtspunkten kann man ordnen? Was gehört zusammen? Lässt sich eine geschichtliche Abfolge aufstellen? Erstellt eine entsprechende Tabelle.

3 Versucht nun eine Definition zu formulieren: Was ist ein Medium? Was sind Medien? Vergleicht eure Lösung mit einem Lexikonartikel zum Stichwort „Medien".

4 Prüft, welche Medien heute keine Verwendung mehr finden und welche alten Medien neben modernen immer noch benutzt werden. Findet Gründe dafür.

5 Gedankenexperiment: Das Leben mit nur einem Medium ...
Bildet Gruppen. Jede Gruppe sucht sich ein Medium aus, wobei eure Auswahl möglichst verschiedene, alte und neue Medien abdecken sollte. Jetzt stellt sich jede Gruppe vor, sie lebe in einem Dorf, in dem man sich nur über dieses eine Medium verständigen kann. Was würde das für das alltägliche Leben bedeuten? Sind die Folgen eher negativ oder eher positiv zu bewerten?

6 Praktisches Kommunikationsexperiment: Die Gruppen bekommen eine Aufgabe gestellt, die sie im Team bewältigen sollen. Zur Verständigung dient ihnen nur ein einziges Medium – entweder Schrift oder Bilder/Zeichnungen oder Handzeichen/Gesten. Die zu verwendenden Medien werden den Gruppen zugelost. Die Aufgabe lautet: Bastelt aus vorgegebenem Material (10 DIN-A4-Bögen Papier, ein Klebestift, eine Schere) ein möglichst hohes Gebilde, das von alleine stehen kann. Zeitvorgabe: 20 Minuten.
Sprecht anschließend über eure Erfahrungen. Welches Medium war zur Bewältigung dieser Aufgabe das geeignetste?

▶ Glossar: Massenmedien, Medien

2 Die Welt im Kasten oder der Kasten als Welt?

M1 Siehst du das Herz?

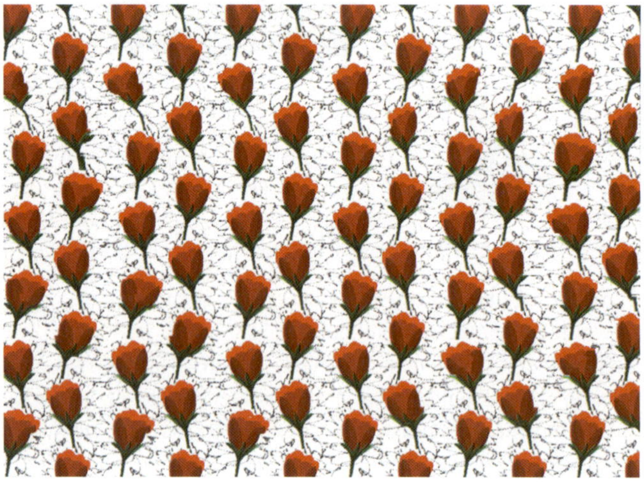

3-D-Bild aus: Das Magische Auge

M2 Die Truman Show

1998 kam ein amerikanischer Film mit dem Titel „Die Truman Show“ in die Kinos, der in beängstigender Weise die Macht der Medien über die Wirklichkeit aufzeigt. Zum Inhalt:

Es ist der 10909. Tag der „Truman Show“. Wie an jedem Arbeitstag verabschiedet sich Truman Burbank von seiner vermeintlichen Ehefrau Meryl, grüßt gutgelaunt seine Nachbarn und macht sich auf den Weg zu seiner Arbeit bei einer Versicherung inmitten des idyllischen Städtchens Seahaven.

Was Truman nicht weiß: Seit seiner Geburt ist er der Held einer rund um die Uhr ausgestrahlten Fernsehserie, in der sein Leben live in 120 Staaten übertragen wird. Milliarden Zuschauer verfolgen seit 30 Jahren täglich sein Leben auf dem Bildschirm. Alle Menschen in seiner Umgebung sind Schauspieler oder Komparsen, selbst seine Ehefrau ist eine Schauspielerin. Seahaven ist ein gigantisches Studio, in dessen Kommandozentrale Christof regiert. Er ist Schöpfer und Regisseur der „Truman Show“, die von 5000 Kameras mit Bildern versorgt wird.

Truman hat schon seit längerem das Gefühl, dass etwas faul ist in seiner ach so perfekten Welt, denn es passieren immer mehr Merkwürdigkeiten.

So landet eines Tages beispielsweise unvermittelt ein Scheinwerfer aus dem Nichts neben Truman und zerbirst am Boden. Der schaut zweifelnd gen Himmel, wird aber schon bald von einem Radiosprecher darüber aufgeklärt, dass offensichtlich ein passierendes Flugzeug Teile direkt über Seahaven verlor.

Eines Tages verschwindet Truman plötzlich und es beginnt eine hektische Suche nach ihm, schließlich muss die Show weitergehen. Aber Truman ist fest entschlossen, die Grenzen seiner Welt zu erkunden und zu überschreiten.

M3 Virtuelle Gemeinschaft - Cyberland

Das Cyberland ist eine virtuelle Gemeinschaft von Jugendlichen für Jugendliche. Der grafische Chatserver basiert auf der Software „The Palace“ und bietet die Möglichkeit durch viele gestaltete Räume zu wandern und eigene Figuren zu verwenden.

EinwohnerInnen des Cyberlands haben Mitbestimmungsrechte, können selber Räume gestalten und Chats veranstalten. Die drei jugendlichen Administratoren (Wizards) werden halbjährlich von den EinwohnerInnen gewählt. Sie stellen Scouts ein, die den Chat betreuen und auf die Einhaltung der Regeln achten.

Mit dem Avatarmaker könnt ihr eigene Figuren für den Palacechat machen. Member 88 hat nun dafür eine Anleitung geschrieben.

Diese Anleitung und den Avatarmaker findet ihr bei Downloads.

Cyberland-EinwohnerInnen können jetzt ganz leicht andere ChatterInnen mit ähnlichen Interessen finden, indem sie einfach ihr Interessenprofil bei Cyber-Friends eintragen.

http://www.virtuellewelt.de/

Michael Lange/Verena Ebel, www.virtuellewelt.de

M4 Sicher chatten - ein paar Tipps

Chatte am Anfang nicht allein und check den Chat!
Wird man beschimpft und beleidigt? Gibt es Moderatoren?

Such dir einen kleinen Chat, in dem jemand aufpasst!

Geh nicht in Chats für Erwachsene!

Denk dir einen guten Spitznamen aus!
Der Nickname sollte reine Fantasie sein: z.B. ein Name aus deinem Lieblingsbuch, Lieblingsfilm oder ein lustiges Wort. Dein richtiger Name ist dein Geheimnis.

Gib deine Telefonnummer und deinen Nachnamen nicht an.

Sei freundlich, aber bleib auch misstrauisch!
Verhalte dich so freundlich, wie du auch im richtigen Leben bist. Aber glaube nicht alles, was jemand im Chat über sich erzählt. Lass dir keine Bilder schicken.

Triff dich nicht mit Leuten aus dem Chat!

http://www.schulen-ans-netz.de/service/newsletterarchiv/index_detail.php?id=53

Aufgaben

1 Wie bei M1 gibt es auch bei Truman zwei Wirklichkeiten. Stelle diese gegenüber und überlege, woran Truman bemerkt haben könnte, dass die Welt um ihn herum inszeniert ist. ➜ M2

2 Truman hat von einer Mitspielerin die Wahrheit erfahren und will deshalb fliehen. Sucht Gründe, warum er seine sichere Welt verlassen will.

3 Rollenspiel: Entwerft ein Interview mit Truman nach seiner Flucht. Dem Interviewer geht es dabei vor allem um Trumans Gefühle und die Auswirkungen auf sein Selbstwertgefühl, sein Ich (vgl. Seite 16ff.).

4 Vergleicht die Welt eines Chatrooms wie Cyberland mit der Truman-Welt. Wo gibt es Parallelen, was sind die Unterschiede? ➜ M2/3

5 Experten warnen vor Gefahren beim Chatten. Stellt die Chancen und Gefahren von Chatrooms gegenüber.

6 Erstellt auf einem Plakat oder an der Tafel Chat-Regeln für einen Kinder- oder Jugend-Chat, z.B.:
- Das Cyberland ist ein Kinder- und Jugendchat, bitte verhalte dich entsprechend!
- Zeige Respekt und dränge dich niemandem auf!
- ...

Vergleicht eure Regeln mit denen bei Cyberland.

▶ Glossar: Chatroom, virtuell

3 Die Wahrheit und nichts als die Wahrheit

M1 Ein Frauenporträt von Pablo Picasso

Pablo Picasso, Bildnis Jacqueline Roque mit Rosen, 1954

M2 Picasso und die Fotografie

Ein reicher amerikanischer Reisender, der genug Geld hat, um ein Gemälde zu kaufen, besucht Picasso in seinem Schloss. Picasso ist entzückt, führt ihn herum, zeigt ihm seine Bilder. Schließlich sagt der Amerikaner: „Lieber Herr Picasso, warum malen Sie die Menschen nicht so, wie sie sind?“ Und Picasso fragt nach: „Wie soll ich das machen? Wie geht das? Wie sind die Menschen? Können Sie mir ein Beispiel geben?“ Da zückt der Amerikaner seine Brieftasche, nimmt ein kleines Foto heraus – und sagt: „Hier sehen Sie meine Frau, wie sie ist.“ Fasziniert nimmt Picasso das Bild in die Hand, dreht es herum und meint: „Aha, das ist Ihre Frau. So klein ist sie. Und so flach!“

Heinz von Foerster/Bernhard Pörksen, S. 103

M3 Digitale Diät

Kate Winslet ist eigentlich gar nicht dünn. In der Schule wurde sie als „Fettwanst“ gehänselt. Doch das ist vorbei. Schlank und makellos präsentierte die britische Zeitschrift „GQ“ vor einiger Zeit den sonst molligen „Titanic“-Star auf dem Cover.

Die Radikaldiät hat nur einen Fehler: Sie hat mit der Wirklichkeit nichts zu tun. Winslets wundersamer Gewichtsverlust ist allein geschickter Retusche am Computer zu verdanken. Den Wandel vom Moppel-Ich zum Magermodell fand selbst Winslet überzogen: Die Retusche sei „exzessiv“ ausgefallen. Sie sei stolz auf ihre „muskulösen Oberschenkel, die breiten Hüften und den ganzen Rest“. [...]

So viel Ehrlichkeit gibt es sonst nicht im Glamourgeschäft. Die digitale Bildbearbeitung gehört hier längst zum Standardrepertoire. Kaum ein Titelbild in internationalen Lifestyle-Blättern erscheint, ohne dass Falten, Speck und Leberfleck am PC durch ein paar Mausklicks getilgt werden. Auch bei Promis in Hochglanzanzeigen und Werbespots ist so gut wie alles manipuliert. [...]

Hübscher, straffer, schlanker [...] Der Versuchung digitaler Schönheits-OPs kann fast keiner widerstehen ...

DER SPIEGEL Kultur, 1/2004, S. 15

Kate Winslet

M4 Können Bilder lügen?

Bilder in der Fotografie oder im Fernsehen gelten im Allgemeinen als exakte Kopie der Wirklichkeit und man hält sie für glaubwürdig. Aber was wir in den Medien sehen können, muss keineswegs der Wahrheit entsprechen.

Schon zeitgleich mit der Erfindung der Fotografie entdeckte man die vielfältigen Manipulationstechniken. Zunächst waren es Schere und Retuschepinsel, mit denen in das Bildmaterial eingegriffen wurde. Inzwischen hat die digitale Bildbearbeitung der Manipulation von Bild- und Filmmaterial ungeahnte Möglichkeiten eröffnet. Veränderungen am Original sind kaum noch nachvollziehbar und die Glaubwürdigkeit von Fotografien und Filmen als Dokumente der Wirklichkeit wird damit in Frage gestellt.

Doch nicht nur Veränderungen am Bild selbst, sondern auch der gewählte Bildausschnitt, der Zusammenhang, in den es gestellt wird, oder ein geschickt gewählter Bildtitel können falsche Vorstellungen von der Wirklichkeit provozieren.

M5 Fakes – der Gipfel der Täuschung

Der Zuschauer wird Zeuge, als das Fernsehmagazin „S-Zett" am 7. Juni 1994 in einem Beitrag Material des freien Journalisten Michael Born ausstrahlt. Die Fernsehbilder zeigen angebliche Mitglieder der kurdischen Arbeiterpartei PKK während ihrer Vorbereitungen zu ei[illegible] konspirative Treffen dient [illegible]ngsätzen. In dem von zwei [illegible] geleuchteten Raum hält die [illegible] Männer auf dem Küchentis[illegible].]

Nach der Aus[illegible]weifeln nur wenige Zusch[illegible]rdigkeit. [...] Zwei Jahre spä[illegible]r dieser und anderer Fernse[illegible]cht in Koblenz verantwor[illegible]ter dem Verdacht, mehreren Fernsehsendern gefälschtes Filmmaterial verkauft zu haben.

Der Prozess gegen den freischaffenden Produzenten [...] im Herbst 1996 deckt einen der größten Medienskandale in der Bundesrepublik auf. Borns „journalistisches Schaffen" trägt dazu bei, dass in der öffentlichen Meinung die Glaubwürdigkeit der Fernsehberichterstattung einen Tiefpunkt erreicht. [...] Im Verlauf der Beweisaufnahme wird deutlich, dass in insgesamt 16 Magazinbeiträgen von Born nachgestellte oder frei erfundene Szenen verwendet wurden, ohne als solche gekennzeichnet zu sein. So war der „Drehort" für die „Bombenbauer der PKK" ein Asylbewerberwohnheim in Koblenz.

Bilder, die lügen, S. 24-25

Aufgaben

1 Wie stellt Picasso die Frau auf seinem Bild dar? ➜ M1
Vergleiche das Picasso-Porträt mit dem ersten Bild von Kate Winslet. Welches Schönheitsideal kommt hier zum Ausdruck?

2 Nennt Gründe, weshalb Fotos oder auch Filme für glaubwürdiger und wirklicher gehalten werden als andere Medien. ➜ M1/2

3 Stellt zusammen, was bei Kate Winslet alles verändert wurde, und überlegt euch, warum dies geschah. Weshalb machen die meisten Models oder Stars dies mit? ➜ M3
Vergleiche hierzu auch Seite 16.

4 Versetze dich in die Rolle von Kate Winslet: Schreibe einen Tagebucheintrag oder eine E-Mail an eine Freundin, in der du deine Gefühle ansprichst, nachdem du dein Bild in der Zeitschrift gesehen hast.

5 Stellt in Gruppen weitere Möglichkeiten zusammen, wie mit Bildern die Wahrheit verfälscht werden kann. ➜ M3/4

6 Probiert mit einer Kamera und Bildbearbeitungsprogrammen selbst aus, Wirklichkeit verfälschend abzubilden.

7 Experiment: Stellt in Gruppen Nachrichten aus Jugendzeitschriften zusammen über Stars, Sportler oder andere Themen. Jede Gruppe schmuggelt eine oder mehrere erfundene Meldungen in die Zusammenstellung. Die anderen Gruppen bekommen die Zusammenstellungen jeweils vorgelegt und müssen herausfinden, welche Meldungen erfunden sind. Voraussetzung ist, dass die Gruppen unterschiedliche Ausgaben von Zeitschriften haben und nichts überprüfen können.
Warum ist es schwierig, die Fakes zu erkennen? ➜ M5

▶ Glossar: Fake, Pablo Picasso, Wahrheit

4 Grenzüberschreitungen

M1 Tut mir echt leid

Zeichnung: Gerhard Mester

M2 „Habt ihr kein Scham- oder Ehrgefühl?"

Ein offener Brief des Fanladenteams des FC St. Pauli an die Medien über die Presseberichterstattung zum Unfalltod eines Mitarbeiters im Stadion:

Am Montagmorgen verunglückte Nils Müller auf tragische Weise im Millerntor-Stadion. Der Fanladen St. Pauli und alle Fans des FC St. Pauli trauern um ihn, der ein langjähriger Begleiter des Fanladens und des FC St. Pauli war. Wir haben einen guten Freund verloren. Mit unseren Gedanken sind wir bei ihm, seinen Angehörigen und allen, die ihn kannten.
Doch das ist scheinbar der Boulevard-Presse [...] noch nicht tragisch genug. Das Unglück wurde ausgeschlachtet, aus allen möglichen Einstellungen und in Zeitlupe gezeigt und [...] sogar ein Video des Sturzes zum Runterladen [angeboten]. Diese Art der menschenunwürdigen Berichterstattung verurteilen wir aufs Schärfste. Habt ihr kein Scham- oder Ehrgefühl? Wir verstehen nicht, warum solche Bilder gesendet werden müssen. Das ist kein seriöser Journalismus, sondern ein reines Zurschaustellen. Hier wurde mit der tiefen Trauer und den Gefühlen der Angehörigen und Freunde gespielt.
Wir fordern Sie daher auf, jede weitere Ausstrahlung der Bilder (Fernsehbilder und Fotos) in Zukunft und ab sofort zu unterlassen. Weiterhin fordern wir eine Entschuldigung bei den Angehörigen und Freunden des Verstorbenen.
Mit schockierten Grüßen, das gesamte Team vom Fanladen St. Pauli und viele Einzelpersonen

www.fc42.de

M3 Vorfälle an einer Stuttgarter Schule ...

1. Ein Schüler der 8b errichtet eine passwortgeschützte Seite im Internet, so dass nur die Klassenkameraden Zugang zu dieser Seite haben. Hier darf jeder, der den Zugang hat, über die Lehrer lästern.
2. In der Abiturzeitung soll zu jedem Schüler/jeder Schülerin eine Seite veröffentlicht werden, auf der die Mitschülerinnen und Mitschüler anonym etwas über ihn/sie schreiben dürfen.
3. Die Redaktion der Schülerzeitung beschließt, dass zukünftig auch anonym verfasste Kritiken über Lehrer, Hausmeister und Mitschüler veröffentlich werden dürfen.

M4 Regeln für fairen Journalismus

Aus dem Kodex des Deutschen Presserats:

1) Sie halten sich an die Wahrheit ohne Rücksicht auf die sich daraus für Sie ergebenden Folgen.
3) Sie veröffentlichen nur Informationen, deren Quellen Ihnen bekannt sind. Sie unterschlagen keine wichtigen Elemente von Informationen.
4) Sie bedienen sich bei der Beschaffung von Informationen, Tönen, Bildern und Dokumenten keiner unlauteren Methoden.
7) Sie respektieren die Privatsphäre der einzelnen Personen.
8) Sie respektieren die Menschenwürde und verzichten auf diskriminierende Anspielungen.

www.presserat.ch

M5 Das Millionenspiel

18. Oktober 1970. Zuschauer rufen beim Westdeutschen Rundfunk an und melden sich – „freiwillig" – als Kandidaten einer mörderischen Fernsehshow, die an diesem Tag ausgestrahlt wurde. In dieser Show jagen drei Killer einen Mann, der 1,2 Mio. DM erhält, wenn er die Jagd überlebt. Töten ihn die drei Killer, erhalten diese 120.000 Mark. Die Fernsehshow heißt „Das Millionenspiel" und ist eine Fiktion, ein Fernsehspiel. Die Anrufer haben ernst genommen, was sie im Fernsehen kurz zuvor gesehen hatten – eine groteske Reaktion, die das bestätigt, was Drehbuchautor Wolfgang Menge und Regisseur Tom Toelle mit ihrem Millionenspiel dokumentieren wollten: Die Jagd nach der Quote gepaart mit der Gier nach Sensationen und einem guten Schuss Voyeurismus würden die Zukunft (nicht nur) des deutschen Fernsehens bestimmen.

Die Handlung:

Bernhard Lotz (Jörg Pleva) hat sich freiwillig bei der Fernsehshow „Millionenspiel" gemeldet, in der eine Woche lang – zwischen Freitag und Freitag – ein Kandidat von drei Killern, der sog. „Köhlerbande" (Dieter Hallerworden, Theo Fink, Josef Fröhlich), quer durch die Bundesrepublik Deutschland gejagt wird. Moderiert wird die Sendung von Showmaster Uhlenhorst (Dieter Thomas Heck), unterbrochen von Rückblenden, Zuschauerbefragungen, Werbung. Veranstalter ist der Fernsehsender TETV. Eigens für diese Sendung wurden die Gesetze geändert: Der Kandidat darf getötet werden, sofern er nicht vorzeitig aufgibt. Ihm winken 1,2 Mio. DM, den Killern bei Tötung des Kandidaten lediglich 120.000 DM. Am „Schaltpult" der Sendung sitzen TETV-Chef Moulian (Friedrich Schütter) und seine rechte Hand Ziegler (Peter Schulze-Rohr). Das Ziel des Senders ist klar: Die Show muss so lange wie möglich, so spannend wie möglich so viele Zuschauer wie möglich binden, kurz: Die Quote muss stimmen. Dafür ist den Machern von TETV jedes Mittel recht.

Ulrich Behrens, www.ciao.com

Aufgaben

1 Beschreibt genau, was ihr auf der Karikatur seht. → M1
Karikaturen übertreiben Sachverhalte, auf die der Zeichner aufmerksam machen will.
Notiere in einem Satz, worauf der Zeichner hinweisen will. Welche Grenzüberschreitung wird dargestellt?
Fallen euch aktuelle Beispiele aus den Medien ein, in denen ebenfalls Grenzen überschritten wurden?

2 Arbeite aus dem Brief die Gründe für die Empörung über die Berichterstattung heraus. → M2
Vergleiche dies mit der Aussage der Karikatur. → M1

3 Überprüft, inwiefern in den angeführten Fällen gegen die Regeln für einen fairen Journalismus verstoßen werden könnte. → M3/4

4 Nennt weitere Regeln, die ihr für notwendig erachtet, und vergleicht diese mit dem Kodex des Presserates. → M4

5 Vergleicht die erfundene Fernsehsendung „Das Millionenspiel" aus dem Jahre 1970 mit aktuellen Reality-TV-Sendungen. Wo seht ihr Gemeinsamkeiten, wo Unterschiede? → M5

6 Stelle dir vor, du erfährst aus der Fernsehzeitschrift, dass demnächst eine Show wie das „Millionenspiel" gesendet werden soll.
Schreibe einen Brief (wie in M2), in dem du mit moralischen Argumenten begründest, weshalb diese Show nicht gesendet werden sollte.

▶ Glossar: Kodex, Presserat, Quote, Reality-TV

5 Unsere tägliche Soap gib uns heute!

M1 Soap operas – ein Streitgespräch

Mara: Vor drei Jahren fing meine Mutter an GZSZ zu gucken. Ich schaute zufällig ein paar Mal mit und allmählich fand ich es immer besser. Mir gefällt, dass es modern ist und zeigt, wie das Leben heute abläuft. Außerdem finde ich die Stars nett. [...]

Jasmin: Ich mach lieber was mit Freunden, als vor dem Studio rumzustehen und zu warten, bis irgend so ein Star rauskommt. Ich find's blöd, einen Schauspieler anzuhimmeln. [...]

Benjamin: Ich finde es interessant, wie die Geschichten ablaufen. Man guckt immer weiter, weil es am spannendsten Punkt aufhört. Okay, in Wirklichkeit könnte wahrscheinlich nicht alles so passieren. Manches ist ein bisschen übertrieben.

Jasmin: Ein bisschen? Soap-Storys sind total unrealistisch und unglaubwürdig. Um ein bisschen Spannung zu haben, versuchen die Autoren alle Konflikte darin unterzubringen, die es auf der Welt gibt.

Mara: Ich habe keine Probleme mit einer Story, von der ich weiß, dass sie in Wirklichkeit nicht so stattfinden kann.

M2 Marienhof – voll aus dem Leben?

M3 Tom (22 Jahre): Warum ich Soaps gucke

„Ich gucke Soaps, seit ich elf bin. Als Flucht aus meiner Familie fing es an. Ich suchte in den Soaps eine neue. Ich glaube, jeder vermisst irgendwas in seinem Leben. Bei mir war das jedenfalls so. Jeder braucht Liebe, Vertrautheit, Wärme. Aus den Soaps kann man es sich holen. Und weil sie jeden Tag laufen, hatte ich bei ihnen – anders als bei anderen Fernsehserien oder Filmen – immer das irre Gefühl, dazuzugehören.

Jeden Tag konnte ich in diese Welt eintauchen, das fand ich klasse. Am Anfang war mir natürlich nicht bewusst, dass es eine Flucht war. Erst mit dreizehn kam ich dahinter, und zwar, weil ich nervös wurde, wenn ich meine Lieblingsserien nicht gucken konnte. Ich wollte doch wissen, wie es weitergeht! Ich wurde ganz hektisch, wenn meine Lieblingsserien liefen, und ich wollte sie sehen – aber durfte nicht, weil meine Eltern es nicht zuließen. [...] Wir hatten deswegen oft totalen Zoff zu Hause. Auch für Freunde, Nachbarn und Lehrer war es unbegreiflich, dass ein Junge mit elf so auf Soaps abfuhr."

M4 Soaps aus der Sicht einer Psychologin

Soaps ermöglichen den Zuschauern, ein Stück aus dem Alltag zu fliehen, die eigenen Probleme hinter sich zu lassen. Und sich vielleicht damit zu trösten, dass es nicht nur im eigenen Leben Schwierigkeiten gibt.

Sicher suchen die Zuschauer und Zuschauerinnen in den Soaps auch nach Orientierung und Lebenshilfe. Dabei stellt sich allerdings die Frage, inwieweit ihnen diese tatsächlich geboten werden können, weil die Serieninhalte von der Lebenswirklichkeit doch recht abgehoben sind. [...] Zugunsten der Dramatik wird vieles übertrieben oder verknappt. [...] So bleibt als Gefahr, dass Jugendliche versuchen könnten die im Fernsehen vorgelebten Ideen und Verhaltensweisen [...] auf das reale Leben zu übertragen. Dadurch sind ihre Versuche, die Serienhelden nachzuahmen, zum Scheitern verurteilt. Denn die eigene Lebenswirklichkeit ist viel komplexer und unvorhersehbarer!

Insgesamt halte ich das Risiko aber für ziemlich gering, dass bei Fans von Soaps der Bezug zur Realität verloren geht. Fernseh- und Lebenswirklichkeit scheinen gut nebeneinander herlaufen zu können. Manchmal ergänzen sie sich sogar, zum Beispiel indem emotionale Bedürfnisse durch die Serie befriedigt werden oder der Inhalt der Soap-Geschichten zum Gesprächsstoff auf dem Schulhof und im Jugendtreff wird. Mir persönlich liegt vor allem die Darstellung der Geschlechterrollen in den Soaps am Herzen oder vielmehr im Magen. Eine Studie über Fernsehserien, mit der ich vor einigen Jahren beschäftigt war, zeigte leider, dass sich an der traditionellen Rollenverteilung im TV wenig geändert hat. Nach außen hin sieht es modern aus, wie die Männer und Frauen in den Soaps miteinander umgehen, [...] aber wenn man genau hinsieht, ist die Gleichwertigkeit und Gleichberechtigung der Geschlechter im Fernsehen mindestens so weit von der Wirklichkeit entfernt wie im wahren Leben – manchmal sogar noch weiter.

M1/3/4: Peter Süß/Gabriele Kosack, S. 32, 57, 64

M5 Wie kommt die Seife in die Oper?

Ein amerikanischer Waschmittelkonzern kam 1933 auf die Idee, die langweilige Radio-Reklame für Seife und Waschmittel durch kleine Geschichten und Spielhandlungen unterhaltsamer zu machen; so war schnell der Name gefunden.

Wen kann es daher wundern, dass Soaps einen schlechten Ruf haben. Trotz all dieser Warnungen waren Soaps von Anfang an ungeheuer beliebt und sind es bis heute geblieben. Ihr Publikum hat sich erweitert. Nicht nur Hausfrauen gucken heute Seifenopern, wobei es nach wie vor mehr weibliche Zuschauer jeder Altersstufe sind, die täglich einschalten. Selbst die ärgsten Soap-Gegner müssen zugeben, dass die so verachteten Billigserien zu den erfolgreichsten gehören, die im Fernsehen laufen, und zwar auf der ganzen Welt. Wer im Urlaub in ein Land fährt, dessen Sprache er nicht versteht, kann ein interessantes Experiment machen: Man schalte den Fernseher ein und zappe ein wenig herum. Unter Garantie erwischt man im Nachmittags- oder Vorabendprogramm eine Soap und weiß sofort, dass es sich um eine solche handelt, selbst wenn man kein Wort von dem versteht, was die Schauspieler erzählen.

Und sie reden ununterbrochen. Das ist eines der besonderen Merkmale von Soaps, welches auch häufig kritisiert wird. Soaps seien gar kein richtiges Fernsehen, finden viele. Anders als bei einem Kinofilm, bei dem vieles ohne Worte erzählt wird, braucht man bei Soaps längst nicht immer genau hinzugucken, um zu kapieren, worum es gerade geht. Die Dialoge erklären es einem ohne Ende.

M6 Merchandising

Soaps sind ein Riesengeschäft. Die Serien werden billig hergestellt und spülen in den Werbepausen Millionen in die Kassen der Sender. In den letzten Jahren hat sich ein zweiter Markt eröffnet, mit dem sich viel Geld verdienen lässt: vom Roman über das Kochbuch bis zum Poesiealbum; von Hörspielen über Videos bis zur CD-ROM; vom Puzzle über den Stoffesel bis zum Rucksackanhänger; vom Parfüm über das Duschgel bis zur Keksdose. Es gibt (fast) nichts, auf dem das Label einer Soap nicht prangen könnte. Und natürlich kann man das alles bestellen – für gutes Geld. Merchandising nennt sich der Verkauf aller Produkte rund um eine Serie oder einen Film.

M5/6: nach: Peter Süß/Gabriele Kosack, S. 50

Aufgaben

1 Schreibt die Argumente aus dem Streitgespräch heraus und sammelt weitere. Führt dann das Streitgespräch zwischen den vier Freunden fort. ➜ M1

2 Führt eine eigene anonyme Umfrage zum Thema Soaps und TV-Konsum in eurer Jahrgangsstufe durch – trennt dabei zwischen Jungen und Mädchen.

3 Erkläre, worin die Gefahren von Soaps liegen und was an ihnen so fasziniert. ➜ M3/4/5

4 Sucht Gründe, weshalb der Psychologin „die Darstellung der Geschlechterrollen in den Soaps im Magen liegt". Betrachtet hierzu noch einmal das Bild M2 und untersucht Sendungen und ihre Magazine. ➜ M4/2

5 Ihr wisst jetzt, wie es zu dem Namen Soap kam. Findet Erklärungen für den Zusatz „Oper". ➜ M 5

6 Soaps sind aus der Werbung entstanden. Untersucht in Gruppen, inwiefern heute dieser Verkaufsaspekt immer noch eine große Rolle spielt. ➜ M5/6

▶ Glossar: Merchandising, Soap

6 Die Knöpfe bedienst du

M1 Was haben Jonas' Eltern falsch gemacht?

Die Eltern von Jonas haben alles versucht. Kaum konnte der Kleine seinen Blick fokussieren, wurde der Fernseher in den Keller verbannt und auch von den Eltern nur noch für eine Stippvisite bei der Tagesschau in Betrieb genommen. Als Jonas Treppensteigen gelernt hatte, wurde die Tür zum Fernsehzimmer verschlossen. Geöffnet wird sie lediglich sonntags um 11.30 Uhr, wenn die „Sendung mit der Maus“ anfängt, sowie für eine weitere Kindersendung pro Woche, die er sich – weitgehend – selbst aussuchen darf. Völlig tabu ist für Jonas das Fernsehen während der Werbepausen. Jonas weiß nicht, dass Getränke- und Schokoladenhersteller seit Monaten versuchen, über den Umweg der Fußball-Europameisterschaft (Sammelbildchen!) junge Kunden zu werben. Er weiß nicht, welche Limonade in der Schatzkiste auf Kinder wartet, wenn sie auf einer tropischen Insel stranden. Er kennt den allerneuesten Hula-Hoop-Reifen mit Gelfüllung nicht. Und er soll auch nichts davon erfahren. Ihr Sohn, das haben seine Eltern fest vereinbart, soll nicht von morgens bis abends von Werbestrategen manipuliert werden.

Nun steht der achte Geburtstag von Jonas an, und es vergeht kein Abendessen, an dem er nicht auf seine Wünsche zu sprechen kommt. Was er alles noch nicht hat! Und was seine Freunde, der Pit, der Lukas und der Nick alles hätten! Dabei sei doch er, Jonas, der Klassensprecher!!! Dummerweise gehört zu den Dingen, von denen Jonas sagt, dass er sie nicht hat, kein einziges, von dem seine Eltern glauben, dass ein Siebenjähriger sie braucht. Ganz oben auf der Wunschliste: das Handy, dann die Playstation, dicht gefolgt vom – wen wundert's – eigenen Fernseher.

Jeannette Goddar in: Das Parlament v. 14.6.2004

M2 Schichtwechsel

Zeichnung: Thomas Plaßmann

M3 Rebekka multimedial

Punkt sieben Uhr wird Rebekka von ihrem Radiowecker geweckt. Eine schneidende Stimme berichtet von blutigen Unruhen in Afrika. Wetterbericht. Stockender Verkehr auf der A8. In der Küche beim Frühstück läuft im Fernsehen das Morgenmagazin. In der Straßenbahn auf dem Weg zur Schule wummert Rebekkas Discman harte Rhythmen in ihr Ohr und das Handy meldet eine SMS von Freundin Annika. Sie habe verschlafen und keine Mathehausaufgaben. Rebekkas Daumen tippt eine tröstende Antwort. In der Schule muss sie ihr Handy ausschalten, den Knopf aus dem Ohr nehmen. Der Geschichtslehrer hat einen Film über das Mittelalter mitgebracht: Burgen, Stadtmauern, Ritterspiele. In Mathematik arbeitet die Klasse im Computerraum am Bildschirm, in Deutsch bietet ein Mitschüler eine PowerPoint-Präsentation über Balladen. Ansonsten verbringt Rebekka den Schulmorgen mit Zuhören, dem Lesen von Texten, Schreiben, Malen. In der Pause entspannt sie sich mit einem Knopf im Ohr, spielt ein Geschicklichkeitsspiel auf dem Handy. Auf dem Nachhauseweg dient wieder Musik zur Entspannung. Zuhause wird nach dem Essen erst einmal das Radio eingeschaltet. Hausaufgaben machen keinen Spaß: Der Computer bietet Ablenkung. Und mal eben noch sehen, was im Fernsehen kommt? Da klingelt das Telefon. Susanne möchte sich mit Rebekka in der Stadt treffen. Sie streunen durch die Fußgängerzone, lassen sich in Kleiderboutiquen von Musik berieseln. Abends dann die Fernsehsoaps: Marienhof oder GZSZ. Hinterher Telefonat mit Susanne. Wer war doof? Wer ist süß? Nach dem Abendessen sitzt die Familie vor dem Fernseher. Rebekka gefällt das Programm nicht. In ihrem Zimmer schaltet sie MTV ein und macht noch schnell die Hausaufgaben. Als ihre Mutter „Gute Nacht" sagen möchte, ist Rebekka schon eingeschlafen. Die Mutter macht den Fernseher aus und stellt den Radiowecker auf 7 Uhr.

M4 Karli im Internet

Zeichnung: Wolfgang Baaske

M5 Umfrage zur Internetnutzung

Beantworte die folgenden Fragen anhand der Skala von 1 bis 5: 1 = überhaupt nicht, 2 = selten, 3 = manchmal, 4 = oft, 5 = immer

1. Wie oft stellst du fest, dass du länger gesurft hast, als du eigentlich wolltest?
   1 ❍ 2 ❍ 3 ❍ 4 ❍ 5 ❍
2. Wie oft surfst, chattest und mailst du lieber, als dich mit Freunden oder Freundinnen zu treffen?
   1 ❍ 2 ❍ 3 ❍ 4 ❍ 5 ❍
3. Wie oft beschweren sich deine Freunde oder deine Familie, dass du zu viel Zeit im Internet verbringst?
   1 ❍ 2 ❍ 3 ❍ 4 ❍ 5 ❍
4. Wie oft schaust du zuerst, ob du eine E-Mail bekommen hast, bevor du etwas anderes machst?
   1 ❍ 2 ❍ 3 ❍ 4 ❍ 5 ❍
5. Wie oft antwortest du ausweichend, wenn man dich fragt, was du im Internet machst?
   1 ❍ 2 ❍ 3 ❍ 4 ❍ 5 ❍
6. Wie oft ertappst du dich dabei, dass du dich aufs Surfen, Chatten oder Mailen freust?
   1 ❍ 2 ❍ 3 ❍ 4 ❍ 5 ❍
7. Wie oft wirst du sauer oder aggressiv, wenn dich jemand stört, während du online bist?
   1 ❍ 2 ❍ 3 ❍ 4 ❍ 5 ❍
8. Wie oft bist du am nächsten Morgen müde, weil du wieder bis spät in die Nacht im Internet warst?
   1 ❍ 2 ❍ 3 ❍ 4 ❍ 5 ❍
9. Wie oft willst du die Zeit, die du online bist, reduzieren und scheiterst dabei?
   1 ❍ 2 ❍ 3 ❍ 4 ❍ 5 ❍
10. Wie oft surfst, chattest oder mailst du lieber, als dich zu verabreden?
   1 ❍ 2 ❍ 3 ❍ 4 ❍ 5 ❍

nach: PZ 1998 Juni 1999, S. 33 (verändert)
in: Politik und Unterricht 1/2002, S. 46

Aufgaben

1. Beschreibe jeweils die Haltungen der Eltern. → M1/2
   Wie könnte ein möglicher Mittelweg aussehen?
2. Prüfe an dem erfundenen Tagesablauf von Rebekka, was daran realistisch ist. Ergänze oder verändere ihn gegebenenfalls. → M3
3. Erläutere die Aussage der Zeichnung. → M4
4. Beantworte den Fragebogen. → M5
   Vergleiche deine Angaben mit der Auswertung von S. 151.
5. Entwerft Regeln für einen kompetenten (= selbstbestimmten, kritischen, aktiven) Umgang mit Medien. Teilt euch dazu in Gruppen auf. Jede Gruppe befasst sich mit einem Medium: Fernsehen, Computer, Handy etc. Stellt die Ergebnisse auf Plakaten vor.

1 ... natürlich Natur!

M1 Alles Natur

M2 **Natur, das ist ....**

Sonne, wandern, Wild, Brennnesseln, Erholung, Zoo, Pflanzen, Pilze, Forscher, Nahrung, Sport, zelten, Regen, Strand, barfuß laufen im Sand, klettern, sonnen, Kühe treiben, paddeln, angeln, Blumen pflücken und riechen, Wald, Zecken, Heuschnupfen, schwimmen im See ...

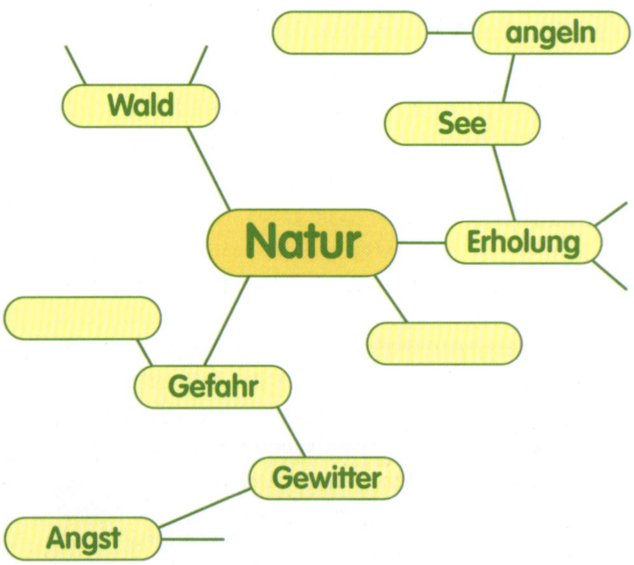

Cluster bilden

Cluster (= Knoten) dienen wie Mindmaps dazu, Ideen zu sammeln und Gedanken zu sortieren. Auch hier beginnt man mit dem Cluster-Kern, einem einzelnen Wort oder einem kurzen Satz. Er wird in die Mitte des Blattes geschrieben und mit einem Kreis versehen. Hiervon ausgehend werden Gedanken, so wie sie gerade auftauchen, aufgeschrieben, und zu jedem neuen Wort werden wiederum weitere Einfälle notiert. Jedes neue Wort, jeder neue Einfall wird wieder umkreist und mit dem vorangehenden Wort durch einen Strich verbunden.

M3 Natur – schön und bedrohlich

Marcel Pagnol berichtet in seinem Buch „Eine Kindheit in der Provence", wie er sich als Junge in der einsamen Bergwelt der Provence verirrt.

Diese Schlucht war genau wie die andere ein Dickicht von Sträuchern, besonders Sandelbäume und Rosmarin. Die Pflanzen hier schienen älter als alle, die ich bisher gesehen hatte; ich bewunderte einen Busch, der so hoch und breit war, dass er wie eine gotische Kapelle aussah, und Rosmarinstauden, die größer waren als ich. Wenig Leben gab es in dieser Einöde. Eine Grille zirpte matt, und drei oder vier himmelblaue Fliegen folgten mir unermüdlich und brummten wie schlecht gelaunte Erwachsene.

Plötzlich glitt ein Schatten über das Buschholz. Ich hob den Kopf und sah den Kondor. Er war vom Zenit heruntergekommen und kreiste majestätisch. Die Spannweite seiner Flügel war sicher zweimal so groß wie die meiner ausgebreiteten Arme. Er entfernte sich nach links. Ich dachte, er sei aus bloßer Neugierde heruntergekommen, um einen Blick auf den Eindringling zu werfen, der es gewagt hatte, sich in seinem Königreich zu zeigen. Aber ich sah ihn in einer großen Kurve auf meiner rechten Seite wieder auftauchen und stellte mit Schrecken fest, dass er einen Kreis zog, dessen Mittelpunkt ich war, und dass dieser Kreis immer enger und niedriger wurde.

[...] Ich suchte mit den Augen – die er mir mit seinem gebogenen Schnabel aushacken wollte – eine Zuflucht. Welches Glück! Zwanzig Meter vor mir öffnete sich die Felswand in einem Spitzbogen. Ich hielt mein Messer in die Höhe, und während ich den Vogel mit angsterstickter Stimme beschimpfte, suchte ich in höchster Not das rettende Obdach zu erreichen. [...] Kerzengerade ging ich weiter mitten durch die Ginster- und Rosmarinbüsche; die stachligen Zwergeichen zerkratzten mir die Beine, und unter meinen Füßen rollten die Kieselsteine der Hochebene. Bis zu dem Schlupfwinkel waren es noch zehn Schritte – zu spät! Der Mörder stand jetzt reglos etwa zwanzig oder dreißig Meter über meinem Kopf. Ich sah seine riesigen Flügel schwanken, und sein vorgestreckter Hals bedrohte mich. Plötzlich tauchte er mit der Schnelligkeit eines fallenden Steines in die Tiefe. Wahnsinnig vor Angst, schützte ich meine Augen mit den Armen und warf mich laut schreiend auf den Bauch unter einen Ginsterbusch.

Marcel Pagnol, S. 52-54

Natur

Unter **Natur** (lat. natura von nasci = entstehen, geboren werden) versteht man im Allgemeinen alles, was nicht vom Menschen geschaffen wurde:
- die **unbelebte Natur**: z. B. Steine, Berge, Planeten,
- die **belebte Natur**: z. B. Pflanzen, Tiere und auch der Mensch.

Unter **natürlich** wird weiter alles in der Tier- und Pflanzenwelt verstanden, was von menschlicher Tätigkeit nicht verändert oder beeinflusst wurde (Urwälder, Wildtiere). Im übertragenen Sinn verwendet man **natürlich** auch für alles Ursprüngliche, Ungekünstelte, seinem Wesen gemäße.

Im Folgenden kannst du unterschiedliche Bedeutungen des Begriffs „Natur" herausfinden:
Natürlich komme ich zu dir. = Selbstverständlich **...**
Inge sieht sehr natürlich aus. = **...**
Von Natur aus gut sein = **...**
Das liegt in der Natur der Sache. = **...**
Sie ist von Natur aus ein Mathegenie. = **...**
Peter ist eine richtige Kämpfernatur. = **...**
Mutter Natur sorgt für uns. = **...**
Schauspielen ist für ihn eine Art zweiter Natur. = **...**
Nach den Gesetzen der Natur = **...**
Wir kaufen meistens im Naturkostladen. = **...**

Aufgaben

1 Findet Überschriften für die einzelnen Bilder oder schreibt Kurztexte dazu. ➜ M1
Erstellt eine Wandzeitung zum Thema „Natur".

2 Sammelt auf einem Zettel alles, was euch spontan zu Natur einfällt, alle Ideen sind zugelassen, nichts soll zensiert werden. ➜ M2

3 Versucht nun die verschiedenen Gedanken und Einfälle unter einem Cluster zu sortieren. ➜ M2

4 Gliedere den Text in Abschnitte und formuliere Überschriften. Wie wird Natur jeweils wahrgenommen? Schreibe die Geschichte zu Ende. ➜ M3

5 Der „Kondor" entpuppt sich am Ende als Sperber, der Rebhühner jagte. Warum erscheint er dem Jungen so bedrohlich? ➜ M3

2 Raus ins Freie, in die Natur!

M1 Natur erleben

M2 Wanderwochenende in Forbach

Es war Samstag. Samstag, der 18.6.2004. Wir, die Klasse 7b, saßen im Zug nach Forbach und freuten uns auf drei Tage Schwarzwald pur.

Für den Samstagmittag war ein Geländespiel geplant, das sich wegen zu großer Hitze geringer Beliebtheit erfreute. Die meisten hielten sich an einer kühlen Quelle auf, während sich ein paar eiserne Gipfelstürmer vornahmen, das Ziel des Spieles zu erreichen. Die Nacht zum Sonntag, dem 19.6., war äußerst kurz. Noch im Halbschlaf stiegen wir in den Zug nach Gernsbach, der zu einer unmenschlich frühen Zeit abfuhr. Von Gernsbach aus brachte uns ein Bus nach Schwarzmuss, zum Ausgangspunkt unserer Wanderung. Dort war erst mal Klassenfototermin. Dann wanderten wir mit reichlich Wegzehrung zum Kaiser-Wilhelm-Turm. Weiter ging es durch das Hochmoor, ein wunderschönes Naturschutzgebiet. Am frühen Abend kamen wir völlig erschöpft von unserer Black-Forest-Tour zurück. Unseren letzten Tag verbrachten wir im Panorama-Bad in Freudenstadt. Dort gab's für jeden etwas: Wir quälten uns in der Dampfgrotte mit penetrantem Mentholgeruch, sprangen vom Fünf-Meter-Brett, probierten die Riesenrutsche aus und ließen es uns am Imbissstand gut gehen. Erst im Zug nach Hause erinnerten wir uns wieder an die Englisch-Grammatik-Arbeit, die uns am nächsten Tag bevorstand.

Hubert Ulmer (Hg.), S. 42-43

M3 Skilandschulheim am Wiedener Eck

Das Pilotprojekt „Skilandschulheim" war ein voller Erfolg. Wir hatten gemeinsam einen Riesenspaß.

Die meisten konnten gar nicht schnell genug den Berg hinunterkommen, um sich ein weiteres Mal in den Lift zu hängen. Nur zweien waren die Skier ein Klotz am Bein; sie verlegten sich aufs Schlittenfahren und Schneemannbauen.

An den ersten beiden Tagen waren die Schneebedingungen mäßig bis schlecht. Wir mussten immer wieder größeren Erdflecken ausweichen. Zur Abwechslung regnete es zwischendurch auch ein paar Mal. Als wir jedoch am dritten Tag aus dem Fenster schauten, entdeckten wir 20 cm Neuschnee. Unser Abschlussrennen am vierten Tag konnten wir bei idealen Schneeverhältnissen fahren. Sogar die Sonne war 'rausgekommen, um uns zuzuschauen.

Anfänger wie Fortgeschrittene hatten Riesenspaß, ob kopfüber im Schnee oder bei „rasanter" Abfahrt durch Nebelwände und Schneegestöber. Deshalb würden wir, die Klasse 8b, uns freuen, wenn dieses Projekt keine Ausnahme bleibt, sondern zu einer schönen Tradition an unserer Schule wird.

In: Bismarck-Gymnasium Karlsruhe. Jahresbericht 94/95, S. 55

M4 Skitage – ja oder nein?

Das SMV-Sportreferat möchte das „Projekt: Skitage" für die 8. Klassen weiter durchführen. Eine Umweltgruppe der Schule wendet sich gegen dieses Vorhaben. In der Schule kommt es zu folgenden Aktivitäten:

- Das SMV-Sportreferat erstellt ein Werbeplakat für die Skitage.
- Die Umweltgruppe entwirft ein Plakat gegen die Durchführung der Skitage.
- Die Schülerzeitung dokumentiert den Vorgang in einem Bericht.

Am Ende steht eine Podiumsdiskussion, in der die beiden Gruppen ihre Positionen vortragen. Beide tragen wichtige Argumente pro und contra vor.
Der Schulleitung fällt die Entscheidung schwer.

M5 Echt cool!

Zeichnung: Gerhard Mester

M6 WWF macht sich für den Schutz der Alpen stark

Die Alpen sind das am dichtesten erschlossene Berggebiet der Welt. Besonders eng bebaut sind die österreichischen Alpen. Mit den Skiliften und Seilbahnen können innerhalb einer Stunde 2,7 Millionen Menschen auf die Berge gebracht werden. „Die Gesamtlänge der Skiabfahrten (6.636 km) reicht für eine Atlantiküberquerung", rechnet der WWF vor. Nur drei bis sechs Prozent der gesamten österreichischen Alpen sind noch unberührte Naturgebiete, schätzt der WWF. Man dürfe nicht zulassen, dass diese Perlen der europäischen Naturschätze auch noch vor die Hunde gehen, so die Naturschützer. Diese alpinen Wildnisgebiete sind oft der letzte Rückzugsort für bedrohte Tier- und Pflanzenarten, ihr Wasser ist die Quelle des Lebens.

Einen ethischen Standpunkt vertreten

Sich über moralische Fragen zu streiten, kann sehr fruchtbar sein, wenn wir den anderen als Gesprächspartner ernst nehmen, ihm zuhören und uns an einige Regeln halten. Wenn wir eine Handlungsweise moralisch nicht korrekt finden, genügt es nicht, nur unsere Ablehnung auszudrücken. Wir sollten unsere Position auch begründen können und dabei Folgendes überlegen:

a) Oft stützen wir uns auf Wertvorstellungen, die uns als Richtlinien dienen, z.B. Freiheit, Gesundheit, Lebensqualität, Naturliebe usw.

b) Die Wertvorstellungen können auch in Gegensatz zueinander stehen, z.B. Freiheit und Naturliebe.

c) Um die Berechtigung der Wertvorstellung herauszufinden, helfen Fragen weiter, z.B.:
- Welche menschlichen Interessen sind berechtigt?
- Haben menschliche Bedürfnisse Vorrang vor der Erhaltung der Natur?
- Welche Bedeutung hat die Natur für den Menschen?

Aufgaben

1 Findet Überschriften für die einzelnen Bilder oder schreibt Kurztexte dazu. Wie würdet ihr Natur am liebsten erleben? ➜ M1

2 Sammelt aus Zeitschriften ähnliche Fotos und erstellt in Gruppen Collagen zum Thema „Wir erleben Natur".

3 Zwei Jugendliche haben über ihre Erfahrungen in der Natur berichtet. Vergleicht ihre Erlebnisse. ➜ M2/3
Berichtet über Ausflüge und Reisen, die ihr in letzter Zeit unternommen habt: Wandertag, Landschulheim, Zeltlager ...

4 Führt das „Projekt: Skitage" in eurer Klasse durch. Schreibt einen Brief an die Schulleitung, in dem ihr eure Argumente darlegt. ➜ M4

5 Welche Einstellung kommt in der Karikatur zum Ausdruck? Was würden die Umweltschützer diesem Skifahrer sagen? ➜ M5/6

3 Natur – (k)ein Thema?

M1 Enten sind gelb

Für viele Jugendliche in Deutschland ist die Natur zunehmend ein unbekanntes und langweiliges Feld. Nur jeder sechste Schüler interessiere sich für Pflanzen, mehr als 50 Prozent könnten sich nicht an ein Naturerlebnis erinnern, heißt es in der [...] Studie „Jugendreport Natur" der Universität Marburg und der Schutzgemeinschaft Deutscher Wald NRW. In der Vorgängerstudie von 1997 hatte noch jeder dritte angegeben, sich für Pflanzen zu interessieren.

Die Entfremdung der Jugendlichen von der Natur spiegele sich auch in ihrem Wissen wieder: So glaubten 54 Prozent der 1405 in Hessen und Nordrhein-Westfalen befragten Schüler, Vanilleschoten seien gelb oder weiß – und nicht, wie in Wirklichkeit, braun bis schwarzbraun. Jeder neunte Schüler nehme an, Enten seien gelb. Vor sieben Jahren habe nur jeder 14. Befragte diese Auffassung vertreten.

Frankfurter Rundschau online, 16.06.2004

M2 Bambis Welt

M3 Natur erleben im Internet

Das Magazin „Natur erleben" wirbt in der Ausgabe 1/2004 für sein Internetangebot:

Schülerinnen und Schüler werden zu Naturdetektiven, indem sie die heimische Natur auf neuen Wegen erfahren und Unbekanntes oder auch schon Vergessenes entdecken. Das Internet bietet die Möglichkeit zum Erfahrungsaustausch zwischen den Teilnehmern. So wird die Vielfalt unserer Natur begreifbarer, denn geografische Unterschiede und Vegetationszonen sind auf dem Bildschirm mit Hilfe von Karten direkt ersichtlich.

Alle Naturbegeisterten locken die Naturdetektive wieder mit Themen, die wir hier in kurzen Schlagworten vorstellen wollen. Wer mehr darüber erfahren möchte, der sollte umgehend die Internetseite der Naturdetektive aufsuchen (www.naturdetektive.de). Und das sind Themen der Staffel 2004:

- Frühjahrsblüher – weiße Pracht auf zartem Grün
- Spinnen – eine zarte Versuchung am seidenen Faden
- Fließgewässer – was lebt in Bach und Tümpel?
- Bio-Bauernhof – da kannst du was erleben ...
- Soziale Faltenwespen – Meister der Anpassung
- Neu eingebürgerte Tierarten – neue Tierarten aus fernen Ländern
- Virtuelles Natur-Tagebuch – mit der BUNDJugend gemeinsam die Natur erforschen
- Heilkräuter – auf der Suche nach der „wohltuenden Kraft der Wurzel"
- Parasiten – sind es wirklich alles nur „fiese Viecher"?

Natur erleben 1/2004 (Manfred Fortmann)

M4 Naturerlebniscamps

Aus der Werbung des Naturcamps Mieslhäusel im Bayrischen Wald:

Mit etwas Mut „mal etwas mehr" – unter diesem Motto laden wir Schulklassen mit ihren Lehrern ein, eine Alternative zu den „beliebten" Wandertagen in der Natur zu erleben.

Das kann ein Höhepunkt im Schuljahr werden, der nicht nur die Klassengemeinschaft nachhaltig fördert!

Unsere Seminare sind auch besonders geeignet für Schüler, die der Schulstress plagt und die deshalb mit ihren Lehrern neue Schaffenskraft durch das Leben in, mit und von der Natur erfahren wollen.

- Bau von behelfsmäßigen Unterkünften (Schrägdach, Schlafhütten, Indianertipis...)
- Nahrungsbeschaffung aus der Natur (Beeren, Früchte, Pilze, Pflanzen, Heilkräuter) und Möglichkeiten der Zubereitung
- Erstellen von Werkzeugen, Schnitzen, Feuermachen, Bau von Fallen
- Orientieren bei Tag und Nacht, künstliche und natürliche Hilfsmittel
- Abseil- und Klettertechniken, Methoden zum Überqueren von Gewässern
- Lagerfeuer, Geselligkeit

M5 Hinterm Schulhaus treibt die Gartenkunst prächtige Blüten

Lili und Nadine blicken stolz auf ihr kleines Gemüsebeet. Die ersten Brokkoliröschen konnten die Schülerinnen der Realschulklasse 8A im Neureuter Schulzentrum schon ernten. Wie gemalt sehen ihre prächtigen Weißkohlköpfe aus und selbst die kerngesunden Salatpflanzen lassen so manchen Hobbygärtner vor Neid erblassen.

Jutta Reinhardt vom Regierungspräsidium Karlsruhe lächelt den beiden Hobbygärtnerinnen anerkennend zu. Die Expertin für Garten- und Landschaftsbau ist vom erst 2001 begonnenen Garten des Schulzentrums Neureut sichtlich beeindruckt. „Toll, was die hier auf die Beine gestellt haben", sagt sie und blickt sich um. [..] Im Fach Technik beispielsweise wurden zwei Gartentore und zwei Pergolen gezimmert, um die sich jetzt zwei kräftige Kiwipflanzen und junge Weinreben ranken. Mittendrin im Garten steht ein Brunnen samt Pumpe, den eine Hand voll Schüler eigenhändig gegraben und aufgestellt haben. Neben einem Insekten- und Schmetterlingsbiotop, in dem die schönsten Wildblumen um die Wette wachsen, gibt es noch einen Steingarten voller bunt blühenden Stauden und zart duftenden Rosen. Ein paar Schritte weiter haben wieder andere Schüler einige Arbeitsbeete angelegt. Schüler, Lehrer, Hausmeister und sogar die Schulsekretärin züchten hier eigene Tomaten, Karotten und Kartoffeln, die später dann einmal gemeinsam geerntet, zubereitet und verzehrt werden. Und noch etwas Besonderes hat der Neureuter Schulgarten: einen Wildbienenstand, den Schüler des Gymnasiums gemeinsam mit ihrem Lehrer innerhalb des auf dem Lehrplan stehenden Artenschutzes angelegt haben.

Badische Neueste Nachrichten, 09.06.2005, S. 15 (Sybille Kranich)

Aufgaben

1 Sammelt Gründe für die im „Jugendreport Natur" festgestellte wachsende „Entfremdung der Jugendlichen von der Natur". ➜ M1

2 Beschreibt genau: Wie werden in der Disney-Produktion Tiere dargestellt? Was für Gefühle sollen damit geweckt werden? Was ist unrealistisch? Inwiefern tragen solche Darstellungen zu einem mangelnden Naturverständnis bei? ➜ M2

3 Führt eine systematische Selbstbeobachtung durch und entwerft dafür einen Beobachtungsbogen:
Welche Erfahrungen mit Natur mache ich im Alltag? Zum Beispiel: Haustier versorgen, Spielen im Freien, Naturfilme im Fernsehen schauen etc.
Vergleicht nach einer Woche die Ergebnisse und wertet sie aus: Welche Möglichkeiten von Naturerleben gibt es in eurem Alltag? Was hindert euch am unmittelbaren Erleben von Natur?

4 Wieso kann ausgerechnet das Internet helfen, Natur intensiver zu erfahren? Entwerft ein Interview mit den Machern der Internetseite „naturdetektive.de". ➜ M3

5 Überlegt sinnvolle Projekte, Natur unmittelbar zu erleben, zu schützen und zu pflegen. ➜ M4/5

4 Der Mensch beherrscht die Natur

M1 Der Mythos von Prometheus

Himmel und Erde waren geschaffen; das Meer wogte an den Ufern und die Fische spielten darin; in den Lüften sangen die Vögel; der Erdboden wimmelte von Tieren. Aber noch gab es kein Geschöpf, in dem der Geist Wohnung nehmen und von ihm aus die Erdenwelt beherrschen konnte. Da betrat Prometheus die Erde, ein Spross des alten Göttergeschlechtes, das Zeus entthront hatte.

Prometheus erschuf die Menschen

Dieser wusste wohl, dass im Erdboden der Same des Himmels schlummerte; darum nahm er Ton, befeuchtete ihn mit dem Wasser des Flusses, knetete ihn und formte daraus ein Gebilde nach dem Ebenbilde der Götter, den Herren der Welt. Um diesen Erdkloß zu beleben, entlehnte er von den Tierseelen gute und böse Eigenschaften und schloss sie in die Brust des Menschen ein. Unter den Himmlischen hatte er eine Freundin, Athene, die Göttin der Weisheit. Diese bewunderte die Schöpfung des Titanensohnes und blies dem halbbeseelten Bilde den Geist, den göttlichen Atem, ein.

Prometheus lehrte die Menschen

So entstanden die ersten Menschen und füllten bald in großer Zahl die Erde. Planlos war alles, was sie taten. Da nahm sich Prometheus seiner Geschöpfe an. Er lehrte sie Steine brechen und behauen, aus Lehm Ziegel brennen, Bäume fällen und zersägen, Häuser und Städte bauen. Er erfand den Pflug für den Ackerbau und lehrte sie Tiere davor spannen. Er erfand Boote und Segel für die Schifffahrt. Er lehrte seine Geschöpfe den Auf- und Niedergang der Gestirne beobachten. Er erfand die Rechenkunst und die Buchstabenschrift. Er zeigte ihnen, wie sie Arzneien bereiten konnten zur Heilung ihrer Krankheiten. Kurz, in alle Künste des Lebens führte er die Menschen ein.

nach: Gustav Schwab, S. 15

M2 Eine vertraute Aufforderung

Und Gott sprach: Seid fruchtbar und vermehret euch und bevölkert die Erde und unterwerft sie euch und herrscht über die Fische des Meeres und über die Vögel des Himmels und über alle Tiere, die sich auf dem Land regen.
Dann sprach Gott: Hiermit übergebe ich euch alle Pflanzen auf der ganzen Erde, die Samen tragen, und alle Bäume mit samenhaltigen Früchten. Euch sollen sie zur Nahrung dienen.

Genesis 1, 26-28

M3 Der Herrscher der Erde

Der Text aus dem 16. Jahrhundert zeigt, dass der Mensch schon immer die Natur verändert hat, um in ihr überleben zu können. Bereits in der Antike wurden Wälder für den Schiffsbau abgeholzt, im Mittelalter wurde durch große Waldrodungen Ackerland für den Getreideanbau gewonnen.

Durch das Schürfen nach Erz werden die Felder verwüstet. [...] Wälder und Haine werden umgehauen, denn man bedarf zahlloser Hölzer. Durch das Niederlegen der Wälder und Haine aber werden die Vögel und andere Tiere ausgerottet. [...] Die Erze werden gewaschen; durch dieses Waschen aber werden, weil es die Flüsse vergiftet, die Fische entweder aus ihnen vertrieben oder getötet.

Georg Agricola in: Hermann Lübbe/Elisabeth Ströker (Hrsg.), S. 7

M4 Ein Tal wird zerstört

Im Sommer 1969 steuerten Mitarbeiter der „Walt Disney Enterprises" ihre Fahrzeuge auf die Ausläufer der Sierra Nevada in Kalifornien zu. Sie waren nicht gekommen, um sich zu erholen, obwohl ihr Ziel, das Mineral King Valley, ideal gewesen wäre für einen naturnahen Urlaub: Von den Randbergen der Sierra Nevada umschlossen und geschützt, hatten Pflanzen und Tiere in diesem Tal über Jahrtausende hinweg ungestört leben können. Nur einige Goldsucher, die Mitte des letzten Jahrhunderts während des „californian gold rush" die Bergflanken durchwühlten, hatten die Natur belästigt. Nun jedoch sollte es ihr an den Kragen gehen. US-Innenminister Roger C. B. Morton hatte Walt Disney erlaubt, das Tal in ein Freizeit- und Skisportzentrum umzuwandeln. [...] Als sie schließlich ihre Planung mit der Herstellung eines maßstabgetreuen Modells beendet hatten, war das Tal nicht wiederzuerkennen: Auf dem Talboden wucherte ein gewaltiges Geschwür aus Motels, Restaurants, Hallenbädern und Parkplätzen, das täglich 14.000 Touristen anziehen sollte; Zufahrtsstraßen und Dutzende von Skiliften durchschnitten die Berghänge, und eine Zahnradbahn zog sich auf den höchsten Gipfel.

M5 Rechte der Natur

Die renommierte amerikanische Naturschutzorganisation „Sierra Club", die von diesen Plänen gehört hatte, versuchte zunächst, das Vorhaben mit Eingaben zu stoppen. Als die Umweltschützer damit keinen Erfolg hatten, klagten sie vor dem zuständigen Distriktgericht.

Kurz vor dem Prozess erhielt das gefährdete Tal einen streitbaren Verteidiger: den kalifornischen Rechtsprofessor Christopher Stone. [...] Er begründete ausführlich, warum das Mineral King Valley, ja überhaupt die gesamte Natur, eigene Rechte haben sollte, also das Recht, vor einem Gericht zu klagen. [...] Die Forderung nach eigenen Rechten für die Natur wurde berühmt, das ganze Verfahren tauchte immer wieder in den Schlagzeilen auf – und mit ihm das Bild des Walt-Disney-Konzerns als Naturschänder. Das war den Managern des Unternehmens, das auch mit zahlreichen Naturfilmen bekannt wurde („Die Wüste lebt", „Die Robbeninsel"), dann doch zuviel des schlechten Images; in aller Stille beerdigten sie ihr Projekt. Die Philosophie der Grundrechte für die Natur hatte einen ersten Sieg davongetragen.

M4/5: Jörg Weber, S. 9-11

Aufgaben

1 Mythen waren in alter Zeit Erklärungsversuche für Naturphänomene und Schicksale der Menschen.
Was erklärt der Prometheus-Mythos? ➜ M1

2 Informiere dich über den Auftrag, den Gott dem Menschen für die Erde gibt.
Vergleiche hierzu auch Seite 194/195. ➜ M2

3 Sammelt weitere Beispiele wissenschaftlich-technischer Versuche der Naturbeherrschung durch den Menschen. Welche Vorteile und Gefahren bergen sie? ➜ M3

4 Spielt den Prozess um das Tal in eurer Gruppe nach. Teilt euch in die unterschiedlichen Parteien: Vertreter des Walt-Disney-Konzerns und des Sierra Clubs, Mr. Stone (Vertreter des Tals), Wanderfreunde, Skitouristen usw. Entwerft Plädoyers, in denen die Standpunkte wirkungsvoll dargelegt werden. ➜ M4/5

5 Arbeitet eine Liste aus, auf der ihr Rechte der Natur zusammenstellt, z. B.:
Tiere: Recht auf Nistgebiete, Recht auf ...
Bäume: Recht auf ...

▶ Glossar: Grundrechte, Mythos, Prometheus, Rechte

5 Alles unter Kontrolle?

M1 Naturkatastrophen

Dauerregen und Wirbelstürme auf Sumatra

Spitzbergen: Gletscher tauen weiter ab

Vulkanausbruch auf Hawaii

M2 Wenn die Erde bebt

Unter Naturkatastrophen versteht man extreme Naturereignisse, die große Schäden in der Natur oder an von Menschen geschaffenen Bauwerken anrichten und die auch zahlreiche Todesopfer, Verletzte, Obdachlose zur Folge haben.

Naturkatastrophen können nach ihrer Ursache eingeteilt werden in meteorologische (Stürme, Niederschläge, Hitze, Kälte), hydrologische (Überschwemmungen Sturzfluten, Flutwellen), geologische (Erdbeben, Erdrutsche, Vulkanausbrüche), astronomische (Meteoriten- oder Kometeneinschlag) und biologische Katastrophen (Seuche, Schädlingsbefall). Schon immer gab es Naturkatastrophen rein natürlichen Ursprungs wie beispielsweise Vulkanausbrüche oder Erdbeben, manche werden aber auch erst hervorgerufen oder verstärkt durch Umweltveränderungen, die vom Menschen ausgehen. So sind viele Überschwemmungen die Folge der Abholzung von Wäldern. In letzter Zeit wird die weltweite Zunahme an Umweltkatastrophen wie Hurrikane und Überschwemmungen als eine Folge der weltweiten Klimaveränderung gesehen, die durch die technische Entwicklung bedingt ist.

M3 Hat der Mensch seine Finger im Spiel?

Mit Beginn der Industrialisierung hat der Mensch mehr und mehr Kohlendioxid (CO_2) und andere Treibhausgase in die Atmosphäre freigesetzt. Ursache für den gesteigerten Ausstoß dieser Spurengase sind vor allem der Einsatz fossiler Brennstoffe (Kohle, Öl, Gas), Waldrodungen, veränderte landwirtschaftliche Methoden und industrieller Fortschritt. Wissenschaftler sind der Ansicht, dass der Mensch zunehmend einen wesentlichen Anteil an der Klimakatastrophe hat. Die wichtigsten Gründe sind:

- Globale Bevölkerungszunahme: Im Jahr 1800 lebten 1 Milliarde Menschen auf der Erde, heute sind es 6,3 Milliarden.
- Insgesamt steigender Lebensstandard in fast allen Ländern der Erde: Ausbeutung der Ressourcen.
- Konzentration der Bevölkerung in Großraumstädten: Entstehung zahlreicher Megastädte auch in gefährdeten Regionen (z. B. Tokio: 30 Mio. Einwohner).
- Weltweite Änderungen der Umweltbedingungen: Klimaänderung, Wasserverknappung, Verlust der Artenvielfalt.

M4 Alles halb so schlimm?

Wenn es mit der Umwelt so weitergeht wie bisher, was wird dann deiner Ansicht nach geschehen?

	Ja	Nein	Unentschieden
Die Natur wird vollkommen zerstört; die Menschheit wird ihrem Untergang entgegengehen, alles Leben stirbt aus.			
Die Natur wird zum großen Teil vernichtet, für Menschen, Tiere, Pflanzen wird das Weiterleben immer bedrohlicher.			
Sicher wird es schlimmer, aber Mensch und Natur werden sich auf diese Gefahr einstellen, das Leben wird sich entsprechend anpassen.			
Ich glaube, so schlimm wird das gar nicht - mit diesen Gefahren werden wir schon fertig.			

M5 Verantwortung für die Natur

Wir sind alle voneinander abhängig. Jeder von uns hängt vom Wohlergehen des Ganzen ab. Deshalb haben wir Achtung vor der Gemeinschaft der Lebewesen, der Menschen, Tiere und Pflanzen, und haben Sorge für die Erhaltung der Erde, der Luft, des Wassers und des Bodens. [...] Das Leben der Tiere und der Pflanzen, die mit uns diesen Planeten bewohnen, verdient Schutz, Schonung und Pflege [...]. Als Menschen haben wir – gerade auch im Blick auf künftige Generationen – eine besondere Verantwortung für den Planeten Erde und den Kosmos, für Luft, Wasser und Boden. Wir alle sind in diesem Kosmos miteinander verflochten und voneinander abhängig. [...] Nicht die Herrschaft des Menschen über Natur und Kosmos ist zu propagieren, sondern die Gemeinschaft mit Natur und Kosmos zu kultivieren.

Hans Küng, S. 16ff.

M6 Entschuldigung

Zeichnung: Freimut Wössner

Aufgaben

1 Unterscheide die abgebildeten Naturkatastrophen. ➜ M1
Sind sie reine Naturgeschehen oder wahrscheinlich von Menschen mit verursachte Ereignisse? Ziehe für deine Antwort die Informationen aus M2 und M3 heran.

2 Informiert euch über die Tragweite menschlicher Eingriffe in die Natur (z. B. Fach Geographie: Eine Erde – eine Welt).

3 Erstellt eine Liste von Handlungen, deren Folgen in Zukunft wünschenswert oder schädlich sind, z. B. Gebrauch von Konsumgütern: Smallfeet – Bigfoot (vgl. S. 118).

4 Wir sind alle voneinander abhängig. Erarbeitet ein Plakat mit den Informationen aus M 5, auf dem ihr in Bild und Text die Abhängigkeit des Menschen von der ihn umgebenden Natur darstellt.

5 Auf S. 101 habt ihr ein Verantwortungsmodell kennengelernt. Übertragt das Schema auf unsere Verantwortung für die Natur:

WER verantwortet	**WAS**	vor **WEM**?
z. B. Autofahrer	Abgase/Umweltverschmutzung	Wald/künftige Generationen

6 Schreibe einen Kommentar zu dem Cartoon. ➜ M6
Wie geht der Erwachsene auf dem Cartoon mit der Verantwortung um?

▶ Glossar: Industrialisierung, Klimawandel, Ressourcen, Treibhausgase

6 Tiere – deine Freunde und Helfer

M1 Delfin-Therapie

Delfine sind sehr neugierige Tiere, die alles, was neu oder ungewohnt ist, gerne genau inspizieren. Als Folge gehen sie von sich aus offen auf Kranke und Behinderte zu. Denn wenn ein Delfin schon häufiger mit Menschen geschwommen ist und dann zum ersten Mal einer Person begegnet, die sich eben etwas anders verhält als die anderen, dann wird der Delfin diese Person ganz genau unter die Lupe nehmen.

Dirk Neumann, www.planet-wissen.de

M2 Trösten, helfen, heilen

Tiere als Therapeuten weisen erstaunliche Erfolge auf. Kranke oder behinderte Kinder beispielsweise gewinnen neues Selbstvertrauen bei der Delfintherapie, denn der Kontakt mit den Tieren baut Ängste ab und lässt die kleinen Patienten neue Impulse von außen aufnehmen.

Jetzt gibt es in Deutschland eine Alternative zu dieser Therapieform: die „Dog-Water-Therapie". Bei dieser tiergestützten Behandlung helfen ausgebildete Seenot-Rettungshunde kranken Kindern im Wasser und zu Lande, mit ihrer Angst umzugehen und neue Lebensschritte zu tun. Die Therapie soll außerdem die Entwicklung fördern und zur Verbesserung von Haltungsschäden und motorischen Bewegungsabläufen beitragen.

Die Dog-Water-Therapeutin Elke Otto setzt auf ihren treuen Begleiter „Bootsmann", einen sieben Jahre alten Landseer. Die imposante Größe und Kraft des Hundes, das Schmusen und Knuddeln mit dem Tier – „das allein gibt dem Kind, so hoffen wir immer wieder, ein sehr kräftiges Selbstbewusstsein", sagt Elke Otto.

www.3sat.de

M3 Was Tiere uns bedeuten

Nähe, Angenommen-Sein, Zuneigung

Tiere fühlen sich gut an, sie haben ein weiches Fell, eine warme Schnauze, einen ruhigen Atem, sie riechen wohlig nach Heu und Stroh und genießen Nähe und Körperkontakt. Tiere urteilen nicht. Unabhängig von Aussehen, Fähigkeiten und gesellschaftlichen Wertvorstellungen akzeptieren und lieben sie uns, so wie wir sind. [...] Ohne Bedingungen daran zu knüpfen, zeigen Tiere uns spontan ihre Zuneigung durch Freudensprünge, Schwanzwedeln, Entgegenlaufen oder Schnurren. Sie spielen mit uns, hören zu, trösten und freuen sich über die Gesellschaft des Menschen.

Vertrauen, Trost, Geborgenheit

Traumatisierte Kinder gehen zu Tieren gerne mit Problemen, die sie jahrelang mit sich herumgetragen haben. [...] Die Tiere geben diesen Kindern Trost, Sicherheit und Zuwendung. Wo Menschen keinen Zugang zu der verletzten Seele mehr haben, erreichen sie die Tiere und spenden Wärme und Geborgenheit.

Gebraucht-Werden, Mut, Selbstbewusstsein

Auch die Pflege der Vierbeiner ist Teil der Mensch-und-Tier-Therapie. Tiere appellieren an das Verantwortungsgefühl, sie zu putzen, zu füttern und ihren Stall sauber zu halten, sie geben das wichtige Gefühl, gebraucht zu werden. Und wenn die Tiere größer und stärker sind als der Mensch, fördern sie Selbstbewusstsein und Selbstwertgefühl, durch den Mut sie zu berühren, zu reiten oder herumzuführen.

www.initiative-mut.de

M4 Tierschutzgesetz

§1

Zweck dieses Gesetzes ist es, aus der Verantwortung des Menschen für das Tier als Mitgeschöpf dessen Leben und Wohlbefinden zu schützen. Niemand darf einem Tier ohne vernünftigen Grund Schmerzen, Leiden oder Schäden zufügen.

§2

Wer ein Tier hält, betreut oder zu betreuen hat,
1. muss das Tier seiner Art und seinen Bedürfnissen entsprechend angemessen ernähren, pflegen und verhaltensgerecht unterbringen,
2. darf die Möglichkeit des Tieres zu artgemäßer Bewegung nicht so einschränken, dass ihm Schmerzen oder vermeidbare Leiden oder Schäden zugefügt werden.

§11

Ohne Einwilligung der Erziehungsberechtigten dürfen
1. warmblütige Tiere an Kinder oder Jugendliche bis zum vollendeten 16. Lebensjahr,
2. andere Wirbeltiere an Kinder bis zum vollendeten 14. Lebensjahr nicht abgegeben werden.

Gerade bei Kindern und Jugendlichen kann es vorkommen, dass sie aus einer plötzlichen Laune heraus ein Tier kaufen, sich aber nach ein paar Tagen nicht mehr darum kümmern wollen. Deswegen schreibt das Gesetz vor, dass warmblütige Tiere an Kinder oder Jugendliche [...] nur dann verkauft werden dürfen, wenn die Erziehungsberechtigten einverstanden sind. Aber das ist nur die Mindestnorm. Tiere sind weder Modeartikel noch Wegwerfware! Wie oft kommt es vor, dass der süße junge Hund, mit dem man Weihnachten so viel Freude hatte, beim Antritt des Sommerurlaubs zum lästigen Hindernis wird, dessen man sich durch Aussetzen entledigt. Daher muss jeder, der ein Tier erwerben will, vorher sehr gründlich prüfen, ob er bereit und in der Lage ist, diesem Lebewesen dauernd angemessene Pflege und Unterbringung zu gewähren. Der Rat von Fachleuten ist dabei wichtig. Im Zweifel sollte man von einem Kauf lieber Abstand nehmen.

Tierschutzgesetz

M5 Tiere als Ware

Karlsruhe. Alarmierende Missstände in den Zooabteilungen von Baumärkten und Gartencentern beklagt der Landestierschutzverband Baden-Württemberg. Meerschweinchen, Kaninchen oder Hamster würden dort oft nicht nur unter qualvollen Bedingungen gehalten, sondern auch noch als Billigware regelrecht verramscht. Viele Kunden kauften die Heimtiere inzwischen spontan als Geschenk. Diese landeten dann nach kurzer Zeit in Tierheimen. „Die Lust am Tier als Spielzeug lässt schnell nach", berichtet Gerhard Käfer, der Vorsitzende des Landestierschutzverbandes Baden-Württemberg. [...] Im Gegensatz zum seriösen Zoofachhandel gebe es hier häufig keine Fachberatung durch das Personal, klagt Käfer. [...] Viele Kunden wüssten gar nicht, wie aufwändig die Pflege auch kleinerer Tiere und wie teuer das Zubehör sei. Doch statt Aufklärung gehe es in vielen Baumärkten und Gartencentern nur um Massenumsatz. „Tiere werden wie Schraubenzieher verkauft", so Käfer im BNN-Gespräch im Vorfeld des Welttierschutztages am 4. Oktober.
Bei ihren Kontrollen der Zooabteilungen beobachteten die Tierschützer „allzu oft unsachgemäß ausgestattete Terrarien, falsches Futter und auch tot im Wasser treibende Fische". Viele Tiere seien in einem schlechten Gesundheitszustand, lautet ihr Fazit.

Badische Neueste Nachrichten, 02./03.10.2004 (Rainer Haendle)

Aufgaben

1. Erkläre, warum ausgerechnet Tiere oft kranken Menschen helfen können. ➜ M1/2
2. Kennt ihr Beispiele, bei denen Tiere euch oder anderen geholfen haben? ➜ M3
3. Kann es deiner Meinung nach eine Freundschaft zwischen Mensch und Tier geben? Vgl. hierzu auch S. 36ff.
4. Paul wünscht sich zu seinem 13. Geburtstag ein Streifenhörnchen. Was müssen die Eltern beachten? Entwirf ein Gespräch vor dem Kauf. ➜ M4
5. Erläutere, welche grundsätzliche Haltung zu Tieren in dem Bericht sichtbar wird. ➜ M5
6. Erarbeitet aus dem Tierschutzgesetz eine Vorschrift für die Baumärkte und Gartencenter. Was müssen sie beachten? ➜ M4/5

▶ Glossar: Therapie, Tierschutzgesetz, Trauma

Was wir wissen – was wir können

waagerecht

1. überlegte Nutzung endlicher Güter
8. neue Erlebniswelt des modernen Menschen
9. intelligenter Tiertherapeut
11. Mittel, jemanden zu überzeugen
15. machen abhängig
16. vom Menschen nicht geschaffen
18. klingelt oft und ist recht teuer
19. das erste Programm
22. Kommunikationsmittel
24. Ereignis, das eine verheerende Wirkung nicht nur für den Menschen hat
25. vor einem Gericht einklagbar, das ...
27. privater Fernsehsender
28. der Mensch lebt darin und verändert sie ständig
33. Fußabdruck eines hemmungslosen Konsumenten
34. die tägliche Fernsehserie
35. Tierliebling in Disney-Filmen – Merkmal: große Augen
37. ein Produkt wirkungsvoll an den Verbraucher bringen
38. Mahlzeit für zwischendurch, schmeckt gut – macht dick
39. er lebte in einer virtuellen Welt

senkrecht

2. virtueller Treffpunkt
3. gesetzlich festgelegter Umgang mit Tieren
4. Naturschutzorganisation (world wildlife fund)
5. lat.: Verbrauch, Verzehr
6. sollte unser Handeln gegenüber Mensch, Tier und Natur bestimmen
7. jemand, der Unbekanntes entdecken will
10. Soll man sich die tatsächlich untertan machen?
12. was Mensch, Tier und die ganze Natur von „Natur aus“ haben
13. Maßnahme zur Heilung von Krankheiten
14. Fehleinstellung des Menschen zur Natur
17. – will unbedingt befriedigt werden
20. Haltung (Einstellung), die der Mensch gegenüber der Natur haben sollte
21. Tätigkeit, die das Selbstwertgefühl hebt und den Geldbeutel leert
23. schnattert und ist nicht gelb
26. frei sein von Drogen
29. alte Erzählung von Göttern
30. Lebensweise, in der man Dinge unbedingt besitzen will
31. Sammlung von Regeln und Normen
32. so sollte die journalistische Berichterstattung sein
33. auch diese können lügen
36. das Verlangen nach etwas oder einem bestimmten Zustand

Im letzten Kapitel hast du drei Bereiche aus deiner Lebenswirklichkeit unter den Themen **Konsum, Medien, Natur** kennengelernt, in denen die Fragen der ersten beiden Kapitel „Sich orientieren" und „Gut leben und handeln" noch einmal zentral wiederkehren, z.B.:

Was hat das mit meiner Individualität zu tun? Ist das mein Problem? Wie sehen das die anderen? Was sind meine Interessen, Bedürfnisse, Wünsche? Warum ist mir dies wichtig? Welche Wertvorstellungen leiten mich bei meinem Urteilen und Handeln? Berührt dies meine persönliche Freiheit? Inwiefern werde ich dadurch glücklich? In welcher Beziehung stehe ich hierbei zu den anderen? Welche Konflikte gibt es?

Das bisher Gelernte der drei großen Kapitel lässt sich wiederholen und zusammenfassen, wenn du ein aktuelles Beispiel nach allen Seiten hin gründlich durchdenkst.
Dazu gibt es viele Möglichkeiten:

1. Frage-Antwort-Spiel
Fragen können bei der Analyse und Erarbeitung von Fallbeispielen helfen, aber richtig fragen ist gar nicht so einfach.
Formuliere zu den folgenden Themen zentrale Fragen und schreibe sie auf ein Kärtchen. Tauscht die Kärtchen untereinander aus und schreibt auf die Rückseite Antworten. Vergleicht die Antworten untereinander.

a) Viele Jugendliche wollen nur bestimmte Markenkleidung tragen
Fühle ich mich dadurch freier?
Verstärkt sie meine Individualität?
Was trägt sie zu meinem Glück bei?
Ist sie wichtig für mein Verhältnis zu meinen Freunden?

b) Soaps – meine Welt oder eine eigene Welt?
Kann ich mich mit den Personen identifizieren?
Sind das Probleme aus meinem Leben?
Welche Vorstellung von einem gelingenden Leben präsentieren sie?
Können sie Vorbilder für mein Leben sein?

c) Für viele ist das Skifahren wichtig – andere sehen darin große Probleme
Welche Naturerlebnisse werden dadurch vermittelt?
Welche Bedeutung hat intakte Natur für uns?
Muss ich mein Bedürfnis nach Spaß immer ausleben?

2. Argumentierendes Schreiben
Schreibe einen kleinen Artikel z.B. für eure Schülerzeitung, in dem du an einem selbst gewählten Beispiel (Handy, Soap usw.) darlegst, wie die einzelnen Bereiche (die Frage nach dem Ich, dem Umgang mit anderen, dem guten Leben und moralisch richtigen Handeln, der Freiheit und Verantwortung) im alltäglichen Handeln zusammenhängen.

3. Kreatives Gestalten
Erarbeitet zu jedem der folgenden Themen in Gruppen eine Wandzeitung oder eine Collage mit Bildern und Text.

Markenklamotten

Soaps

Skifahren

Auswertung der Umfrage zur Internetnutzung (S. 137, M5)

Zähle deine Punkte zusammen.
10 bis 20 Punkte: Du bist ein normaler Online-Nutzer. Manchmal bist du vielleicht etwas zu viel im Internet, insgesamt aber hast du die Sache im Griff.
21 bis 35 Punkte: Du bist zu oft online. Du solltest dir überlegen, welche Auswirkungen das auf dein Leben hat.
36 bis 50 Punkte: Dein Internetkonsum ist ein echtes Problem. Du musst lernen, weniger online zu sein.

Politik und Unterricht 1/2002, S. 16

When Israel was in Egypts Land ...

Wer ein einziges Leben rettet, rettet die ganze Welt

Ich bin der Herr, dein Gott!
Du sollst nicht andere Götter haben neben mir!

Jüdische Religion – jüdisches Leben

„Ich bin Jude"

Woran man die jüdische Religion erkennt

Wie man in der jüdischen Kultur lebt und feiert

Warum Juden ihre Geschichte wichtig ist

Verantwortung übernehmen

1 Die Bar/Bat-Mitzwa-Feier

M1 Ich bin nun „volljährig"

Nach dem 13. Geburtstag feiert ein jüdischer Junge ein wichtiges Fest: Er wird Bar Mitzwa, „Sohn der Pflicht", darf zum ersten Mal aktiv am jüdischen Gottesdienst teilnehmen und wird damit als religiös erwachsenes Mitglied in die jüdische Gemeinde aufgenommen.

Hi Tobi, schade, dass du an meiner Bar-Mitzwa-Feier nicht dabei sein konntest. Sogar meine Verwandten aus Israel und den USA waren da. Ich war mächtig aufgeregt, schon als ich meinen neuen Tallit, den Gebetsmantel, umlegte. Mein Vater half mir dann, die Gebetsriemen, sie heißen Tefillin, umzubinden. Fast hätte ich meine buntbestickte schwarze Kippa, du weißt: meine Kopfbedeckung, vergessen.

Als wir am Samstagvormittag in der Synagoge ankamen, musste ich erst mal herumgehen und allen hallo sagen. Ich habe mich dann vorne neben Rabbi Schneider gesetzt, der mich das letzte halbe Jahr auf den Gottesdienst vorbereitet hat. Dann ging's los, ich wurde immer nervöser und dachte nur noch: Alle werden auf mich schauen, hoffentlich kann ich nachher meinen Thora-Abschnitt im richtigen Rhythmus lesen und singen, und das auch noch auf Hebräisch. Zuerst sangen wir einige Lieder, und mein trockener Hals wurde besser. Ich wusste, dass ich danach als 7. Mann vor der ganzen Gemeinde aus der Thora-Rolle den für die Woche bestimmten Abschnitt vorlesen würde. Als mein Rabbiner fertig war, ging es dann wie von selbst: Ich stand auf und ging nach vorne zum Gebetpult, berührte die Thora-Seite mit meinem Tallit, nahm den Jad, den Lesestift, und sang meinen Thora-Abschnitt aus dem 5. Buch Mose. Danach ging ich zu meinem Platz neben meinem Vater zurück und mein Rabbiner hielt noch eine Predigt, wobei er auch speziell auf mich einging: Er sagte, heute am Schabbat sei mein Ehrentag, da ich als Bar Mitzwa zum ersten Mal die Worte der Thora vortrage und damit vor der Gemeinde volljährig geworden sei. Das bedeute, dass ich nun alle religiösen Rechte und Pflichten eines jüdischen Mannes habe, besonders, dass ich nun für alles, was ich tue, allein vor Gott verantwortlich sei. Schon irgendwie komisch, und das mit 13 Jahren.

Bevor es dann zum Fest bei uns im Garten ging, das nur für mich stattfand, haben noch in der Synagoge alle Frauen mit Bonbons geworfen und es gab von allen Glückwünsche und Umarmungen. Beim Fest musste ich dann vor dem Essen traditionell noch eine kleine Rede halten, um mich bei meinen Eltern und Verwandten für alles zu bedanken, was sie für mich getan hatten. Und dann das Tollste: Alle haben zusammengelegt und mir den Synthesizer geschenkt, von dem ich dir erzählt hatte.

Schade, dass du nicht dabei warst. Die Feier ging bis um ein Uhr nachts. Grüß mir auch deine Schwester,

see you, Micha

Hi Micha, deine Mail hört sich richtig gut an. Hoffentlich sehen wir uns demnächst wieder. Ich habe meiner Schwester von deiner Mail erzählt und sie fragte mich, wie das mit den Mädchen sei.

Gruß, Tobi

Hi Tobi, bei den Mädchen ist es noch ganz unterschiedlich, je nachdem, wo sie wohnen. Zunächst mal: Sie werden schon mit 12 Jahren *Bat Mitzwa*, also „Tochter der Pflicht“, du weißt ja, bei denen geht es schneller mit der Entwicklung und so. Bei uns in Deutschland und in konservativen Gemeinden weltweit gibt es für sie meistens keinen eigenen Gottesdienst, da dort nur Männer aus der Thora vorlesen dürfen. Aber ich weiß zum Beispiel aus den liberalen Gemeinden in den USA, wo meine Verwandten herkommen, dass dort genau die gleiche Gottesdienstfeier stattfindet wie für mich und auch Mädchen aus der Thora vorlesen. Auf jeden Fall findet für Mädchen auch immer ein Fest mit Geschenken statt und sie haben ab dann zum Beispiel wie meine Mutter die Aufgabe, am Schabbat und an Feiertagen die Kerzen anzuzünden,
see you, Micha

M2 Kippa – Tallit – Zizit – Tefillin

Hi Micha, vielen Dank für die Bilder von deiner Bar-Mitzwa-Feier. Du hast da außer deinem schwarzen Käppchen so Dinge an wie einen Umhang mit Fransen und einen Lederriemen am linken Arm – und auf dem Kopf noch einmal einen mit einem Kästchen an der Stirn. Hab ich noch nie an dir gesehen? **Tobi**

Hi Tobi, was du da an mir sahst, trage ich von nun an beim Morgengebet, wenn ich Zeit dazu habe. Als Erstes braucht man als Mann dazu die *Kippa*, die Kopfbedeckung, damit ich nicht nackt vor Gott stehe, sondern zeige, dass ich ihn als meinen Schöpfer respektiere.
Dann hat extra für mich meine Mutter einen neuen *Tallit*, einen großen „Gebetsschal“, genäht. Er ist viereckig, und ich lege ihn um die Schulter oder kann ihn auch über den Kopf ziehen, wenn ich mich beim Gebet besonders auf meine Worte konzentrieren will. Wie du siehst, ist er weiß mit blauen Streifen und hat an jeder Ecke acht geflochtene Wollfäden, die *Zizit*, die mich daran erinnern sollen, dass ich meine religiösen Pflichten einhalte. Die Farbe Weiß steht für die Wüste, durch die Gott mein Volk geführt hat, und Blau für den Himmel, den er erschaffen hat.
Völlig neu sind auch meine ledernen *Tefillin-Gebetsriemen* mit den beiden Gebetskästchen. Die so anzulegen, dass es stimmt, habe ich ganz schön üben müssen. Beim einen lege ich zuerst das Kästchen auf den Bizeps-Muskel, dann binde ich den Riemen siebenmal um den Unterarm, dann um den 3. und 4. Finger und schließlich um die ganze Hand, so dass die hebräischen Buchstaben „Schaddai“ für Gott, den Allmächtigen, zu sehen sind. Dann nehme ich das 2. Kästchen, lege es auf die Stirn und knote den Riemen nahe beim Nacken zusammen. In den beiden Gebetskästchen sind kleine Rollen aus Pergament mit den für einen Juden wichtigsten Thora-Gebeten, so z. B. das Sch`ma Jisrael. Ach ja, übrigens: am Kopf befestigt, damit ich mit meinem Verstand, und am linken Arm angelegt, damit ich mit meinem Herzen den Lebensregeln Gottes nachfolge.
Micha

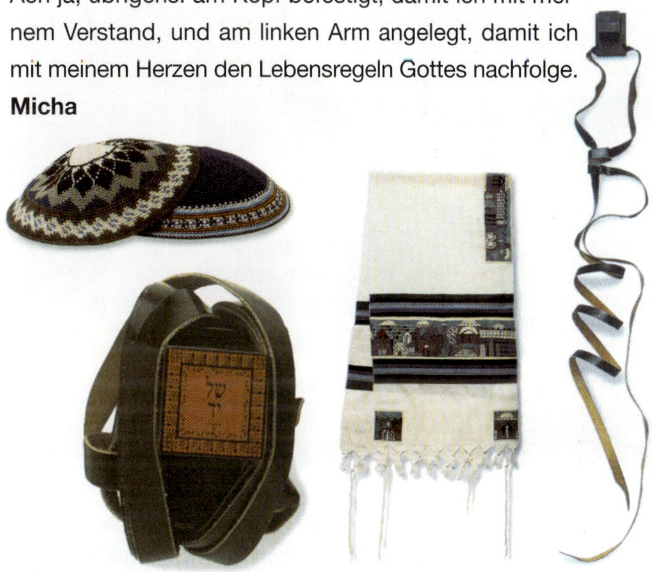

Aufgaben

1. Was steht im Mittelpunkt der Bar/Bat Mitzwa? Welchen Eindruck macht auf dich die Feier? ➜ M1
2. Kannst du dir vorstellen, wie im Judentum mit 12-13 Jahren religiös „volljährig“ zu sein? Sammelt in Gruppen Pro- und Contra-Argumente. Diskutiert dann eure Argumente in der Klasse.
3. Erkläre die Bedeutung von: Kippa – Tallit – Zizit – Tefillin. Warum sind sie für einen Juden wichtig? Lies dazu die Bibelstellen: 4.Mose 15,37-41; 5.Mose 6,4-8; 2.Mose 13,16. ➜ M2
4. Welche weiteren Fragen würdest du an Tobis Stelle noch an Micha stellen?

▶ Glossar: Bar/Bat Mitzwa, Kippa, Jad, Rabbi(ner), Schabbat, Synagoge, Tallit, Tefillin, Thora, Zizit

2 Wer ist Jude – was heißt Judentum?

M1 Was ist jüdisch?

Stellt euch vor, wir wollten eine Ausstellung machen: Judentum ist ..., und ihr müsstet einen für euch typischen „jüdischen" Gegenstand für die Ausstellung auswählen. Dieser Gegenstand sollte aber nicht gleich für jeden als typisch jüdisch erkennbar sein.

Magdalena: Meine Gesichtsmaske aus Gips, die mir inzwischen zu klein geworden ist. Wir haben sie vor ein paar Jahren in der Jugendgruppe für das Purim-Fest gemacht, bei dem man in unserer Gemeinde für die beste Verkleidung einen Preis bekommt.

Michael: Ein Paar rosa Gummihandschuhe, weil ich runzelige Hände vom Spülen hasse. Aber richtig viel Geschirr haben wir eigentlich nur am Samstagabend, nach Schabbat, wenn ich den ganzen Berg Geschirr abwasche, der von dem leckeren Essen mit Familie und Freunden am Freitagabend übrig geblieben ist.

Rebecca: Diesen kleinen Schlüsselbund mit Schlüsseln für den Jugendraum im Keller unserer Synagoge. Wir können dort jeden Donnerstagabend ungestört mit unserer Band üben. Inzwischen sind wir schon bei Bar-Mitzwa-Feiern und Hochzeiten aufgetreten.

Joel: Ich habe letztes Jahr dieses Flugzeugbesteck bei meinem ersten Flug nach Israel „mitgehen" lassen, es steht der Name der Fluglinie drauf. Meine Eltern hatten mir diese Reise geschenkt, damit ich dort einen Hebräisch-Intensivkurs machen konnte. Dieses Jahr will ich unbedingt wieder hin.

Lea: Meinen grünen Textmarker. Den gebe ich gerne her, zudem ist er leer vom vielen Anstreichen der Thorastellen, die ich im letzten Jahr im jüdischen Religionsunterricht auswendiglernen musste.

M2 Von einer jüdischen Mutter geboren

Religiös oder religionsgesetzlich gesehen gibt es aus jüdischer Sicht zwei Möglichkeiten, Jüdin oder Jude zu sein. Die erste Möglichkeit ist, Tochter oder Sohn einer jüdischen Mutter zu sein, also ins Judentum „hineingeboren" zu werden – so etwa, wie jemand [...], der von deutschen Eltern geboren wird [...]. Die zweite Möglichkeit, Jüdin oder Jude zu werden, besteht darin, zum jüdischen Glauben überzutreten. Genauer heißt das, die verschiedenen Gesetze und Gebote des Judentums zu lernen, für sich zu bejahen und feierlich zu versprechen, sie auch einzuhalten.

Jörg Bohn, S. 7-8

M3 Definition: Jude – Jüdin

Das Wort „Jude" (hebräisch: Jehuda = Juda) war ursprünglich die Bezeichnung für einen Angehörigen des Stammes Juda, einer der 12 Stämme des Volkes Israel. Jehuda war ein Sohn Leas und einer der zwölf Söhne des jüdischen Stammvaters Jakob (1.Mose 29,35). Sein Wohngebiet Judäa mit der Hauptstadt Jerusalem wurde zum Kerngebiet des Volkes Israel. Später ging die Bezeichnung auf alle aus dem jüdischen Volk über. Heute bedeutet Jude- und Jüdinsein vor allem, der jüdischen Religion zuzugehören.

M4 Warum Juden beschnitten sind

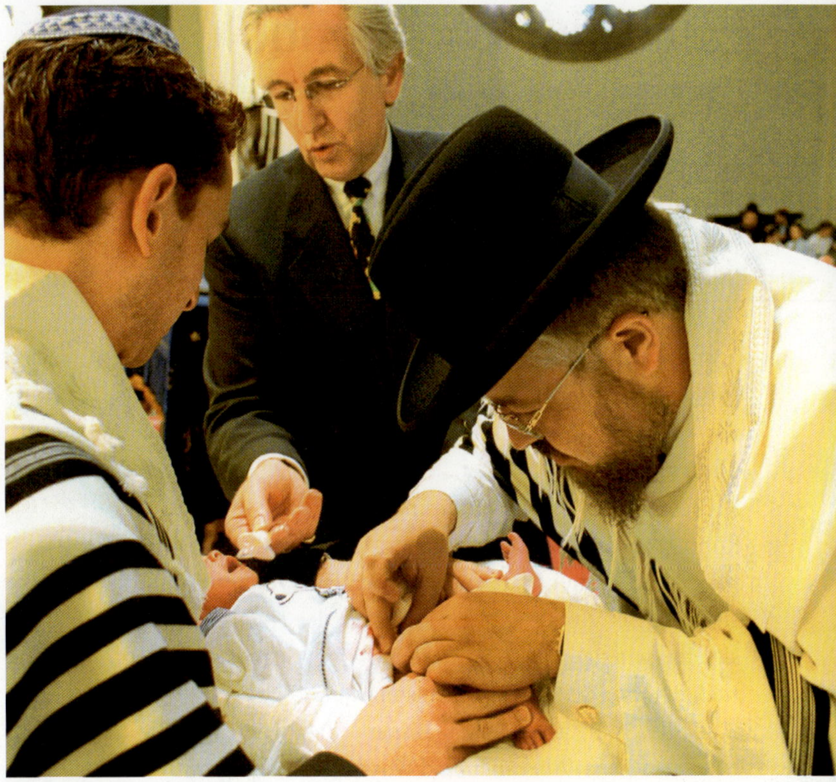

Die erste große Station eines männlichen jüdischen Neugeborenen ist die Beschneidung [...]. Die Beschneidung ist das sichtbare Zeichen des Bundes, den Abraham und Gott miteinander geschlossen haben und der auf ewig zwischen dem Volk Israel und dem Einen und Einzigen gilt [...]. Die Beschneidung, auf hebräisch Brit Mila, ist im jüdischen Leben ein großes Ereignis und somit ein Freudenfest. Ein neues Leben ist geboren, und an diesem Tag wird sichergestellt, dass der Bund mit Gott in der neuen Generation fortgesetzt wird. Eine Brit findet am achten Tag nach der Geburt statt, selbst wenn dieser Tag ein Schabbat oder gar Jom Kippur ist. Eine Ausnahme wird nur gemacht, wenn das Neugeborene aus gesundheitlichen Gründen gefährdet ist [...].
Die Brit kann an jedem Ort durchgeführt werden, im Krankenhaus oder in der Synagoge oder sogar daheim. Man lädt Freunde und Verwandte ein, die das Baby hereintragen. Die Beschneidung selbst wird von einem rituellen Beschneider, einem Mohel, vorgenommen, der das Ritual der Beschneidung natürlich professionell gelernt hat. Man spricht Gebet und Segen und dann nimmt der Mohel die Beschneidung vor. [...] Während der Brit verkündet der Vater den Namen des Kindes, danach gibt es natürlich ein großes Festessen, schließlich ist die Zukunft des jüdischen Volkes soeben neu gesichert worden.
Und was ist mit den neugeborenen Mädchen? Was macht man mit ihnen? Nichts, zum Glück. Das Judentum beschneidet selbstverständlich keine weiblichen Genitalien. Es ist aber allgemein üblich, dass der Vater am ersten Schabbat nach der Geburt in der Synagoge [...] den Namen des Mädchens verkündet. Natürlich wird auch da groß gefeiert, man trinkt auf das Wohl von Tochter und Mutter und wünscht der Familie Glück.

Paul Spiegel, S. 39-41

Aufgaben

1 Welchen Gegenstand würdest du als „typisch“ für einen Bereich aus deinem Leben auswählen? ➔ M1

2 Überlegt Gründe, warum die Mutter das Judesein bestimmt. ➔ M2

3 Lies die Bibelstelle 5.Mose 6,4-7 und übertrage den Inhalt in deine heutige Sprache.
Überlegt anschließend in Gruppen, welche wichtigen Regeln in eurer Gruppengemeinschaft gelten würden. ➔ M2

4 Recherchiere, wie die Bezeichnung „Christ“ entstanden ist, und vergleiche sie mit der Definition „Jude“. ➔ M3

5 Bei vielen Völkern in Asien, Afrika, Australien und Ozeanien und auch im Islam werden die heranwachsenden Jungen beschnitten. Aus medizinischen Gründen werden gelegentlich auch bei uns Jungen beschnitten. Erkläre, warum für das Judentum die Beschneidung des Säuglings wichtig ist. ➔ M4

6 Stelle dir vor, du würdest als Jude/Jüdin deiner/m nichtjüdischen Freund/in erklären, was das Typische am Judentum ausmacht. Schreibe ihm/ihr dazu eine E-Mail. ➔ M2-4

▶ Glossar: Brit Mila, Hebräisch, Mohel, Purim

1 Jüdische Symbole

M1 Aus Theos Reise

Am nächsten Tag besichtigten sie das Prager Getto. Die unerschütterliche Rivkele wollte um jeden Preis mit dem Jüdischen Museum beginnen, das sich in der ehemaligen Synagoge befand. „Ein Museum!“, brummte Theo mürrisch. „Warum das denn?“

„Rivkele hat Recht“, erwiderte Tante Marthe. „Dort wirst du kultische Gegenstände sehen, von denen du überhaupt nichts weißt.“ [...]

Rivkele übernahm die Erklärungen: „[...] Die kleinen Röhrchen, die *Mesusot*, werden außen an den Türpfosten jüdischer Häuser angebracht: Man berührt sie beim Betreten und beim Verlassen des Hauses, da sie eine winzige Pergamentrolle mit dem *Sch'ma Jisrael*, dem jüdischen Bekenntnis enthalten. [...]“

„Die Leuchter, mit sieben Armen, das weiß ich“, bemerkte Theo. Aber niemand wusste bislang, wo die sieben Arme des berühmten Leuchters, der *Menora* genannt wird, herkommen. Die Bibel führt die Herstellung der ersten Menora auf Mose zurück. Sie war aus purem Gold und soll später im heiligen Bezirk des Tempels gestanden haben. Der Leuchter war auf einem Flachrelief des Römischen Reiches abgebildet, das das Beutegut nach der Plünderung Jerusalems zeigte. Er wurde von dem siegreichen Kaiser auf den Schultern getragen und zeugte von der Niederlage des hebräischen Volkes. Die Menora war zusammen mit dem Davidstern zum lebendigen Symbol des Judentums geworden.

Catherine Clément, S. 660-661

Forum Romanum, Titusbogen

M2 Die Menora

Miniatur aus Spanien, 14. Jh.

Die *Menora*, der siebenarmige Leuchter, stand ursprünglich im Jerusalemer Tempel und war aus einem Zentner Gold gearbeitet (vgl. 2.Mose 37,17-24). Nach der Zerstörung des Tempels ist die Menora für Juden das wichtigste Erinnerungs- und Hoffnungssymbol für die Gegenwart Gottes. Die sieben Arme des Leuchters erinnern an die sieben Schöpfungstage und damit an die 7-Tage-Woche. Die sieben Lichter symbolisieren das Licht Gottes, das in die Dunkelheit hinein leuchtet. Von daher wird das erste Licht immer am Abend des Schabbat entzündet.

Heute ist die Menora zum einen seit 1949 das offizielle Emblem des Staates Israel, zum anderen findet sich der Menora-Leuchter in jeder jüdischen Familie. Viele Jugendliche tragen die Menora als Schmuckanhänger und zeigen damit ihre Zugehörigkeit zum Judentum.

M3 Die Mesusa

Eine *Mesusa* (hebräisch: Türpfosten) ist ein kleiner, oft kunstvoll verzierter Behälter, der am äußeren Türrahmen in jüdischen Häusern und Wohnungen angebracht ist. Er enthält eine kleine Pergamentrolle mit den ersten beiden Abschnitten des *Sch ma Jisrael* (5.Mose 6,4-9). Gläubige Juden berühren die Mesusa beim Betreten oder Verlassen des Hauses mit der Hand und erinnern sich damit an die wichtigste jüdische Lebensregel, nur auf ihren einen Gott zu vertrauen. Heute werden oft auch kleine silberne Mesusot als Anhänger an Halsketten und Armbändern getragen.

M4 Der Davidstern

Die ältesten *Davidsterne* aus zwei ineinander verschlungenen Dreiecken fand man als Verzierung auf Öllämpchen und anderen Gegenständen in antiken Synagogen. Juden nennen den Stern seit dem 14. Jahrhundert den „Magen Davids", das Schild Davids. Anders als bei der Menora und der Mesusa ist jedoch der Ursprung des Sternes unklar, da er bei mehreren Völkern als wichtiges Symbol verbreitet ist. Erst seit dem 17. Jahrhundert sieht man den Davidstern häufig in Synagogen und auf jüdischen Friedhöfen. Seit 1948 steht er im Zentrum der Flagge des Staates Israel. Heute ist er das bekannteste und am weitesten verbreitete Kennzeichen des Judentums. Man kann ihn auf Briefmarken, Münzen und als Schmuckanhänger sehen.

Seine Form mit insgesamt 12 Außenecken, 7 Feldern und einem Kreis in der Mitte erinnert an ein wichtiges Ereignis in der Geschichte des jüdischen Volkes, als die 12 Stämme Israels mit Gott in ihrer Mitte in der Wüste Sinai lagerten (4.Mose 9,15-23).

Die enge Verbindung zwischen dem Volk Israel und Gott wird am Schabbat-Tag immer wieder neu gefeiert.

Aufgaben

1. Fasse die Informationen zu den jüdischen Symbolen zusammen. → M1-4
2. Der Menora-Leuchter und der Davidstern lassen sich einfach zeichnen. Versuche es selbst einmal. Fange bei der Menora mit den Armbögen von innen nach außen an. Beim Davidstern probiere es mit zwei gleichseitigen Dreiecken. → M2/4
3. Überlegt und gestaltet in Kleingruppen ein eigenes Symbol, das für eure Gruppe steht. Präsentiert eure Symbole anschließend in der Klasse.

▶ Glossar: Getto, Menora, Mesusa, Sch ma Jisrael, Synagoge

2 Die Thora und ...

M1 Freude über die Gabe der Thora

Marc Chagall, Moses empfängt die Gesetzestafeln

M2 Die Thora – „lebendige" Schriftrollen

„Und der Herr sprach zu Mose: Komme zu mir herauf auf den Berg und bleibe dort; und ich werde dir geben die Steintafeln, mit der Thora und dem Gebot, die ich geschrieben habe, um sie [die Israeliten] zu belehren." (2.Mose 24,12)

Mose empfing die Thora auf dem Berg Sinai und übergab sie an das Volk Israel. Daraus lasen und lehrten die Propheten, Priester und Rabbiner. Bis heute wird die Thora durch die jüdischen Generationen als Grundlage des Lebens und als Gegenstand des Lernens weitergereicht und im Gottesdienst als Königin verehrt.

Was ist die Thora eigentlich? Das hebräische Wort „*Thora*" bedeutet Lehre, Weisung. Sie ist die wichtigste Quelle des jüdischen Lebens, die höchste Autorität im Judentum, das Wort Gottes in menschlichen Worten in einem Buch zusammengefasst.

Einerseits bezeichnen Juden damit die Fünf Bücher Mose, den sogenannten Pentateuch, andererseits verstehen sie darunter auch im Sinne einer „mündlichen Thora" die Gesamtheit der jüdischen Tradition und Lehre bis auf den heutigen Tag und in alle Zukunft. Für Juden ist in der Thora die vollständige Anweisung Gottes zu einem sinnvollen und glücklichen Leben enthalten. Nach jüdischer Überzeugung bezeichnet sogar das erste Wort der Bibel – „am Anfang" – die Thora: Mit ihr hat Gott die Welt erschaffen und durch sie ist die gesamte Welt mit ihrem Schöpfer verbunden.

Der Pentateuch, die „schriftliche Thora", wurde ungefähr um 400 v. Chr. in seinem bis heute geltenden Umfang abgeschlossen und erzählt in fünf Büchern die Geschichte, wie Gott die Welt und die Menschen erschafft, sich durch Abraham und Jakob sein Volk Israel erwählt und wachsen lässt, es aus der Sklaverei in Ägypten befreit, ihm in der Wüste Sinai durch Mose seine göttlichen Anweisungen übergibt und es dann ins Land Israel führt. Seither wird die Thora immer wieder neu von speziell ausgebildeten Thora-Schreibern von Hand auf dünnen Papyrii oder auf Pergament abgeschrieben, und dies meist fehlerfrei.

Die Lesung der auf einer Pergamentrolle handgeschriebenen Thora – wie eine Königin in einen Mantel aus Samt und Seide gekleidet und mit einem Schild aus Silber umfasst und geschmückt – steht im Mittelpunkt eines jeden Synagogen-Gottesdienstes.

Im Verlauf des jüdischen Kalenderjahres mit 54 Wochen (nach dem hebräischen Mondkalender) wird an jedem Schabbat-Tag ein Wochenabschnitt aus der Thora vorgelesen. Die Thora ist dazu in 54 Wochenabschnitte eingeteilt, so dass in einem Jahr die Thora einmal vorgelesen wird. Schabbat für Schabbat wird die linke Rolle ein Stück weiter nach links gedreht, der freigewordene Abschnitt wird

gelesen, dann wird die rechte Rolle bis an die linke wieder herangedreht. Ist man am Ende angekommen, wird jedes Jahr von vorne begonnen. Der Abschluss und Neuanfang der Thora-Lesung wird mit dem fröhlichsten Fest des jüdischen Jahres, dem Simchat-Thora-Fest gefeiert. Dabei wird mit der Thora-Rolle im Arm in den Synagogen ausgelassen getanzt. Kostbare Thora-Rollen gibt es nicht nur in jeder Synagoge, sondern auch bei vielen gläubigen jüdischen Familien, um selbständig in der Familie die Thora als lebendige Anweisung Gottes studieren zu können.

M3 Unendliches Verstehen

Weil wir die Worte der Thora in einer einzigartigen Weise hören, streiten wir Juden oft über deren Bedeutung [...]. Was bedeutet es zum Beispiel, wenn die Thora sagt: „Gott schuf die Welt in sechs Tagen“? Könnte es bedeuten, dass es, bevor Sonne und Erde da waren, schon 24-Stunden-Tage gab? Oder lehrt uns dies, dass jede Woche unsere Welt neu geschaffen wird und dass wir an jedem Schabbat aufhören sollen zu schaffen, so wie auch Gott innehielt? [...]

Die Thora verstehen zu lernen bedeutet unendliche Suche. Ganz gleich wie oft wir die Thora schon gelesen haben mögen oder wie viele Male wir sicher waren, sie zu verstehen, immer wieder wird sich eine neue Deutung auftun und unseren Verstand herausfordern.

Einmal fand sich Mose in einem Klassenraum wieder, in dem die Schüler die Thora studierten. Unsichtbar wanderte Mose in die letzte Reihe und setzte sich, aber er konnte nicht verstehen, was die Schüler lernten. Nach ein paar Minuten fragte einer der Schüler den Lehrer nach der Bedeutung eines bestimmten Abschnitts. Der Lehrer antwortete: „Ich bin nicht sicher, was diese Worte bedeuten, aber wir studieren sie auf jeden Fall, denn wir müssen uns an alles erinnern, was Mose uns gelehrt hat.“

Zuerst fühlte Mose sich geehrt und war stolz. Dann aber wandte er sich besorgt an Gott: „Die Schüler und Lehrer in dieser Klasse sind so klug, und doch hast du mich ausgesucht, deine Thora zu überliefern!“

Gott antwortete: „Nicht einmal du, Mose, kannst alles in der Thora verstehen“.

Jede Generation findet neue Bedeutungen in der Thora [...]. Alles, was wir lernen, und alles, was wir als Juden sind, kommt aus der Thora.

Lawrence Kushner, S. 33-34

3 ... der Talmud

M4 Dialog der Freundschaft

So sprach Rabbi Abba im Namen Schmuels, als die Schüler Schammais und Hillels sich drei Jahre lang um die Auslegung bestimmter Gesetze gestritten hatten. Die einen erklärten: „Unsere Auffassung ist die richtige." Die anderen hielten dagegen: „Nein, die unsere ist die wahre." Zum Schluss ließ sich eine himmlische Stimme vernehmen: *„Elle ve'elle divre elokim hayim* – alle habt ihr Recht; denn die einen und die anderen geben das lebendige Wort Gottes weiter."

Elie Wiesel, S. 13

M5 Der Talmud – den Inhalt der Thora interpretieren

Niemand weiß, was genau am Berg Sinai wirklich geschah. Einige Menschen stellen sich vor, Gott habe die gesamte Thora diktiert, Wort für Wort. Andere glauben, dass Gottes Finger die Zehn Worte in Stein eingraviert habe. Die Thora selbst erzählt verschiedene Geschichten. Manche Leute denken, dass Gott Mose zusätzlich zur Thora auch den Talmud zugeflüstert habe. Einige glauben, dass Gott nicht redete oder schrieb, sondern Mose eher inspirierte. Und es gibt sogar Leute, die glauben, dass Mose sich die ganze Sache nur vorgestellt habe.

Lawrence Kushner, S. 30

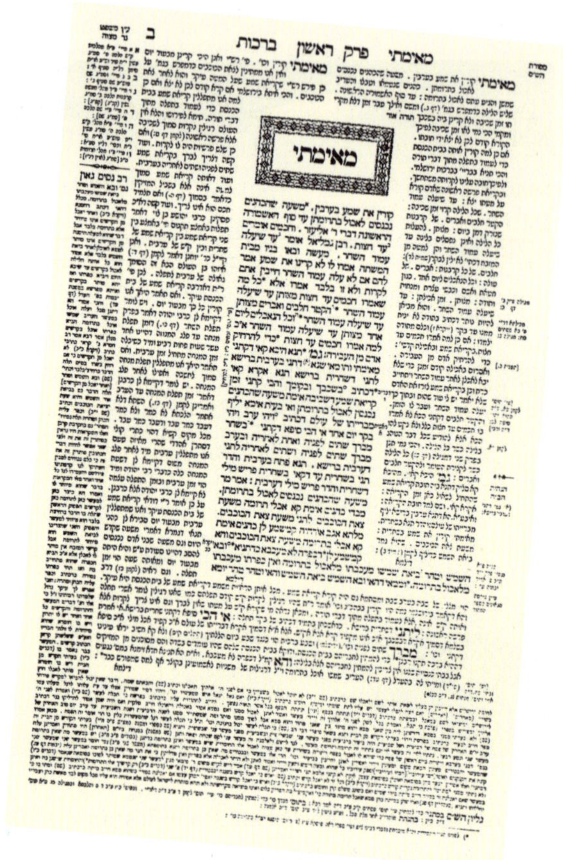
ב מאימתי פרק ראשון ברכות
מאימתי

Seite aus dem Talmud

Wie dem auch sei: Die Texte der Thora sind mit größter Sorgfalt aufgeschrieben worden, aber nach jüdischem Verständnis sind sie gleichzeitig lebendig und müssen immer wieder neu erklärt und verstanden werden.

Nach ihrer schriftlichen Festlegung wurden deshalb an die Texte der Thora jahrhundertelang immer wieder neue Fragen gerichtet wie: Was bedeuten die Texte praktisch? Was folgt daraus für das menschliche Handeln im Alltag?

Lange geschah dies nur mündlich, deshalb nannte man die jüdische Lehre und Tradition auch „mündliche Thora". Ab dem 2. bis zum 6. Jahrhundert n. Chr. begann man jedoch in den jüdischen Lehrschulen in Palästina und Babylon, die ganzen Auslegungen und Diskussionen von mehr als 2000 Rabbinern über die Texte der Thora in schriftlicher Form zusammenzufassen. Die Werke, die dabei entstanden, sind der palästinische und der babylonische Talmud. Beide sind um vieles umfangreicher als die ursprüngliche Thora. Das hebräische Wort *Talmud* bedeutet: Lernen, Lehre, Studium. Der Talmud enthält Bestimmungen über die Landwirtschaft, über den Schabbat und die Feiertage, über die Ehe und Scheidung, über Schadensregulierungen, über das religiöse Opfer, die Speisegesetze und über die kultische Reinheit; all dies erfolgt in einer verwirrenden Fülle von Erzählungen, Diskussionen und Auslegungen, die häufig bei einem Thema beginnen und am Ende bei einem ganz anderen landen.

Mit dem Talmud umgehen bedeutet für jüdische Schüler/innen und Student/innen, in die Argumentationen hineinzutauchen, alte Fragen nachzuvollziehen und neue zu stellen. Diskussionen ohne erkennbaren Sinn wechseln mit aktuellen Fragen wie zum Beispiel: Wie wurde die Arche Noah gebaut? Wie lässt sich der Tod eines Patienten zweifelsfrei feststellen? Darf man ein am Schabbat-Tag gelegtes Ei am Schabbat essen? Welche Schneckenfarbe wurde zum Färben der Fäden am Gebetsmantel verwendet? Wie muss ein Ehevertrag formuliert sein, der weder den Mann noch die Frau benachteiligt? Gerade die Vielstimmigkeit und die Unklarheiten machen das Studium des Talmud so spannend, denn was richtig und falsch ist, muss man selbst herausfinden.

M6 Zwei Talmud-Fallbeispiele

Einmal fragte Rabbi Jochanans ben Zakkai seine Lieblingsschüler: „Welches ist die kostbarste Eigenschaft des Menschen?“
Rabbi Elieser sagte: „Ein gutes Auge haben.“
Rabbi Jehoschua sagte: „Einen guten Freund besitzen.“
Rabbi Josse sagte: Einen guten Nachbarn haben.“
Rabbi Simon sagte: „Die Zukunft enträtseln können.“
Rabbi Eleasar: „Ein gutes Herz haben.“

Elie Wiesel, S. 45

Ein Nichtjude suchte Rabbi Hillel auf und bat ihn, ihm die gesamte Thora beizubringen, und zwar so schnell, wie er auf einem Fuß stehen könne. Rabbi Hillel empfing ihn mit offenen Armen und erklärte ihm das Kernstück der Thora: „Was dir nicht lieb ist, das tue auch deinem Nächsten nicht; das ist die ganze Gesetzeslehre, alles andere ist nur die Erläuterung, gehe und lerne sie.

Babylonischer Talmud, Schabbat II,v Fol.31a

Michael, Rebecca, Magdalena, Joel und Lea lesen und diskutieren die beiden Texte aus dem Talmud.

<u>Magdalena:</u> Erinnert ihr euch noch, wie letzte Woche in der großen Pause aus meiner Schultasche der Geldbeutel gestohlen wurde? Ich habe ja immer noch David in Verdacht und würde ihm am liebsten dafür seine Schultasche aus dem Fenster leeren.

<u>Joel:</u> Meinst du, dass dies dann mit Rabbi Hillels Thora-Erklärung zusammenpassen würde?

Aufgaben

1 Geht zu zweit mit euren Augen im Bild spazieren und beschreibt, was ihr an Personen, Gegenständen, Formen und Farben auf dem Bild entdeckt.
Bestimmt dabei für euch das Zentrum und die drei wichtigsten Teile im Bild.
Besprecht, was der Künstler Marc Chagall mit dem Bild vermitteln möchte. → M1

2 Fasse die wesentlichen Informationen der Texte zusammen. → M2/5

3 Wichtige Texte der Thora sind z. B.:
1.Mose 11,1-9 (Der Turmbau zu Babel);
1.Mose 28,10-22 (Jakobs Traum bei Bet-El);
2.Mose 3,1-15 (Moses Berufung);
2.Mose 22,20-26 (Rechtsschutz für die Schwachen);
3.Mose 19,11-18 (Sozialverhalten und Nächstenliebe);
5.Mose 4,5-8 (Einhalten der Thora). → M3/4
a) Lest in kleinen Gruppen einzelne Texte.
b) Nehmt Stellung zum Inhalt, indem ihr auf einem Blatt eure Eindrücke und Meinungen formuliert und das Blatt dann weiterreicht.
c) Teilt euch die inhaltlichen Ergebnisse gegenseitig in der Klasse mit.

4 Überlege: Welche Antwort würdest du geben? In ihr sollten die anderen Antworten enthalten sein. Begründe deine Überlegung mit einem praktischen Beispiel. → M6 (1. Text)
Erkläre, inwiefern die Diskussion zwischen Magdalena und Joel mit dem Talmud-Beispiel zu tun hat.
Überlege dir ein eigenes Beispiel, das das Kernstück der Thora erklärt. → M6 (2. Text)

▶ Glossar: Deuteronomium, Pentateuch, Rabbi(ner), Talmud, Thora, Thorarolle, Thoraschrein

4 Der Glaube an den Einen Gott

M1 Höre Israel!

שְׁמַע יִשְׂרָאֵל יְהוָה אֱלֹהֵינוּ יְהוָה ׀ אֶחָד׃

5.Mose 6,4:
Höre Israel! JHWH, unser Gott, JHWH ist einzig.

Mit dem Sch'ma Jisrael, dem wichtigsten Gebet in der jüdischen Religion, bekennt jedes Mitglied des Volkes Israel seine Glaubenserfahrung an den einen und einzigen Gott, der das menschliche Leben von der Geburt bis zum Tod begleitet. Der erwachsene Jude betet es deshalb jeden Tag, und jedes Kind lernt es auf Hebräisch auswendig.

Wir Juden sind die Kinder des Einen und Einzigen und haben daher zu ihm ein Verhältnis wie ein Kind zu seinem Vater: ehrfurchtsvoll, mit viel Respekt, manchmal sogar mit ein wenig Angst, doch sehr familiär, auf „du und du“, damit auch oft im Streit mit ihm.

Paul Spiegel, S. 60

M2 Der Name Gottes

In der Thora wird erzählt, wie Mose von Gott beauftragt wird, das Volk Israel aus dem Land Ägypten, dem Machtbereich des ägyptischen Pharaos, herauszuführen. Mose fragt dabei Gott nach seinem Namen, um den Israeliten sagen zu können, welcher Gott ihn zu ihnen gesandt habe:

2.Mose 3,14:
Da sprach Gott zu Mose:
„Ich werde sein, der ich bin“
(JHWH). Und sprach:
Also sprich zu den Israeliten:
Der „Ich werde sein, der ich bin“
sendet mich zu euch.

M3 „Ich bin da"

Theo, der Ostern mit seiner Schwester und Tante Marthe in Jerusalem verbringt, erfährt von einem Rabbiner das Rätsel um den Namen Gottes.

„Wie gesagt, haben wir uns bereits vor den Christen und Muslimen zu dem einen, einzigen Gott bekannt“, fuhr der Rabbiner fort. „Er ist der Ewige, der war, ist und sein wird. Sein Name bedeutet: Ich bin da als der ‚Ich-bin-da'.“
„Der ‚Ich-bin-da', komischer Name für einen Gott“, wunderte sich Theo.
„Dieser rätselhafte Name wurde in der jüdischen Tradition verschieden erklärt. Uns war es immer wichtig, dass Gott eine Beziehung zu uns hat. Gott war für

Marc Chagall, Mose vor dem brennenden Dornbusch

uns da, er ist für uns da und wird auch in Zukunft für uns da sein.“

„Aber wie können Sie behaupten, dass Gott für euch da ist, wenn es euch doch so oft schlecht ergangen ist?“, fragte Theo.

„Jüdische Gelehrte haben auch die Auffassung vertreten, dass Gott unbegreiflich und unerkennbar ist. Wir glauben aber, dass Gott nicht fern im Himmel thront, sondern uns auch im Leiden nahe ist“ [...].

„Vorausgesetzt, man glaubt an ihn!“, begehrte Theo auf.

„Auch wenn du nicht an ihn glaubst, ist er da“, erwiderte der Rabbiner.

Catherine Clément, S. 57-58

M4 Eine gemeinsame Geschichte

> 2.Mose 20,2:
> **Ich bin der Herr, dein Gott, der dich aus dem Land Ägypten, aus dem Knechthaus, geführt hat.**

Das Volk Israel ist in der Wüste am Berg Sinai angelangt. Dort bekommt Mose von Gott auf zwei Steintafeln die „Zehn Worte“ (den Dekalog), die sogenannten 10 Gebote. Auf ihnen teilt Gott dem Volk Israel mit, was Menschen tun und was sie nicht tun sollen, wenn sie ein glückliches Leben in Freiheit leben wollen.

Am Beginn des Dekalogs steht der berühmte Satz, mit dem sich Gott vorstellt als der, der seinem Volk Israel aus der Knechtschaft in Ägypten herausgeholfen hat. Seither fühlen sich alle jüdischen Gläubigen untereinander in einer familiären Verwandtschaft und mit Gott aufs Engste verbunden: Wir sind Gottes Volk; unser Gott hat uns aus Ägypten herausgeführt, unser Gott ist unser Vater, wir sind seine Söhne und Töchter.

Jeder Jude und jede Jüdin ist eingebunden in die gemeinsame Geschichte Gottes mit seinem Volk Israel. Sie beginnt bereits beim Bund Gottes mit Abraham (1.Mose 17,2-10), worin er seinen Nachkommen den immer währenden Schutz des einen und einzigen Gottes garantiert.

An Gott glauben bedeutet deshalb auch, sich bei den wichtigen jüdischen Festen (etwa beim Pessach-Fest) immer wieder daran zu erinnern, dass jeder Einzelne des Volkes Israel sich heute und in alle Zukunft der Zuwendung Gottes sicher sein kann. Dies gilt, obwohl Gott zur Zeit der Verfolgung der Juden im Nationalsozialismus in Deutschland völlig abwesend schien. Von einem berühmten Rabbi gibt es aus dieser Zeit ein furchtbares Gebet an Gott: „Herr der Welt, erbarme dich unser. Rette uns. Zeige dich endlich. Denn sonst werden wir den Bund mit dir aufkündigen!“ Eine unmissverständliche Drohung, jedoch zeigt sie auch, wie im jüdischen Glauben ebenso Gott verpflichtet wird, seinen Bund einzuhalten. Jeder Mensch hat das Recht, Gott an sein Versprechen zu erinnern.

Aufgaben

1 Übertrage das hebräische Sch'ma-Gebet (von rechts nach links schreiben!) mit der deutschen Übersetzung in dein Heft. Lies die Bibelstelle 5.Mose 6,4-9 im Ganzen und überlege, wo das Gebet überall im jüdischen Leben vorkommt. Erkundige dich dazu auch in den anderen Kapiteln. ➔ M1

2 Lies den Bibeltext 2.Mose 3,1-15 im Ganzen. Betrachte dann das Bild von Marc Chagall und beschreibe, wie Gott auf dem Bild dargestellt ist. ➔ M2

3 Überlege dir, warum jeder Mensch einen eigenen Namen besitzt. Im Vergleich dazu: Kannst du dir vorstellen, warum Juden (wie auch Christen und Muslime) für den Namen Gottes immer Umschreibungen verwenden wie: der Herr, der Ewige, der Einzige, der Barmherzige, der Gerechte? ➔ M3

4 Überlege und beschreibe mit einem Satz: Was ist dem jüdischen Gläubigen an seinem Gott wichtig, wenn er das Sch'ma-Gebet spricht, an den „Namen Gottes“ denkt und sich an die gemeinsame Geschichte mit Gott erinnert? ➔ M1/2/3/4
Tragt auf einem Wandplakat alle Sätze zusammen und diskutiert darüber, was an der jüdischen Gottesvorstellung bis heute wichtig ist.

▶ Glossar: JHWH, Sch'ma Jisrael

5 Lernen und Beten in der Synagoge

M1 Ethik-Unterricht in der Synagoge

Michael, Joel, Magdalena und Rebecca wurden von der Ethik-Klasse gefragt, ob sie ihren Mitschüler/innen die Synagoge in der Stadt erklären könnten. Warum nicht, schließlich sind sie dort mindestens einmal pro Woche.

Michael: O.K., also ich fange heute an. Uns wäre es recht, wenn ihr euch jeden unbekannten Begriff und die Gegenstände, die wir heute versuchen zu erklären, überhaupt alles, was euch neu ist, nebenher aufschreibt, damit ihr nachher das Arbeitsblatt besser ausfüllen könnt, das wir vorbereitet haben.

Zuallererst: Ich denke mir mal, dass ihr von außen nicht gleich gemerkt habt, dass das hier eine Synagoge ist, wenn da nicht über der Eingangstür der Davidstern gewesen wäre. Es gibt eben keinen auffälligen Glockenturm wie bei den Kirchen.

Die Synagoge ist der Treffpunkt für die jüdische Gemeinde, was auch schon im griechischen Wort *Synagoge* enthalten ist, das „Zusammenkunft, Versammlung" bedeutet. Auf *Hebräisch* sagen wir dazu: *Bet haKnesset*, „Versammlungshaus". Hier finden unsere Gottesdienste, Gemeindeversammlungen, unsere religiösen Feiern und auch der jüdische Religionsunterricht statt. Außerdem haben wir hier einen Kinder- und Jugendclub und verschiedene Angebote für Frauen und die Gemeindebibliothek, in der man auch unsere wichtigen religiösen Schriften wie z.B. Kommentare zur Thora und dem Talmud studieren kann.

Magdalena: Ich mache nun weiter und erkläre euch die wichtigsten Gegenstände. Der wichtigste Gegenstand hier, obwohl man ihn nicht gleich sieht, ist der Schrank hinter mir an der Wand; man nennt ihn den *Thoraschrein*. In ihm bewahren wir die *Thorarollen* auf, aus denen im Gottesdienst vorgelesen wird. Sie sind das Wichtigste, was jede Gemeinde besitzt. Unsere sind mit einem weinroten bestickten Samtumhang und einem silbernen Schild geschützt. Über dem Thoraschrein seht ihr die zwei steinernen Tafeln mit den 10 Lebensregeln. Der Schrein liegt übrigens immer auf der Seite, die nach Jerusalem zeigt und an den Tempel dort erinnert, genauso wie der kostbare Vorhang vor dem Schrein. Und jede Synagoge hat auch ein Fenster, das nach Jerusalem zeigt.

So, den *Davidstern*, hier an der Wand, auf dem Boden und entlang der Empore, und den siebenarmigen *Menora-Leuchter* kennt ihr ja schon. Zählt mal die Arme hier beim zweiten Leuchter rechts neben mir. Er hat neun Arme und ist der *Chanukka-Leuchter*, den wir beim Chanukka-Fest im Dezember anzünden: an jedem Abend ein Licht, acht Abende lang, das neunte Licht dient nur zum Anzünden. Dann seht ihr hier über mir diese reich verzierte Öllampe; man nennt sie *Ner Tamid*, ewiges Licht, und sie brennt, wie der Name schon sagt, Tag und Nacht und erinnert auch an den Leuchter im Jerusalemer Tempel. Der erhöhte Platz und der Tisch mit dem Lesepult, an dem ich hier stehe, ist der *Bima*, was im Hebräischen „Erhöhung" bedeutet. Von hier aus finden unsere Gottesdienste statt, bei denen dann Abschnitte aus den Thorarollen vorgelesen werden, was wir ja ab der Bar- und Bat-Mitzwa-Feier auch dürfen.

Joel: Jetzt ist schon das Stichwort Gottesdienst gefallen. Damit mache ich weiter. Ich hoffe, ihr könnt noch zuhören. Wir haben hier dreimal am Tag gemeinsames Gebet; montags, donnerstags und dann natürlich am Schabbat und an den jüdischen Feiertagen finden Gottesdienste statt. Der Höhepunkt ist dann immer, wenn die Thorarolle feierlich aus dem Schrein geholt und auf den Bima gelegt wird und der jeweilige Wochen- oder Festtagsabschnitt daraus vorgelesen wird. Das erfolgt bei uns übrigens abwechselnd auf Hebräisch und Deutsch, weshalb wir Hebräisch auch extra lernen müssen. Die Lesungen halten bei uns immer religionsmündige Männer und Frauen aus der Gemeinde; das ist übrigens eine hohe Ehre und Verpflichtung. Ich war letzten Monat auch einmal dran. Damit der Gottesdienst stattfinden kann, müssen auf jeden Fall mindestens zehn erwachsene Gemeindemitglieder, auf Hebräisch: *Minjan*, was einfach „Zahl" bedeutet, anwesend sein. Wichtig dabei

Innenansicht einer Berliner Synagoge

ist natürlich auch unser Rabbiner, bei dem wir auch unseren Religionsunterricht haben. Er ist der „Lehrer" der jüdischen Gemeinde, wie das Wort Rabbi schon sagt; unserer war auf der jüdischen Hochschule in Heidelberg. Er ist der berufliche Experte für alles, was mit der jüdischen Tradition und den Regeln des *Talmud* und der *Halacha*, dem jüdischen Religionsgesetz, zu tun hat. Er leitet die Gottesdienste immer mit, hält die Predigten, Hochzeiten und Beerdigungen, ist zuständig für alles in der Gemeinde und kann bei allen Alltagsproblemen gefragt werden. Bei ihm haben wir wie gesagt den Religionsunterricht und er hält Seminare zu den Heiligen Schriften und noch vieles mehr. Man kann ihn vielleicht mit dem Pfarrer bei euch vergleichen, er ist aber keiner, schon gar kein Priester. Seine noch kleinen Kinder werden sicher auch bald auf unserer Schule sein.

<u>Rebecca:</u> Noch ein klein wenig Geduld. Ich werde euch als Letztes etwas erklären, was euch sicher interessiert, weil ihr vielleicht schon gehört habt, dass im Synagogengottesdienst Jungen und Mädchen, Frauen und Männer getrennt sitzen. Bei uns ist das nicht so: Wir sind eine liberale Gemeinde und sitzen mit der ganzen Familie immer zusammen. Die traditionelle Begründung für eine Trennung finde ich ehrlich gesagt auch nicht überzeugend: Die Männer unten sollen beim Gottesdienst nicht von den Frauen und Kindern abgelenkt werden. Ja, und die erwachsenen Männer tragen natürlich die *Kippa* oder einen Hut, bei den Frauen ist nichts vorgeschrieben.

Ach, jetzt hätte ich es fast vergessen. Seit wann gibt es Synagogen? Auf jeden Fall länger als Kirchen. Schon als der Jerusalemer Tempel noch existierte, gab es Versammlungsräume für das tägliche Gebet und das Studium der heiligen Schriften. Als dann der Tempel von den Römern 70 n. Chr. zerstört wurde, wurden die Synagogen auch zu Häusern für den Gottesdienst, da es den Tempel ja nicht mehr gab. Man kann also sagen, dass seit dieser Zeit, also seit über 1900 Jahren, überall dort, wo es jüdische Gemeinden gab, auch Synagogen entstanden, die immer das Zentrum des jüdischen Gemeindelebens waren und bis heute sind.

So. Und jetzt seid ihr dran: Wir haben für euch ein Arbeitsblatt vorbereitet, auf dem ihr noch einmal alles Wichtige findet. Wir hoffen, dass es für euren Ethik-Unterricht interessant war und ihr das meiste über die Synagoge verstanden habt.

M2 Arbeitsblatt Synagoge

Synagoge in Darmstadt

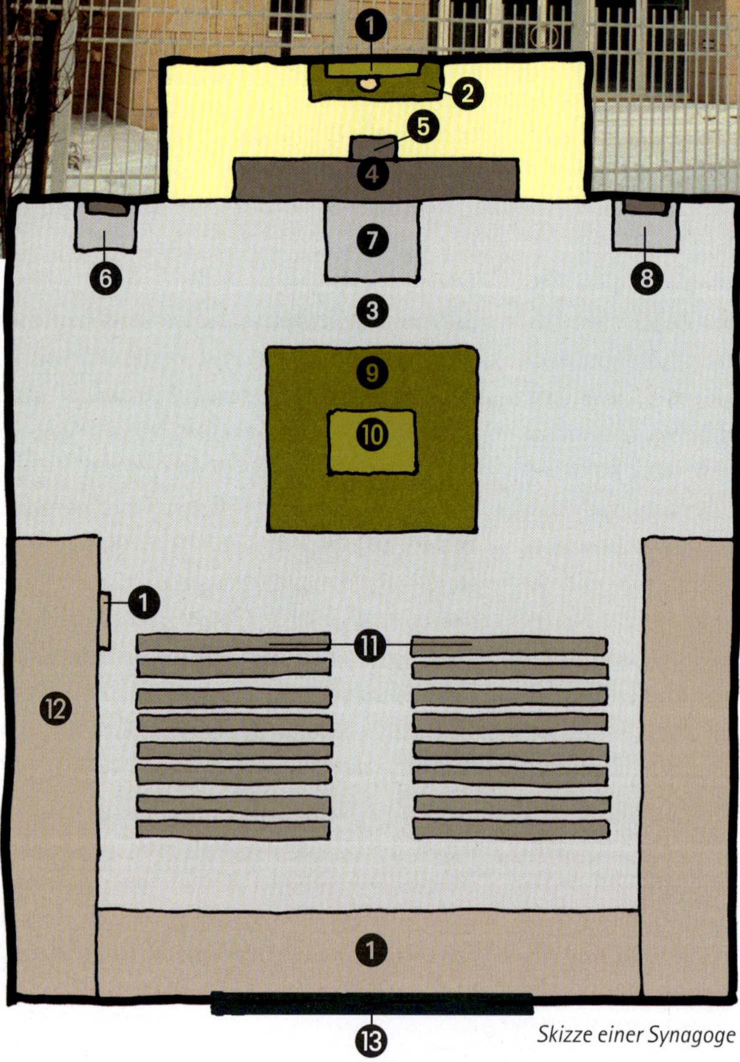

Skizze einer Synagoge

- Menora-Leuchter
- Davidstern
- Tisch mit Lesepult
- Sitzreihen für Männer
- Fenster an der Ostwand über dem Thoraschrein
- Chanukka-Leuchter
- Ewiges Licht (Ner Tamid)
- Haupteingang
- Thoraschrein
- Steinerne Tafeln
- Pult des Rabbiners
- Bima (erhöhter Platz)
- Frauenempore

M3 Die jüdische Schule

Schon die Römer nannten die Synagoge „schola judaeorum". Auf Jiddisch, dem jüdisch-deutschen Dialekt, heißt die Synagoge „Schul". Synagoge und Schul(e) bedeuten also dasselbe. Der folgende Text beschreibt die besondere Atmosphäre einer jüdischen Studienszene.

Unordnung, Tohuwabohu, heftiges Gestikulieren, unentwegtes Kommen und Gehen, so präsentiert sich [...] das Studienhaus, das sich in der Synagoge befindet [...]. Die Talmudschüler haben keine mönchische Ruhe. Das Schweigen ist nicht die Regel: Auf den selten in Reih und Glied aufgestellten Tischen, im Durcheinander türmen sich [...] die Bücher der Thora, jene von Maimonides, [...] aufgeschlagene Bücher stapeln sich.

Die Studenten – sitzend, stehend, ein Knie auf der Bank oder auf dem Stuhl – sind über die Texte des Talmud gebeugt; Seite an Seite oder häufiger noch vis-a-vis lesen sie mit lauter Stimme, wiegen sich vor und zurück, von links nach rechts, [...] blättern fiebrig in den Seiten der Kommentare, die sie schnell aus den Regalen der riesigen Bibliothek nehmen und dorthin wieder zurückstellen [...].

Da sie sich glücklicherweise selten über den Sinn einer studierten Passage einig sind, befragen sie den Lehrmeister, der sie ihnen erklärt, eine Position zu den vorgeschlagenen Thesen bezieht und für einen Moment den leidenschaftlichen Kampf der Ratsuchenden beruhigt. An einem anderen Tisch, weiter hinten, ist ein Student eingeschlafen, die Arme über dem Talmudtext verschränkt.

Marc-Alain Ouaknin, S. 127-128

M4 Ein Rabbiner und sein Schüler

Wer die Weisheiten der Rabbiner kennen lernen möchte, findet sie in dem Buch „Die Erzählungen der Chassidim", in dem sie der berühmte jüdische Philosoph Martin Buber gesammelt hat. Zwei der Gespräche davon lauten so:

Die Verschiedenheit

Rabbi Rafael fragte seinen Lehrer: „Warum gleicht kein Menschenantlitz dem andern?"
Rabbi Pinchas antwortete: „Weil der Mensch im Bilde Gottes erschaffen ist. Jeder saugt die göttliche Lebenskraft von einem andern Ort, und alle zusammen sind sie der Mensch. Darum sind ihre Antlitze verschieden."

Vom Zorn

Rabbi Pinchas sprach einmal zu einem Chassid: „Wenn einer seine Hausgenossen auf dem rechten Wege anleiten will, darf er nicht in Zorn über sie geraten. Denn durch den Zorn macht man nicht bloß sich selber unrein, man trägt auch die Unreinheit in derer Seele, denen man zürnt."

Martin Buber, S. 230

Aufgaben

1 Lest den Text mit verteilten Rollen.
Erstelle eine Tabelle der neuen Begriffe und der Einrichtungsgegenstände und erkläre ihre Bedeutung. ➜ M1

2 Erkläre mit den zusammengestellten Informationen die Zahlen auf dem Arbeitsblatt. ➜ M1/2
Stelle dir vor, du bist Architekt/in und bekommst den Auftrag, eine Synagoge zu bauen. Zeichne den Grundriss einer Synagoge und beschrifte ihn.

3 Kannst du dir vorstellen, so auch in der Schule zu lernen? Diskutiert untereinander die Lernatmosphäre. ➜ M3/4

4 Falls es in erreichbarer Nähe eine Synagoge gibt, organisiert eine Exkursion dorthin und bereitet sie vor.

5 Verfasse einen Artikel für die Schülerzeitung zum Thema „Schüler/innen mit unterschiedlichen Religionen an unserer Schule: Woran man die jüdische Religion erkennt".

▶ Glossar: Bet HaKnesset, Bíma, Halacha, Hebräisch, Jiddisch, Minjan, Ner Tamid, Schul, Synagoge

1 Die Speiseregeln

M1 Was ist koscher?

Hi Micha,
am Samstag steigt bei mir die Party. Ich hoffe, du kannst kommen. Vorhin fiel mir ein, dass du mir erzählt hast, dass du, wenn es geht, nur *koschere* Sachen isst. Was ist denn mit koscherem Essen gemeint? Koscher heißt doch so etwas wie „sauber“. Also auf saubere Teller kannst du dich bei mir verlassen. Doch wäre es sicher gut, wenn du mich mit einer schnellen Mail aufklärst, damit ich für Samstag die richtigen Sachen besorgen kann.
See you, Tobi

Hi Tobi,
oh je, jetzt wird es ein wenig kompliziert. Also: Saubere Teller finde ich ziemlich gut, doch das Wort *koscher* bedeutet „geeignet, tauglich, rein“ und meint damit bestimmtes Essen, das nach den jüdischen Lebensregeln aus der Thora und dem Talmud als koscher gilt. Wenn du willst, aber ich sage dir gleich, es ist nicht einfach, kannst du alle Regeln im Talmud nachlesen.
Wir halten uns soweit wie möglich innerhalb unserer Familie daran, obwohl wir nur einen koscheren Laden in erreichbarer Nähe haben und er auch ganz schön teuer ist. Es ist aber für mich auch kein Problem, bei deiner Party mal nicht so genau aufzupassen. Also wenn es z. B. Spaghetti mit Tomatensoße gibt, also alles pflanzlich ist und kein Fleisch zusammen mit Crème fraiche oder Sahne drin ist, dann ist es bereits völlig in Ordnung. Die koscheren Regeln beziehen sich sowieso nur auf alles, was mit tierischer Nahrung zu tun hat. Alles Obst, Gemüse und Getreide ist davon nicht betroffen. Aber wenn du wieder deine leckeren Cheeseburger machst, mit dem Rindfleisch und der leckeren Käsescheibe oben drauf, kann ich sowieso nicht nein sagen.
Freue mich auf deine Party,
Micha

M2 Koscher einkaufen und kochen

Bei der koscheren Ernährungsweise werden alle Speisen entsprechend den traditionellen jüdischen Gesetzen ausgewählt, zubereitet und kombiniert. Grundlage für die koschere Küche bildet das Kaschrut, die Speisevorschrift [...] im Talmud [...]. Koschere Gerichte müssen „rein“ sein. Großer Wert wird auch auf die sorgfältige Zubereitung der Speisen und auf Hygiene gelegt. Viele Arbeitsgänge in der Produktion werden von Rabbinern überwacht. In den USA und in Europa sind koschere Lebensmittel mittlerweile auch bei Nicht-Juden sehr beliebt, denn sie gelten als besonders natürlich.

Israel Projektwoche, S. 35

M3 Die wichtigsten Speiseregeln

Grundsätzlich gibt es drei Hauptregeln:

- die Trennung von Milch- und Fleischspeisen (2.Mose 23,19)
- kein Essen von Blut oder blutigen Speisen, da Blut als Träger des Lebens gilt (1.Mose 9,4)
- das Verbot, unreine Tiere zu essen (3.Mose 11)

Die weiteren koscheren Grundregeln sind:

<u>Fleisch:</u> Man darf nur Fleisch von Tieren essen, die gespaltene Hufe besitzen und wiederkäuen. Dazu zählen: Schaf-, Lamm-, Kalb-, Rind-, Ziegen-, Rehfleisch. Nicht koscher sind Schweine, Pferde, Esel, Kamele, Kaninchen, Hasen. Geflügelfleisch wie Huhn, Pute, Ente, Gans ist erlaubt, jedoch nicht Wildvögel.

Als nicht koscher gelten auch alle Weich- und Kriechtiere wie Schlangen, Schnecken und Austern.

<u>Fisch:</u> Koschere Fische müssen Flossen und Schuppen besitzen. Nicht koscher sind alle Schalen- und Krustentiere wie Krebse, Langusten und auch Aale.

<u>Kein Blut:</u> Nach jüdischem Glauben ist Blut die Lebenssubstanz, die allein Gott gehört. Deshalb muss das Tier von einem speziell ausgebildeten Schlachter, auf Hebräisch: *Schochet* (Schächter), mit einem einzigen Schnitt einer scharfen Klinge durch die Halsschlagader und Luftröhre getötet werden und völlig ausbluten.

<u>Fleisch und Milch:</u> Milchprodukte und Fleisch oder Wurst werden nicht zusammen gegessen, jedoch ist es mit mehrstündigem Abstand möglich. Wer diese Regel aus dem Talmud streng befolgt, besitzt sogar getrenntes Koch- und Essgeschirr und getrennte Schränke, Kühlschränke und Spülen.

<u>Eier, Milchprodukte, Gelatine:</u> Eier gelten als „neutral“ und können zu allem gegessen werden. Alle Milchprodukte ohne Gelatine gelten als koscher; Kuchen und Kekse müssen ohne tierisches Fett gebacken werden, und Produkte mit Gelatine aus Tierknochen gelten als nicht koscher.

Falafel aus Kichererbsenpüree sind inzwischen auch in Europa und Nordamerika bekannt. Meist werden sie in warmem Pita-Brot mit Salat und Tomaten gegessen.

M4 Der Sinn der Speiseregeln

Die jüdischen Speiseregeln kann man zum Teil gesundheitlich und hygienisch begründen, wenn man z.B. weiß, dass Schweinefleisch und Schalentiere in heißen Ländern schnell verderben. Ihr Sinn besteht aber eher darin, sich im eigenen Lebensalltag an die Thora zu halten, in der die Unterscheidung zwischen reiner und unreiner Nahrung mit der Heiligung des Lebens verglichen wird (3.Mose 11,44). Dies bedeutet auch zu unterscheiden, was richtig und falsch ist, und das eigene Leben und das der anderen fürsorglich zu behandeln. Jüdischem Denken entspricht deshalb auch der heutige Spruch: „Man ist, was man isst“.

Aufgaben

1. Liste die wichtigsten jüdischen Speiseregeln auf.
   Gegen welche Speiseregel verstößt Micha mit dem Cheeseburger? ➜ M1/2/3
   Überlege, welche deiner Lieblingsspeisen nicht den koscheren Speiseregeln entsprechen.
2. In anderen Kulturen werden z.B. Hunde, Schlangen, Heuschrecken oder Maden als Delikatessen gegessen. Welche eigenen Speiseregeln würdest du dir aufstellen? Begründe sie auch. ➜ M1/2/3/4
3. Stellt in Gruppen unter Beachtung der Speiseregeln ein koscheres Menü mit vier Gängen (Suppe-Salat-Hauptgang-Nachtisch) zusammen. ➜ M3

▶ Glossar: Kaschrut, koscher, Schächten

2 Den Schabbat feiern ...

M1 Den Schabbat feiern

Hi Lea, endlich Ferien. Hast du am Freitagabend schon was vor? Wie wär's denn wieder mal mit Kino? Hätte mal wieder Lust auf was Spannendes, **see you, Charlie**

Hi Charlie, tut mir leid, kann nicht. Meine Verwandten aus den USA kommen. Wir wollen am Freitagabend mal wieder so richtig Schabbat feiern, was wir sonst so auch nicht jede Woche machen. Ist nämlich ziemlich aufwändig vorher und man muss sich auch richtig darauf einlassen können. Wie wär's denn, hättest du nicht Lust, am Freitag und Samstag zum Schabbat zu mir zu kommen und mitzufeiern? **Bis dann, Lea**

Hi Lea, Schabbat – versteh nur Bahnhof. Eigentlich komme ich gerne, doch kannst du mich vorher ein wenig aufklären, damit ich schon ein wenig Bescheid weiß und mich nicht vielleicht blöd anstelle? **Gruß Charlie**

M2 Die Schabbat-Feier

Den Schabbat vorbereiten

Der Schabbat, das bedeutet „Ruhe, Abschluss“ der Woche, wird von Freitagabend bis Samstagabend gefeiert. Im Judentum beginnt der jeweils kommende Tag nicht um 0.01 Uhr, sondern bereits am Abend davor nach Sonnenuntergang, spätestens, wenn die ersten drei Sterne zu sehen sind (in Europa zwischen 16 und 21 Uhr). Dies hat mit der biblischen Schöpfungserzählung zu tun, bei der jeder neue Tag vom Abend an gerechnet wird.

Alle Mitglieder der Familie beteiligen sich an der Vorbereitung mit Aufräumen und Putzen, Kochen und Backen. Ein typisches Schabbatgericht besteht z.B. aus Fisch, Geflügel, selbst gemachten Nudeln, Kartoffelbrei und Maronenmus. Für die Feier benötigt man auch zwei Challots, geflochtene Schabbat-Brote.

Auf dem Schabbat-Tisch muss alles stimmen: weißes Tischtuch, zwei Schabbatkerzenleuchter, der Kiddusch-Becher und koscherer Wein dazu, das Messer und Tablett für die Challots, und dann natürlich für jeden Teller, Besteck, Becher, Servietten. Wichtig sind auch Blumen am Platz der Mutter, die zudem dafür sorgt, dass für Samstagabend eine geflochtene Hawdala-Kerze bereit liegt und die Besamim-Dose mit neuen wohlriechenden Kräutern gefüllt ist.

Der Verlauf der Schabbat-Feier

Nachdem sich alle Familienmitglieder um den Tisch herum versammelt haben, legt der Vater seinen Tallit um. Die Mutter entzündet die Kerzen, spricht dazu einen Segensspruch und man singt ein jüdisches Kiddusch-Lied. Anschließend bedankt sich der Vater bei der Mutter für die ganzen Vorbereitungen und spricht mit dem gefüllten Weinbecher in der Hand die Kiddusch-Segenssprüche über den geheiligten Schabbatwein. Alle um den Tisch herum erhalten einen kleinen Schluck des gesegneten Weines. Der Vater zerschneidet die Challot-Brote, segnet sie als von Gott geschenkte Nahrung und teilt an jeden ein Stück davon aus. Dieser Teil der Feier findet noch im Stehen statt. Danach legt der Vater seinen Tallit ab, alle setzen sich hin und freuen sich auf das vorbereitete

Abendessen. Zum Abschluss des festlichen Abends singen alle zusammen noch einige Schabbat-Lieder.
In gläubigen Familien geht man noch am Schabbat-Abend nach dem Essen oder am Samstagmorgen zum Gottesdienst in die Synagoge. Der Samstag ist dann ein Familientag, der gemeinsam verbracht wird. Zum Ende des Schabbats am Samstagabend zündet die Mutter die Hawdala-Kerze an und stellt die Besamim-Büchse dazu, die zusammen ein schönes Licht und angenehme Gerüche verbreiten, als Erinnerung bis zum nächsten Schabbat.

Die Bedeutung des Schabbat

Die Juden feiern jeden siebten Tag, also den Schabbat, als Höhepunkt der Woche, weil es so auch in der vierten Lebensregel der Thora steht. Und vor allem: Sie tun dabei dasselbe wie Gott am siebten Schöpfungstag, als er die Schöpfung vollendet hatte. Wie Gott soll sich jeder an einem Tag in der Woche frei und von nichts belastet erleben können und deshalb nichts Unnötiges arbeiten wie Essen kochen oder Schabbat-Kerzen löschen.

Rezept für Challa zum Schabbat

Zutaten

1 kg Mehl
1 Ei
2 Teelöffel Salz
1/2 Trinkglas Zucker
1 Trinkglas Öl
2 Würfel Hefe in 0,2 l warmem Wasser aufgelöst
1 Glas lauwarmes Wasser
Mohn zum Bestreuen

Zubereitung

Das Mehl und die aufgelöste Hefe mit dem Knethaken rühren. Die restlichen Zutaten hinzufügen und den Teig so lange kneten, bis er matt und glänzend wird.
Mit einem Küchentuch zudecken und zwei Stunden gehen lassen. Danach aus dem Teig zwei Zöpfe flechten. Die Zöpfe auf ein Bachblech legen, mit Eigelb bestreichen und mit Mohn bestreuen. In dem auf 175-200 Grad vorgeheizten Backofen 30-45 Minuten backen.

M3 Der Schabbat-Tisch

Schabbat-Mahl einer jüdischen Familie in Köln

3 ... und den Schabbat einhalten

M4 Warum Juden am Schabbat nicht arbeiten

Ist Autofahren Arbeit? Davon sind die Strenggläubigen in Israel überzeugt. Autofahrer verstoßen daher nach ihrer Überzeugung gegen das Gebot der Schabbatheiligung [...]. An diesem Tag wird ein Strenggläubiger nicht einmal telefonieren.

Die Pflicht zur Schabbatruhe zählt zu den Geboten der jüdischen Religion, die in den fünf Büchern Mose, der Thora, verankert sind:

2.Mose 20,8-11:

„Gedenke des Schabbat:
Halte ihn heilig.
Sechs Tage kannst du arbeiten
und jede Arbeit tun.
Aber der siebte Tag
ist ein Ruhetag, dem Herrn,
deinem Gott, geweiht.
Da sollst du keinerlei Arbeit verrichten,
du und dein Sohn und deine Tochter,
dein Knecht und deine Magd,
dein Vieh und ein Fremder,
der in deinen Toren ist.
Denn in sechs Tagen hat der Herr
Himmel und Erde gemacht,
das Meer, und alles,
was darin ist;
und geruhet am siebten Tage.
Darum hat der Herr den Schabbattag
gesegnet und ihn geheiligt.

Der Schabbat soll uns an die Schöpfung der Welt erinnern. Er verlangt weiterhin, dass wir über die ethische und moralische Erziehung des Menschen nachdenken und führt uns vor Augen, dass das Leben nicht nur aus Leistung und Arbeit besteht.

So gilt der Schabbat als hervorgehobener Ruhe- und Freudentag; er ist die Krönung der Woche. [...] Es gilt, sowohl körperliche als auch psychische Anstrengungen zu unterlassen. Das Einzige, was gestattet ist, ist die Körperpflege, das Spazierengehen und das Wandern bis zu zwei Kilometern, die Zubereitung von kalten Speisen, Benutzung von Elektrizität und der Transport von Privatgegenständen. Aber bereits das Fahren und Bedienen technischer Geräte (also das Autofahren und das Betreiben eines Kinos) gilt Strenggläubigen als Arbeit. Die Werkverbote werden nur aufgehoben, wenn es sich um die Erhaltung von Gesundheit und Errettung von Menschenleben handelt.

Channa Kozlowsky, in: Israel-Projektwoche, S. 38

39 Hauptarbeiten sind am Schabbat verboten, z. B.:

erlaubt ist:

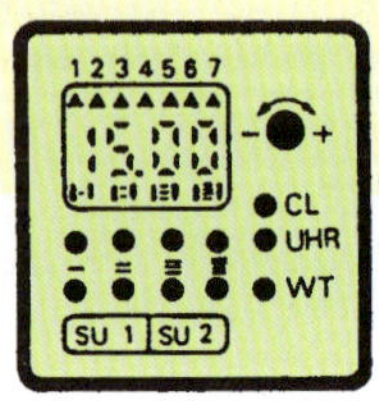

M5 Den Schabbat einhalten

Im Judentum sind 39 Hauptarbeiten am Schabbat verboten, so zum Beispiel: Schreiben, Hämmern, Feuer anzünden oder löschen, Waschen, Säen und Pflügen. Die im Talmud ursprünglich beschriebenen Regeln werden natürlich immer wieder an die jeweiligen Lebensverhältnisse angepasst. Dies bedeutet z.B., alles zu unterlassen, was mit Kaufen, Verkaufen oder mit Geldverdienen zu tun hat, oder dass man keinen Aufzug und kein Handy benutzt und der Computer ausgeschaltet bleibt.

Inwieweit die Schabbatruhe insgesamt eingehalten wird, hängt heute von der religiösen Überzeugung des Einzelnen ab und wo er als Jude lebt. So werden zum Beispiel in einem Stadtviertel in New York bei strenggläubigen jüdischen Familien die Schabbatregeln streng eingehalten. Bei liberalen Juden dagegen schreibt man sich auch am Schabbat private Briefe oder fährt mit dem Auto oder Bussen zum Gottesdienst. In Israel diskutiert man, ob am Schabbat Autos, Züge und Flugzeuge fahren dürfen, gleichzeitig aber werden auch am Freitagabend Fernsehprogramme angeboten und viele Restaurants und Kinos haben geöffnet. Und selbstverständlich arbeiten die Menschen in Israel am Schabbat auch in den Krankenhäusern, auf Polizeistationen und bei den Feuerwehren.

Für jeden jüdischen Gläubigen gilt zudem: Die oberste Regel ist, das Leben zu heiligen und zu bewahren. Bei Lebensgefahr dürfen deshalb alle Schabbat-Regeln gebrochen werden: Bin ich plötzlich akut krank und muss sofort ins Krankenhaus, kümmern sich um mich meine Angehörigen und Ärzte, ein Krankenwagen bringt mich ins Krankenhaus, und mir wird jede Hilfe zuteil.

Das Gebot der Arbeitsruhe am Schabbat wird bei Lebensgefahr außer Kraft gesetzt:

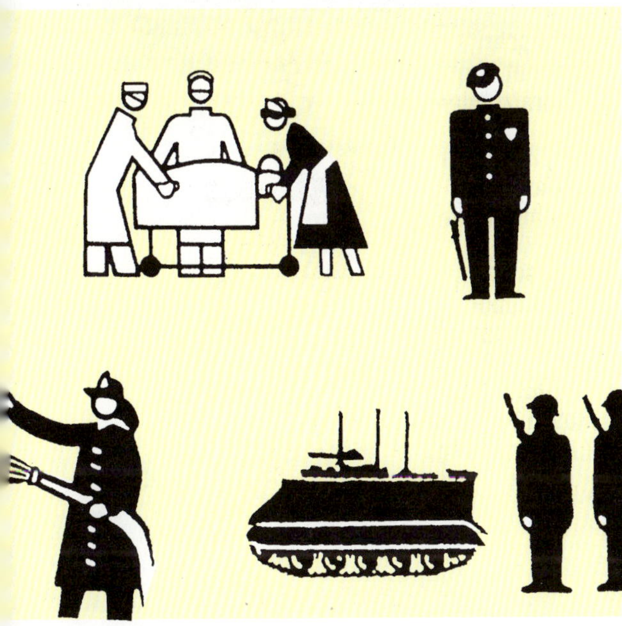

Aufgaben

1 Schreibe die E-Mail zwischen Lea und Charlie weiter, indem du die Informationen aus den Texten verwendest. ➔ M1/2

2 Erkläre mithilfe des Textes die Gegenstände am Schabbat-Tisch. ➔ M2/3

3 Lies die Bibelstellen 1.Mose 2,2-3, 2.Mose 20,8-11, 5.Mose 5,12-15 und formuliere in eigenen Worten, wie der jüdische Schabbat begründet wird.

4 Finde die verbotenen Arbeiten am Schabbat heraus. Versuche das „erlaubte" Bildsymbol zu entschlüsseln. Es zeigt, wie Juden heute mit den Schabbatregeln praktisch umgehen, ohne sie zu verletzen. ➔ M4/5
Könntest du dir vorstellen, deinen Sonntag wie den Schabbat zu verbringen, das heißt, nichts zu arbeiten und stattdessen mit der Familie zu feiern? Erstelle für dich einen Verlauf eines Sonntages, wie du ihn dir wünschst. Stellt die Verläufe in der Klasse vor und diskutiert, was der Sonntag für euch bedeutet.

5 Hält man die Regeln zur Schabbatruhe streng ein, bringt das in der modernen Arbeits- und Lebenswelt viele Probleme mit sich. Die Mehrheit der Juden heute verlangt deshalb, dass die Schabbatregeln wieder neu an ihre Lebenssituation angepasst werden. ➔ M5
Stellt eine Liste der Probleme zusammen und überlegt die Konsequenzen, die sich daraus ergeben. Wie würdet ihr einige Schabbatregeln neu formulieren?

▶ Glossar: Challa/Challot, Hawdala, Kiddusch, Schabbat

4 Der jüdische Festkalender

M1 Mond und Sonne sind wichtig

Für den jüdischen Kalender ist der Augenblick, wenn der Neumond beginnt, das heißt, wenn der Mond genau zwischen Erde und Sonne steht, der wichtigste. Zu diesem Zeitpunkt ist der Mond nicht sichtbar. Frühestens 6 Stunden später kann, wenn der Himmel nicht von Wolken bedeckt ist, ein erster Streifen erblickt werden. Mit jedem Neumond beginnt im jüdischen Kalender ein neuer Monatsanfang.

Man nennt den jüdischen Kalender auch einen *lunisolaren* Kalender: eine Zeitrechnung, die sich am Mond- und Sonnenlauf orientiert. Das bedeutet: Die Dauer des Monats wird dadurch bestimmt, wie lange der Mond braucht, bis er die Erde einmal umkreist hat. Dies sind 29,5 Tage, so dass man die Monate abwechselnd mit 29 oder 30 Tagen rechnet. Gleichzeitig richtet sich jedoch die Länge des Jahres danach, wie lange die Erde braucht, um einmal um die Sonne zu kreisen, was 365 Tage dauert.

Das macht den jüdischen Kalender kompliziert. Für gute Rechner wird gleich klar: Zwölf Mondmonate ergeben 354 Tage, so dass also ein reines Mondjahr immer elf Tage kürzer wäre als das 365-Tage-Sonnenjahr. Nach zwei Jahren wären es bereits 22 Tage, nach 3 Jahren schon 33 Tage usw. Damit würden der Jahresbeginn wie auch die Termine der jüdischen Feste, die sich rein nach den Mondzyklen richten, durch das Jahr wandern. Besonders für die jüdischen Feste wäre die andauernde Verschiebung ein Problem, da einige Feste mit dem Jahreskreislauf der Natur und entsprechenden landwirtschaftlichen Ereignissen zu tun haben. Man kann schlecht den Beginn der Gerstenernte im Dezember feiern. Um die fehlenden 11 Tage des Mondjahres pro Sonnenjahr auszugleichen, fanden Gelehrte im 4. Jh. n. Chr. eine Regelung über einen zusätzlichen „Schalt-Monat“ im Frühjahr, damit die Feste immer in die passende Jahreszeit fallen. Der Schaltmonat im Frühjahr heißt II. Adar.

FÜR DIE RECHENBEGABTEN:

Die Schaltmonate werden über 19 Jahre verteilt, das ergibt 207 Tage Unterschied zum Sonnenjahr. Teilt man 207 durch 29,5 Tage des Mondmonats, ergibt sich die Zahl der eingefügten „Schaltmonate“ und damit auch Schaltjahre. Wie viele sind es in 19 Jahren?

Deshalb besteht komplizierterweise der jüdische Jahreskalender einmal aus 12 Mond-Monaten mit 354 Tagen, dann wieder hat er 13 Mond-Monate mit 384 Tagen. Der jüdische Kalender funktioniert so bis heute.

25. Kislew-02. Te
Chanukka
(Lichterfest)

22. Tischri
Simchat Thora
(Thorafreudenfest)

15.-22. Tischri
Sukkot
(Laubhüttenfest)

10. Tischri
Jom Kippur
(Versöhnungstag)

01./02. Tischri
Rosch ha-Schana
(Jahresanfang)

M2 Warum Neujahr im Herbst stattfindet

Auch dies erscheint auf den ersten Blick verwirrend: Im sonnenlauforientierten Kalender (den die Israeliten von den Babyloniern übernommen haben) zählt man die Monate des jüdischen Jahres der Reihenfolge nach und man beginnt hier mit dem ersten Monat *Nisan* (2.Mose 12,2), der im Frühling liegt.

Im mondlauforientierten Kalender, nach dem sich auch der jüdische Festkalender richtet, ist aber der 1. Tischri im siebten Monat im Herbst mit dem Neujahrsfest Rosch ha-Schana zugleich der Neujahrstag. Warum dies so ist, lässt sich nach der Thora und dem Talmud nicht eindeutig klären. Fragt man aber einen Juden, so ist es bis heute klar, dass Neujahr im Herbst stattfindet.

Die Mondphasen

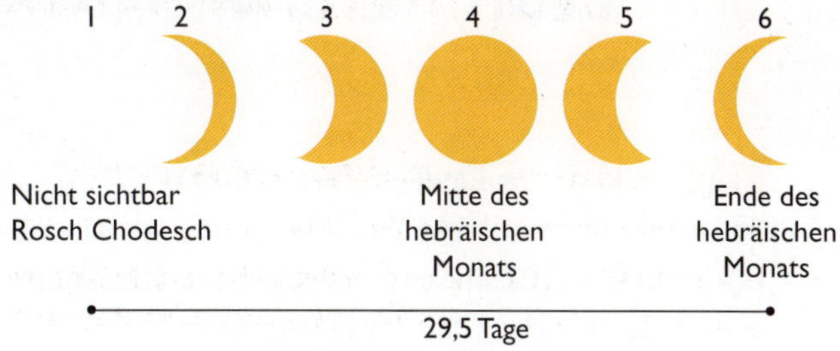

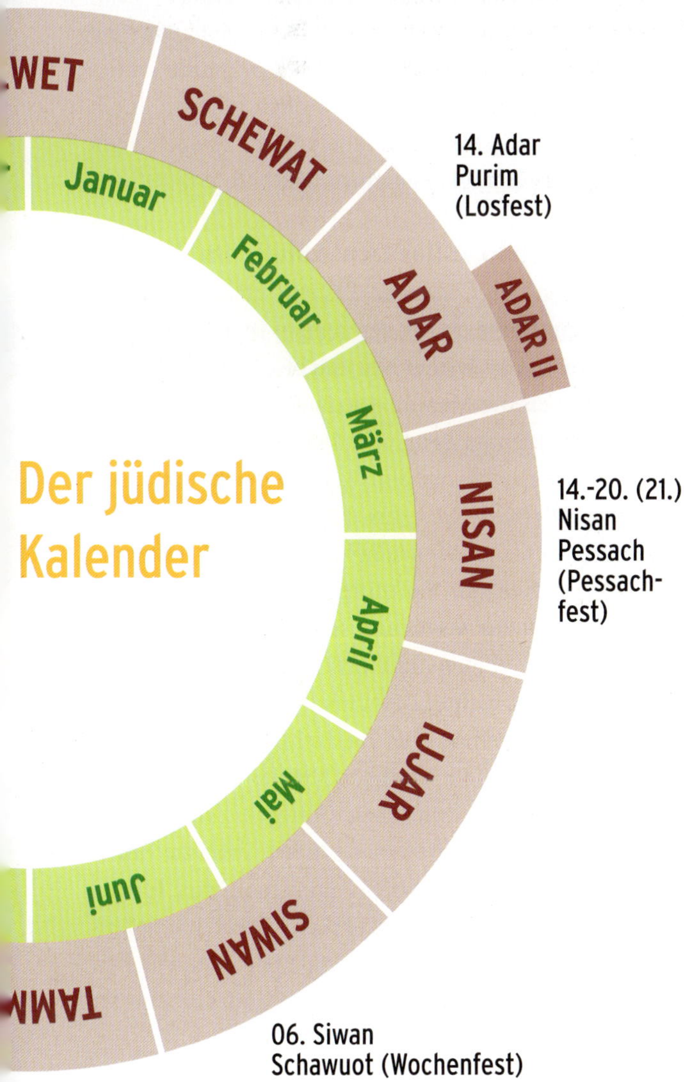

M3 2006/2007 n. Chr. = 5766-68 nach der Schöpfung

Das Jahr 2006 nach der christlichen Zeitrechnung ist in der jüdischen Zeitrechnung das Jahr 5766. Nach dem jüdischen Neujahrsfest an Rosch ha-Schana im Herbst zählt man dann das Jahr 5767. Die jüdische Jahreszählung orientiert sich am Beginn der Schöpfung in 1.Mose 1-2, die jüdische Gelehrte im 4. Jh. n. Chr. auf das Jahr 3761 v. Chr. berechnet haben. Obwohl die moderne Astrophysik heute von völlig anderen Zeiträumen der Weltentstehung ausgeht (12-13 Milliarden Jahre), halten gläubige Juden an ihrer Tradition fest.

M4 Das jüdische Festjahr

Juden feiern im Verlauf des jüdischen Jahres verschiedene Feste. Sie feiern zum einen bestimmte Jahreszeiten in der Natur, zum anderen erinnern sie sich dabei an zentrale Ereignisse in der Geschichte des jüdischen Volkes.

Die wichtigsten Feste im Jahreskreis sind diejenigen, die durch die Thora vorgegeben sind: Rosch ha-Schana und Jom Kippur, Sukkot, Pessach und Schawuot. Vor allem für Kinder sind zwei weitere Feste wichtig, da es bei ihnen laut und fröhlich zugeht: Chanukka im Dezember und Purim im März.

Aufgaben

1. Fasse die Informationen zum jüdischen Kalender zusammen. Was sind die Unterschiede zu deinem Kalender? ➜ M1/2/3
2. Übertrage den jüdischen Festkreis und trage dazu die dir bekannten religiösen Feste ein. ➜ M4

▶ Glossar: Chanukka, Jom Kippur, Pessach, Purim, Rosch ha-Shana, Schawuot, Simchat Thora

5 Feste feiern

M1 Sukkot: In Laubhütten wohnen

Jeden Herbst zum Abschluss der Ernte, genau am 15.-22. Tischri (Oktober), wird *Sukkot*, das *Laubhüttenfest* gefeiert. Es ist das größte Freudenfest des jüdischen Jahres. Juden feiern während dieser Tage natürlich den Dank für die jährliche Obst- und Weinernte, wichtiger aber ist die Vergegenwärtigung der Thora-Worte:

> 3.Mose 23,42-43:
> In Hütten sollt ihr wohnen sieben Tage; [...]
> damit es eure Nachkommen erfahren,
> dass ich die Israeliten in Hütten habe wohnen lassen,
> da ich sie herausführte aus Ägypten.

Die Festtage erinnern bis heute an die Zeit der Wüstenwanderung, als das Volk Israel nach dem Auszug aus Ägypten in Hütten (sukkot) lebte und sich durch seinen Gott beschützt fühlte.

Zu Sukkot passieren deshalb bei vielen gläubigen jüdischen Familien erstaunliche Dinge: Wo es möglich ist, wird im Garten, auf dem Flachdach, der Terrasse oder auf dem Balkon eine Hütte aus Stangen, Strohmatten oder Plastikplanen und Zweigen gebaut. Für die Wände kann man auch Zeltstoffe nehmen, die Wind und Regen abhalten. Das Innere der Hütte schmücken Bilder und Früchte. Während dieser Woche verbringen alle Mitglieder der Familie möglichst viel Zeit in der Hütte; man isst, spielt und schläft darin; Freunde laden sich gegenseitig ein, aber auch Arme und Alleinstehende werden miteingeschlossen. Am ersten und am letzten Tag der Festwoche darf wie am Schabbat nicht gearbeitet werden.

Wichtig an Sukkot ist auch der Feststrauß, der aus einem Palmzweig, einem Paradiesapfel, Myrten- und Bachweidenzweigen besteht. Er wird täglich während des Morgengebetes in der Synagoge in alle vier Himmelsrichtungen geschüttelt, um zu zeigen, dass Gott für alle Menschen in der ganzen Welt sorgt.

Zum Abschluss der Woche wird in der Synagoge die fröhliche *Simchat Thora*, das Fest zur Freude an der Thora gefeiert, wobei die Thorarollen tanzend durch die Synagoge getragen werden und die Erwachsenen den Kindern Süßigkeiten zuwerfen.

M2 Chanukka: Das Lichtwunder im Tempel

Am Beginn des *Chanukka*-Festes steht die Legende von einem Wunder: Als der Tempel in Jerusalem im Jahre 164 v. Chr. wieder neu eingeweiht wurde, wollte man auch die Menora entzünden. Doch man fand nur einen kleinen Krug mit dazu notwendigem koscheren Öl, der für nur eine Nacht gereicht hätte. Das wenige Öl reichte aber für die vollen acht Tage des *Tempelweihfestes*. Vielleicht zündeten die Priester die Menora täglich nur für kurze Zeit an, bis dann neugepresstes Öl zur Verfügung stand.

Dem voraus gingen dramatische Ereignisse in der jüdischen Geschichte: Der damalige König Antiochos IV. Epiphanes verbot – bei Todesstrafe – den jüdischen Gottesdienst im Tempel und wollte das Volk zwingen, stattdessen die griechischen Götter anzubeten. Die Verfolgung der thoratreuen Juden erlangte ihren Höhepunkt, als der Herrscher im Jerusalemer Tempel zu Ehren von Zeus (nicht koschere) Schweine opfern und viele Juden hinrichten ließ. Viele Juden flohen daraufhin in die judäischen Berge und der Priester

Mattathias rief zum Aufstand auf, der von seinem ältesten Sohn Judas Makkabaios angeführt wurde. Mit einem etwa tausendköpfigen Heer der Flüchtlinge konnte er den König Antiochos und seine Anhänger besiegen und vertreiben, den Tempel reinigen und neu weihen (1.Makkabäer 4,52-59; 2.Makkabäer 10,1-8).

Zur Erinnerung an den Sieg der Makkabäer und das Lichtwunder wird vom 25. Kislew bis zum 2. Tewet (Dezember) in jeder Familie und in den Synagogen das achttägige Lichterfest mit dem besonderen neunarmigen Leuchter, der *Chanukkia*, gefeiert. Dazu isst man traditionell Pfannkuchen und Kartoffelpuffer mit viel Öl.

In Israel ist in diesen Tagen schulfrei. Die Kinder lieben dieses Fest, denn sie bekommen Geschenke und besonders süßes Gebäck. Und sie dürfen vom ersten bis zum achten Abend jeweils von links nach rechts ein weiteres Licht des Chanukka-Leuchters anzünden. Dies geschieht mit Hilfe der neunten Kerze in der Mitte des Leuchters, bis dann am achten Tage der Leuchter in vollem Glanze erstrahlt. Während die Kerzen pro Tag eine halbe Stunde brennen, ist jede Arbeit untersagt, außer zusammen zu spielen. Besonders gerne spielt man das Kreiselspiel, bei dem man Nüsse gewinnen kann, je nachdem, mit welchem Buchstaben der Kreisel nach oben liegen bleibt. Auf den vier Seiten des Kreisels stehen die hebräischen Buchstaben *N,G,H* und *S*. Sie ergeben den Satz *„Ein großes Wunder ist dort geschehen"*, eine Anspielung auf das Lichtwunder.

M3 Purim: Die Errettung vor dem Los

Auch an Purim erinnern sich Juden an ein lebensbedrohliches Ereignis: die Bedrohung und Errettung der Juden in Persien, die im Buch Ester aufgeschrieben sind.

Haman, der Kanzler des persischen Königs, wollte, dass alle Untertanen vor ihm niederknieten. Als der fromme Jude Mordechai sich weigerte, wollte der Kanzler aus Rache alle Juden im Reich töten lassen. Der Zeitpunkt sollte durch das Los (hebräisch: *Pur*; Ester 3,7) bestimmt werden. Doch Ester, die Frau des Königs Ahasveros (Xerxes I., 519-465 v. Chr.), der sie sehr liebte, konnte ihm von den Plänen seines Kanzlers erzählen. Sie gab sich als Jüdin und Nichte des frommen Mordechai zu erkennen und konnte so alle Juden retten.

An Purim, am 14. Adar (März) feiern deshalb Juden in aller Welt ausgelassen diese Errettung. Dazu gehören Kostüme, Masken, Umzüge, gutes Essen und ausgiebiges Trinken. Selbst in der Synagoge geht es während der Verlesung der Ester-Rolle ziemlich laut zu: Jedes Mal, wenn der Name Haman fällt, machen Kinder wie Erwachsene mit Stampfen und Purim-Rätschen voller Begeisterung Krach, um ihre Verachtung für den Judenhasser auszudrücken.

Aufgaben

1 Was ist das Besondere an den jüdischen Festen? Recherchiert in Gruppen mit Hilfe von Nachschlagewerken und Internet weitere Informationen zu den Festen. Gestaltet dazu Wandplakate mit einem zentralen Symbol des Festes und präsentiert die Feste in der Klasse. → M1/2/3

2 An welche Feste aus deinem Lebensbereich erinnern dich diese jüdischen Feste? Überlege Gemeinsamkeiten und Unterschiede. → M1/2/3

▶ Glossar: Chanukka, Chanukkia, Purim, Simchat Thora, Sukkot

6 Das Pessach-Fest

M1 Die Freiheit feiern

2.Mose 12,26-27

Und wenn die Kinder euch fragen: Was bedeutet diese Feier? Dann sagt: Ein Pessach-Opfer ist es für den Herrn, der vorüberging an den Häusern der Israeliten, als er die Ägypter mit Unheil schlug und unsere Häuser verschonte.

Das Pessach-Fest feiert vom 14. (15.). - 20. (21.) Nisan (April) die Erinnerung, wie das Volk Israel in der ägyptischen Knechtschaft lebte und wie es zur Befreiung und dem Auszug der Israeliten aus Ägypten kam. *Pessach*, „Vorübergehen", meint den Engel Gottes, der den ägyptischen erstgeborenen Söhnen den Tod brachte, aber die Israeliten verschonte. Der Aufbruch aus Ägypten in die Freiheit bedeutet bis heute die Geburtsstunde des jüdischen Volkes, da alle Kinder mitgenommen werden konnten.

Das Pessach-Fest feiert deshalb für jede Generation neu die wiedergewonnene Freiheit des Lebens. Pessach wird auch das „Fest der ungesäuerten Brote" genannt, da während dieser acht Tage nur mit Wasser und Mehl, ohne Salz und Hefe zubereitete *Mazzot*, ungesäuerte Fladenbrote, gegessen werden. Denn vor dem eiligen Auszug aus Ägypten war keine Zeit mehr, einen Sauerteig für das Brot gären zu lassen, und man konnte nur eilig gebackene Fladen mitnehmen. Deshalb heißen die Mazzot auch „Brot der Freiheit".

M2 Eine Nacht, anders als alle anderen Nächte

Wie wird das Pessach-Fest gefeiert? Michael, Joel, Magdalena und Rebecca wurden von der Ethik-Klasse gefragt, ob sie ihren Mitschüler/innen das Besondere dieses wichtigsten jüdischen Festes erklären können. Sie sagen zu, weil sie es sehr gerne feiern.

<u>Magdalena:</u> Vor Pessach ist erst einmal Großreinemachen angesagt. Das heißt nicht nur einfach alles putzen und aufräumen, sondern es soll sich in keinem Raum auch nur ein Brotkrümel oder irgendetwas Gesäuertes zum Essen mehr finden. Sogar das ganze Geschirr wird für die Pessach-Woche regelrecht koscher gereinigt. Bei der Familie meiner Freundin gibt es sogar extra Geschirr, das nur an Pessach verwendet wird.

<u>Joel:</u> Der wichtigste Teil der ganzen Festwoche findet komischerweise am Abend vorher statt. Man nennt ihn den *Seder-Abend*. Das Wort „Seder" bedeutet Ordnung, weil wir den Abend nach einem ganz bestimmten Ablauf zu Hause in der Familie feiern. Ich habe ihn jedes Jahr total gerne: In der Mitte des Esstisches steht der *Seder-Teller* mit bestimmten Speisen und Mazzot, und jeder hat einen Becher Wein vor sich. Das Bild (M3) zeigt eine Seder-Feier zu Hause: Auf Tisch und Teller sind immer acht verschiedene Dinge drauf, die wichtig sind:

❶ **Seroa**, ein Stück gegrillter Fleischknochen. Er soll an das Pessach-Opfer im Tempel erinnern und symbolisiert auch den starken Arm Gottes, als er uns aus Ägypten führte. Dann ❷ **Charosset**: ein Mus aus Äpfeln, Datteln, Nüssen, Zimt und Wein. Es hat die Farbe von Ziegelmörtel und erinnert an die Sklavenarbeit in Ägypten. Dann ❸ **Maror**, etwas Bitteres wie Merrettich oder Radieschen, was die bittere Zeit in Ägypten symbolisiert. ❹ **Karpas**, gekochtes Gemüse wie Sellerie oder Petersilie, erinnert an die kargen Mahlzeiten in Ägypten. Dann ❺ **Beiza**, ein hartgekochtes Ei, das ein Symbol ist für die Bitte um Fruchtbarkeit wie auch für die Opfer während der Sklavenarbeit. Und ❻ eine kleine Schüssel mit **Salzwasser**, in das das Ei und das Gemüse beim Essen getaucht werden und das für die vielen Tränen der Israeliten in Ägypten steht. Und dann darf ich ❼ den leeren **Weinbecher** für den Propheten Elia nicht vergessen, dessen Teilnahme am Seder-Mahl man jederzeit erwartet. Und natürlich ❽ die Mazzot.

<u>Michael:</u> Also ich versuche nun den wesentlichen Verlauf des Seder-Abends zu erklären. Der Abend beginnt damit, dass mein Vater ihn feierlich mit einem Segensspruch eröffnet, alle trinken zum ersten

Mal Wein und essen ein Stück von dem Bitterkraut mit Salzwasser. Mein Vater bricht dann eine der Mazzot in zwei Teile, und das ist für die Kinder die Gelegenheit, eines der beiden Teile zu verstecken. Wenn er sie bis zum Nachtisch nicht wieder findet – und das tut er natürlich nicht – erhalten die Kinder ein Geschenk. Der spannende Teil der Feier aber beginnt jetzt! Ich hoffe, dass ich es für euch noch auswendig zusammenbringe, als jüngstes Kind war immer ich dran mit den *„vier Fragen"*: Warum ist diese Nacht anders als alle anderen Nächten? In allen anderen Nächten können wir Gesäuertes und Ungesäuertes essen, in dieser Nacht nur Ungesäuertes. In allen anderen Nächten können wir allerlei Kräuter essen, in dieser Nacht nur bittere Kräuter. In allen anderen Nächten tauchen wir nur einmal ein, in dieser Nacht zweimal (in das Salzwasser), in allen anderen Nächten essen wir frei sitzend oder angelehnt, in dieser Nacht nur angelehnt.

Danach erzählt man sich gegenseitig die Geschichte vom Auszug aus Ägypten, wir essen von den weiteren Teilen des Seder-Tellers und sprechen gemeinsam Dankgebete.

Rebecca: Ich seh' schon, Michael ist erschöpft. Also: Danach sitzen wir in der Familie weiter fröhlich zusammen, singen Pessach-Lieder und es gibt noch ein großes Festessen. Denn vom Seder-Teller wird man natürlich nicht satt. Und vor Mitternacht kommt keiner ins Bett, auch die Jüngsten nicht.

Warum sind der Seder-Abend und Pessach für uns so wichtig? Wir feiern dabei gemeinsam den Auszug und die Befreiung aus Ägypten so, als würden wir es selbst noch einmal erleben. Und wir erleben das Gefühl, dass Gott durch alle Zeiten hindurch die Menschen immer wieder neu befreit zu einem Leben in Freiheit. So, wir hoffen, dass wir euch das Pessach-Fest genügend erklären konnten.

M3 Der Sederteller

Aufgaben

1 Was macht das Pessach-Fest zum wichtigsten jüdischen Fest? Schreibe den Satz heraus, der es deiner Meinung nach am treffendsten erklärt. → M1

2 Lest den Text mit verteilten Rollen. Formuliert in Gruppen eine Antwort auf die Frage „Warum ist diese Nacht anders als alle anderen Nächte?" und beschreibt dabei die Elemente des Seder-Abends. → M2

3 Erkläre die mit den Zahlen 1-8 gekennzeichneten Speisen auf dem Seder-Teller. → M2/3

4 Für Juden ist das Pessach-Fest ein wichtiges Ereignis. Gibt es in deinem Lebensumfeld ein Fest, das in gleicher Weise eine große Bedeutung für dich hat? Tauscht euch in der Klasse darüber aus.

5 Verfasse einen Artikel für die Schülerzeitung zum Thema „Schüler/innen mit unterschiedlichen Religionen an unserer Schule: Wie man in der jüdischen Kultur lebt und feiert".

▶ Glossar: Mazza/Mazzot, Pessach, Seder

1 Die Exodusgeschichte

M1 Die Geschichte von den Anfängen

Eine Volksgruppe befreite sich aus Ägypten. Für den Geschichtsforscher ist kaum mehr rekonstruierbar, was beim *Auszug aus Ägypten*, der *Exodus*-Geschichte, wirklich geschah.
Warum also erzählt man sich heute noch diese Geschichte von einem Ereignis, das circa 3200 Jahre zurückliegt, von dem niemand genau weiß, was tatsächlich passierte, als die Gruppe hebräischer Zwangsarbeiter mit ihren Familien aus Ägypten wegzog, floh oder vielleicht sogar verjagt wurde? Die geschichtlichen Quellen außerhalb der Thora berichten von keiner Völkerwanderung größeren Ausmaßes aus Ägypten. Was man heute historisch weiß: In der Regierungszeit des Pharaos Ramses II. (1279-1216 v. Chr.) wurden hebräische Volksgruppen als Zwangsarbeiter für den Bau neuer Städte im Delta des Nil herangezogen. Sie konnten offenbar aus dem gut bewachten Land fliehen, als dort eine Krankheitsepidemie herrschte. Ägyptische Truppen sollten die Entflohenen zurücktreiben; aus ägyptischen Augen wahrscheinlich nur ein kleines Unternehmen, da die Gruppe der Entflohenen sicher nicht mehr als 500 bis 600 Menschen umfasste. Das wichtigste Ereignis auf dem Weg in die Freiheit war offenbar die Wanderung durch das gefährliche Gewässer eines „Schilfmeeres", bei der die nachstürmenden Ägypter in den Fluten ertranken. Der Untergang der militärisch weit überlegenen Ägypter muss der kleinen Gruppe der verfolgten Hebräer als gewaltiger Sieg erschienen sein.
Jedoch: Wie kommt es, dass sich Juden in aller Welt bis heute davon erzählen, sich im täglichen Gebet des „Sch´ma Jisrael" daran erinnern und dieses Ereignis an den wichtigen Festtagen wie dem Pessach- und Sukkot-Fest feiern? Sie feiern nicht einfach ein geschichtlich weit zurückliegendes Ereignis, von dem die Weltgeschichte sonst keine Kenntnis genommen hat. In ihren Erzählungen wird der Exodus zum entscheidenden Anfang ihrer Geschichte, bei dem das ganze Volk Israel von Gott aus der Sklaverei befreit wurde.
Diese Rettungstat Gottes wiederholt sich nach jüdischer Überzeugung für jeden einzelnen Menschen in jeder geschichtlichen Zeit, wenn er sein Leben von Angst und Unterdrückung beherrscht sieht und sich Rettung und Befreiung erhofft.

M2 When Israel was in Egypts Land/ Go down Moses

Die Brücke, S. 235

Let my people go, ruft Mose dem Pharao zu, ein Ruf, der sich in den Freiheitsbewegungen vieler Völker wiederfindet. Die Geschichte des Exodus hat nicht nur für Juden eine zentrale Bedeutung, sondern wirkte auch immer wieder in der Geschichte des Christentums, wenn Menschen auf Befreiung von menschenverachtenden Lebensumständen hofften. Ein Beispiel ist das Schicksal der 8-10 Millionen afrikanischen Sklaven, die gewaltsam durch Sklavenhändler zwischen 1520 bis 1850 n. Chr. nach Amerika verschleppt wurden. Sie brachten ihren Ruf nach Freiheit in ihren Exodus-Liedern zum Ausdruck, durch die sie in aller Verzweiflung mit am Leben gehalten wurden.

M3 Die Exodus

Exodus – das ist der Name für den Aufbruch eines Volkes in eine neue Heimat. Den Namen „Exodus" trug auch der kleine, klapprige Frachtkahn, der im Jahre 1947 mit 4554 Überlebenden aus deutschen Konzentrationslagern an Bord auf dem Mittelmeer nach Israel unterwegs war. Auf diesen historischen Fall bezieht sich der Autor Leon Uris in seinem 1948 veröffentlichten Roman „Exodus" (siehe M4).

M4 Dov und Karen

Der Weg des jüdischen Mädchens Karen in Leon Uris' Roman „Exodus" steht stellvertretend für viele Menschen, die den Verfolgern im nationalsozialistischen Deutschland ausgeliefert waren. Dov, der polnische Junge, hat das Konzentrationslager überlebt. Von dort gelangten dann beide nach dem Ende des 2. Weltkrieges auf abenteuerlichen Wegen in ein Lager auf der Insel Zypern, wo sie sich begegnen.

Auch seinen siebzehnten Geburtstag erlebte Dov Landau im Lager und hinter Stacheldraht. Schräg gegenüber, auf der anderen Seite der Zeltstraße, wohnte ein Mädchen. Dieses Mädchen hieß Karen Hansen-Clement. Dov lag wie üblich auf seiner Koje, starrte vor sich hin und schwitzte. Plötzlich fuhr er hoch. Er spürte, dass jemand zugegen war. Als er Karen vor sich stehen sah, erstarrte er. „Ich wollte dich fragen, ob du mir deinen Wassereimer borgst", sagte sie. „Meiner ist undicht, und der Wasserwagen wird gleich kommen." Dovs Antwort bestand in einem Knurren.

„Was soll das heißen – ja oder nein? Kannst du denn nicht reden?" Dov deutete mit der Hand auf den Wassereimer, der auf der Erde stand. Karen hob ihn auf. Dov warf ihr von der Seite einen kurzen Blick zu. „Sag mal, wie heißt denn du? Ich wüsste gerne, wie ich dich nennen soll, wenn ich dir den Eimer zurückbringe." „Dov". „Und ich heiße Karen. Vielleicht kannst du das nächste Mal, wenn wir uns sehen, Tag, Karen, zu mir sagen. Das wär' doch schon was".

Er fand sie sehr schön.

nach Leon Uris, S. 200-202 (gekürzt)

Aufgaben

1 Stelle dir vor, du wärest Journalist. Schreibe einen Bericht über den Exodus. Verwende als zusätzliche Information auch die Texte M2, S. 160; M4, S. 165 und M1, S. 180. ➜ M1

2 Tauscht in der Klasse eure Meinung über die Stimmung aus, die das Lied vermittelt. ➜ M2

3 In welchen Lebenssituationen kann der Exodus-Gedanke wichtig sein? Überlegt eigene Beispiele. ➜ M3

4 Versetze dich in das Leben von Dov und Karen. Welche Gedanken und Gefühle bewegen sie?
Schreibe ihr Gespräch weiter. ➜ M4

▶ Glossar: Exodus

2 Diaspora: Juden leben überall verstreut

M1 70 n. Chr. in Jerusalem

Das Land Israel/Palästina steht seit 63 v. Chr. unter römischer Herrschaft, wird zunächst Teil der römischen Provinz Syria, dann ab 44 n. Chr. zur Provinz Judäa. Im Jahr 66 n. Chr. beginnt der erste große jüdische Aufstand gegen die Fremdherrschaft. 70 n. Chr. zerstören die römischen Truppen den Jerusalemer Tempel. Der Aufstand geht noch weiter bis 74 n. Chr. und endet mit der Niederlage der jüdischen Aufständischen.

Als der Tempel von Jerusalem brannte und kurz vor der Zerstörung war, als also die Römer kurz davor waren, die Stadt zu erobern und damit dem Judentum den vermeintlichen Todesstoß zu geben, gab es einen weisen Mann, der in weiser Voraussicht „starb", um das Judentum zu retten: Jochanan ben Sakkai, einer der größten Gelehrten seiner Zeit, ließ sich einen Trick einfallen, um aus der brennenden Stadt fliehen zu können. Er ließ sich in einem Sarg von seinen Schülern aus Jerusalem heraustragen, damit sie ihn vor der Stadt „begraben". [...] Die Römer ließen den Sarg mit den „trauernden" jungen Männern ohne weiteres passieren. In gehörigem Abstand, außerhalb der Sichtweite der römischen Truppen, öffneten die jungen Hebräer den Sarg, und ihr Lehrer und Meister sprang quicklebendig aus der Kiste. Ganz gewiss allerdings nicht quietschvergnügt über das Schnippchen, das er gerade den Besatzungstruppen geschlagen hatte. Dazu war der Anlass zu entsetzlich. Das Zentrum der jüdischen Religion war zerstört, das Volk besiegt. Keiner wusste, wie es eigentlich weitergehen sollte, und es wäre nur allzu natürlich gewesen, wenn das jüdische Volk nun untergegangen wäre [...]. Dass es dazu nicht kam, ist das Verdienst dieses schlauen Mannes, Jochanan ben Sakkai. Er ging ganz forsch zu den römischen Befehlshabern und fragte bescheiden an, ob er in Javneh, einem kleinen Städtchen an der Küste Judäas, [...] eine Religionsakademie eröffnen dürfe. Man müsse ja schließlich von etwas leben, und er könne nichts anderes als Thora lehren. Ist o.k., sagten die Römer, du darfst. Sie wussten nicht, welchen Dienst sie mit ihrem Ja dem Erhalt des Judentums gerade erwiesen hatten. Jochanan ging nun daran, die besten Gelehrten des Landes an seine Schule zu holen, um mit ihnen darüber zu beraten, wie man den Glauben an den Einen Gott bewahren könne [...] – denn so viel war klar: Das jüdische Volk, das zum Zeitpunkt des Angriffs der Römer auf Jerusalem bereits zwei geistige Zentren hatte – Judäa und Babylonien – würde nun noch weiter verstreut werden.

Paul Spiegel, S. 96-97

M2 Leben in der Diaspora

Um 100 n. Chr. lebten noch ungefähr 1 Million Juden in Israel/Palästina. In den Jahren 132 bis 135 n. Chr. wagten die Juden noch einmal einen Aufstand gegen die römische Fremdherrschaft, der nun endgültig niedergeschlagen wurde. Jerusalem wurde dabei völlig zerstört. Kein Jude durfte nun mehr Jerusalem betreten, und 3,5 Millionen Juden, die bereits in der Diaspora (griechisch: Zerstreuung) lebten, durften nicht mehr in das Land zurückkehren. Gegen Ende des

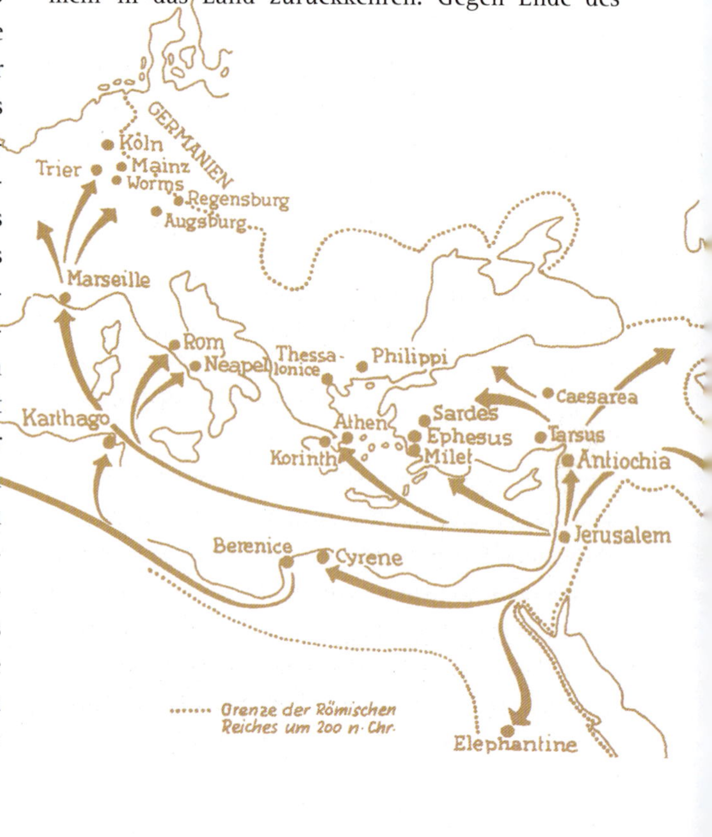

2. Jahrhunderts n. Chr. hatte sich das jüdische Volk bereits weit zerstreut: im ganzen Mittelmeerraum, vor allem in Griechenland, Italien, Spanien, Frankreich, entlang der römischen Siedlungen am Rhein, dann auch in Nordafrika und in Kleinasien (heute Türkei/Syrien), bis nach Persien. Eine bedeutende jüdische Gemeinde gab es schon lange im ägyptischen Alexandria und in Babylon. Die Juden lebten von nun an als Minderheiten und Fremde in den unterschiedlichsten Kulturen und waren durch ihre Religion von den Nachbarn abgesondert.

M3 Juden in aller Welt

Heute leben circa 14 Millionen Juden auf der ganzen Welt in etwa 112 verschiedenen Ländern. Davon leben ungefähr 5 Millionen Juden heute in Israel. Das bedeutet, dass der größere Teil der Juden nicht in Israel, sondern in der jüdischen Diaspora (hebräisch: Gola) wohnt. In Nordamerika leben mit 6 Millionen Juden mehr als in Israel, davon 2 Millionen allein in New York; in Europa sind es um die 2,1 Millionen Juden. Die Heimat für einen deutschen Juden ist also Deutschland, für einen amerikanischen Juden Amerika – und nicht Israel. Trotzdem ist das Bewusstsein, in der Diaspora zu leben, in all den Ländern und mit all den unterschiedlichen Kulturen auch heute für das jüdische Selbstverständnis von großer Bedeutung. Nur Israel und das ganze Diasporajudentum zusammen machen das ganze Judentum aus.

nach Werner Trutwin, S. 22, 105-106 (aktualisiert)

M4 Juden heute in Deutschland

Deutschland ist heute das Land, dessen jüdische Bevölkerung weltweit am schnellsten wächst. Nach Frankreich (600.000) und England (300.000) leben in Deutschland wieder circa 120.000 Juden (2004), wobei seit der deutschen Wiedervereinigung 1989 fast 50.000 Auswanderer mit jüdischem Glauben aus der ehemaligen Sowjetunion gekommen sind. Neben den großen jüdischen Gemeinden in Berlin mit 12.000, in München mit 9.000 und in Frankfurt mit 8.000 Mitgliedern gibt es in Deutschland noch um die 100 weitere kleinere Gemeinden. Ein Teil der deutschen Juden ist kein Mitglied in einer der jüdischen Gemeinden. Jüdische Schulen gibt es in Berlin, Frankfurt, München und Düsseldorf; und jüdische Museen z.B. in Frankfurt, Berlin, Köln, München, Fürth und Augsburg. Koschere Lebensmittel sind nur in speziellen Geschäften in Berlin, Frankfurt und München erhältlich, sonst in manchen Supermärkten und Kaufhäusern.

Jüdische Oberschule in Berlin

Aufgaben

1 Informiert euch in Geschichte über das Leben der Juden als Minderheit im mittelalterlichen Europa. Stichworte: Jüdische Gemeinden – Jüdische Kultur – Christliche Vorurteile – Leben in Ghettos – Verfolgung und Vertreibung. ➜ M1/2

2 Stelle dir vor, du würdest als Jude/Jüdin leben. Überlege: Welche konkreten Alltagsprobleme hättest du? Welche neuen Chancen würden sich dir bieten? Tragt eure Überlegungen auf einem Wandplakat zusammen. ➜ M3/4

▶ Glossar: Diaspora, Ghetto, Israel, Israeli, Israelit

3 Verfolgung und Vernichtung

M1 Wer ein einziges Leben rettet, rettet die ganze Welt

Eine Grundüberzeugung im jüdischen Glauben lautet, das Leben der Menschen mit dem Bestehen der Welt zu verbinden. Juden sehen jeden Menschen und die Welt als eine von Gott geschaffene Einheit. Was deshalb dem Menschen in seinem Leben passiert, berührt zugleich die ganze Welt. Im Talmud kann man dazu diesen Satz lesen:

> Der Mensch wurde deshalb einzig erschaffen,
> dass wenn jemand ein Menschenleben
> vernichtet, es ihm die Schrift anrechnet,
> als hätte er eine ganze Welt vernichtet;
> und wenn jemand ein Menschenleben erhält,
> es ihm die Schrift anrechnet, als hätte er
> eine ganze Welt erhalten.
>
> Babylonischer Talmud, Mischna Synhedrin IV,5 Fol. 37a

M2 In der Schule

In dem Buch „Die lange Reise des Jakob Stern" wird das Leben des jüdischen Jungen Jakob zwischen 1935 und 1940 erzählt. Die Geschichte beginnt im März 1935:

Mit Max hatte Jakob seinen letzten Freund verloren. Denn von seinen Klassenkameraden wollte schon längst keiner mehr etwas mit ihm, dem Judenjungen, zu tun haben. Und wer es vielleicht doch gewollt hätte, traute sich nicht, sich gegen die gewaltige Flutwelle des Hasses zu stellen und mit ihm zusammen gesehen zu werden. Und mit Erich verband ihn, dass sie unter denselben Quälereien zu leiden hatten [...]. „Juda verrecke!" und „Jesusmörder" stand eines Morgens in das Pult ihrer Schulbank eingeritzt und bald verewigten sich andere Mitschüler mit ähnlichen Beschimpfungen [...]. Auch lauerte man ihnen immer wieder auf dem Heimweg auf, bewarf sie mit Steinen, spuckte sie an und fiel mit Übermacht über sie her, um sie zu verprügeln [...].

Und Schmähungen, Verachtung und Gemeinheiten anderer Art mussten sie nicht nur von ihren Mitschülern erdulden, [...] sondern auch ihre Lehrer und Lehrerinnen ließen sie tagtäglich spüren, dass sie verhasste Juden waren. [...] Egon Schmiedke, ihr Klassenlehrer, ließ sich dabei von den Schülern die Merkmale der Juden beschreiben, die er gern als „Köterrasse" bezeichnete. Es begann jedes Mal damit, dass Schmiedke entweder Erich oder Jakob nach vorn an die Schieferwand rief, damit sie mit Kreide groß und deutlich auf die Tafel schrieben, was ihnen die Mitschüler auf Zuruf des Lehrers als angeblich jüdische Rassemerkmale nannten. „Raffgierig! Hinterhältig! Grundverdorben! Blutrünstig!" „Gut!", lobte Schmiedke [...]. „Und nun die körperlichen Merkmale: Krumme Beine! Plattfüße! Verbogene Nasen! Henkelartig abstehende Ohren! Ekelhafter Körpergeruch!" Einmal wagte Jakob aufzubegehren, als er an der Tafel stand und all diese hasserfüllten Verleumdungen, die ihm zugerufen wurden, untereinander aufschreiben musste. „Lüge!", schrie er. „Lüge! Alles Lüge!" [...] „Ruhe, du Judenbengel!", brüllte der Lehrer ihn an. „Du hältst das Maul und schreibst das auf!" [...] Aber damit war es nicht getan. Schmiedke verfügte an jenem Morgen als zusätzliche Strafe, dass Jakob und Erich die große Pause nicht mehr in der Judenecke auf dem Schulhof verbringen durften, sondern fortan ihre Pausenbrote auf der Toilette essen mussten. „Du Vollidiot! Das haben wir jetzt davon!", schimpfte Erich hinterher voller Wut, und wenn er Jakob körperlich gewachsen gewesen wäre, hätte er ihn vielleicht sogar noch geschlagen, so außer sich war er. „Warum hast du das bloß gemacht, du Schwachkopf? Meinst du, einmal das Maul aufreißen ändert auch nur irgendetwas?"

Rainer Maria Schröder, S. 30-34

M3 Im Ghetto

Mieciu Langer erzählt in dem Buch „Miecius später Bericht. Eine Jugend zwischen Ghetto und Theresienstadt" seiner Frau Felicia Langer, was er als jüdischer Jugendlicher in seiner Heimatstadt Krakau in Polen erlebte. Der Abschnitt schildert, was im Herbst 1942 mit seiner Mutter und seinem jüngeren Bruder passierte:

„Bis heute weiß ich nicht genau, was mit Arthur passiert ist [...]. Mutter hatte sich am Plac Zgody einzufinden [...]. Sie hörte unterwegs die Deutschen, die über Lautsprecher verkündeten, das Ghetto würde ‚judenrein' gemacht und wer sich verstecke und gefasst werde, würde auf der Stelle getötet. Sie beschloss offenbar, ihren Jungen mit sich zu nehmen [...]. Als Arthur die Stimme seiner Mutter hörte, verließ er das Bett, kletterte durchs Fenster hinaus und ging mit ihr. Wie wir gerüchteweise erfuhren, wurde dieser Transport vom Krakauer Ghetto nach Treblinka geschickt, einem Vernichtungslager." [...] Mieciu blieb kein einziges Foto von seiner Mutter und von Arthur. Dies war schließlich auch die Absicht der Barbaren, das Leben und jede Erinnerung daran auszulöschen. *Felicia Langer, S. 43-44*

M4 Janusz Korczak und die jüdischen Waisenkinder

Der Arzt Janusz Korczak war Leiter des Warschauer Waisenhauses für jüdische Kinder und zog mit ihnen 1940 ins Warschauer Ghetto. 1942 ließ er seine Kinder nicht im Stich und ging mit ihnen ins Vernichtungslager Treblinka, wo er und 200 Kinder umkamen. Über den 5 km langen Marsch zu den Zugwaggons, die sie abtransportierten, gibt es einen Augenzeugenbericht: *„Das war kein Marsch zu den Waggons, es war ein organisierter stummer Protest gegen den Mord! Die Kinder gingen in Viererreihen. Korczak voran, er blickte geradeaus und hielt an jeder Hand ein Kind."*

Enzyklopädie des Holocaust, Bd. 2, S. 707r

Korczak-Denkmal in der Gedenkstätte Yad Vashem, Jerusalem

Aufgaben

1. Überlegt euch in Gruppen ein Beispiel oder Ereignis, das diesen Satz erklärt, und verfasst dazu einen Zeitungsartikel. ➜ M1
2. Was passiert Jakob an diesem Schultag? Überlege: Wie würdest du dich an Stelle von Jakob verhalten? ➜ M2
3. Stelle dir vor, dies würde heute in der Schule mit einem/r Mitschüler/in passieren. Was würde dabei in dir vorgehen? Schreibe eine E-Mail an deine/n besten Freund/in oder versuche, all deine Gedanken mit Farben auf einem Bild auszudrücken. ➜ M2
4. Diskutiert: Können Menschen nach „Rassemerkmalen" beurteilt und behandelt werden? ➜ M2
   Nach welchen Eindrücken und Gesichtspunkten gehst du bei Menschen vor, denen du begegnest?
5. Recherchiert die Lebensbedingungen im Warschauer jüdischen Ghetto, das ab 1940 existierte. Informiert euch dabei näher über die Geschichte von Janusz Korczak und seinen Waisenkindern. Erstellt darüber eine Plakatwand. ➜ M3/4
6. Gehe mit deinen Augen im Bild spazieren und erfasse die Teile. Benenne, was dir dabei alles auffällt. Formuliere Sprechblasen zu den einzelnen Personen. ➜ M4

▶ Glossar: Ghetto

4 Jerusalem – Stadt der Sehnsucht

M1 „Nächstes Jahr in Jerusalem"

Ich freue mich mit denen, die zu mir sprechen:
Ins Haus des Herrn wollen wir gehen.
Es standen unsere Füße in deinen Toren,
Jerusalem! Jerusalem, du Aufgebaute,
wie eine ganz verbundene Stadt.
Erkundigt euch nach dem Wohle Jerusalems.
Wohl geh´ es deinen Freunden.
Möge Friede sein in deinen Mauern,
Sicherheit in deinen Palästen.
Um meiner Brüder und Freunde willen,
lass mich Frieden aussprechen über dich.
(Psalm 122, 1-3, 6-8)

Es gibt kaum ein Gebet, in dem [...] die Rückkehr nach Israel oder die Wiederherstellung des zerstörten Heiligtums in Jerusalem nicht erwähnt wird. Die Gebete an vielen Feiertagen beziehen sich bis heute auf Israel [...]. Selbst in Momenten größter Freude wird des Unglücks gedacht, dass wir nicht mehr in unserem Land leben und kein Heiligtum mehr haben. (Ersteres hat sich durch den Staat Israel inzwischen erledigt, doch Letzteres wird wohl noch ein gutes Weilchen dauern. Außerdem ist die politische Situation in Israel keineswegs ein Grund zum Jubeln!) [...] Die Sehnsucht nach einer Rückkehr nach Israel ist auch gemeint, wenn Juden die höchsten Feiertage Jom Kippur und den Seder-Abend zu Pessach mit dem Satz beschließen: „Nächstes Jahr in Jerusalem!" [...] Ist es verwunderlich, dass für Juden auf aller Welt die Existenz des Staates Israel so unglaublich wichtig ist? Selbst wenn sie nicht dort leben wollen oder können – in irgendeiner Form sind sie mit Israel verbunden.

Paul Spiegel, S. 171-174

M2 Die „Klagemauer"

Die 18 Meter hohe und 28 Meter lange „Klagemauer" in Jerusalem ist der heiligste Ort des Judentums. Sie ist der Rest der Westmauer des Jerusalemer Tempels, der beim ersten Aufstand der Juden gegen die römische Fremdherrschaft im Jahre 70 n. Chr. zerstört wurde. Hier versammeln sich bereits seit dem Mittelalter wieder Juden zum Gebet und auch zur Klage über die Zerstörung des Tempels. Seit 1967, nach dem Krieg zwischen Israel und den arabischen Staaten, ist der Platz der Westmauer auch ein geschichtliches Symbol für den Staat Israel. Man kann hier an jedem Tag jüdische Gläubige, vor allem auch orthodoxe fromme Juden mit ihrer charakteristischen schwarzen Kleidung und den Haarlocken sehen, wie sie ihre rhythmisch bewegten Gebete sprechen und Zettel mit Gebetswünschen in die Ritzen der Mauer stecken. Man muss jedoch nicht Jude sein, um sich ebenso als Besucher an der „Klagemauer" aufhalten zu können. Nur muss man beachten: Frauen und Männer beten in getrennten Bereichen, Arme und Beine müssen bedeckt sein und als Junge und Mann muss man eine Kippa auf dem Kopf tragen, um seinen Respekt vor dem für Juden heiligen Ort zu zeigen.

M3 In Jerusalem unterwegs

Die Stadt Jerusalem heute ist die Heimat von Juden, Christen und Muslimen. In dem Buch „Wir wollen beide hier leben" schreibt die achtzehnjährige Odelia an das gleichaltrige Mädchen Amal, eine Palästinenserin, warum sie gerne in Jerusalem ist.

Liebe Amal,

wie findest du Jerusalem? Ich liebe diese Stadt. Sicher ist das momentan wegen all der Bombenattentate ein bisschen schwieriger. Aber sonst ist Jerusalem recht relaxed [...].

Viele Leute glauben, man könne überhaupt nichts unternehmen in Jerusalem und es wäre eine Stadt nur für die orthodoxen Juden und andere Gläubige. Aber das stimmt nicht. Es gibt nette kleine Kneipen mit Live-Musik [...] und überall hat man dieses Gefühl der Vertrautheit – mit dem Ort und mit den Leuten [...].

In solchen Momenten frage ich mich, wie irgendjemand Jerusalem langweilig finden kann. Dauernd tun sich neue Winkel auf, in denen man noch nicht war, man stößt auf irgendeine neue verrückte kleine Straße, oder man läuft ein Gässchen hinauf und steht plötzlich vor einem uralten Haus [...].

Wenn man in Jerusalem geboren wurde, dann kann man nicht anders, als diese Stadt zu lieben. Die Jerusalemer wissen, wovon ich spreche. Hier gibt es einfach alles: coole Leute, nette Kneipen, religiöse Fanatiker, Moslems, Christen – eben einfach alles.

Manchmal finde ich es wirklich schwierig, jemandem von außerhalb zu erklären, warum ich diese Stadt so liebe, wo es doch gerade so problematisch hier ist. Ich meine mit diesen ganzen Bombenattentaten [...].

Ich weiß zwar, dass ich in die ganze Welt reisen und an den verschiedensten Orten leben will. Aber ich werde mich immer an Jerusalem erinnern und ich werde immer wieder dorthin zurückkehren. Nicht wegen all der religiösen Dinge oder der spirituellen und historischen Bedeutung von Jerusalem, sondern WEIL ES MEINE HEIMAT IST.

Amal Rifai/Odelia Ainbinder/Sylke Tempel, S. 99-103

Aufgaben

1 Welche Bedeutung besitzt die Stadt Jerusalem für einen Juden? ➜ M1

2 Was kennst du von Jerusalem? Bestimme mit Hilfe von Reiseprospekten und Reiseführern die wichtigsten Gebäude und Orte in Jerusalem. ➜ M2/3

3 Informiert euch über die aktuelle politische Lage in Jerusalem. Besitzt für euch eure Heimatstadt auch eine besondere Bedeutung? Schreibt einen Antwortbrief an Odelia. ➜ M3

▶ Glossar: Israel, orthodox, Zion

5 Jüdische Jugendliche heute

M1 Israel – mit 18 zur Armee

Die achtzehnjährige Odelia erklärt Amal, einer Palästinenserin, warum sie zur Armee geht.

Zur Armee zu gehen ist bei uns Pflicht, so will es das Gesetz [...]. Hier kommt die Armee auf dich zu, wenn du gerade mal achtzehn bist, und dann sagt man dir: „Schneid dir die Haare, rasier dich, sieh ordentlich aus, mach deine Piercings raus und benimm dich von nun an wie ein Soldat!“ Noch einen Moment vorher warst du einfach ein Teenager, und plötzlich bist du Soldat [...].

Neulich stieg ich in Jerusalem aus dem Bus und stolperte direkt in die Arme meiner Schulfreundin. Sie trug ihre Uniform und ein riesiges Gewehr. Ich habe sie natürlich zur Begrüßung umarmt [...]. Noch etwa einen Monat zuvor saß sie mit mir in einer Klasse [...]. Klar, ich bin es gewöhnt, Soldaten zu sehen und auch Soldatinnen aus Kampfeinheiten. Das ist hier eine Selbstverständlichkeit [...]. Die meisten meiner Freunde sind jetzt Soldaten [...]. Es jagt mir wirklich Angst ein. Ich fürchte mich davor, dass ich eines Tages die Nachrichten einschalte und ein kleines Photo von einem meiner Freunde mit einer Kerze daneben sehe und höre, wie der Sprecher verkündet, dass er gefallen ist. Ganz unwahrscheinlich wäre so eine Situation nicht [...].

Zur Armee zu gehen ist so ein großer Bestandteil des israelischen Lebens [...]. Ich würde gerne etwas machen, das mit Fortbildung zu tun hat. Ich könnte Ausbilderin werden oder Hebräisch-Kurse für russische Einwanderer geben.

Amal Rifai/Odelia Ainbinder/Sylke Tempel, S. 131, 133-134, 137-138

M2 Deutschland – ein Mensch wie alle anderen

Evelyne, 16 Jahre:

Früher habe ich mich geschämt, jüdisch zu sein [...]. Besonders in den Zeiten vor christlichen Feiertagen kam ich mir komisch vor, aber trotzdem wollte ich nicht Christ sein, und jetzt sage ich mir, wenn die Christen Weihnachten feiern, feiere ich sowieso Chanukka. Im Lauf der Jahre hat sich mein Gefühl, Jüdin zu sein, sogar verändert, und ich bin stolz, dass ich diesen Glauben habe [...]. Trotzdem hatte ich schon mal Unannehmlichkeiten, Jüdin zu sein. Früher war ich im Handball, und da gab es zwischen zwei Gruppen einen großen Streit, über eine Meinungsverschiedenheit. Da sagte dann ein Mädchen meiner Gegengruppe: „Ach, lasst doch diese Gruppe sein, sie sind doch alle mit einer Jüdin befreundet. Wenn es irgendwo Juden gibt, kommt es doch immer zum Streit!“ Ein weiteres Beispiel war, als mich ein Junge fragte, ob ich überhaupt meinen Geburtstag feiere, ob ich abends ausgehen dürfte und ob ich überhaupt in Urlaub fahren würde. Meine Antwort war, dass ich doch genau wie er und alle anderen ein Mensch sei. Mir ist aufgefallen, dass alle Leute, die irgendwelche Vorurteile gegen Juden und das Judentum haben, entweder keine Ahnung von der Religion haben und/oder keinen Juden kennen.

Alexa Brum u. a. (Hrsg.), S. 45-46

M3 Budapest – eine jüdische Bar

Es ist Freitagabend. In der Szóda-Bar dröhnt Rockmusik aus den Lautsprechern, am Tresen stehen dicht gedrängt junge Männer und Frauen [...]. Hinter der Theke läuft David auf und ab, [...] immer mit einem Lächeln auf den Lippen und einer freundlichen Aufmunterung für seine Mitarbeiter [...]. Die Szóda-Bar ist in. Vor einem halben Jahr hat David das Lokal eröffnet. Ein unternehmerisches Wagnis, [...] doch das Szóda ist etwas Besonderes. Es ist ein jüdisches Lokal. Man merkt es nicht, man muss es wissen [...]. Es liegt [...] nur einen Katzensprung entfernt von der größten Synagoge Europas, dem Tabaktempel. Auch die Speise- und Getränkekarte des Szódas enthält keinerlei Hinweise auf den jüdischen Charakter des Lokals. Es gibt alles, was es sonst auch gibt. Was also ist so jüdisch an dem Lokal? Nirgends ein Mann mit Kippa zu sehen [...].

Es ist Freitagabend, also Sabbat. Fromme Juden gehen grundsätzlich nicht in solche Kneipen und am Sabbat schon gar nicht. [...]

„Die ärgern sich, dass hier Juden Spaß haben, anstatt den Sabbat zu heiligen", meint der junge Barbesitzer mit den dunklen Augen und der Glatze und lacht.

Was ist denn nun so jüdisch an seinem Lokal? „Ich natürlich – und die Gäste!"

Rund 80 Prozent seien Juden, erklärt David, der sie alle kennt. „Hier wirst du nach ein paar Bieren oder Schnäpsen keine Hasstiraden auf Juden hören wie fast überall in Budapest." [...] György, ein lockenköpfiger Brillenträger, der Davids letzten Satz mitgehört hat, stimmt heftig zu. „Hier sind wir unter uns, hier werden wir nicht angemacht." [...] „Natürlich weiß jeder, dass wir Juden sind. Das stört uns auch nicht." [...]

„Ein Rabbiner wollte mich überreden, dass ich wenigstens am Sabbat den Laden zulassen soll, doch ich lehnte ab", erinnert sich David und gießt sich einen Drink ein. „Ich versuchte ihm klarzumachen, dass es doch besser sei, wenn Juden, die nicht religiös sind, auch einen Ort haben, an dem sie sich Freitagabend treffen und zusammensein könnten."

Richard Chaim Schneider in: DIE ZEIT 24 (2. Juni 2004), S. 15-16

M4 Jiddisch – wir alle sind etwas jüdisch

In unserer Umgangssprache gibt es „unbemerkt" zahlreiche Ausdrücke und Redewendungen, die aus dem Jiddischen, der traditionellen jüdischen Alltagssprache kommen.

Schmiere stehen von hebräisch **schmira** „Wache"

Pleite machen von hebräisch **plejta** „Flucht"

Kaff von hebräisch **Kfar** „Dorf"

Hals- und Beinbruch von hebräisch **Hazlacha** „Erfolg" und **beracha** „Segen"

dufte von hebräisch **tow** „gut"

eine Macke haben von hebräisch **maka** „Schlag"

mies von hebräisch **ma'as** „verachten"

meschugge von hebräisch **meschugga** „verrückt"

Ganove von hebräisch **ganef** „Dieb"

Aufgaben

1. In Israel ist der Armeedienst für alle Jungen und Mädchen verpflichtend. Wie denkst du über die Meinung von Odelia, die dies richtig findet? ➜ M1
2. Kennst du jüdische Mitschüler/innen an deiner Schule? Führe mit ihnen ein Interview zu der Frage, wie sie sich als Juden an eurer Schule fühlen. ➜ M2
3. Auch in unserer Gesellschaft treten noch heute „Neonazis" mit antijüdischen Parolen gegen jüdische Deutsche auf. Überlegt gemeinsam, was man heute in unserer Gesellschaft gegen Neonazis tun kann, die Vorurteile über Menschen mit jüdischem Glauben verbreiten. ➜ M3
4. Macht in eurer Stadt eine Umfrage zum Stichwort „Juden" und recherchiert, was Menschen auf der Straße dazu einfällt. Achtet bei der Auswertung der Antworten auf die Bereiche: Religion – Kultur – Geschichte – und weitere Aspekte, die sich ergeben.
5. Finde weitere jiddische Wörter heraus. Daraus lässt sich auch ein Jiddisch-Quiz veranstalten. ➜ M4

▶ Glossar: Israel, Israeli, Israelit, Ivrit, Jiddisch

1 Ethische Lebensregeln

M1 Sei lieb zu deinem Nächsten (3.Mose 19,18)

Rabbi Akiba, der bedeutendste jüdische Gelehrte seiner Zeit (gest. 136 n. Chr.), erklärt das Gebot der Thora in 3.Mose 19,18 mit folgenden Worten:

Sei lieb zu deinem Nächsten –
denn er ist wie du.

„Dies ist einer der großen Leitsätze der Thora, allerdings mit ein paar Einschränkungen. Du sollst zum Beispiel nicht sagen, weil ich gedemütigt wurde, werde ich meinen Nächsten auch demütigen, und weil mich jemand verflucht hat, werde ich ihn auch verfluchen. ‚Er ist wie du' gilt nur für gute Dinge."

Eines Tages fragte ihn sein Freund, der römische Statthalter Tinneus Rufus: „Sag mir Akiba, wenn dein Gott die Armen geschaffen hat, will er doch, dass sie arm sind. Warum sollen ihnen dann die Reichen helfen?" – „Das Geben ist für die Reichen ein größerer Gewinn als das Empfangen für die Armen", sagte Rabbi Akiba. Den Statthalter überzeugte das nicht, und er sagte: „Stell dir vor, ein König hat einen Sklaven ins Gefängnis werfen lassen, und du steckst diesem heimlich und gesetzeswidrig Brot zu. Müsste der König nicht mit Recht darüber erzürnt sein?" – „Stell dir einen König vor, dessen heißgeliebter Sohn im Gefängnis sitzt", entgegnete Rabbi Akiba. „Ein Mann steckt ihm Brot zu, damit er nicht verhungert. Würde ihm der Vater nicht dankbar sein?"

Elie Wiesel, S. 153-154

M2 Drei ethische Regeln

Keith Haring, Die Zehn Gebote (Ausschnitt), 1985

M3 Die 10 Lebensregeln der Thora

In 2.Mose 20,1-17 wird erzählt, wie Mose die 10 Lebensregeln, auch Dekalog genannt, von Gott auf zwei Steintafeln erhält. Der Gott, der das Volk Israel in die Freiheit geführt hat, gibt den Menschen nun eine Lebensordnung zur Bewahrung ihrer erlangten Freiheit. Die 10 Lebensregeln sind das Zentrum der jüdischen Ethik: Im ersten Teil, der 1.-3. Regel, geht es um das Vertrauensverhältnis zwischen Gott und dem Volk Israel; im zweiten Teil, der 4.-10. Regel, sind die grundsätzlichen Lebensbeziehungen zwischen den Menschen angesprochen: die Beziehungen innerhalb der Familie, die Achtung vor der Person und des Eigentums und die Bedeutung der Ehrlichkeit und Wahrhaftigkeit im gesellschaftlichen Leben.

Der Dekalog ist bis heute im Judentum wie auch in der christlichen Religion die knappste Zusammenfassung der Regeln, die jeder kennen sollte, wenn er möchte, dass sein Leben gelingt. In vielen Teilen der Welt ist die Lebensordnung des Dekalogs zur Grundlage für die Forderungen nach einem menschenwürdigen Leben geworden. Auf ihn geht zum Teil auch die Formulierung der weltweiten Menschenrechte zurück.

M4 Theo diskutiert mit einem Rabbiner

Wahrscheinlich bildest du dir ein, du würdest nicht töten, weil es schlecht ist und du ein gutes Herz hast. Irrtum! Du wirst nicht töten, weil es das sechste der Zehn Gebote des Ewigen ist. Du wirst nicht töten, weil das Judentum der Welt die moralischen Gesetze für das Miteinanderleben weitergegeben hat. Und genauso verhält es sich mit den neun anderen, die zusammen die Zehn Gebote bilden, das Herz des Judentums. „Ich glaube, ich hätte das Verbot zu töten an erste Stelle gesetzt", murmelte Theo.

Catherine Clément, S. 58

Aufgaben

1 Überlege und verfasse eine eigene Beispielgeschichte mit dem Leitsatz aus 3.Mose 19,18. Lies dazu auch die gesamte Bibelstelle 3.Mose 19,11-18 (vgl. Aufgabe 3, S. 163). ➜ M1

2 Gelten die Argumente für Rabbi Akibas Einschränkung „'Er ist wie du' gilt nur für gute Dinge" auch z.B. bei einem Menschen, der schwere Straftaten begangen hat? ➜ M1
a) Sammelt dazu in Gruppen auf zwei verschiedenfarbigen Zetteln Pro- und Contra-Argumente, die dann auf ein Wandplakat geklebt werden.
b) Diskutiert die Argumente in der Klasse und erstellt per Punkteabstimmung eine Rangfolge der Argumente, die am meisten überzeugen.

3 Betrachte die drei Bilder und finde heraus, welche drei ethischen Regeln der Künstler dargestellt hat. Woher kennst du diese drei Regeln? ➜ M2

4 a) Wie würdest du die 10 Lebensregeln heute formulieren? Übersetze sie in deine Sprache und unterstreiche mit zwei Farben die Inhalte des 1. und 2. Teils. Stellt euch eure Übersetzungen gegenseitig vor.
b) Wähle diejenigen der 10 Lebensregeln aus, die du für dich persönlich als die wichtigsten ansiehst. Führt auch eine Wahl in der Klasse durch und diskutiert die Gründe für eure Wahl.
c) Enthalten die 10 Lebensregeln des Dekalogs auch heute noch eine vollständige Lebensordnung für die Menschen? Überlege und formuliere weitere wichtige Regeln, die deiner Meinung nach noch ergänzt werden müssen. Sammelt die Regeln in der Klasse und vervollständigt die Lebensordnung. ➜ M3/4

▶ Glossar: Rabbi(ner), Talmud, Thora

2 Verantwortliches Handeln

M1 Die Welt reparieren

Unsere Welt ist ein wüstes Durcheinander, weil sie voller Bruchstücke ist. Wenn Menschen einander bekämpfen und verletzen, lassen sie es zu, dass die Welt zersplittert bleibt. Dasselbe kann man von den Menschen sagen, die ihre Scheunen voller Vorräte haben und andere hungern lassen. Wir leben in einem kosmischen Haufen von Bruchstücken, den Gott allein nicht reparieren kann.

Darum hat uns Gott geschaffen und uns die Freiheit der Wahl gegeben. Wir sind frei zu tun, was immer uns gefällt mit unserer Welt. Wir können zulassen, dass die Dinge zerbrochen bleiben oder [...] wir können versuchen, das Zerbrochene zu reparieren [...].

Für Juden ist es die wichtigste Aufgabe im Leben, herauszufinden, was in unserer Welt zerbrochen ist, und es zu reparieren. Die Gebote der Thora weisen uns nicht nur an, wie man als Jude leben soll, sondern auch, wie wir die Schöpfung reparieren können.

Ganz zu Anfang des Buches 1.Mose 2,15 lesen wir, dass Gott Adam und Eva in den Garten Eden setzte und ihnen gebot, [...] dass es ihre Aufgabe sei, den Garten Eden zu haben und ihn zu schützen. [...]

Der Garten Eden ist unsere Welt, und wir sind Adam und Eva. Wenn Gott sagt: „Achtet auf den Garten und beschützt ihn", sagt Gott zu uns: „Achtet auf eure Welt und beschützt sie." [...]

Wenn du etwas siehst, was zerbrochen ist, dann repariere es. Wenn du etwas siehst, was verloren ist, dann bringe es zurück. Wenn du etwas siehst, was getan werden muss, dann tu es [...]. Wenn alle Menschen in der Welt dies täten, wäre unsere Welt wahrlich ein Garten Eden, so wie Gott wollte, dass die Welt ist.

Wenn alles Zerbrochene repariert werden könnte, dann würden alle Bruchstücke wie in einem riesigen Puzzle zusammenpassen. Aber bevor die Menschen den großen Auftrag, die Schöpfung zu reparieren, in Angriff nehmen können, müssen sie zuerst die Verantwortung übernehmen für das, was sie tun.

Lawrence Kushner, S. 42-44

M2 Umgang mit Gottes Schöpfung

Ökologie in dem Sinne, dass unser Planet vor den schädlichen Folgen menschlicher Handlungen geschützt werden sollte, ist ein modernes Problem [...]. Die allgemein verbreitete Verwendung chemischer Produkte hat das Wasser, den Erdboden und die Luft verschmutzt und die Ozonschicht zerstört. Die Ausbeutung der natürlichen Rohstoffe wie der Wälder hat nicht nur viele Tierarten bedroht, sondern das

Gleichgewicht des Ökosystems gestört, und dies hat schwerwiegende Folgen für die Erdatmosphäre [...]. Die Vernichtung der Welt ist nicht nur gegen unser ureigenes Interesse, sondern eine Lästerung Gottes, dem sie gehört. Sie zu schützen heißt, Gottes Schöpfermacht anzuerkennen. Es ist eine große Verantwortung, die wir sehr ernst nehmen müssen.

Der Talmud erklärt:

In der Stunde, in der der Heilige – Gepriesen sei er! – den ersten Menschen erschuf, nahm er ihn, ließ ihn an allen Bäumen des Garten Edens vorbeigehen und sprach zu ihm:

„Sieh meine Werke! Wie lieblich und lobenswert sie sind! Und alles, was ich geschaffen habe, habe ich deinetwegen geschaffen. Präge dir dies ein, damit du meine Welt nicht beschädigst und zerstörst, denn wenn du sie beschädigst, gibt es keinen, der sie nach dir wieder herstellen könnte.“ [...]

Wir erinnern außerdem an den jüdischen Grundsatz *bal taschchit* („zerstöre nicht“), der uns herausfordert, die Grundsätze eines ökologisch orientierten Lebens zu bedenken und sie im Alltag anzuwenden: a) die Ehrfurcht vor der Erde und all den Geschöpfen, die auf ihr leben, b) die Anerkennung für den Zusammenhang zwischen allem, was lebt, c) der Umweltschutz als Voraussetzung für eine gesunde, blühende Gesellschaft, d) die Anerkennung der Begrenztheit natürlicher Rohstoffe und unserer Verantwortung für zukünftige Generationen.

M3 Von Mensch zu Mensch

Die Liebe zu Gott zeigt man durch die Art und Weise, in der man Gottes Geschöpfe behandelt. Die biblische Mahnung: „Liebe deinen Nächsten wie dich selbst“ (3.Mose 19,18) bedeutet nicht nur, dass man vermeiden soll, ihn in irgendeiner Weise zu verletzen, sondern auch, dass man sich engagiert, ihm wo immer es geht zu helfen.

Das Judentum in die tägliche Praxis umzusetzen bedeutet, in geschäftlichen Angelegenheiten ehrlich zu sein, andere mit Achtung zu behandeln, sein Temperament unter Kontrolle zu halten, üble Nachrede zu vermeiden, denen beizustehen, die belastet sind, verlorenes Eigentum zurückzubringen, für Menschen mit Behinderungen zu sorgen, Kranke zu besuchen, anderen wohlwollend zu begegnen und ganz allgemein auf die Rechte und Gefühle der anderen zu achten und sie so wichtig zu nehmen wie die eigenen [...] und man sollte regelmäßige Spenden für wohltätige Zwecke geben. Nach der jüdischen Tradition soll sogar der Arme spenden, denn es gibt immer einige, die noch weniger haben, als man selbst.

M2/3: Jonathan Romain/Walter Homolka, S. 273-275, 136-137

Aufgaben

1 Sammelt in Gruppen Beispiele aus der Natur und dem Tierreich, was heute in unserer Welt „repariert“ werden muss (vergleiche hierzu auch S. 144-147). ➜ M1

2 Überlegt mithilfe der Erklärung des jüdischen Grundsatzes und seiner Beispiele (siehe auch die Gebote der Thora, S. 160-161) die Wege
- wie man die Natur und das Tierreich konkret achtet und bewahrt,
- was jeder Mensch praktisch dafür tun kann. ➜ M2

Präsentiert eure Beispiele und Überlegungen in der Klasse.

3 Wählt aus den genannten Praxisregeln eine aus und überlegt dazu einen konkreten Fall, auf den die Regel angewendet werden kann. ➜ M3

Verfasst eine Fallschilderung, in der die Praxisregel, der Fall und der ethische Lösungsweg darstellt sind. Präsentiert eure Fallschilderungen in der Klasse.

▶ Glossar: Talmud

Was wir wissen – was wir können

Domino: Jüdischer Glaube – jüdisches Leben

Ihr könnt mit dem Wissen, das ihr über das Judentum gewonnen habt, ein Domino-Spiel herstellen und spielen:

1. Mit den Bildern aus den Seiten, die ihr kopiert und foliert, stellt ihr die erforderlichen Bildkarten her.
2. Die Texterklärungen zu den Bildkarten findet ihr im Glossar oder in euren Hefteinträgen, die ihr ebenfalls kopiert und foliert.
3. Alle Bild- und Textkarten kommen auf einen Stapel, von dem die Karten dann in der Spielrunde gezogen werden.
4. Im Spiel geht es darum, die richtigen Bild- und Textkarten zusammenzustellen.
   Wer die erste Textkarte oder Bildkarte gezogen hat, liest sie vor oder zeigt sie. Der/die Nächste in der Spielrunde, der nach dem Ziehen die dazu passende Bild-/Textkarte hat, legt sie dazu oder liest sie vor – bis alle Karten des Dominos gespielt sind.
5. Gewonnen hat, wer zuerst alle seine Domino-Karten spielen konnte.

Worträtsel Judentum

T	E	L	N	I	T	S	J	M	E	T	C	S
G	H	A	S	D	A	H	K	Y	R	A	V	G
I	A	K	S	P	L	A	L	N	T	S	B	N
A	S	A	R	A	L	B	P	B	Z	M	N	A
U	B	A	R	M	I	T	Z	W	A	P	M	N
T	R	L	M	A	T	A	O	A	I	D	K	O
F	W	A	B	E	P	T	H	O	F	K	Z	G
A	J	A	Y	A	L	K	A	R	P	A	S	E
S	E	R	U	D	H	L	E	M	A	S	D	T
I	A	B	A	T	Z	E	T	Z	G	A	E	F

Mit den Begriffen, die im Judentum wichtig sind, kann man Worträtsel erstellen, in denen man die Buchstaben zu den Begriffen dann finden muss.

1. Stelle 15-20 wichtige Begriffe zusammen.
2. In dem Worträtsel sollen die Buchstaben für die Worte verborgen angeordnet werden. Man kann dazu die Buchstaben für die Begriffe senkrecht – waagrecht – diagonal – auch rückwärts anordnen. Die Buchstaben mehrerer Begriffe können sich auch überkreuzen. Den Rest des Worträtsels fülle mit anderen Buchstaben aus.
   (Die Begriffe, die gefunden werden müssen, kann man unter das Rätsel schreiben.)
3. Interessanter wird es noch, wenn man es im Worträtsel zusätzlich schafft, ein Lösungswort unterzubringen. Zum Beispiel kann man sich ein Lösungswort oder sogar einen Lösungssatz überlegen (wie aus den 10 Lebensregeln oder das Sch´ma Jisrael), der sich aus dem jeweils ersten (oder letzten) Buchstaben der Begriffe im Worträtsel ergibt.
4. Mit den Worträtseln kann man dann einen Rätselwettbewerb veranstalten. Die Rätselspieler/innen müssen die Begriffe zum Judentum finden und unter das Worträtsel notieren.

Preisquiz: Der große Judentumspreis

Aus den Kapiteln zum Thema Jüdischer Glaube – Jüdisches Leben könnt ihr das Klassenquiz „Der große Judentumspreis" veranstalten:

1. Auf einem großen Plakat legt ihr zuerst die verschiedenen Fragerubriken und die Punktekategorien fest.

Der große Judentumspreis

Pkte.	Bar Mitzwa	Wer ist Jude	Jüd. Symbole	...
leicht 10	...	...	...	...
20	...	...	...	...
50	...	...	...	...
mittel 100	...	...	...	...
200	...	...	...	...
500	...	...	...	...
schwer 1000	...	...	...	...

Es bietet sich an, die Fragerubriken aus den einzelnen Kapiteln zu nehmen wie z.B. Bar/Bat Mitzwa – Wer ist Jude – Jüdische Symbole etc.
Bei den Punktekategorien kann man unterscheiden in: 10 – 20 – 50 Punkte für leichtere Fragen, 100 – 200 – 500 Punkte für mittelschwere Fragen, 1000 Punkte für superschwere Fragen.
Dazu auch Joker und Risiko-Felder, die vom Spielleiter festgelegt werden.

2. Jede Spielgruppe übernimmt eine Fragekatcgoric, zu der sie auf Karten die Fragen und Antworten erarbeitet. Es können auch dazu die Bilder aus dem Kapitel verwendet werden.
3. Die Fragen und Antwortkarten werden dem/der Spielleiter/in übergeben, der/die sie dem Spielplakat zuordnet.
4. Achtung: Beim Preisquiz dürfen die Spielgruppen nicht die Rubrik wählen, zu der sie selbst die Fragen formuliert haben.
5. Ansonsten viel Spaß beim Preisquiz! Übrigens: Den Preis für die beste Spielgruppe nicht vergessen!

Ausstellung: Jüdischer Glaube – jüdisches Leben

Ihr habt die wichtigsten Themen zur jüdischen Religion und zum jüdischen Leben erarbeitet und seid darin zu Experten geworden. Ihr könnt deshalb auch den Mitschüler/innen an eurer Schule vermitteln, dass es sinnvoll ist, über wichtige Aspekte des Themas „Judentum" Bescheid zu wissen, wenn man sich zum Beispiel mit dem Thema „Judenfeindlichkeit heute in Deutschland" auseinandersetzt. Denn die meisten Vorurteile gegenüber Menschen anderer Rasse oder mit einem anderen Glauben entstehen dadurch, dass man nichts oder wenig Genaues über sie weiß.

1. Erarbeitet in Gruppen zu den von euch festgelegten einzelnen Themenfeldern das erforderliche Anschauungsmaterial mit der Präsentation von Texten und Bildern.
2. Fügt die einzelnen Präsentationen zu einer Gesamtausstellung zusammen.
3. Bei der Eröffnung der Ausstellung in eurer Schule sollten die einzelnen Ausstellungsgruppen das von ihnen zusammengestellte Material selbst präsentieren können und als Experten ihren Mitschüler/innen zur Verfügung stehen.

Recherchieren im Internet

Wenn du selbst weiter zum Thema: „Judentum heute" recherchieren willst, kannst du bei den folgenden Internetadressen weitere interessante Informationen erhalten:

- www.hagalil.com
- www.juden.de
- www.liberale-juden.de
- www.juedische-presse.de
- www.talmud.de
- www.wikipedia.de
- www.shoah.de

Glossar

Abhängigkeit: umgangssprachlich oft mit Sucht gleichgesetzt. Abhängigkeit ist Unfreiheit, Unselbständigkeit, man ist auf etwas (wie z.B. Drogen) oder jemanden angewiesen. *S. 120ff.*

Achtung: zentraler Begriff der Moralphilosophie und Grundlage moralischen Handelns, meint Anerkennung der Autonomie des anderen, Respektieren seiner Persönlichkeit, seiner Würde. *S. 89*

Adonai (hebräisch: Herr): Anrede Gottes anstelle des Namens JHWH, der von einem gläubigen Juden nicht ausgesprochen wird. *S. 164f.*

Altruismus: Selbstlosigkeit, eine Denk- und Handlungsweise, die auf andere Rücksicht nimmt. *S. 80f.*

Aristoteles (384-321 v. Chr.): bedeutender Philosoph der Antike. In seiner „Nikomachischen Ethik" bestimmt er Glück als letztes Ziel und Zweck menschlichen Handelns für ein tugendhaftes und gelingendes Leben. *S. 57*

Aurelius Augustinus (354-430): Kirchenvater und Philosoph des Mittelalters, beschäftigt sich in seinem Werk mit der Allmacht und dem Wesen Gottes und der Bestimmung des Menschen. *S. 72*

autoritär: Das Adjektiv „autoritär", welches oft mit „Autorität" in Zusammenhang gebracht wird, stellt die negativen Seiten der Autorität, d.h. Machtmissbrauch, Unterdrückung und Gewalt dar. *S. 15*

Autorität (lateinisch: „auctoritas" = Einfluss, Geltung, Ansehen, Würde, Macht): bezeichnet das hohe Ansehen einer Person oder Institution (z.B. Kirche, Wissenschaft). Eine Person kann sich Autorität verschaffen aufgrund ihrer Befugnisse, ihres Könnens, ihres Wirkungsbereichs und ihrer Persönlichkeit. *S. 15*

Bar/Bat Mitzwa (hebräisch: Sohn/Tochter der Pflicht): Der Junge wird mit 13, das Mädchen mit 12 Jahren religiös volljährig. Bezeichnet auch die damit verbundene Bar/Bat-Mitzwa-Feier, wobei der Junge beim Schabbat-Gottesdienst in der Synagoge zum ersten Mal aus der Thora vorliest. Er ist nun vollwertiges Mitglied der jüdischen Gemeinde mit allen Rechten und Pflichten. *S. 154f.*

Bedürfnisse: allgemein physiologische oder psychologische Mangelzustände, die mit dem Streben nach Befriedigung verbunden sind. In allen Gesellschaften wird die Bedürfnisbefriedigung durch soziale Normen geregelt. *S. 116f.*

Bet HaKnesset (hebräisch: Versammlungshaus): siehe Synagoge, vgl. Knesset. *S. 166*

Bewusstsein: unmittelbares Wissen von geistigen und seelischen Zuständen, dient dem bewussten Ich zur Orientierung in der Realität – das, was einem bewusst ist, heißt Bewusstseinsinhalt. *S. 16f.*

Bima (hebräisch: Erhöhung, Pult): Lesepult, auf dem im Gottesdienst die Thora-Rolle liegt, aus der vorgelesen wird. *S. 166*

Brit Mila (hebräisch: Bund der Beschneidung): Die Beschneidung wird bei Jungen am 8. Tag nach ihrer Geburt durch den Mohel vollzogen. Sie ist das äußere Zeichen des Bundes zwischen Gott und dem Volk Israel (1.Mose 17,10). *S. 157*

Bullying (von englisch: to bully = schikanieren): bezeichnet wie Mobbing das gezielte, systematische und geplante Ausgrenzen von Einzelnen aus einer Gemeinschaft. *S. 46f.*

Challa, pl. Challot: Weißbrot in Zopfform, das am Schabbat gegessen wird. *S. 172f.*

Chanukka (hebräisch: Einweihung): achttägiges Lichterfest vom 25. Kislew bis 2. Tewet (November/Dezember) zur Erinnerung an die Reinigung und Wiedereinweihung des Jerusalemer Tempels im Jahre 165/164 v. Chr. Dabei werden in einer bestimmten Reihenfolge acht Kerzen des Chanukka-Leuchters angezündet. *S. 176f., 178f.*

Chanukkia: der beim Chanukka-Fest verwendete neunarmige Leuchter, wobei der neunte Arm in der Mitte zum Anzünden der Lichter dient. *S. 179*

Chatroom: Teil eines Internet-Chats zu einem bestimmten Thema. Hier treffen sich Internet-Nutzer, um sich über etwas Bestimmtes zu unterhalten. *S. 129*

Csikszentmihalyi, Mihaly (*1934): amerikanischer Psychologe, befragte jahrzehntelang Menschen aus aller Welt nach ihren Glückerlebnissen und entwickelte daraus die Theorie des „Flow". *S. 55*

Daseinszweck: vorgestellter und gewollter künftiger

Zustand. Der Sinn (Zweck, Ziel) seines Daseins (seiner Existenz/seines Lebens) ist dem Menschen nicht vorgegeben, er muss ihn selbst bestimmen. *S. 70f.*

Determinismus (lateinisch: determinare = abgrenzen, bestimmen): behauptet die durchgängige Bestimmung des menschlichen Denkens, Wollens und Handelns durch natürliche Gesetze. *S. 98f.*

Deuteronomium (lateinisch: das Gesetz ein zweites Mal): Bezeichnung für das 5. Buch Mose, weil hier die Thora ein zweites Mal nach dem Buch Exodus ausführlich auf die jüdischen Lebensregeln eingeht. *S. 160ff.*

Diaspora (griechisch: Zerstreuung): Bezeichnung für das jüdische Leben außerhalb des Landes Israel/Palästina, allgemein für jede in einer Minderheit zerstreut lebende religiöse Volksgruppe. *S. 184f.*

Drogen: (in unserem nicht medizinischen Zusammenhang) Substanzen (wie z.B. Tabak, Alkohol, Heroin usw.), die Abhängigkeit und vorübergehendes Wohlbefinden erzeugen. *S. 122ff.*

Egoismus: Selbstsucht, Eigenliebe, eine Handlungsweise, die das Ich und die persönlichen Interessen in den Vordergrund stellt. *S.80f.*

Exodus (lateinisch: Auszug): Bezeichnung für das 2. Buch Mose, weil die Thora hier vor allem vom Auszug der jüdischen Volksgruppe aus Ägypten berichtet. *S. 182f.*

Fake (US-amerikanischer Jargon): Fälschung oder listiger kleiner Betrug. *S. 131*

Flow-Erlebnisse: Erlebnisse eines intensiven Glücksgefühls, das sich einstellt, wenn man Tätigkeiten ausübt, die einen herausfordern und in denen man sich verwirklichen kann. *S. 55*

Frank, Anne (1929-1945): Verfasserin des gleichnamigen Tagebuches, Kind jüdischer Eltern, versteckte sich mit ihrer Familie während der Zeit des Nationalsozialismus in einem Amsterdamer Hinterhaus, wurde verraten, entdeckt und starb dann im Konzentrationslager Bergen-Belsen. *S. 69*

Freiheit: meint zum einen die Fähigkeit zu wählen und Entscheidungen zu treffen, zum anderen ohne inneren und äußeren Zwang handeln zu können. *S. 96*

Fromm, Erich (1900-1980): deutscher Psychoanalytiker, Philosoph und Sozialpsychologe. *S. 114*

Gaarder, Jostein (*1952): lehrt Philosophie an Schulen und schreibt Romane und Erzählungen für Kinder und Erwachsene. Am bekanntesten ist sein Roman über die Philosophie „Sophies Welt" (1993). *S. 16ff.*

Gebote: in der Befehlsform (Imperativ) ausgesprochene Anweisungen zum richtigen Handeln (10 Gebote: z.B. Du sollst nicht lügen). *S. 80f.*

Gewissen: innere Stimme, moralische Überzeugung einer Person, die Fähigkeit, zwischen Gut und Böse der eigenen Handlungen entscheiden zu können. *S. 92f.*

Ghetto (italienisch: ursprünglich eine Insel in Venedig, der Begriff wurde erstmals 1516 verwendet): Bezeichnung für ein in sich geschlossenes Wohnviertel, in dem Juden ab dem Mittelalter bis in das 19. Jahrhundert meistens zwangsweise leben mussten. Nachts wurden die Tore der Ghetto-Viertel geschlossen. Im 2. Weltkrieg (1939-1945) wurden Juden vor allem in Polen von den deutschen Besatzern wieder gezwungen, in Ghettos zu leben. *S. 158, 185, 187*

Goldene Regel („Was du nicht willst, dass man dir tu, das füg auch keinem andern zu"): Grundregel für sittlich richtiges Verhalten, die in vielen Kulturen anzutreffen ist, fordert dazu auf, sich in den anderen hineinzuversetzen und seine Interessen zu berücksichtigen. *S. 88f.*

Grundrechte: wesentliche Rechte des Einzelnen gegenüber Inhabern öffentlich-rechtlicher Macht, wie sie meist durch die Verfassung von einem Staat seinen Bürgern als einklagbar garantiert werden (z.B. Meinungsfreiheit). *S. 145*

Haben oder Sein: zwei entgegengesetzte Lebensweisen. *S. 144*

Halacha (hebräisch: gehen, wandern, der Wandel): Bezeichnung für die Sammlung der jüdischen Gesetze im praktischen Lebensalltag, die sich auf die Thora und die rabbinischen Kommentare gründen. *S. 167*

Hawdala (hebräisch: Unterscheidung, Trennung): Bezeichnung für die Handlung, mit der die Mutter am Ende des Schabbats am Samstagabend die „Königin Schabbat" verabschiedet. Dazu wird die Hawdala-Kerze angezündet und die Besamim-Dose mit wohlriechenden Kräutern verwendet. Die Zeremonie wird auch am Ende der jüdischen Feste durchgeführt. *S. 172f.*

Hebräisch: Bezeichnung der klassischen Sprache der Thora, bei der ursprünglich nur die Konsonanten von rechts nach links geschrieben wurden. Erst ab dem 5. Jahrhundert n. Chr. entwickelten jüdische Gelehrte ein Vokalsystem mit Strichen und Punkten, um die korrekte

Aussprache und den richtigen Inhalt der Texte zu bewahren. *S. 156, 166*

Ideal: Inbegriff der Vollkommenheit, musterhaftes Vorbild für menschliches Handeln. *S. 78f.*

Identität: die unverwechselbare Besonderheit und Eigenheit des Menschen, seine Erfahrung ein einzigartiges Wesen zu sein. *S. 17, 28f., 38f.*

Indeterminismus: behauptet die Willens- und Handlungsfreiheit des Menschen, dass wir hätten anders handeln können, als wir gehandelt haben. *S. 98f.*

Industrialisierung: bezeichnet den Prozess des Übergangs von der Handarbeit zur Fabrikarbeit, der sich auf Maschinen stützt und der zu einer wirtschaftlichen Überlegenheit der industrialisierten Länder führt. *S. 146*

Instinkt: die angeborene, zielgerichtete, artspezifische Verhaltensdisposition, die vor allem bei Tieren das Verhalten bestimmt und regelt. *S. 71*

Israel (hebräisch: für den Gott streitet oder: jemand, der mit Gott streitet): In 1.Mose 32,23-33 wird von einem Kampf des Stammvaters Jakob mit einem himmlischen Wesen erzählt, woraufhin Jakobs neuer Name „Israel" lautet. Davon ausgehend bezeichnet Israel einerseits im religiösen Sinne das Judentum als Volk Israel in Beziehung zu seinem Gott; andererseits politische Bezeichnung für das geographische Gebiet Palästina; seit 1948 ist es der Name des neu gegründeten jüdischen Staates. *S. 184f., 188f., 190f.*

Israeli: Bezeichnung für heutige Angehörige des modernen Staates Israel. *S. 184f., 190f.*

Israelit: der einzelne Angehörige des Volkes Israel. *S. 184f., 190f.*

Ivrit: das heute in Israel gesprochene und geschriebene Neu-Hebräisch, das Ende des 19. Jahrhunderts jüdische Gelehrte entwickelten. *S. 190f.*

Jad (hebräisch: Hand; Thorafinger): Um die als heilig geltenden Texte der Thora und das kostbare Pergament der Schriftrollen beim Lesen nicht mit unreinen Fingern zu berühren, werden verzierte Zeigestäbe in Form einer Hand als Lesestifte verwendet. *S. 154*

JHWH: jüdischer Name für Gott in der Bedeutung: „Ich-bin-da"; das sogenannte Tetragramm (Wort mit vier Buchstaben) wird von einem gläubigen Juden nie ausgesprochen; stattdessen verwendet er den Namen ➜ Adonai. *S. 164f.*

Jiddisch: im Mittelalter aus dem Mittelhochdeutschen, Hebräischen und Slawischen entstandene Mischsprache, die als gesprochene und geschriebene Volkssprache von den osteuropäischen Juden verwendet wurde; wird heute noch zum Teil von Juden in den USA und in Israel gesprochen. *S. 169, 191*

Jom Kippur (hebräisch: Tag der Versöhnung): der höchste jüdische Feiertag, wird am Ende von Rosch ha-Schana, dem Neujahrsfest, am 10. Tischri gefeiert. Gläubige Juden verbringen ihn mit Fasten und Gebet in der Synagoge. Ziel ist die alljährliche Aussöhnung zwischen den Menschen und mit Gott. Im Schlussgottesdienst wird das Schofar, das Widderhorn, geblasen. *S. 176f.*

Kant, Immanuel (1724-1804): bedeutendster Philosoph der deutschen Aufklärung. In seiner Ethik legt er dar, dass moralisches Handeln nicht Sache des Glaubens, der Tradition oder des persönlichen Gefühls, sondern der praktischen Vernunft ist, die sich das moralische Gesetz selbst gibt. *S. 53*

Kaschrut (hebräisch: Eignung): die im Talmud festgehaltenen Speisegesetze über verbotene und erlaubte koschere Nahrung. *S. 170*

Kiddusch (hebräisch: Heiligung): Segenssprüche und Lieder, die am Vorabend des Schabbat und bei Festtagen über dem Becher Wein gesprochen und gesungen werden. *S. 172*

Kippa: Kopfbedeckung, die jüdische Männer beim Gebet, im Gottesdienst und an Festtagen tragen, um damit Gott zu ehren. *S. 155*

Klimawandel: bezeichnet allgemein eine Klimaveränderung auf der Erde über einen längeren Zeitraum, hier besonders die zu unserer Zeit stattfindende globale Erwärmung. *S. 146*

Knesset (hebräisch: Versammlung; vgl. Bet haKnesset: Versammlungshaus): heute Bezeichnung für das Parlament des Staates Israel in Jerusalem.

Kodex: in diesem Zusammenhang eine Sammlung von selbstgesetzten Regeln und Normen ohne Gesetzeskraft. *S. 132*

Konflikt (lateinisch: „Zusammenstoß", Zwiespalt, [Wider]streit): Interessengegensatz, aus dem eine Auseinandersetzung folgt. *S. 42ff.*

Konsum (lateinisch: Verbrauch, Verzehr): bezeichnet den Erwerb von Sachgütern oder Dienstleistungen zur

Befriedigung von Bedürfnissen durch Einsatz von Geldmitteln. *S. 110ff.*

Konventionen: zusammenfassender Begriff für Normen, die es neben den rechtlichen und moralischen Regeln noch gibt. Dies sind zumeist Anstands- und Benimmregeln. *S. 13*

koscher (jiddisch: geeignet, tauglich, rein): Speisen, die nach den religiösen Weisungen gegessen werden dürfen; wird darüber hinaus auch auf Kleidung aus Mischgewebe, auf die Thora-Rollen und vieles mehr angewendet. *S. 170f.*

Kultur: im Unterschied zur gewachsenen Natur der vom Menschen geschaffene Lebensraum, Inbegriff aller Leistungen und Werte des Menschen wie Religion, Sprache, Wissenschaft, Kunst usw. *S. 65*

Lipman, Matthew: amerikanischer Professor für Philosophie und Logik, gründete in den USA ein Institut für Philosophieren mit Kindern und entwickelte dafür spezielle Philosophieprogramme wie „Harry Stottelmeier's Discovery". *S. 10ff.*

Massenmedien (z.B. Zeitungen, Fernsehen und Hörfunk): zielen darauf ab, mit einem Medium möglichst viele Menschen zu erreichen. Im Unterschied zu den anderen Kommunikationsmitteln wie z.B. beim Telefon und bei E-Mails kann hier die eine Seite (der Empfänger) nicht in gleichem Maße antworten. Deshalb spricht man hier auch von eindimensionaler Kommunikation. Mit Hilfe der Massenmedien können wir uns informieren, sie helfen uns dabei, eine Meinung zu bilden, uns zu orientieren, und sie dienen natürlich auch der Unterhaltung. *S. 126ff.*

Mazza, pl. Mazzot: ungesäuertes Fladenbrot, das während der acht Tage des Pessach-Festes gegessen wird; es erinnert an den eiligen Aufbruch der Hebräer aus Ägypten, als keine Zeit mehr blieb, den Brotteig mit Salz und Hefe aufgehen zu lassen. *S. 180f.*

Medien: Ursprünglich stammt der Begriff aus dem Lateinischen und war der Plural des Begriffes medium (= Mitte, (Ver)Mittler). Heute fasst man mit dem Begriff alles zusammen, was dem Austausch von Informationen dient, von der Sprache bis zum Kopierer, von der Tontafel bis zum Internet. Oft wird der Begriff auch mit ➜ Massenmedien gleichgesetzt. *S. 126ff.*

Menora: siebenarmiger Leuchter, stand ursprünglich im Jerusalemer Tempel; heute ist sie ein religiöses Symbol des Judentums und ein nationales Symbol des Staates Israel (2.Mose 25,31-40). *S. 158*

Merchandising (englisch: Absatzförderung, Verkaufsförderung): Produktion, Vertrieb und Marketing von Ableger-Produkten (z.B. T-Shirts, Spielzeug) rund um ein Hauptprodukt (z.B. Kinofilm). *S. 135*

Mesusa (hebräisch: Türpfosten): Kapsel am Türrahmen eines Hauses oder einer Wohnung mit einer kleinen Pergamentrolle, auf der die ersten beiden Abschnitte des ➜ Sch'ma Jisrael stehen. *S. 159*

Minjan (hebräisch: Anzahl): bezeichnet die Anzahl von 10 erwachsenen Männern, die für die Durchführung der Gebete beim Synagogengottesdienst erforderlich ist. *S. 167*

Mobbing (englisch: to mob = „anpöbeln"): das gezielte, systematische und geplante Ausgrenzen von Einzelnen aus einer Gemeinschaft. *S. 46f.*

Mohel: ein fachlich ausgebildeter Mann (am besten ein Arzt), der die Beschneidung an Jungen durchführt. *S. 157*

Mores (lateinisch: mos, Plural: mores = Sitten): Jemanden Mores lehren meint, jemanden energisch zurechtzuweisen. *S. 9, 93*

Motiv (lateinisch: movere = bewegen): der Beweggrund, die Triebfeder, der Bestimmungsgrund des menschlichen Handelns. *S. 96*

Mündigkeit: inneres und äußeres Vermögen zur Selbstbestimmung, Prozess des Erwachsenwerdens, für sich selbst sprechen/sorgen können. *S. 53*

Mythos (griechisch: Wort, Rede, Erzählung): Erzählung aus der Frühzeit eines Volkes, die sich mit Göttern, Dämonen, der Entstehung der Welt und der Erschaffung des Menschen befasst. *S. 144*

Nachhaltigkeit (englisch: sustainability): stammt ursprünglich aus der Forstwirtschaft und besagt, dass man nicht mehr Bäume schlagen soll, als nachwachsen können. *S. 119*

Ner Tamid (hebräisch: ewiges Licht): Licht über dem Thoraschrein in der Synagoge, das stets brennt. Es erinnert an die Menora im Jerusalemer Tempel. *S. 166*

Normen: Verhaltensregeln bzw. Verhaltenserwartungen. Man kann sie nach ihrer Herkunft und Geltung in rechtliche und moralische Normen unterscheiden. Daneben gibt es noch Konventionen. *S. 12f., 74ff.*

Notwendigkeit: Ein Sachverhalt ist notwendig, wenn er so sein muss, wie er ist, z.B. sind Naturgesetze Notwendigkeiten, denen sich der Mensch nicht entziehen kann. *S. 98f.*

Ökologie (griechisch: oikos = Haus, Haushalt): Lehre vom Haushalt der Natur, die Wissenschaft von der Wechselwirkung zwischen den Lebewesen und ihrer Umwelt. *S. 118*

orthodox (griechisch: richtiger Glaube): Bezeichnung für eine Glaubensrichtung, die Glaubensaussagen streng nach dem Wortlaut und der religiösen Überlieferung ausrichtet. *S. 188*

Paradies: friedlicher Zustand am Anfang der Menschheitsgeschichte, auch Vorstellung von einem Ort der Ruhe, des Friedens und Glücks, der nach dem Tod erreicht werden kann. *S. 62f.*

Peer group: Gruppe von Gleichaltrigen, die sich durch inneres und äußeres konformes Verhalten auszeichnet. *S. 38f.*

Pentateuch (griechisch: Fünfrollenbuch): Bezeichnung für die fünf Bücher Mose, die den Kern der Thora bilden. *S. 160f.*

Person: Einheit des Menschen in seinem Denken und Handeln, die Gesamtheit eines Menschen, seiner Anlagen, Interessen, Lebensführung als eines selbstbestimmten Wesens. *S. 59*

Perspektive: Blickwinkel, Betrachtungsweise von einem bestimmten Standpunkt aus. *S. 86f.*

Pessach (hebräisch: vorübergehen, überschreiten): achttägiges Fest vom 14. bis 21. Nisan (März/April) zur Erinnerung an die Befreiung der Israeliten aus der ägyptischen Knechtschaft und den Auszug aus Ägypten. Es wird auch das Fest der ungesäuerten Brote (➜ Mazza/Mazzot) genannt. *S. 176f., 180f.*

Philosophie (griechisch: „Liebe zur Weisheit"): versucht das Wesen und die Zusammenhänge aller Dinge zu ergründen; sie stellt Fragen nach der Erkenntnis, den Ursprüngen der Welt, der Stellung des Menschen, seinem Handeln und dem Sinn des Lebens. *S. 52f.*

Picasso, Pablo (1881-1973): spanischer Maler, bedeutender und einflussreicher Künstler der Moderne. *S. 130*

Presserat: Der Deutsche Presserat ist eine Organisation der großen deutschen Verleger- und Journalistenverbände. *S. 132*

Programm: vorhergesehener Ablauf, nach einem Plan festgelegte Einzelheiten eines Vorhabens, festgelegte Folge, Grundordnung. *S. 98f.*

Prometheus: Gestalt aus der griechischen Sage, erschafft die Menschen und bringt ihnen gegen den Willen Zeus' das Feuer. *S. 144*

Psychoanalyse: von dem österreichischen Nervenarzt Sigmund Freud (1856-1939) entwickeltes Verfahren zur Untersuchung unbewusster seelischer Vorgänge. *S. 93*

Purim (hebräisch: Lose): ausgelassenes Freudenfest am 14. Adar (Februar/März), das an die Rettung der persischen Juden durch die jüdische Königin Esther erinnert. Der Tag der Vernichtung war durch das Los bestimmt worden (Esther 3,7). *S. 156, 176f., 179*

Quote: hier Einschaltquote, entscheidet über Erfolg oder Misserfolg einer Sendung. *S. 133*

Rabbi/Rabbiner (hebräisch: mein Lehrer, Meister): Titel der jüdischen Gelehrten der Thora und des Talmud; heute Berufsbezeichnung für den religiösen Leiter der jüdischen Gemeinde. *S. 155, 162f., 192f.*

Rationalität: allgemeines, dem menschlichen Geist zugesprochenes Vermögen, nach Vernunftgründen zu handeln, im Gegensatz zum irrationalen, unvernünftigen Handeln. *S. 11*

Reality-TV: Fernsehsendungen, in denen das tägliche Leben der Teilnehmer dargestellt wird. Hierzu werden die handelnden Personen durch zahlreiche Kameras nahezu ständig beobachtet. *S. 133*

Rechte: Recht auf etwas haben heißt, einen Anspruch auf etwas haben (z.B. Recht auf Bildung, auf Arbeit). *S. 145*

Ressourcen: auf der Erde vorhandene, nicht erneuerbare Rohstoffe und Energieträger (z.B. Erdöl). *S. 146*

Rosch haSchana (hebräisch: Kopf des Jahres): Das jüdische Neujahrsfest wird am 1./2. Tischri (September/Oktober) gefeiert und leitet 10 Bußtage ein, die am Jom Kippur ihren Höhepunkt erreichen. *S. 176f.*

Savater, Fernando (*1947): spanischer Professor für Ethik, schrieb für Heranwachsende ein Buch über Ethik, das die Heranbildung selbständig denkender Menschen zum Ziel hat. *S. 59ff.*

Sch'ma Jisrael: „Höre Israel", das Bekenntnis zur Einzigkeit Gottes und wichtigstes Gebet mit den Thora-Texten aus 5.Mose 6,4-9; 11,13-21 und 4.Mose 15,37-41. *S. 158, 164*

Schabbat (hebräisch: Ruhe, Abschluss): siebter Tag der Woche (Freitagabend bis Samstagabend nach Eintritt der Dunkelheit); er erinnert an das Ruhen Gottes nach Erschaffung der Welt und ist ein Tag der Ruhe, bei dem ein gläubiger Jude keine Arbeit verrichtet (2.Mose 20,8-11). *S. 154, 172ff.*

Schächten: Schlachten reiner, gesunder Tiere gemäß den religiösen Vorschriften. Das Schächten erfolgt durch einen speziell ausgebildeten Schächter, den Schochet. *S. 171*

Scham: entsteht durch das Bewusstsein, durch bestimmte Handlungen oder Äußerungen sozialen Erwartungen und Normen nicht entsprochen zu haben. *S. 94f.*

Schawuot (hebräisch: Wochen): Das Wochenfest wird am 6. Siwan (Mai/Juni) sieben Wochen nach Pessach gefeiert. Es ist einerseits ein Frühlingsfest der ersten Feldfrüchte und erinnert andererseits an den Empfang der Thora durch Mose am Berg Sinai. *S. 176f.*

Schopenhauer, Arthur (1788-1860): Philosoph, der das Mitleid als Quelle und Triebfeder moralischen Handelns herausstellt, das sich in Menschenliebe und Gerechtigkeit äußert. *S. 77*

Schul: jiddische Bezeichnung für die Synagoge, die ihre Funktion als Lehrhaus herausstreicht. *S. 169*

Schuld: entsteht im moralischen Sinne, wenn man gegen sein Gewissen und sittliche Normen gehandelt hat. *S. 94f.*

Seder/Seder-Abend (hebräisch: Ordnung): Abend vor dem Pessachfest, bei der die jüdische Familie am festlichen Seder-Tisch nach einem genau festgelegten Ablauf die Befreiung und den Auszug aus Ägypten feiert. *S. 180f.*

Selbstbestimmung (Autonomie): setzt im Gegensatz zur Fremdbestimmung (Heteronomie) Freiheit voraus und zeigt sich in der Fähigkeit, sein Denken und Handeln zu bestimmen, eigene Ziele zu setzen und zu verwirklichen. *S. 15, 102f.*

Selbstbewusstsein: Bewusstsein von sich selbst als Individuum, die Überzeugung vom Wert der eigenen Persönlichkeit. *S. 16f.*

Selbstverwirklichung: in sozialen Lehr- und Lernsituationen erfolgte Ausbildung der von Natur gegebenen Fähigkeiten (Anlagen, Begabungen) zu Fertigkeiten. *S. 117*

Simchat Thora (hebräisch: Freude an der Thora): Fest am 23. Tischri (Oktober) zum Abschluss von Sukkot, bei dem in der Synagoge die Lesung der Thora-Abschnitte in 5.Mose 24 beendet und gleich im Anschluss wieder mit dem ersten Abschnitt der Thora in 1.Mose 1 begonnen wird. Dabei werden die Thora-Rollen fröhlich tanzend und singend durch die Synagoge getragen. *S. 176f.*

Soap (englisch): Seifenoper, gehört zur Gattung der Fernsehserien. Unter ihr werden Endlosserien verstanden, die regelmäßig entweder einmal (Weekly-Soap) oder mehrmals (Daily-Soap) wöchentlich gesendet werden. *S. 134f.*

Soziale Rolle: Begriff aus der Soziologie. Darunter wird die Summe der Erwartungen, die dem Inhaber einer Position entgegengebracht werden, verstanden. *S. 32f.*

Sucht: das dringliche Verlangen nach einem bestimmten Erlebniszustand, der durch etwas oder jemanden hervorgerufen wird (➜ Drogen). *S. 120ff.*

Sukkot (hebräisch: Hütten): Zwischen dem 15.-22. Tischri (Oktober) erinnern sich Juden mit dem siebentätigen Wohnen in Laubhütten an die Zeit der Wüstenwanderung, nachdem das Volk Israel aus Ägypten aufgebrochen waren. Zugleich feiert man den Abschluss der Obst- und Weinernte. *S. 176f., 178*

Sympathie (griechisch: „Mitempfinden"): die Zuneigung gegenüber Personen, Dingen und Ideen, das Einfühlen in den anderen, Mit-Leiden und Mit-Erleben der Gefühle anderer. *S. 87*

Synagoge (griechisch: Zusammenkunft, Versammlung; hebräisch: Bet haKnesset): Nach der Zerstörung des Jerusalemer Tempels wurde der Ort der Synagoge in der Diaspora zum Zentrum des jüdischen Gemeindelebens. Sie ist der Versammlungsraum für den Gottesdienst und Schule für das religiöse Lernen. Heute ist die Synagoge religiöser und sozialer Treffpunkt der jüdischen Gemeinden sowie auch Verwaltungssitz für alle jüdischen Angelegenheiten. In jeder Synagoge befindet sich an der Wand in Richtung Jerusalem der Thoraschrein mit den Schriftrollen. *S. 154f., 158, 166ff.*

Tallit (hebräisch: Überwurf): großer „Gebetsschal", an dessen vier Ecken acht geflochtene Wollfäden (hebräisch: Zizit) angebracht sind. Er wird ab der Bar Mitzwa beim Gebet oder Gottesdienst über der normalen Kleidung getragen (inzwischen tragen ihn auch immer mehr Frauen ab der Bat Mitzwa). *S. 155*

Talmud (hebräisch: Lernen, Lehre, Studium): schriftliche Zusammenfassung der mündlichen Thora-Lehre und Thora-Diskussion von mehr als 2000 berühmten Rabbinern. Er enthält vielfältige Bestimmungen für religiöse und praktische Lebensfragen. Den Talmud gibt es in zweifacher Form: den Jerusalemer Talmud (5. Jahrhundert n. Chr.) und den Babylonischen Talmud (6. Jahrhundert n. Chr.). *S. 162f., 192f., 195*

Tefillin: lederne Gebetsriemen mit zwei Kapseln, die der männliche Jude zum Gebet um den linken Arm bindet und an der Stirn befestigt. In den Kapseln sind kleine Pergamentrollen mit Thora-Gebeten enthalten. *S. 155*

Therapie: Maßnahme zur Behandlung von Krankheiten. Ziel ist die Heilung und Linderung von Beschwerden und die Wiederherstellung der körperlichen und psychischen Gesundheit. *S. 148*

Thora (hebräisch: Lehre, Weisung): Bezeichnung für die fünf Bücher Mose (➜ Pentateuch) und die Gesamtheit (mündlich/schriftlich) der jüdischen Überlieferung und Lehre. *S. 154f., 160f. 192f.*

Thorarolle: Für die Lesung der Thora im Synagogen-Gottesdienst ist der Text von Hand auf aneinander genähte Pergamentrollen geschrieben. Meist aufwändig und kostbar mit Stoffumhängen eingekleidet und von einem verzierten Metallschild geschützt, sind die Thora-Rollen der wichtigste Besitz einer jüdischen Gemeinde. *S. 161*

Thoraschrein: Schrank in der Synagoge, in dem die Thorarollen aufbewahrt werden. Er befindet sich in der Regel an der Wand, die nach Jerusalem zeigt, und erinnert an den zerstörten Jerusalemer Tempel. *S. 160*

Tierschutzgesetz: in vielen Ländern erlassenes Gesetz, um Tiere, besonders Haus- und Nutztiere vor Tierquälerei und Missbrauch durch den Menschen zu schützen. *S. 149*

Trauma (griechisch: Wunde): seelische oder körperliche Verwundung. *S. 148*

Treibhausgase: gasförmige Bestandteile der Atmosphäre, die zum Treibhauseffekt beitragen (Wasserdampf, Kohlenstoffdioxid, Ozon). *S. 146*

Tugendhat, Ernst (*1930): deutscher Professor für Philosophie, schrieb 1995 in Santiago de Chile zusammen mit chilenischen Lehrern „Schülergespräche über Moral“. *S. 15ff.*

universal/universell: generell, allgemein, im Gegensatz zu: besonders, speziell. *S. 101*

Universalität: allgemein, die ganze Welt umfassende Gesamtheit, betont den Vorrang des Allgemeinen gegenüber dem Besonderen. *S. 11, 101*

Utopia: das „Land, das nirgendwo ist“, ein erdachtes Land (Traumland), in dem ein gesellschaftlicher Idealzustand herrscht, wo z.B. Gerechtigkeit, Gleichheit, Freiheit, Frieden und allgemeiner Wohlstand verwirklicht sind. *S. 63*

Verantwortung: fordert über sein Tun und Lassen und die Folgen einem Dritten (Instanz) gegenüber Rechenschaft abzulegen, setzt Mündigkeit voraus, d.i. die Fähigkeit, das eigene Handeln frei zu bestimmen und die Folgen abzuschätzen. *S. 96ff., 100f.*

virtuell: etwas, das nicht wirklich vorhanden, nicht echt ist, aber echt erscheint, das Auge täuscht. *S. 128f.*

Wahrheit: Aufrichtigkeit im Gegensatz zu Täuschung und Lüge, Maßstab, an dem sich das menschliche Handeln als gut oder schlecht erweist. *S. 90f., 130f.*

Wahrnehmung: Empfindung und Vorstellung der Welt, indem wir sie sehen, hören, riechen, schmecken, fühlen mit dem Ziel, Informationen zu gewinnen und sich in der Umwelt möglichst erfolgreich zu verhalten. *S. 82f.*

Werte: Vorstellungen von etwas, das gewünscht, erstrebt, anerkannt ist, allgemeine und grundlegende Orientierungsmaßstäbe bei Handlungen. *S. 78f.*

Zagal, Héctor und **Galindo, José:** Ethiklehrer aus Mexiko, schrieben eine „Ethik für junge Menschen“, die grundlegende Fragen der Moral und wichtige ethische Probleme diskutiert. *S. 11ff.*

Zehn Gebote (Dekalog): in der Thora enthaltene Vorschriften für menschliches Handeln, die Gott Moses auf dem Berg Sinai offenbarte (➜ Gebote). *S. 80f.*

Zeit: Wahrnehmung von Veränderung, Bewegung und Entwicklung, Erleben der Vergangenheit (Erinnerung), Gegenwart (momentanes Denken und Handeln) und Zukunft (Planung und Erwartung). *S. 72f.*

Ziel: durch freie, individuelle Auswahl und Entscheidung vorgestellter zukünftiger Zustand, der zugleich Orientierung ist für die gegenwärtigen Handlungen. *S. 65*

Zion: ursprünglich die Bezeichnung für einen Hügel Jerusalems, dann auf den Bereich des Jerusalemer Tempels, später auf ganz Jerusalem und Israel angewandt. *S. 188f.*

Zizit (hebräisch: Quasten): die geflochtenen Wollfäden an den vier Ecken eines Tallits, die an die Gebote erinnern. *S. 155*

Zurechnungsfähigkeit: setzt Schuldfähigkeit, Fähigkeit, das eigene Handeln frei zu bestimmen und etwaige Folgen vorauszusehen, voraus. *S. 102*

Zweck: auch Ziel, dessen Verwirklichung konkret ge plant und unter Verwendung bestimmter Mittel angestrebt wird, allgemein die Orientierung von Handlungen. *S. 64f.*

Literaturverzeichnis

Agricola, Georg. Aus: Hermann Lübbe/Elisabeth Ströker (Hrsg.): Ökologische Probleme im kulturellen Wandel. Paderborn 1986. Wilhelm Fink/Ferdinand Schöningh
AOK (Hrsg.): Medienpaket Sucht hat viele Ursachen. Lehrerhandbuch
Atlas der Erlebniswelten, v. Louise van Swaaij/Jean Klare. Frankfurt/M. 2000. Eichborn AG
Augustinus, Aurelius: Das Wesen der Zeit. In: Freese, Hans-Ludwig (Hrsg.): Gedankenreisen. Philosophische Texte für Jugendliche und Neugierige. Reinbek bei Hamburg 1992. Rowohlt
Babylonischer Talmud, Schabbath II, v Fol.31a. Aus: Der Babylonische Talmud. Mit Einschluss der vollständigen Mischnah, von Lazarus Goldschmidt, Bd.I-IX. Haag 1933. Bodenheim 1980. Athenäum
Babylonischer Talmud, Mischna Synhedrin IV, 5 Fol. 37a. Aus: Der Babylonische Talmud. Mit Einschluss der vollständigen Mischnah, von Lazarus Goldschmidt, Bd. I-IX. Haag 1933. Bodenheim 1980. Athenäum
Bach, Richard: Die Möwe Jonathan. Berlin 1991. Ullstein
Badische Neueste Nachrichten vom 02./03.10.2004 (Rainer Haendle)
Badische Neueste Nachrichten vom 09.06.2005 (Sibylle Kranich)
Badische Neueste Nachrichten vom 15.06.2005 (Katharina Melter)
Behrens, Ulrich, www.ciao.com
Bilder, die lügen. Stiftung Haus der Geschichte der Bundesrepublik Deutschland (Hrsg.). Bonn 1998. Bouvier
Bloch, Ernst: Das Prinzip Hoffnung. Band 1. Wissenschaftliche Sonderausgabe in 3 Bänden. Frankfurt/M. 1969. Suhrkamp
BMW (Hrsg.): Fass mich nicht an! Interaktive CD-Rom
Bohn, Jörg: Einführung in das Judentum. In: Studienhefte Religion – Judentum. Hamburg 1999. Institut für Lernsysteme
Brecht, Bertolt: Gesammelte Werke in 30 Bänden. Gedichte 3. Werkausgabe edition suhrkamp. Frankfurt am Main 1967.
Bröger, Achim: Ich mag dich! Stuttgart, Wien 1986. Bertelsmann
Brum, Alexa, u. a. (Hrsg.): Ich bin, was ich bin, ein Jude. Jüdische Kinder erzählen in Deutschland. Köln 1995. KiWi
Buber, Martin: Die Erzählungen der Chassidim. Zürich 1975 (Neudruck von 1949). Manesse
Carroll, Lewis: Alice im Wunderland. Deutsch von Siv Bublitz. Hamburg 1993. rotfuchs
Clément, Catherine: Theos Reise. Roman über die Religionen der Welt. Übersetzt von Uli Aumüller und Tobias Scheffel. München [5]2002. Hanser
Cole, Brock: Celine oder Welche Farbe hat das Leben. München 2001. dtv
Csikszentmihalyi, Mihaly: Flow. Das Geheimnis des Glücks. Stuttgart 2004. Klett-Cotta
Defoe, Daniel: Robinson Crusoe. Bearbeitung der deutschen Übersetzung aus dem Jahre 1836 von Dorothea Rahm. Berlin 2003. Arena
Der Spiegel 28/2003
Der Spiegel Kultur 1/2004
Dickens, Charles: Oliver Twist. Aus dem Englischen von Reinhard Kilbel. Frankfurt/M. 1982. Insel
Die Brücke - Ein Liederbuch für die christliche Jugend. Hrsg. v. CJD-Jörg Wieber. Bonn 1992. Voggenreiter
Die Toten Hosen. Andreas Frege. Musik-Edition Discoton GmbH/Edition DTH. Musik-Edition Discoton GmbH (BMG Music Publishing Germany). München
Die Zukunft denken – die Gegenwart gestalten. Hrsg. v. Landesinstitut für Schule und Weiterbildung NRW. Weinheim/Basel 1997. Beltz
dtv-junior Lexikon. Ein Lexikon für die Jugend in fünf Bänden. München 1980. dtv
Eichendorff, Joseph von: Aus dem Leben eines Taugenichts. Stuttgart 1966. Reclam
Enzyklopädie des Holocaust, I. Gutmann u. a. (Hrsg.), Bd. 1-4. München/Zürich [2]1998. Piper
Erlinger, Rainer: Lügen haben rote Ohren. Gewissensfragen für große und kleine Menschen. Berlin 2004. List
Evangelische Akademie Baden (Hrsg.): Der Wald steht schwarz und schweiget. Herrenalber Forum, Band 1. Karlsruhe 1993
Focus 36/2004 (Hans Borchert)
Foerster, Heinz von/Pörksen Bernhard: Die Wahrheit ist die Erfindung eines Lügners. Heidelberg 1998. Carl Auer Systeme Verlag
Frank, Anne: Tagebuch. Fassung von O. H. Frank und M. Pressler. Frankfurt/M. 1992. Fischer
Frankfurter Allgemeine Zeitung vom 13.01.1999
Frankfurter Rundschau online vom 16.06.2004
Fried, Erich: Zwischen Tür und Angel. Hrsg. von Uwe Michael Gutzschhahn. Ravensburg 1990. Otto Maier
Fromm, Erich: Haben oder Sein. Die seelischen Grundlagen einer modernen Gesellschaft. München 1991, 9. Auflage. Ullstein
Gaarder, Jostein: Sofies Welt. Ein Roman über die Geschichte der Philosophie. Übersetzt von Gabriele Haefs. München/Wien 1993. Hanser
Geisen, Richard: Grundwissen Ethik. Stuttgart 1995. Klett
Global lernen 3/2002. Institut für Friedenspädagogik (Hrsg.). Tübingen 2002
Goddar, Jeannette: Limonade von tropischen Inseln in der Schatzkiste. In: Das Parlament, 25/04 vom 14.06.2004
Golz, Astrid, www.econautix.de am 30.09.2004
Gugel, Günther: Mobbing. Themenblätter im Unterricht. Nr. 16/2002. Bundeszentrale für politische Bildung (Hrsg.). Bonn 2002
Gugel, Günther/Jäger, Uli: Streitkultur, Konflikteskalation und Konfliktbearbeitung. Eine Bildbox. Tübingen 2002. Verlag für Friedenspädagogik
Hall, Robert T.: Unterricht über Werte. München; Wien u. a. 1979. Urban und Schwarzenberg
Haller, Peter: Ein Plädoyer für Lebensqualität. In: werben&verkaufen Nr. 45 vom 08.11.2002. Beilage zum Deutschen Marketingtag 2002
Hesse, Hermann: Unterm Rad. Frankfurt/M. 1972. Suhrkamp
Holst, Alexander (Hrsg): Wenn Nina nicht gekommen wär. Briefe Drogenabhängiger an ihre Kinder. Donauwörth 2003. Auer
Israel-Projektwoche, Arbeitshilfen für die politische Bildung – Ergänzungslieferung. (Autoren: Wolfgang Böge u.a.). Bonn 2001. Bundeszentrale für politische Bildung
Kant, Immanuel: Was ist Aufklärung. Akademieausgabe Bd. VIII, S. 35. Berlin. De Gruyter
Kilian, Susanne: Die Zeit und ich darin. In: Geschichten zum Philosophieren. Hrsg. v. Kähler/Nordhofen. Stuttgart 1994. Reclam
Klein, Stefan: Die Glücksformel oder Wie die guten Gefühle entstehen. Reinbek 2003. Rowohlt
Küng, Hans (Hrsg.): Erklärung zum Weltethos. Die Deklaration des Parlamentes der Weltreligionen. München 1993. Piper

Kushner, Lawrence: Das Buch der Wunder. Jüdische Spiritualität für junge Leute. Berlin 2003. Jüdische Verlagsanstalt
Lange, Michael/Ebel, Verena: www.virtuellewelt.de
Langer, Felicia: Miecius später Bericht. Eine Jugend zwischen Getto und Teresienstadt. Göttingen ²2001. Lamuv
Law, Stephen: Philosophie - Abenteuer Denken. Würzburg 2003. Arena
Lions Quest: Erwachsen werden. Persönlichkeitsentfaltung von Jugendlichen. Lions Club International + Quest International. Wiesbaden 1999
Lipman, Matthew: Handbuch zu Harry Stottelmeiers Entdeckung. Übersetzt von Ursula Scheer und Claudio Zagoda. Wien 1990. hpt
Lipman, Matthew: Harry Stottelmeiers Entdeckung. Übersetzt von Ursula Scheer und Claudio Zagoda. Wien 1990. hpt
Mäurer, Virginia in: SZ-Jugendseite.de vom 09.10.2004
Ministerium für Kultur und Unterricht Baden-Württemberg (Hrsg.): Aktiv gegen Gewalt. Ein Reader. Stuttgart 2003
Mohn, Carel, www.vzbv.de (Verbraucherzentrale Bundesverband Berlin) am 16.09.2004
Nagel, Thomas: Was bedeutet das alles? Stuttgart 1990. Reclam
Natur erleben 1/2004 (Manfred Fortmann)
Neumann, Dirk, www.planet-wissen.de
Nöstlinger, Christine: Moralisch unterwegs. In: Kursbuch 60. Moral. 1980. Rotbuch-Verlag
Ouaknin, Marc-Alain: Das verbrannte Buch: den Talmud lesen. Weinheim-Berlin 1990. Quadriga
Pagnol, Marcel: Ferientage in der Provence. Klett Leseheft. Hrsg. v. Wolfgang Schwemme. Stuttgart 1983
Pieper, Annemarie: Einführung in die Ethik. Tübingen 1991. Francke
Politik und Unterricht 1/2002. Medien, Massenmedien, Die Zeitung, Das Fernsehen, Das Internet. Landeszentrale für politische Bildung Baden-Württemberg (Hrsg.). Stuttgart 2002
Politik und Unterricht 3/2004. Kinder in Deutschland, Familie-Freizeit-Konsum. Landeszentrale für politische Bildung Baden-Württemberg (Hrsg.). Stuttgart 2004 (Angelika Schober-Penz)
Politik und Unterricht 1/2005. Bilderwelten und Weltbilder, Medienkompetenz-Computer-politische Bildung. Landeszentrale für politische Bildung Baden-Württemberg (Hrsg.). Stuttgart 2005
Rasfeld, Margret, in: Pädagogik. 56. Jahrgang, Heft 5/2004. Themenschwerpunkt: Verantwortung übernehmen. Weinheim 2004. Beltz
Rat für Nachhaltige Entwicklung (Hrsg.): Der Nachhaltige Warenkorb. Ein Wegweiser zum zukunftsfähigen Konsum. Hannover 2003. Kettler (Günter Bachmann)
Rhan, Ulla/Rhan, Lina: lieber high sein als stinknormal? Ein Buch über Drogen. München 2004. Kösel
Rifai, Amal/Ainbinder, Odelia/Tempel, Sylke: Wir wollen beide hier leben. Eine schwierige Freundschaft in Jerusalem. Deutsch von Julia Kühn uns Sylke Tempel. Berlin 2003. Rowohlt
Roth, Eugen in: Das neue Eugen Roth Buch. München 1970. Hanser
Romain, Jonathan/Homolka, Walter: Progressives Judentum. Leben und Lehre. München 1999. Jüdische Verlagsanstalt
Saint-Exupéry, Antoine de: Der kleine Prinz. Düsseldorf 1956. Karl Rauch Verlag
Salinger, Jerome D.: Der Fänger im Roggen. Deutsch von Eike Schönfeld. Reinbek bei Hamburg ²2005. Rowohlt
Savater, Fernando: Tu, was du willst. Ethik für die Erwachsenen von morgen. Aus dem Spanischen von Wilfried Hof. Frankfurt a. M. 1993. Campus
Schami, Rafik: Eine Hand voll Sterne. München 1997. dtv
Schneider, Richard Chaim: Art. Die versteckten Juden. In: DIE ZEIT 24 (3. Juni 2004), S. 15-17
Schopenhauer, Arthur: Die beiden Grundprobleme der Ethik. Werke in 5 Bänden. Band 3. Zürich 1988. Haffmans
Schröder, Rainer Maria: Die lange Reise des Jakob Stern. München 2003. Bertelsmann
Schule und Werteerziehung. Ein Werkstattbericht. Hrsg. vom Landesinstitut für Schule und Weiterbildung. Soest 1991
Schwab, Gustav: Sagen des klassischen Altertums. Übersetzt von Hugo Eichhof. Wien 1975. Goldmann
Simon-Schaefer, Roland: Kleine Philosophie für Berenike. Stuttgart 1996. Reclam
Spiegel, Paul: Was ist koscher? Jüdischer Glaube – jüdisches Leben. München ³2003. Ullstein
Süß, Peter/Kosack, Gabriele: Daily Soaps, Macher, Fans und Stars. München 2000. dtv
Thurber, James: Der Vater und sein Töchterchen. In: Freese, Hans-Ludwig (Hrsg. u. Übers.): Gedankenreisen. Philosophische Texte für Jugendliche und Neugierige. Reinbek bei Hamburg 1992. Rowohlt
Tierschutzgesetz. Bundesgesetzblatt, 1986
Trutwin, Werner: Die Weltreligionen. Arbeitsbücher für die Sekundarstufe II. Religion-Philosophie-Ethik, Judentum. Düsseldorf 1998 (⁴2001). Patmos
Tugendhat, Ernst/Lopez, Celso/Vicuna, Ana Maria: Wie sollen wir handeln? Schülergespräche über Moral. Stuttgart 2000. Reclam
Ulmer, Hubert (Hrsg.): Wortlaut B 7. Bamberg ²2002. C.C. Buchner
Uris, Leon: Exodus. München 1958. Kindler
Verein für Friedenspädagogik Tübingen (Hrsg.): Konflikte XXL-Konstruktive Konfliktbearbeitung als Gewaltprävention. CD-Rom
Vopel, Klaus W.: Interaktionsspiele für Jugendliche. Teil 1. Salzhausen ⁸2003. iskopress
Weber, Jörg: Die Erde ist nicht Untertan. Grundrecht der Natur. München 1996. dtv
Wiesel, Elie: Die Weisheit des Talmud. Geschichten und Portraits. Freiburg 1992. Herder
Zagal, Héctor/José Galindo: Ethik für junge Menschen. Grundbegriffe – Positionen – Probleme. Aus dem Spanischen übersetzt von Bernd Goebel. Stuttgart 2000. Reclam

Bemerkung zum Kapitel Judentum:
Die Übersetzungen der hebräischen Thora-Textstellen richten sich nach:
Die 24 Bücher der Heiligen Schrift nach dem masoretischen Text. Übersetzt von Leopold Zunz. Tel Aviv/Stuttgart 1997. Sinai-Verlag-Doronia-Verlag
Die Orthographie der hebräischen Begriffe richtet sich nach:
Romain, Jonathan/Homolka, Walter: Progressives Judentum. Leben und Lehre. München 1999. S. 366-379

Internetseiten:
www.checked4you.de (Online-Jugendmagazin der Verbraucherzentrale Nordrhein-Westfalen)
www.ciao.com
www.3sat.de/teletips/tierarzt/67450/index.html
www.econautix.de
www.fc42.de
www.foodwatch.de
www.hanni-ruetzler.at
www.initiative-mut.de/therapie_wirkung.htm
www.planet-wissen.de
www.presserat.ch/code_d.htm
www.schulen-ans-netz.de
www.virtuellewelt.de
www.vzbv.de (Verbraucherzentrale Bundesverband Berlin)

Bildnachweise

Antoine de Saint-Exupéry, Der kleine Prinz. Karl Rauch Verlag. Düsseldorf 1956 - *S. 64, S. 94*
Argus, Hamburg - *S. 73*
Art & Animals, R. Spekowius – Karte Nr. 277 - *S. 6*
Atlas der Erlebniswelten - *S. 58, 60, 63*
Baaske Cartoons, Müllheim - *S. 111, 137*
Bildatlas der Weltkulturen. Jüdische Welt von Nicholas de Lange, S. 144/145. Christian Verlag, München 1984 - *S. 178*
Winfried Böhm - *S. 29, 44, 143*
Bravo Nr. 15/2005 - *S. 113 (2)*
Bulls Pressedienst GmbH, Frankfurt/Main - *S. 6, 16, 21, 41, 87, 95*
CCC – Cartoon-Caricatur-Contor, Pfaffenhofen a.d.Ilm - *S. 42, 89, 100, 114, 132, 136, 141, 147*
Cinetext, Frankfurt - *S. 20, 24, 25, 61, 77, 80, 128, 133, 142*
Das Judentum, Folien und Texte. Religionspädagogisches Seminar der Diözese Regensburg, Bild 7, 8, 27 - *S. 158, 162, 179*
Das magische Auge, Verlag Ars Edition GmbH, München 2004 - *S. 128*
Das visuelle Lexikon der Weltreligionen. Gerstenberg Verlag, Hildesheim, S. 211, 240, 241, 255 - *S. 155, 160, 196*
Der Spiegel Nr. 28/2003, S. 124, 130, Hamburg - *S. 78*
Adrian Dever - *S. 52*
Die visuelle Weltgeschichte der alten Kulturen. Gerstenberg Verlag, Hildesheim 1997, S. 44, 183 - *S. 126, 127*
DIZ Süddeutscher Verlag Bilderdienst/D. Ausserhöfer - *S. 56*
DIZ Süddeutscher Verlag Bilderdienst/Daniel Biskup, München - *S. 6, 37*
DIZ Süddeutscher Verlag Bilderdienst/H. Kanus, München - *S. 22*
DIZ Süddeutscher Verlag Bilderdienst/Rumpf, München - *S. 56*
Dpa Picture-Alliance, Frankfurt - *S. 28, 38, 52, 83, 84, 116, 117, 120, 130 (2), 145, 146 (2), 148, 152, 161, 167, 168, 179, 187*
Duden-Biologie: Basiswissen Schule, Hg. Christa Pews Hoche/ Edeltraud Kemnitz. Bibliographisches Institut, Mannheim, S. 217 - *S. 27*
K.-H. Fleckenstein/W. Müller, Jerusalem. Die heilige Stadt der Juden, Christen und Muslime. Lizenzausgabe für den St. Michaelsbund München, S. 20/21. Herder Verlag, Freiburg 1988 - *S. 189*
Globus Infografik, Hamburg - *S. 112*
Günther Gugel, Mobbing. Themenblätter im Unterricht. Frühjahr 2002, Nr. 16. Hrsg. Bundeszentrale für politische Bildung, Bonn. Arbeitsblatt Seite C. Jan Roeder, München - *S. 46*
Heinrich Hoffmann, Der Struwwelpeter. Tosca Verlag, Wien 2004 - *S. 15*
http://pixelquelle.de - *S. 138, 140 (3), 171*
http://www. boriskulikow.com - *S. 118*
http://www.novaspacefan.deBilder-sonstige/marienhof.jpg - *S. 134*
http://www.virtuellewelt.de - *S. 129*
Interfoto, München - *S. 116, 117*
Joker/David Ausserhofer, Bonn - *S. 6/7*
Judentum verstehen. Symphathie Magazin. Hg. Studienkreis für Tourismus und Entwicklung, S. 34, Ammerland/Starnberger See 1997/2002 - *S. 156*
Jüdische Oberschule Berlin - *S. 185*
Keystone Pressedienst, Hamburg - *S. 83, 104*
Ulrich Koch, Bamberg - *S. 105*
Stephen Law, Philosophie – Abenteuer Denken. Arena, Würzburg 2003, S. 81f. - *S. 31*
M.C. Escher-Foundation, Baarn - *S. 11, 50, 82*
René Magritte, LeChâteau des Pyrénées. Sammlung Harry Torczyner, New York - *S. 63*
Marie Marcks, Heidelberg - *S. 99*
Marie Marcks, Vater Mutter & Kind. Verlag Quelle & Meyer, Wiebelsheim - *S. 108*
Marie Marcks, Das Spiel mit den Wölfen. In: Hans-Joachim Gelberg (Hg), Augen aufmachen. 7. Jahrbuch der Kinderliteratur, S. 114f. Beltz Verlag, Weilheim-Basel, 1984 - *S. 97*
Wolf-Rüdiger Marunde, Das Beste aus Schweinshausen. Lappan Verlag, Oldenburg 2000 - *S. 10*
Mauritius, Mittenwald - *S. 73, 146*
Medien & Kommunikation: von den Hieroglyphen bis zu den Technologien der Zukunft. Gerstenberg Verlag, Hildesheim 1994, S. 11, 18, 33 - *S. 126 (2), 127*
Katharina Melter, Bretten - *S. 115*
Micky Mouse Nr. 39, 18.09.1997, S. 16 - *S. 69*
Ines Müller, Bamberg - *S. 30*
Musée Municipaux/Musée Marc Chagall, Nizza - *S. 152, 160*
Museum of Modern Art, New York - *S. 72*
Julia Mutzbauer, Zweibrücken - *S. 122*
Samy Molcho, Körpersprache als Dialog. Ganzheitliche Kommunikation in Beruf und Alltag. Mosaik Verlag, München 1988 - *S. 18*
Brigitte Neubauer, Bamberg - *S. 30*
NeuLand Werbeagentur, Sommerhausen - *S. 124*
Richard T. Nowitz. In: Peter Kliemann, Das Haus mit den vielen Wohnungen. Eine Einführung in die Religionen der Welt, S. 137. Calwer Verlag, Stuttgart - *S. 181*
Okapia, Frankfurt - *S. 70, 71, 98*
K.M. Olitzky/R.H. Isaacs, Kleines 1 x 1 jüdischen Lebens, S. 163. Berlin 2003 - *S. 177*
Museo Archeologico, Paestum, - *S. 98*
Papan, Was habe ich im Leben nur falsch gemacht? Fackelträger Verlag, Hannover 1992 - *S. 43*
Dieter Petri/Jörg Thierfelder (Hg.), Grundkurs Judentum. Materialien und Kopiervorlagen für Schule und Gemeinde. Calwer Verlag, Stuttgart 2002, Teil 2, S. 17, 58, 108 - *S. 174, 184, 186*
Prognos. Staatl. Landesämter - *S. 121*
Eva Rapp, Großbundenbach - *S. 122*
Margret Rasfeld - *S. 105*
Roland Simon Schaefer, Kleine Philosophie für Berenike. Reclam, Stuttgart 1997, S. 49-51 - *S. 83*
Schrift: von den ersten Bilderschriften bis zum Buchdruck. Gerstenberg Verlag, Hildesheim 1994, S. 9, 51, 58 - *S. 126 (3)*
Schule Schloss Salem, Sozialdienst, Schloss Salem - *S. 103*
Jean-Jacques Sempé, Sempé's St. Tropez. 1970. Diogenes Verlag, Zürich 1978 - *S. 68*
Monika Sieveking, Berlin. In: Ethik 8/Gymnasium. Konkordia Verlag GmbH, Bühl 1996, S. 16 - *S. 64*
Michael Sowa, „Momente" aus: Das unerwartete Geschenk vom Weihnachtsmann und von Frau Glück und Herrn Liebe. Hrsg. Eva Heller und Michael Sowa. Lappan Verlag - *S. 50*
Klaus Staeck, Heidelberg - *S. 144*
Superbild, Unterhaching - *S. 52, 54, 71, 73, 116 (2)*
Joachim Syska, Berlin - *S. 105*
The Estate of Keith Haring, N.Y. - *S. 17, 26, 152, 192*
The far side by Gary Larson, Far Works, Inc. In: Projekt Leben – Ethik für die Oberstufe, S. 31. Klett Verlag, Leipzig 2001 - *S. 82*
The Image bank, München - *S. 194*
The Norman Rockwell Family Trust/Brompton Books Corporation, Greenwich CT - *S. 50/51, 88*
Theater AG, JKB, Weil der Stadt - *S. 32*
Dr. Jan Tomaschoff, Düsseldorf - *S. 50, 56*

Werner Trutwin, Die Weltreligionen – Judentum. Patmos Verlag, Düsseldorf 1998 - *S. 158*
Ullstein-Bild, Berlin - *S. 76, 101, 108 (2), 110, 138 (2), 154, 159, 170, 183, 188, 190, 195*
Universalgeschichte der Juden, S. 228. dtv, München 2004 (Kinder im Warschauer Getto. Fotografie des deutschen Soldaten Heinz Joest. 19.09.1941) - *S. 187*
Version-Foto – Herby Sachs, Köln - *S. 157, 159, 172, 173*
Version-Foto – R. Maro, Köln - *S. 169*
VG-Bild-Kunst, Bonn 1998 - *S. 164*
Klaus Vonderwerth. In: Leben leben 9/10. Klett Verlag, Leipzig 1997, S. 206 - *S. 102*
Was ist was, Bd. 70 – Das alte Ägypten. Tessloff Verlag 2000, Nürnberg, S. 26 - *S. 127*
Zervos XVI, 325. Erben Jacqueline Picasso - *S. 130*